普通高等教育农业农村部“十三五”规划教材
普通高等教育农业部“十二五”规划教材

计量经济学

第2版

李旻　刘帅　周密　主编

中国农业大学出版社
·北京·

内容简介

计量经济学是经济学科类各专业的八门核心课程之一。本书融计量经济学理论、方法与应用为一体；以初级为主，适当吸收中级的内容；以经典线性模型为主，适当介绍一些适用的扩展模型。全书形成了具有实用性、继承性和前瞻性特色的内容体系。本书既包含了高等院校经济学科本科计量经济学课程教学基本要求的全部内容，又为学有余力者提供了进一步学习的指南。本书适合作为高等院校经济管理类各专业本科生，非数量经济学专业研究生的教材或教学参考书，也可供高等教育自学考试经济学科本科考生、经济管理工作者和研究人员阅读与参考。

图书在版编目(CIP)数据

计量经济学/李旻，刘帅，周密主编．—2版．—北京：中国农业大学出版社，2020.9
ISBN 978-7-5655-2422-6

Ⅰ.①计… Ⅱ.①李…②刘…③周… Ⅲ.①计量经济学 Ⅳ.①F224.0

中国版本图书馆CIP数据核字(2020)第171284号

书　名　计量经济学　第2版
作　者　李　旻　刘　帅　周　密　主编

策划编辑　张秀环　　　**责任编辑**　陈颖颖
封面设计　郑　川
出版发行　中国农业大学出版社
社　　址　北京市海淀区圆明园西路2号　　　**邮政编码**　100193
电　　话　发行部 010-62733489,1190　　　读者服务部 010-62732336
　　　　　编辑部 010-62732617,2618　　　出　版　部 010-62733440
网　　址　http://www.caupress.cn　　　**E-mail** cbsszs@cau.edu.cn
经　　销　新华书店
印　　刷　北京时代华都印刷有限公司
版　　次　2020年9月第2版　2020年9月第1次印刷
规　　格　787×1092　16开本　17印张　410千字
定　　价　49.00元

第 2 版　编写人员

主　编　李　旻（大连民族大学）

　　　　刘　帅（吉林农业大学）

　　　　周　密（沈阳农业大学）

副主编　施　雯（沈阳农业大学）

　　　　谭晓婷（沈阳农业大学）

　　　　丛　正（沈阳化工大学）

主　审　吕　杰（沈阳农业大学）

第1版　编写人员

主　编　吕　杰（沈阳农业大学）

副主编　李　旻（沈阳农业大学）

施　雯（沈阳农业大学）

陈向华（东北林业大学）

王刚毅（东北农业大学）

第 2 版　前言

计量经济学是在经济理论的指导下，根据实际观测的统计数据，运用数学和统计学的方法，借助于计算机技术从事经济关系与经济活动数量规律的研究，并以建立和应用计量经济模型为核心的一门经济学科。计量经济学经过近百年的发展，已经成为一门独立的应用经济学科，在经济学科中居于重要地位，正如诺贝尔经济学奖获得者，著名经济学家克莱因所说："在大多数大学和学院中，计量经济学的讲授已成为经济学课程中最具权威的一部分。"我国计量经济学的应用与发展虽然只有 50 年左右的历史，但其发展速度和影响却是惊人的。1998 年 7 月，教育部高等学校经济学科教学指导委员会确定计量经济学为高等学校经济学门类各专业的核心课程之一。将计量经济学列入经济学各专业核心课程，是我国经济学学科教学走向现代化和科学化的重要标志，对于提高我国经济学人才培养质量和研究水平均具有重要意义。

本书第 1 版列入普通高等教育农业部"十二五"规划教材，第 2 版又列入普通高等教育农业农村部"十三五"规划教材。

本书以微积分、线性代数、概率论与数理统计、微观经济学、宏观经济学和经济统计学为先修课程，试图通过课程教学，使学生得到以下收获：①了解现代经济学的特征，了解经济数量分析课程在经济学课程体系中的地位，了解经济数量分析在经济学科的发展和实际经济工作中的作用；②掌握基本的经典计量经济学理论与方法，并对计量经济学理论与方法的扩展和新发展有概念性了解；③能够建立并应用简单的计量经济模型，对现实经济现象中的数量关系进行实际分析；④具有进一步学习与应用计量经济学理论、方法与模型的基础和能力。

在第 1 版基础上，我们力求在比较系统地介绍计量经济学的基本原理及方法的基础上，注重突出计量经济学的应用，以适应我国现行高等院校经济管理类各专业的实际情况。具体包括，以浅显、简明和直观的方式向读者介绍计量经济学，将数学推导和证明压缩到较低限度，尽可能地运用计算机软件 Stata 去教学，以提高学生的学习兴趣。为了将计量经济学的应用与计算机有效地结合起来，使学生在学习计量经济学的同时，能够使用计算机处理现实中的经济问题，本书与方便实用的 Windows 界面的计算机软件 Stata 紧密结合，相关章节介绍了用 Stata 实现该章内容的案例分析，并要求学生用 Stata 完成章后习题，具有较强的实用性；重点介绍数学模型、计算结果的统计与经济意义；注重内容安排的科学性和先进性。

此外，第 2 版在第 1 版编写的基础上修订了案例分析、更新了数据、增加了 Stata 软件操作及分析，同时以二维码的形式提供了各章课后题参考答案(见前言后的二维码)。

本书为第 2 版，全书由吕杰担任主审，由李旻、刘帅、周密担任主编，施雯、谭晓婷、丛正担任副主编。具体编写分工如下：李旻编写第 1 章、第 3 章、附录，刘帅编写第 6 章、第 8 章，周密编写第 7 章，施雯编写第 2 章，施雯和丛正共同编写第 4 章，谭晓婷编写第 5 章。

在第 2 版编写过程中，我们参阅了大量计量经济学教材、著作和相关论文，从中得到很多启发，在此谨向各位专家、学者表示诚挚的谢意！

作者自身水平有限，书中定有不妥之处，恳请读者及专家提出宝贵意见。

编　者

2020 年 3 月

各章课后题参考答案

第1版 前言

计量经济学是在经济理论的指导下，根据实际观测的统计数据，运用数学和统计学的方法，借助于计算机技术从事经济关系与经济活动数量规律的研究，并以建立和应用计量经济模型为核心的一门经济学科。计量经济学经过80多年的发展，已经成为一门独立的应用经济学科。计量经济学已在经济学科中居于最重要地位，正如诺贝尔经济学奖获得者，著名经济学家克莱因所说："在大多数大学和学院中，计量经济学的讲授已成为经济学课程中具有权威的一部分。"我国计量经济学的应用与发展虽然只有30多年的历史，但其发展速度和影响却是惊人的。1998年7月教育部高等学校经济学科教学指导委员会确定计量经济学为高等学校经济学门类各专业的核心课程之一。将计量经济学列入经济学各专业核心课程，是我国经济学学科教学走向现代化和科学化的重要标志，对于提高我国经济学人才培养质量和研究水平均具有重要意义。

随着我国经济的蓬勃发展，计量经济学的应用领域日渐拓展。希望掌握和应用这一工具的大专院校经济学和管理学专业的学生、经济研究工作者及经济管理工作者越来越多。然而，大多数计量经济学著作都涉及较为复杂的数学和统计学知识，使不具备这些基础知识的求学者望而生畏；少数计量经济学著作虽不涉及高深的数学和统计学专门知识，但往往体系又不够完整，使求学者难观其概貌。我们在多年的教学中体会到，尽管目前我国的计量经济学教材种类比较多，但适合于非统计学及数量经济专业的经济学类本科教学的教材还比较少。

一般认为，我国非统计学及数量经济专业的经济管理类本科学生的数学基础不强，学习计量经济学的主要目的在于应用计量经济学的理论和方法。因此本书重点在于介绍计量经济学各种方法的基本思想及其具体应用。目前的计量经济学教材大多数都要求学生具备一定的数学基础，学生在学习计量经济学时，总感觉是在学习一门数学课。为消除学生这种印象，考虑到经济管理类专业学生的特点及学习计量经济学的目的，我们在总结多年的教学经验的基础上，编写了这本计量经济学教材。

应用一般数学和统计学知识阐释计量经济学的原理与方法，虽在某些方面有失严密，但其优点是显而易见的。这不仅为仅具一般数学和统计学基础知识的人学习和掌握这一学科提供了方便和可能，而且由于这种阐释方式对经济现象描绘的直观性，使学习者更容易理解计量经济方法的内涵及计量经济模型所表达的客观经济现象的内在规律性。本书应用不超过初等统计学及一般大学代数的基本知识，论述计量经济学的理论与方法，试图使具备这些基础知识的读者，在不必补习高等统计学和专门数学知识的条件下，能够顺利阅读与理解，企盼这一愿望能够实现。计量经济学虽有其独特的理论与方法，但研究的对象是客观经济现象，研究的目的是揭示经济现象的内在规律，其经济学内在本质毋庸置疑。本书在论及各种计量经济方法时，对其思路、假设、工作步骤及结果的经济含义均给予了充分的解释与说明，希冀读者能理解特定方法所反映和揭示的经济内涵。

本教材以微积分、线性代数、概率论与数理统计、微观经济学、宏观经济学和经济统计学为先修课程，试图通过课程教学，使学生达到：①了解现代经济学的特征，了解经济数量分析课程在经济学课程体系中的地位，了解经济数量分析在经济学科的发展和实际经济工作中的作用；②掌握基本的经典计量经济学理论与方法，并对计量经济学理论与方法的扩展和新发展有概念性了解；③能够建立并应用简单的计量经济模型，对现实经济现象中的数量关系进行实际分析；④具有进一步学习与应用计量经济学理论、方法与模型的基础和能力。

在编写过程中，我们力求在比较系统地介绍计量经济学的基本原理及方法的基础上，注重突出计量经济学的应用，以适应我国现行高等院校经济管理类各专业的实际情况。具体地，以浅显、简明和直观的方式向读者介绍计量经济学，将数学推导和证明压缩到较低限度，尽可能地运用计算机软件 EViews 去教学，以提高学生学习的兴趣。为了将计量经济学的应用与计算机有效地结合起来，使学生在学习计量经济学的同时，就能够使用计算机处理现实中的经济问题，本书与方便实用的 Windows 界面的计算机软件 EViews 紧密结合，相关章节都介绍了用 EViews 实现本章内容的案例分析，并要求学生用 EViews 完成各章习题，具有较强的实用性；重点介绍数学模型、计算结果的统计与经济意义；注重内容安排的科学性和先进性。

全书由吕杰担任主编，并负责修改、总纂和定稿。李旻、施雯、陈向华、王刚毅担任副主编。具体编写分工：李旻编写第 2 章、第 5 章，施雯编写第 1 章、第 4 章，陈向华编写第 6 章、第 8 章，王刚毅编写第 3 章、第 7 章。

在本书编写过程中，我们参阅了大量计量经济学教材、著作和相关论文，从中得到很多启发，没有前人的劳动成果就没有本书的出版，在此谨向各位专家、学者表示诚挚的谢意！

作者自身水平有限，本书定有不妥甚至错误之处，恳请读者及专家提出批评和宝贵意见。

编　者

2014 年 2 月

目　录

第1章 绪 论

教学目的与要求:本章主要对本学科的历史沿革、基本概念、研究内容进行简要介绍。通过本章学习,要求了解计量经济学的发展历程、学科性质、计量经济学软件;理解计量经济学的定义、计量经济学的应用;掌握计量经济学模型建立的一般步骤。

计量经济学是一门从数量方面研究各种经济变量变化规律的应用学科,是经济学科体系中重要的组成部分。经过近百年的发展,目前计量经济学的理论和方法已经被广泛应用到社会经济生活的不同领域。

1.1 计量经济学概述

1.1.1 计量经济学的含义

计量经济学(Econometrics)是专门研究经济范畴的特征、数量关系和数量变动规律的经济学,同时,又是一门研究经济问题的方法论科学。对于经济问题的研究,可以从质的方面着手,即纯理论的探讨,也可以从量的角度着手,即用实际数据对经济理论模型进行实证分析。计量经济学就是从量的角度来研究经济问题的。

计量经济学的学科名称最早是由挪威经济学家、第一届诺贝尔经济学奖获得者弗里希(R. Frisch)于1926年仿照"Biometrics"("生物计量学")提出来的。其英文直译为"经济度量",就是对实际的经济现象的数量化度量和分析。它试图量化经济现象,在抽象的经济理论领域和人类活动的现实世界之间架起一座桥梁。在我国,该学科的中文译名有两种:经济计量学与计量经济学。前者是从英文直译而来,从名称上强调该学科主要研究经济计量的方法;后者通过名称强调它是一门经济学科,具有经济学的内涵和外延。但从学科内容来看,二者没有本质区别。

对于计量经济学的定义,各位经济学者有着不同的表述,例如,计量经济学的创始人弗里希认为："用数学方法探讨经济学可以从好几个方面着手，但任何一个方面都不能和计量经济学混为一谈。计量经济学与经济统计学绝非一码事；它也不同于我们所说的一般经济理论，尽管经济理论大部分具有一定的数量特征；计量经济学也不应看作数学应用于经济的同义语。经验表明，统计学、经济理论和数学这三者对于真正了解现代经济生活的数量关系来说，都是必要的，然而单独一方面的观点则又是不充分的。这三方面观点的结合才是强有力的，这种结合便构成了计量经济学。"

萨缪尔森、科普曼斯、斯通等在1954年计量经济学家评审委员会的报告中认为："计量经济学可定义为根据理论和观测的事实，运用合适的推理方法，对实际经济现象进行的数量分析。"

著名美籍华裔经济学家、普林斯顿大学教授邹至庄则认为："计量经济学是运用统计方法测量经济关系的艺术和科学。"

由此可以看出，计量经济学是经济理论、数学和统计学相结合的一门综合性学科。它是以经济理论为指导，以事实(数据)为依据，运用计量经济方法，对经济变量建立计量经济模型，揭示经济变量之间的数量依存关系。

1.1.2 计量经济学的产生和发展

计量经济学起源于对经济问题的定量研究，即在对实际经济问题的研究中，经常需要对经济活动及其数量变动规律进行定量分析，这是社会经济发展到一定阶段的客观需要。早在17世纪，欧洲的一些经济学者就在探索用定量的方式研究经济现象。例如，英国经济学家、统计学家威廉·配第在《政治算术》一书中就运用统计方法研究社会经济问题，主张用"数字、重量和尺度"来阐明经济现象。之后相当长的一段时期，经济学家们力图运用数学方法研究经济活动，用数学语言和公式去表达经济范畴和经济规律，但这都还没有形成计量经济学。一般认为，计量经济学作为一门独立学科正式诞生，应以1930年12月挪威经济学家弗里希、荷兰经济学家丁伯根(J. Tinbergen)和其他一些国家的经济学家在美国成立了国际计量经济学会和由它创办的学术刊物《Econometrica》于1933年正式出版作为重要标志，因此，一般认为计量经济学产生于20世纪30年代。

计量经济学自诞生之日起，就显示了强大的生命力，尤其是第二次世界大战以后，计量经济学在西方各国的影响迅速扩大，发展成为经济学的重要分支。在20世纪30年代，以首届诺贝尔经济学奖得主弗里希为代表的计量经济学家致力于单方程计量经济学模型的研究，但不久就将研究的重点转向了联立方程模型。在20世纪40至50年代，计量经济学家们主要致力于联立方程模型的研究，经过该时期的大发展，到20世纪60年代末，计量经济学作为一门学科已经变得成熟起来。

自20世纪70年代以来，由于经济活动复杂性的不断增强和计量经济学应用领域的扩展，尤其是计算机的广泛应用以及新的计算方法的大量提出，计量经济学理论方法得到了很大的发展，特别是非经典计量经济学的理论和应用有了新的突破，形成了微观计量经济学、非参数计量经济学、时间序列计量经济学和动态计量经济学等新的分支。因此，人们把从产生至20世纪80年代的计量经济学称为经典计量经济学，把20世纪80年代至今产生的计量经济学称为现代计量经济学。具体来说，在20世纪60～70年代，计量经济学的发展主要集中在分布滞后模型、受限被解释变量模型以及非线性计量经济学模型等方面。自20世纪80～90年代以来，时间序列分析获得了革命性的发展，这一时期产生的自回归条件异方差(ARCH)模型在金融学中有着广泛的应用，而单位根和协整理论为宏观经济学研究提供了强有力的工具。另外，非参数与半参数方法开始受到越来越多的关注，并且已经成为计量经济学的热门研究领域。

从我国情况来看，计量经济学的引入和发展是从20世纪70年代末、80年代初开始的。1980年，应中国社会科学院的邀请，美国著名经济学家克莱因(R. Klein)教授等7位著名计量经济学家为我国培训了一批计量经济学学者，他们后来成为计量经济学的学术骨干和学术带头人。随后，各高校也相继开设了计量经济学课程。1998年，教育部确定了高等学校经济学门类各专业的8门核心课程(政治经济学、西方经济学、计量经济学、货币银行学、财政学、统计学、会计学和国际经济学)，首次将计量经济学列入其中。

从发展历程来看，尽管计量经济学作为一门独立学科登上历史舞台的时间不长，但经过几十年的发展，其已经在经济学科中占据了极重要的地位。例如，美国著名经济学家、诺贝尔经济学奖获得者萨缪尔森(P. Samuelson)认为："第二次世界大战后的经济学是计量经济学的时代。"著名计量经济学家、诺贝尔经济学奖获得者克莱因曾说："在大多数大学和学院中，计量经济学的讲授已经成为经济学课表中最有权威的一部分。"事实上，在世界诺贝尔经济学奖获得者中，相当一部分都是计量经济学家。从1969年诺贝尔经济学奖设立开始，第一届诺贝尔经济学奖就颁发给了计量经济学的创始人之一的弗里希和推广应用计量经济学并建立第一个用于研究经济周期理论的计量经济学模型的丁伯根。除此之外，比较著名的获得诺贝尔经济学奖的计量经济学家包括：赫克曼、麦克法登、恩格尔、格兰杰等。除这些直接在计量经济学领域做出重大贡献的计量经济学家之外，绝大多数诺贝尔经济学奖得主即使其主要贡献不在计量经济学领域，也都普遍运用了计量经济学方法。

1.1.3　计量经济学与其他学科的关系

根据弗里希对于计量经济学的描述可以看出，计量经济学是经济学、统计学和数学三者的结合，它与其他相关学科的关系如图1-1所示。

因此，可以看出，计量经济学是经济学、统计学、数学的交叉学科，这三门学科之间的彼此交叉是一门特定的学科，彼此不能混淆或替代。

(1)计量经济学与经济学

计量经济学研究的主体是经济现象发展变化的规律，计量经济模型描述的是经济变量之间的数量关系，这就决定了计量经济学研究必须以经济理论和经济运行机制作为建立模型的理论依据，可以说，经济学是计量经济学的理论基础。此外，由于计量经济学研究过程是将经济理论与客观事实紧密联系起来进行分析，同时计量经济学研究的结论反过来又可以对有关经济理论进行验证，从这一角度来说，计量经济学的研究成果又可以进一步充实、完善和发展经济理论。

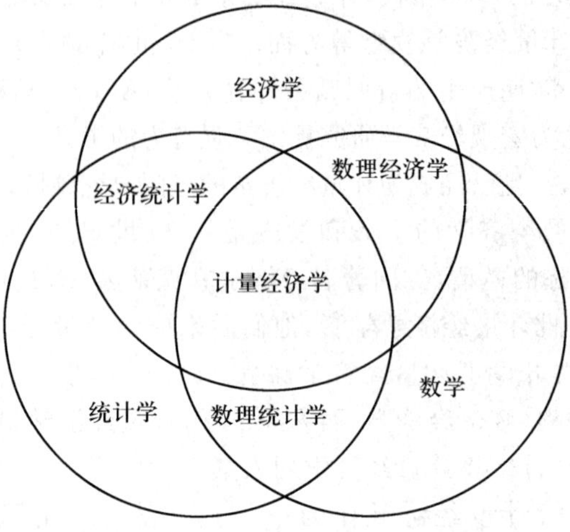

图 1-1　计量经济学与其他学科的关系

数理经济学是一门以数学形式描述经济变量之间逻辑关系，运用数学符号和公式分析研究经济现象的学科。数理经济学与理论经济学的区别只是表述形式不同。但是，数理经济学对计量经济学的产生和发展却有着重大的影响，因为它毕竟将经济关系数学化、公式化了，为计量经济学的进一步研究奠定了基础。因此，数理经济学是计量经济学研究的基础，计量经济学是数理经济学具体应用的发展，计量经济学的研究结果为数理经济学公式化的经济关系填上了实际内容。

(2)计量经济学与统计学

为了测定经济变量之间的数量关系，计量经济学家采用了统计学的分析方法，即通过对客观事实的大量观察来分析经济现象的特征和变化规律。在计量经济学研究过程中，从估计模型中的参数到检验模型的可靠性，都始终离不开统计资料。因此，统计资料是建立和评价计量经济模型的事实依据。同时，在确定经济变量的统计指标，搜集、整理、加工统计数据的过程中，都需要依据经济统计的有关理论和方法，以便为计量经济分析提供真实、准确的统计资料。但是，统计资料仅仅是计量经济学研究的"素材"，是对客观经济现象的一种真实却又较为粗浅的描述，计量经济学家需要从这些基本资料中寻找出经济变量之间的内在联系，从事物变化的原因来揭示经济现象的变化规律。所以，计量经济学研究也是对统计资料的一种深层次的"挖掘"与"开发利用"。

(3)计量经济学与数学

为了将经济理论和客观事实(即理论模型与统计资料)有机地结合起来，研究者需要采用适当的方法。由于计量经济学研究的主要是随机关系，所以，数理统计方法以及在此基础上发展起来的计量经济方法，成为计量经济学研究的建模工具。另外，计量经济学研究过程中经常需要进行大量的数据计算，计算机成为计量经济学研究不可缺少的工具。事实上，计量经济学的理论发展和广泛应用与计算机技术的不断进步是密不可分的。

1.2 建立计量经济学模型的步骤

本节主要介绍建立计量经济学模型的步骤。在学习全书之前，首先对建立计量经济学模型过程有一个整体的了解，可以使学习更具目的性和针对性。一般来说，应用计量经济学方法建立模型，可以分为以下四个步骤。

1.2.1 建立理论模型

计量经济学是以经济理论为指导的学科，这就意味着在应用计量经济学方法研究经济问题时，首先应以相应的经济理论或假说为依据，根据研究的经济现象，找出经济现象间的因果关系及相互之间的联系，确定模型中应该包含的因素，根据所研究的问题以及数据的可得性选择适当的变量来代表这些因素，然后根据经济理论，确定被解释变量和解释变量，并设定合适的计量经济学理论模型来表示经济现象中的数量关系。具体来说，应完成以下三方面的工作。

(1)确定模型中的变量

计量经济学中一般将方程中的变量分成两类，即被解释变量(explained variable)和解释变量(explanatory variable)。被解释变量是因果关系中的结果，而解释变量是因果关系中的原因，即用解释变量来解释或说明被解释变量的变化情况。建立理论模型时，主要是确定模型中的解释变量，一般来说，主要根据经济理论和经验确定被解释变量的主要影响因素。例如，如果以绝对收入理论建立消费函数，则以收入作为解释变量；但是，如果以相对收入理论或持久收入理论建立消费函数，则解释变量中还包括上期消费或上期收入。需要注意的是，在确定变量时，首先，要考虑数据的可得性，只有收集到实际的样本数据，才能完成计量经济模型的参数估计过程。其次，要考虑引入模型的变量要与所研究的经济内容相一致。例如，对于供给不足的生产活动，影响产出的因素主要是投入要素，如资本、劳动、技术等，如果是需求不足的情况，则影响产出的应该是需求方面的因素，如消费品生产的影响因素主要是消费者收入和价格，生产资料生产的影响因素主要是固定资产投资。最后，要考虑所选择的解释变量之间应不相关或相关性较弱，这样才不会产生多重共线性问题，导致估计结果不佳。当然在一开始就确定引入模型的解释变量之间不相关或相关性较弱是比较困难的，可以在模型的估计和检验过程中解决这个问题。

(2)确定模型的函数形式

确定模型的函数形式一般有两种方式：一种方式是根据经济行为理论，如根据所研究的经济问题，选择常用的生产函数、需求函数、消费函数和投资函数等；另一种方式是根据实际统计资料，绘制被解释变量与解释变量之间的相关图，由相关图显示的变量之间的相关关系确定模型的数学形式，这也是人们目前经常采用的方式。在某些情况下，如果无法事先确定模型的数学形式，可以采用不同的函数形式进行模拟，然后选择模拟结果较好的一种。

(3)拟定模型中待估参数的符号和大小的理论期望值

模型中待估参数的数值，待模型估计、检验之后才能确定，但对于它们的符号和大小的范围，在很多情况下可以根据对所研究经济活动的认识，事先加以确定，并用以检验模型的估计结果。如果最终估计出的参数数值与理论期望值或符号不相符，则必须重新进行估计。

例如，柯布-道格拉斯生产函数：$Q=AK^{\alpha}L^{\beta}$，其中有3个待估参数，分别为A、α、β。显然，根据人们对生产活动的认识，α为资本的产出弹性、β为劳动的产出弹性。因此，它们的取值符号及范围应为：

$$0<\alpha<1,0<\beta<1,\text{且 }\alpha+\beta\approx 1,A>0$$

1.2.2 样本数据的收集

在建立了理论模型之后，下一步就是根据所选择变量的含义、口径收集并整理样本数据。这一步是整个建模步骤中最费时费力的工作，而且收集的样本数据的质量直接影响模型估计的质量。因此，尽管将样本数据的收集放在建立计量经济模型的第二个步骤，但从实践来看，很多情况下这一步骤与前一步骤同时进行。

(1)常用的数据类型

计量经济学经常用的数据类型有4类：

①时间序列数据(time-series data)。时间序列数据是指在不同时间点上收集到的数据，这类数据反映某一事物、现象等随时间变化的状态或程度。例如，我国国内生产总值在1949—2011年的变化就是时间序列数据。时间序列数据是建立计量经济模型应用最多的数据类型。

②截面数据(cross-section data)。截面数据是指发生在同一时间截面上的数据，即不同主体在同一时点或同一时期的数据。例如，同一时间不同家庭的收入和消费支出。

③面板数据(panel data)。面板数据是截面数据与时间序列数据综合起来的一种数据类型，它有时间序列和截面两个维度，当这类数据按两个维度排列时，是排在一个平面上，与只有一个维度的数据排在一条线上有着明显的不同，整个表格像是一个面板。例如，20年间10个地区的粮食生产情况，每个地区20年的粮食生产情况构成时间序列数据，而10个地区任何一年的粮食生产情况又构成截面数据。

④虚变量数据(dummy variables data)。时间序列数据和截面数据都是反映定量事实的数据，是计量经济分析中用得最多的、最基本的数据。但是还有一些定性的事实不能直接用一般的数量去计量，例如政府政策的变动、自然灾害、战争与和平状态等。在计量经济学研究中常发现，某些客观存在的定性现象确实对所研究的经济变量有明显的影响，需要把它们引入计量经济模型中，这时常用人为构造的虚拟变量去表示这类客观存在的定性现象“非此即彼”的

状态。虚变量数据也称二进制数据，一般取0或1，通常以1表示某种状态发生，以0表示该种状态不发生。如考察不同性别对工资的影响，这时为了区分男性和女性，就可以用虚变量0和1分别代表男性和女性。

(2)数据的来源

从样本数据收集的方法来看，收集数据有两种方式：

①第一手资料：即研究者亲自设计调查问卷，直接收集来的数据。

②第二手资料：即从别人发表的统计资料中查到的数据，如可以从国家统计局每年出版的《中国统计年鉴》以及各省市统计出版的统计年鉴获得，也可以从中央各主管部门出版的各种专业统计年鉴中获得。另外也可以通过近年来出现的数据库公司，如北京大学中国经济研究中心的色诺芬信息服务公司等，以付费形式及时得到大量的有效经济数据。

(3)数据的质量

数据是建立计量经济模型的基本原料。一方面，在建模之初应根据数据的可得性选择合适的变量；另一方面，高质量的样本数据是根据模型能做出正确判断的必要条件，样本数据质量的好坏与样本数据的完整性、准确性、可比性和一致性有着密切关系。

①完整性。即模型中包含的所有变量都必须得到相同容量的样本观测值。这既是模型参数估计的需要，也是经济现象本身应该具有的特征。但现实中往往有数据的遗失，对于少数遗失数据必须采用科学的方法，人为地补充以达到完整。

②准确性。包括两个方面的含义，一是必须准确反映它所代表的经济主体的状态，二是必须是模型研究中所要求的数据。前一方面是显而易见的，它要求统计数据或调查数据本身是准确的；而后一方面则容易被人们忽视，它要求准确地选择应用数据，尽量使得样本与我们所研究的对象相吻合。例如，我们在研究某行业的生产函数模型时，作为解释变量的技术、资本和劳动必须是投入该行业的技术、资本和劳动。

③可比性。也就是通常所说的数据口径问题，在计量经济模型研究中可以说无处不在。而人们可以得到的经济计量数据，却具有比较差的可比性。其原因在于统计范围口径的变化和价格口径的变化。例如，按不变价格统计得到的数据和按当年价格计算得到的统计数据显然没有可比性，必须进行统一口径处理才能为研究所用。

④一致性。一致性是指样本数据来源必须与被估计母体一致。计量经济学模型的参数估计，从数学上讲，是用母体中随机抽取的个体样本估计母体的参数，那么要求母体与个体必须是一致的。例如，估计煤炭企业的生产函数，只能用煤炭企业的数据作为样本，而不能用煤炭行业的数据。

1.2.3　模型参数的估计

在获得理论模型所要求的样本数据之后，就可以选择适当的方法对模型中的参数进行估计。计量经济模型中的参数在既定的条件下是未知的系数，由于随机误差的存在，我们不可能准确地去计算参数的数值，只能采用一定的方法对它进行估计，经过实际估计所得出的参数值，称为参数的估计值。用一定的方法获得的用来描述总体参数估计的数学表达式，称为参数的估计式。估计式是变量的样本观测值的代数式，只要将变量的样本观测值代入估计式，即可得到参数的估计值。计量经济学的重要内容之一，就是研究如何确定满足计量经济学要求的估计式，也就是模型参数的估计方法，它是计量经济学的核心内容。

1.2.4 模型的检验

根据实际观测资料求得模型参数的估计值以后，还需要对这些参数和模型进行检验，以验证模型能否反映所研究经济活动中诸因素之间的实际关系，即检验模型的可靠程度。只有通过检验的模型才能应用于实践。

(1)经济意义检验

经济意义检验(或符号检验、经济合理性检验)即检验求得的参数估计值的符号与大小是否与预期值或理论值相符合。一般来说，该项检验主要依据经济理论来进行，现有的经济理论对于模型中的变量及参数的经验意义进行了说明，给出了相应的符号以及取值范围。如果所估计的模型与经济理论相符，说明我们所观测的事实证实了这种理论；如果所估计的模型与理论说明不相符，则应设法从模型设定、估计方法、统计数据等方面找出导致错误出现的原因，并采取必要的措施对模型进行修正。

需要注意的是，经济意义的检验是所有检验的基础，只有当模型中的参数估计值通过经济意义的检验，才能进行下一步的检验。

(2)统计准则检验

模型的参数是用变量的样本观测值估计出来的，为了检验参数估计值是否为抽样的偶然结果，需要用数理统计中的统计推断方法，对模型及参数的统计可靠性做出判断。统计准则检验，就是从统计上证明所建立的模型是否成立，即评定建立在样本观测值基础上的参数估计值的可靠性和精确程度。统计准则检验主要通过计算一系列检验统计量及对这些统计量的分析来进行，常用的检验方法主要包括拟合优度检验(R^2 检验)、回归方程的显著性检验(F 检验)、变量的显著性检验(t 检验)等。

(3)计量经济学检验

计量经济学检验是由计量经济学理论确定的，主要用于检验模型的计量经济学性质。计量模型在估计的过程中总会需要一些假定条件，如果这些假定条件不符合，就会出现估计偏差的问题，而计量经济学检验正是针对这些假定条件进行检验。例如，针对随机干扰项的同方差假定，检验是否存在异方差问题；针对随机干扰项的无序列相关性假定，检验是否存在序列相关性问题；针对模型无多重共线性假定，检验是否存在多重共线性问题等。如果模型不能通过计量经济学检验，则需要对模型进行必要的处理，并重新估计模型的参数。

(4)模型预测检验

统计准则检验和计量经济学检验一般都是利用样本期的统计资料进行检验,而模型预测检验主要检验模型参数估计量的稳定性,以及模型对样本期以外客观事实的近似描述(即所谓的超样本特性)。具体检验方法包括扩大样本容量或变换样本重新估计模型,再检验新的估计值与原来的估计值是否存在显著差异;利用模型对样本期以外的某一时期进行预测,再通过比较预测值与实际值的误差,检验模型的预测能力。

如果上述检验都能通过,则表明所估计的计量经济模型能较好地反映经济变量之间的数量关系,可以进一步应用于实践。若有些检验未能通过,则表明理论模型设定错误,或者收集的统计资料不能真实地反映客观实际情况,需要重新设定理论模型或重新收集整理统计数据。

1.3 计量经济模型的应用

计量经济学模型建立起来并经过检验之后,可以认为该模型就是实际经济系统的反映,因此可以应用于实际经济问题。计量经济学模型的应用主要包括结构分析、经济预测、政策评价以及检验和发展经济理论四个方面。

1.3.1 结构分析

结构分析是对经济现象中变量之间相互关系的研究,也就是分析当一个或多个变量发生变化时会对其他变量以至经济系统的影响。结构分析所采用的主要方法包括弹性分析、乘数分析以及比较静力分析。弹性分析主要研究一个变量的相对变动对另一个变量的相对变动的影响。乘数分析是研究某一变量的绝对量的变动引起另一变量绝对量变化的量度,即倍数。乘数分析常用来分析外生变量的变化对内生变量的影响。比较静力分析是指比较经济系统的不同平衡位置之间的联系,探索经济系统从一个平衡点到另一个平衡点时变量的变化,研究系统中某个变量或参数的变化对另外变量或参数的影响。可以说,结构分析过去是、现在是、将来也仍然是计量经济学模型的一个主要作用。

1.3.2 经济预测

经济预测是计量经济学模型的重要应用之处,计量经济学模型主要是通过模拟经济现象的历史,并从模拟历史中找出经济现象变化的规律,运用已建立起来的计量经济模型对经济现象的未来情况进行预测估计或推算。这种预测可以是提供被预测现象取值的一个可能取值,即点预测,也可以是提供被预测现象取值的一个可能范围,即区间预测,可以是对经济现象的未来时期状态的动态预测，也可以是对被解释变量在不同空间状态的空间预测。

计量经济学模型作为一类经济数学模型，是从经济预测，尤其是短期预测发展起来的。在进行经济预测时需要注意，计量经济模型是以模拟过去发生的规律性事件来对未来进行预测，因此，如果经济过程是非稳定的、缺乏规律的，则计量经济学模型对未来的预测效果不会很好。此外，计量经济学模型是以特定的经济理论为基础的，经济理论的不完善也会对预测效果造成影响。当然，随着计量经济建模技术的不断发展以及经济理论的不断完善，未来计量经济学模型的预测功能肯定会不断进步。

1.3.3 政策评价

政策评价是指从许多不同的政策中选择较好的政策予以实行，或者说研究不同的政策对经济目标所产生影响的差异。从微观经济领域到宏观经济领域，总是面临着政策评价的问题。经济数学模型可以起到政策实验室的作用，尤其是计量经济学模型，它揭示了经济系统中变量之间的相互关系，将经济目标作为被解释变量，将经济政策作为解释变量，可以很方便地评价各种不同政策对目标的影响。将计量经济学和计算机技术结合起来，可以建成名副其实的经济政策实验室。

1.3.4 检验和发展经济理论

实践是检验真理的唯一标准。任何经济理论，只有当它成功地解释了过去，才能为人们所接受。计量经济建模是一种检验经济理论的好方法，因为一个好的模型，必然很好地拟合样本数据，而样本数据是已经发生的经济活动的客观再现，所以在模型中表现出来的经济活动的数量关系，则是经济活动所遵循的经济规律，即理论的客观再现。于是，就可以看出计量经济建模的两方面作用：一是按照某种经济理论去建立模型，然后用已经发生的经济活动的样本数据去拟合，如果拟合得好，这种经济理论就得到了检验，这就是经济理论的检验；二是如果对某种经济现象存在一定的理论假设，这时就可以通过建立计量经济学模型对该理论假设进行检验，如果根据理论假设建立起来的理论模型能很好地解释经济现象，就可以提出新的经济理论，当然新发展起来的经济理论还需要经过大量经验的验证。

1.4 计量经济分析软件

计量经济学的发展与电子计算机的应用密切相关。随着计量经济学的发展，其所用的模型越来越多，电子计算机及其应用软件的发展使大量复杂的计量经济模型得以实际运用。计算机及其应用软件的普及与推广也使计量经济学的广泛应用成为可能。常用的计量经济学软件很多,它们侧重面不同,但都具有基本的计量经济分析功能。

1.4.1 Stata 软件

Stata 软件是数据分析和数据管理软件包,是一款小巧但功能非常强大的统计分析软件,有很强的数据处理能力。其最初由美国计算机资源中心(Computer Resource Center)研制,现在是 Stata 公司的产品。软件操作方式主要是运行所编辑的程序,由于其命令格式简洁规范、形式灵活、易学易懂,并且用户可以根据统计分析的需要采用各种编程技巧达到分析的目的,所以 Stata 软件现已成为我国计量经济学教学、科研中的主要软件,本教材中将以该软件为主介绍计量经济学的理论和方法。

1.4.2 EViews 软件

EViews(econometrics views)通常称为经济计量软件包,直译为"经济计量观察"。EViews 软件是美国 QMS 公司开发的基于 Windows 平台的应用软件,其前身是 DOS 系统下的 TSP 软件。

EViews 软件是为现代计量经济学专门研制的配套软件,因其功能强大、操作简单、界面友好而获得广大用户的一致好评,曾是最流行的计量经济学软件之一,是学习计量经济学特别是现代计量经济学必须掌握的计量工具。其主要功能有:数据管理、基本统计分析、相关分析、方差分析、图形绘制;各种回归;可对时间序列、截面数据以及面板数据建模,也可对线性和非线性联立方程建模;可进行单位根检验、自相关检验、异方差检验,也可对模型进行参数稳定性检验、模型结构稳定性检验等。

1.4.3 R 软件

R 是一个有着统计分析功能及强大作图功能的软件系统,是由奥克兰大学统计学系的 Ross Ihaka 和 Robert Gentleman 共同创立。由于受 Becker,Chambers & Wilks 创立的 S 和 Sussman 的 Scheme 两种语言的影响,所以 R 看起来和 S 语言非常相似。

R 可在多种操作系统下运行,如 Windows,Linux 和 UNIX 等。R 需要输入命令,可以编写函数和脚本进行批处理运算,语法简单灵活。目前在 R 网站上有两千多个程序包,涵盖了基础统计学、社会学、经济学、生态学、地理学、医学统计学、生物信息学等诸多方面。R 是开源软件,代码全部公开,对所有人免费,所以该软件现在已越来越受到统计分析人员的重视和欢迎。

1.4.4 SPSS 软件

SPSS(statistical package for the social sciences)即"社会科学统计软件包",是一种集成化

的计算机数据处理应用软件，是公认的优秀的统计分析软件之一。1968 年，美国斯坦福大学的三位大学生开发了最早的 SPSS 软件，并于 1975 年在芝加哥成立了 SPSS 公司，现已有 40 余年的成长历史，目前最新的版本为 SPSS25。它提供了经典计量经济学和多元统计分析的大部分功能，如数据管理、统计图形和表格、一般统计、统计检验、回归分析、方差分析、聚类分析、因子分析、主成分分析和时间序列分析等，但也并不局限于计量经济学和多元统计分析，而是面向一般的社会科学，如社会学、市场学、人口学、医学和气象学等，即凡是统计分析问题均可使用该软件，而且特别适用于截面数据分析。

1.4.5 SAS 软件

SAS(statistics analysis system)最早由北卡罗来纳大学的两位学生编制，并于 1976 年成立了 SAS 软件研究所，正式推出了 SAS 软件。经过几十年的发展，SAS 软件已成为国际知名的统计软件之一，具有完备的数据访问、数据管理、数据表现和数据分析以及应用开发等功能，已被广泛应用于社会科学和自然科学的各个领域。国际学术界有条不成文的规定：凡是用 SAS 统计分析的结果，在国际学术交流中可以不必说明算法，由此可见其权威性与信誉度。SAS 系统由多个应用模块组成，其中包括时间序列分析等计量经济分析模块。由于 SAS 系统具有强大的统计分析功能，与多种统计软件有数据接口，并能够根据用户需要编制程序运行特殊的数据处理过程，所以也得到了众多经济学家的喜爱，并广泛应用于计量经济分析。

本章练习题

一、单选题

1. 计量经济学是下列哪门学科的分支学科(　　)。
   A. 统计学　　B. 数学　　C. 经济学　　D. 数理统计学
2. 截面数据是指(　　)。
   A. 同一时点或同一时期上不同统计单位相同统计指标组成的数据
   B. 不同时点或不同时期上相同统计单位相同统计指标组成的数据
   C. 同一时点或同一时期上相同统计单位不同统计指标组成的数据
   D. 同一时点或同一时期上不同统计单位不同统计指标组成的数据
3. 下面属于截面数据的是(　　)。
   A. 2001—2012 年各年某省 12 个市的国内生产总值
   B. 2001—2012 年各年某省 12 个市的国内生产总值合计数
   C. 2012 年某省 12 个市国内生产总值的合计数
   D. 2012 年某省 12 个市的国内生产总值

4. 同一统计指标，同一统计单位按时间顺序记录形成的数据是(　　)。
A. 时期数据　　B. 面板数据
C. 时间序列数据　　D. 截面数据
5. 建立计量经济模型的基本步骤是(　　)。
A. 建立理论模型、收集样本数据、估计参数、检验模型
B. 设定理论模型、估计参数、检验模型、应用模型
C. 个体设计、总体设计、检验模型、估计模型
D. 确定变量及方程式、估计模型、收集样本数据、检验模型
6. 对模型参数估计值的符号和大小合理性进行的检验，属于(　　)。
A. 统计准则检验　　B. 计量经济准则检验
C. 经济意义检验　　D. 稳定性检验
7. 设 Y 为消费量，X 为收入水平，建立的消费函数为 $Y=\beta_0+\beta_1X+\mu$，$\hat{\beta}_0$、$\hat{\beta}_1$ 分别为 β_0、β_1 的估计值，根据经济理论，有(　　)。
A. $\hat{\beta}_0$ 应为正值，$\hat{\beta}_1$ 应为负值　　B. $\hat{\beta}_0$ 应为正值，$\hat{\beta}_1$ 应为正值
C. $\hat{\beta}_0$ 应为负值，$\hat{\beta}_1$ 应为正值　　D. $\hat{\beta}_0$ 应为负值，$\hat{\beta}_1$ 应为负值
8. 计量经济模型的基本应用领域有(　　)。
A. 弹性分析、乘数分析、政策模拟
B. 消费需求分析、生产技术分析
C. 季度分析、年度分析、中长期分析
D. 结构分析、经济预测、政策评价、检验和发展经济理论

二、多选题

1. 从变量的因果关系看，经济变量可分为(　　)。
A. 解释变量　　B. 被解释变量
C. 内生变量　　D. 外生变量
E. 控制变量
2. 进行理论模型设计时，需要完成的工作包括(　　)。
A. 确定模型中的变量　　B. 进行参数估计
C. 确定模型的函数形式　　D. 模型检验
E. 拟定待估参数符号和大小的理论期望值
3. 进行样本数据的收集时，要求数据能够保证(　　)。
A. 完整性　　B. 准确性
C. 规律性　　D. 可比性
E. 一致性
4. 对计量经济模型进行统计准则检验包括(　　)。
A. 经济意义检验　　B. 拟合优度检验
C. 预测检验　　D. 回归方程的显著性检验
E. 变量的显著性检验

5. 经济结构分析主要包括（　　）。

A. 弹性分析　　B. 乘数分析

C. 比较静态分析　　D. 动态分析

E. 方差分析

三、判断题

1. 建立计量经济模型时，收集的样本数据质量会直接影响模型质量。（　　）

2. 在经济计量分析中，模型参数一旦被估计出来，就可将估计模型直接运用于实际的计量经济分析。（　　）

3. 计量经济学研究经济生活中精确的函数关系。（　　）

4. 在进行模型检验时，经济意义检验是其他检验的基础。（　　）

5. 对模型进行计量经济学检验，目的在于检验模型的计量经济学性质。（　　）

四、简答及分析题

1. 计量经济模型经常用到的数据类型有哪些？

2. 简述建立计量经济模型的主要步骤。

3. 对计量经济模型进行检验应从哪几个方面入手？

4. 指出下列模型的错误，并说明理由。

(1)(消费)$C_i=500-0.53I_i$，其中，C_i、I_i 分别表示居民消费支出和可支配收入；

(2)$Q_i=10-0.71I_i+0.46P_i$，其中，Q_i、I_i、P_i 分别表示某商品需求、居民收入以及该商品价格；

(3)$Q_i=20-0.75P_i$，其中，Q_i、P_i 分别表示某商品供给以及该商品价格；

(4)$Y_i=0.65\,K_i^{1.32}\,L_i^{0.41}$，其中，$Y_i$、$K_i$、$L_i$ 分别表示产出量、资本投入以及劳动投入。

第2章 经典单方程计量经济学模型：一元线性回归模型

教学目的与要求：了解普通最小二乘法的基本原理；能够应用 OLS 估计经典线性回归模型的参数并检验其有效性；能够应用简单线性回归模型进行预测；能够应用计量经济学软件解决一元线性回归分析的实际问题。

单方程计量经济学模型以单独经济现象作为研究对象，模型只用一个计量经济方程表示，是应用最为广泛的计量经济学模型。经典单方程计量经济学模型的理论与方法，不仅是计量经济学内容体系中最重要的组成部分，也是联立方程计量经济学模型理论与方法的基础。本章主要介绍经典单方程计量经济学模型中一元线性回归模型的基本假定、估计与检验等相关问题，也是学习多元线性回归模型、联立方程模型的基础。

2.1 回归分析概述

2.1.1 回归分析的基本概念

(1)变量间的相互关系

绝大多数自然现象和社会经济现象之间，都存在着不同程度的联系。计量经济学的主要问题之一就是要探寻各种经济变量之间的相互联系程度、联系方式及其运动规律。对于经济变量间的关系一般可以进行如下划分：其一是确定的函数关系，其二是不确定的统计相关关系。

确定性现象之间的关系一般表现为函数关系，即给定一个现象一个具体数值时，另外一个现象有唯一确定值与之相对应。例如，路程 S 与速度 v 之间的关系，只要时间 t 给定，则路程 S 也就随之确定：$S=vt$。非确定性现象间的关系经常表现为统计相关关系。例如，农作物产量 Y 与施肥量 X 间的关系，其特点是：农作物产量 Y 随着施肥量 X 的变化呈现某种规律性的变化，在适当的范围内，随着 X 的增加，Y 也增加。但与函数关系不同的是，给定施肥量 X，与之对应的农作物产量 Y 并不能确定。主要原因在于，除了施肥量，还有诸如阳光、气温、降雨等其他许多因素都在影响着农作物的产量。这时，我们无法确定农作物产量与施肥量间确定的函数关系，但却能通过统计计量等方法研究它们之间的统计相关关系。农作物产量 Y 作为非确定性变量，也被称为随机变量。

在进行研究时，变量间的函数关系与相关关系并不是绝对的，在一定条件下两者可相互转化。例如，在对确定性现象的观测中，往往存在测量误差，这时函数关系常会通过相关关系表现出来；反之，如果对非确定性现象的影响因素能够一一辨认出来，并全部纳入变量间的依存关系式中，则变量间的相关关系就会向函数关系转化。相关分析与回归分析主要研究非确定性现象间的统计相关关系。

(2)相关分析与回归分析

变量间的统计相关关系可以通过相关分析与回归分析来研究。相关分析(correlation analysis)主要研究随机变量间的相关形式及相关密切程度，在进行相关分析时，可以利用散点图和相关指标进行。

变量间相关的表现形式包括线性相关与非线性相关，线性相关表现为变量的散点图接近于一条直线。变量间线性相关密切程度可通过相关系数来测量，两个变量 X 和 Y 的总体相关系数为

$$\rho_{xy}=\frac{\mathrm{Cov}(X,Y)}{\sqrt{\mathrm{Var}(X)\mathrm{Var}(Y)}} \tag{2-1}$$

其中，$\mathrm{Cov}(X,Y)$表示变量 X 和 Y 的协方差，$\mathrm{Var}(X)$和 $\mathrm{Var}(Y)$分别表示变量 X 和 Y 的方差。

如果给出 X 与 Y 的一组样本(X_i,Y_i)，$i=1,2,\cdots,n$，则样本相关系数为

$$r_{XY}=\frac{\sum_{i=1}^{n}(X_i-\bar{X})(Y_i-\bar{Y})}{\sqrt{\sum_{i=1}^{n}(X_i-\bar{X})^2}\cdot\sqrt{\sum_{i=1}^{n}(Y_i-\bar{Y})^2}} \tag{2-2}$$

其中，$\bar{X}$ 与 $\bar{Y}$ 分别表示变量 X 与 Y 的样本均值。

多个变量间的线性相关程度，可用复相关系数与偏相关系数来度量。

具有相关关系的变量间有时存在着因果关系，这时，我们可以通过回归分析(regression analysis)来研究它们间的具体依存关系。例如，根据经济学理论，消费支出与可支配收入之间不但密切相关，而且有着因果关系，即可支配收入的变化往往是消费支出变化的原因。这时，不仅可以通过相关分析研究两者间的相关程度，而且可以通过回归分析研究两者间的具体依存关系，即考察可支配收入每 1 元的变化所引起的消费支出的平均变化。

回归分析是研究一个变量关于另一个(些)变量的依存关系的计算方法和理论。其目的在于通过后者的已知或设定值，去估计和(或)预测前者的(总体)均值。前一个变量称为被解释变量(explained variable)或因变量(dependent variable)，后一个变量称为解释变量(explanatory variable)或自变量(independent variable)。

相关分析与回归分析既有联系又有区别。首先，两者都是研究非确定性变量间的统计依赖关系，并能测度线性依赖程度的大小。其次，两者间又有明显的区别。相关分析仅仅是从统计数据上测度变量间的相关程度，而无须考察两者间是否有因果关系，因此，变量的地位在相

关分析中是对称的,而且都是随机变量;回归分析则更关注具有统计相关关系的变量间的因果关系分析,变量的地位是不对称的,有解释变量与被解释变量之分,而且解释变量也往往被假设为非随机变量。再次,相关分析只关注变量间的联系程度,不关注具体的依赖关系;而回归分析则更加关注变量间的具体依赖关系,因此可以进一步通过解释变量的变化来估计或预测被解释变量的变化,达到深入分析变量间依存关系,掌握其运动规律的目的。

回归分析构成计量经济学的方法论基础,其主要内容包括:①根据样本观察值对计量经济学模型参数进行估计,求得回归方程;②对回归方程、参数估计值进行显著性检验;③利用回归方程进行分析、评价及预测。

2.1.2 总体回归函数

由于统计相关的随机性,回归分析关心的是根据解释变量的已知或给定值,考察被解释变量的总体均值,即当解释变量取某个确定值时,与之统计相关的被解释变量所有可能出现的对应值的平均值。

[例 2-1]

一个假想的社区是由 100 户家庭组成的总体,研究该社区每月家庭消费支出 Y 与每月家庭可支配收入 X 的关系,即根据家庭的每月可支配收入,考察该社区家庭每月消费支出的平均水平。为研究方便,将该 100 户家庭组成的总体按可支配收入水平划分为 10 组,并分别分析每一组的家庭消费支出(表 2-1)。

表 2-1 某社区家庭每月可支配收入与消费支出统计表 元

每月家庭可支配收入 X	800	1 100	1 400	1 700	2 000	2 300	2 600	2 900	3 200	3 500
	561	638	869	1 023	1 254	1 408	1 650	1 969	2 090	2 299
	594	748	913	1 100	1 309	1 452	1 738	1 991	2 134	2 321
	627	814	924	1 144	1 364	1 551	1 749	2 046	2 178	2 530
	638	847	979	1 155	1 397	1 595	1 804	2 068	2 266	2 629
		935	1 012	1 210	1 408	1 650	1 848	2 101	2 354	2 860
		968	1 045	1 243	1 474	1 672	1 881	2 189	2 486	2 871
每月家庭消费支出 Y			1 078	1 254	1 496	1 683	1 925	2 233	2 552	
			1 122	1 298	1 496	1 716	1 969	2 244	2 585	
			1 155	1 331	1 562	1 749	2 013	2 299	2 640	
			1 188	1 364	1 573	1 771	2 035	2 310		
			1 210	1 408	1 606	1 804	2 101			
				1 430	1 650	1 870	2 112			
				1 485	1 716	1 947	2 200			
						2 002				
共计	2 420	4 950	11 495	16 445	19 305	23 870	25 025	21 450	21 285	15 510

因为不确定因素的影响，对同一可支配收入水平 X，不同家庭的消费支出不完全相同，但因为调查的完备性，给定可支配收入水平 X 的消费支出 Y 的分布是确定的，即以 X 的给定值为条件的 Y 的条件分布(conditional distribution)是已知的，如 $p(Y=561|X=800)=1/4$，所以给定收入 X 的值，可得消费支出 Y 的条件均值(conditional mean)或条件期望(conditional expectation)，如 $E(Y|X=800)=605$。表 2-2 给出了 10 组可支配收入水平下相应家庭消费支出的条件概率，以及各可支配收入水平组家庭消费支出的条件均值。

以表 2-1 中的数据绘出可支配收入 X 与家庭消费支出 Y 的散点图(图 2-1)。从该散点图可以看出，虽然不同的家庭消费支出存在差异，但平均来说，随着可支配收入的增加，家庭消费支出也在增加。进一步，这个例子中 Y 的条件均值恰好落在一根正斜率的直线上，这条直线称为总体回归线。

表 2-2　各可支配收入水平组相应家庭消费支出的条件概率与条件均值

收入水平/元	800	1 100	1 400	1 700	2 000	2 300	2 600	2 900	3 200	3 500
条件概率	1/4	1/6	1/11	1/13	1/13	1/14	1/13	1/10	1/9	1/6
条件均值/元	605	825	1 045	1 265	1 485	1 705	1 925	2 145	2 365	2 585

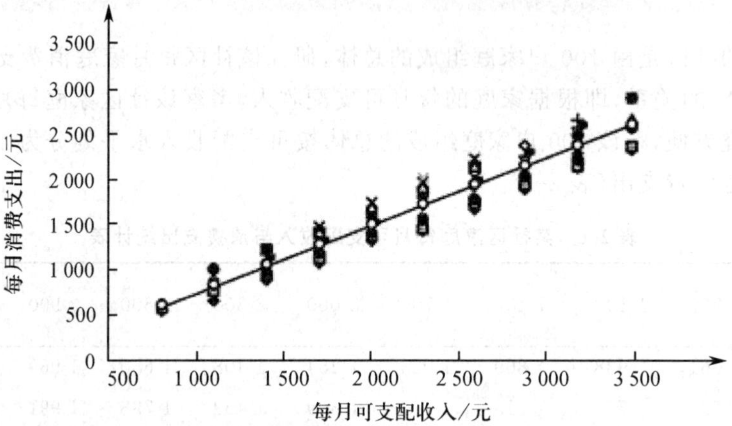

图 2-1　不同可支配收入水平组家庭消费支出的条件分布图

在给定解释变量 X_i 条件下，被解释变量 Y_i 的期望轨迹称为总体回归线(population regression line)，或更一般地称为总体回归曲线(population regression curve)。相应的函数

$$E(Y|X_i)=f(X_i) \tag{2-3}$$

称为(双变量)总体回归函数(population regression function，PRF)。总体回归函数表明被解释变量 Y 的平均状态(总体条件期望)随解释变量 X 变化的规律。至于具体的函数形式，是由所考察总体固有的特征来决定的。实践中总体往往无法全部考察到，因此总体回归函数形式的选择就是一个经验方面的问题，这时经济学等相关学科的理论就显得很重要。例如，生产函数常以 Cobb-Douglas 幂函数的形式出现，U 形边际成本函数以二次多项式的形式出现等。将居民消费支出看成是其可支配收入的线性函数时，(2-3)式可进一步写成

$$E(Y|X_i)=\beta_0+\beta_1 X_i \tag{2-4}$$

其中，β_0、β_1 是未知参数，称为回归系数（regression coefficients）。（2-4）式也称为线性总体回归函数。线性函数形式最为简单，其中参数的估计与检验也相对容易，而且多数非线性函数可转换为线性形式，因此，为了研究的方便，计量经济学中总体回归函数常设定成线性形式。需注意的是，经典计量经济方法中所涉及的线性函数，指回归系数是线性的，即回归系数只以它的一次方出现，对解释变量则可以不是线性的。

2.1.3 随机干扰项

在上述家庭可支配收入消费支出例子中，总体回归函数描述了所考察总体的家庭消费支出平均来说随可支配收入变化的规律，但对某一个家庭，其消费支出 Y_i 不一定恰好就是给定可支配收入水平 X_i 下的消费的平均值 $E(Y|X_i)$。图2-1显示，个别家庭消费支出 Y_i 聚集在给定可支配收入水平 X_i 下所有家庭平均消费支出 $E(Y|X_i)$ 的周围。对某一个家庭记

$$\mu_i = Y_i - E(Y|X_i) \tag{2-5}$$

称 μ_i 为观察值 Y_i 围绕它的期望值 $E(Y|X_i)$ 的离差（deviation）。它是一个不可观测的随机变量，又称为随机干扰项（stochastic disturbance）或随机误差项（stochastic error）。

由（2-5）式，个别家庭的消费支出为

$$Y_i = E(Y|X_i) + \mu_i \tag{2-6}$$

或者在线性假设下

$$Y_i = \beta_0 + \beta_i X_i + \mu_i \tag{2-7}$$

即给定可支配收入 X_i，个别家庭的消费支出可表示为两部分之和：①该收入水平下所有家庭的平均消费支出 $E(Y|X_i)$，称为系统性（systematic）部分或确定性（deterministic）部分；②其他随机部分或非系统性（nonsystematic）部分 μ_i。

（2-6）式或（2-7）式称为总体回归函数的随机设定形式，它表明被解释变量 Y 除了受解释变量 X 的系统性影响外，还受其他未包括在模型中的诸多因素的随机性影响，μ 即这些影响因素的综合代表。由于方程中引入了随机干扰项，成为计量经济学模型，因此也称为总体回归模型（population regression model）。

在总体回归函数中引入随机干扰项，主要有以下几方面的原因：

（1）代表未知的影响因素。由于对所考察总体认识上的非完备性，许多未知的影响因素还无法引入模型，因此，只能用随机干扰项代表这些未知的影响因素。

（2）代表残缺数据。即使所有的影响变量都能被包括在模型中，也会有某些变量的数据无法取得。例如，经济理论指出，居民消费支出除受可支配收入的影响外，还受财富拥有量的影响，但后者在实践中往往是无法收集到的。这时，模型中不得不省略这一变量，而将其归入随机干扰项。

（3）代表众多细小影响因素。有一些影响因素已经被认识，而且其数据也可以收集到，但它们对被解释变量的影响却是细小的。考虑到模型的简洁性，以及取得诸多变量数据可能带来的较大成本，建模时往往省掉这些细小变量，而将它们的影响综合到随机干扰项中。

(4)代表数据观测误差。由于某些主客观的原因,在取得观测数据时,往往存在测量误差,这些观测误差也被归入随机干扰项。

(5)代表模型设定误差。由于经济现象的复杂性,模型的真实函数形式往往是未知的,因此,实际设定的模型可能与真实的模型有偏差。随机干扰项包含了这种模型设定误差。

(6)变量的内在随机性。即使模型没有设定误差,也不存在数据观测误差,由于某些变量所固有的内在随机性,也会对被解释变量产生随机性影响。这种影响只能被归入随机干扰项中。

总之,随机干扰项具有非常丰富的内容,在计量经济学模型的建立中起着重要的作用。

2.1.4 样本回归函数

尽管总体回归函数揭示了所考察总体被解释变量与解释变量间的平均变化规律,但总体的信息往往无法全部获得,因此,总体回归函数实际上是未知的。现实的情况往往是,通过抽样得到总体的样本,再通过样本的信息来估计总体回归函数。

仍以例 2-1 中社区家庭可支配收入与消费支出的关系为例,假设从该总体中按每组可支配收入水平各取一个家庭进行观测,得到表 2-3 所示的一个样本。问题归结为:能否从该样本中预测整个总体对应于选定 X 的平均每月消费支出,即能否从该样本估计总体回归函数。

表 2-3 家庭可支配收入与消费支出的一个随机样本 元

X	800	1 100	1 400	1 700	2 000	2 300	2 600	2 900	3 200	3 500
Y	594	638	1 122	1 155	1 408	1 595	1 969	2 078	2 585	2 530

该样本的散点图如图 2-2 所示,可以看出,该样本散点图近似于一条直线。画一条直线尽可能地拟合该散点图。由于样本取自总体,可用该线近似地代表总体回归线。该线称为样本回归线(sample regression lines),其函数形式记为

$$\hat{Y}_i = f(X_i) = \hat{\beta}_0 + \hat{\beta}_1 X_i \tag{2-8}$$

称为样本回归函数(sample regression function,SRF)。

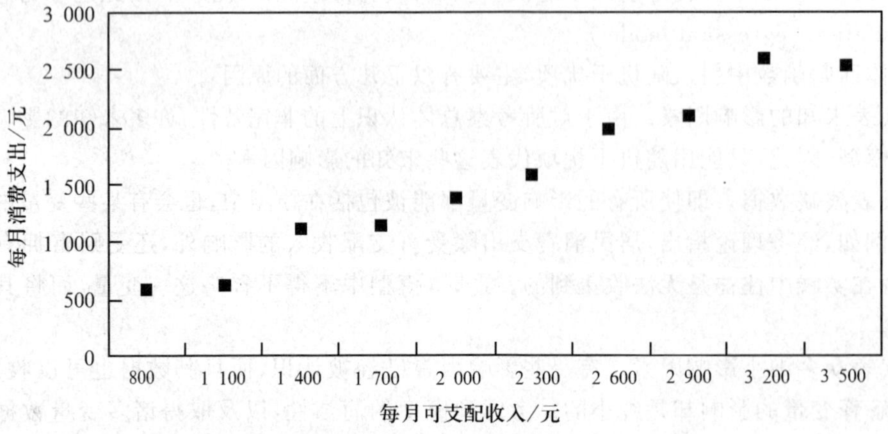

图 2-2 家庭可支配收入与消费支出的样本散点图

将(2-8)式看成(2-7)式的近似替代，则 $\hat{Y}_i$ 为 $E(Y|X_i)$ 的估计量，$\hat{\beta}_0$ 为 β_0 的估计量，$\hat{\beta}_1$ 为 β_1 的估计量。同样地，样本回归函数也有如下的随机形式：

$$Y_i = \hat{Y}_i + \hat{\mu} = \hat{\beta}_0 + \hat{\beta}_1 X_i + e_i \tag{2-9}$$

其中，e_i 称为(样本)残差(或剩余)项(residual)，代表了其他影响 Y_i 的随机因素的集合，可看成是 μ_i 的估计量 $\hat{\mu}_i$。由于方程中引入了随机项，成为计量经济学模型，因此也称为样本回归模型(sample regression model)。

回归分析的主要目的，就是根据样本回归函数，估计总体回归函数。也就是根据

$$Y_i = \hat{Y}_i + e_i = \hat{\beta}_0 + \hat{\beta}_1 X_i + e_i$$

估计

$$Y_i = E(Y|X_i) + \mu_i = \beta_0 + \beta_1 X_i + \mu_i$$

即设计一种“方法”构造 SRF，以使 SRF 尽可能“接近”PRF，或者说使 $\hat{\beta}_i (i=0,1)$ 尽可能接近 $\beta_i (i=0,1)$。图 2-3 绘出了总体回归线与样本回归线的基本关系。

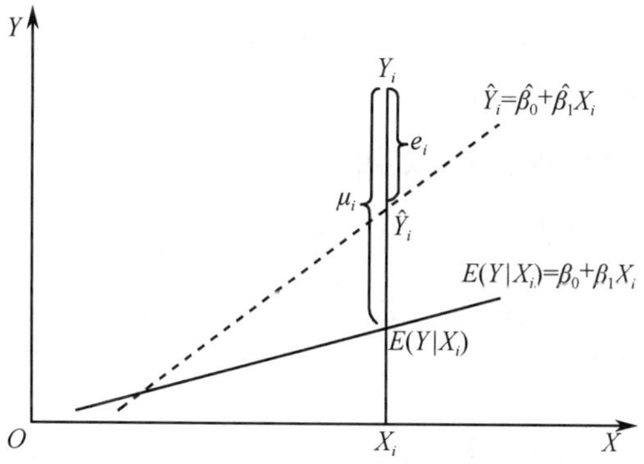

图 2-3 总体回归线与样本回归线的基本关系

2.2 一元线性回归模型的参数估计

单方程计量经济学模型分为线性模型和非线性模型两大类。在线性模型中，变量之间的关系呈线性；在非线性模型中，变量之间的关系呈非线性。线性回归模型是线性模型的一种，它的数学基础是回归分析，即用回归分析方法建立线性模型，用以揭示经济现象中的因果关系。

一元线性回归模型是最简单的计量经济学模型，在模型中只有一个解释变量，其一般形式是

$$Y_i = \beta_0 + \beta_1 X_i + \mu_i, \quad i=1,2,\cdots,n \tag{2-10}$$

其中，Y_i 为被解释变量，X_i 为解释变量，β_0 与 β_1 为待估参数，μ_i 为随机干扰项。

2.2.1 一元线性回归模型的基本假设

回归分析的主要目的是通过样本回归函数（模型）尽可能准确地估计总体回归函数（模型）。估计方法有很多种，其中使用最广泛的是普通最小二乘法（ordinary least squares，OLS）。

为保证参数估计量具有良好的性质，通常对模型提出若干基本假设。如果实际模型满足这些基本假设，普通最小二乘法就是一种适用的估计方法；如果实际模型不满足这些基本假设，普通最小二乘法就不再适用，而要发展其他方法来估计模型。所以，严格地说，下面的基本假设并不是针对模型的，而是针对普通最小二乘法的。

对(2-10)式，基本假设包括对解释变量 X_i 的假设，以及对随机干扰项 μ_i 的假设：

假设 1：给定解释变量的任何值，随机干扰项 μ_i 具有零均值、同方差及不序列相关性，即

$$E(\mu_i|X)=0, \qquad i=1,2,\cdots,n$$
$$\mathrm{Var}(\mu_i|X)=\sigma^2, \qquad i=1,2,\cdots,n$$
$$\mathrm{Cov}(\mu_i,\mu_j|X)=0, \quad i\neq j, \quad i,j=1,2,\cdots,n$$

假设 2：随机干扰项与解释变量之间不相关，即

$$\mathrm{Cov}(X_i,\mu_i|X)=0, \quad i=1,2,\cdots,n$$

假设 3：随机干扰项服从零均值、同方差的正态分布，即

$$\mu_i \sim N(0,\sigma^2), \quad i=1,2,\cdots,n$$

需注意的是，如果假设 1 成立，则假设 3 成立，因为这时显然有

$$\begin{aligned}\mathrm{Cov}(X_i,\mu_i)&=E\{[X_i-E(X_i)][\mu_i-E(\mu_i)]\}\\&=[X_i-E(X_i)]E[\mu_i-E(\mu_i)]\\&=0\end{aligned}$$

以上假设也称为线性回归模型的经典假设或高斯-马尔可夫假设(Gauss-Markov assumption)，满足该假设的线性回归模型，也称为经典线性回归模型(classical linear regression model，CLRM)。

在进行模型回归时，还有两个暗含的假设：

假设 4：解释变量 X_i 在所抽取的样本中具有变异性，且随着样本容量的无限增加，解释变量 X_i 的样本方差趋于一个有限常数，即

$$\frac{\sum(X_i-\bar{X})^2}{n}\rightarrow Q, \quad n\rightarrow\infty$$

假设 5：回归模型是正确设定的。

假设 4 旨在排除时间序列数据出现持续上升或下降的变量作为解释变量，因为这类数据不仅使大样本统计推断变得无效，而且往往产生所谓的伪回归问题(spurious regression problem)。关于伪回归的确切含义将在以后章节中讨论。假设5也被称为模型没有设定偏误(specification error)，它的确切含义将在以后章节中讨论。

在实际建立模型的过程中，除了随机干扰项的正态假设外，对模型是否满足其他假设都要进行检验。这就是"建立计量经济学模型步骤"中"计量经济学检验"的任务。对于随机干扰项的正态假设，根据中心极限定理，当样本容量趋于无穷大时，都是满足的。

2.2.2 参数的普通最小二乘估计(OLS)

已知一组样本观测值$(X_i, Y_i)(i=1,2,\cdots,n)$，要求样本回归函数尽可能好地拟合这组值，即样本回归线上的点$\hat{Y}_i$与真实观测点Y_i的"总体误差"尽可能地小，或者说被解释变量的估计值与观测值应该在总体上最为接近。最小二乘法(ordinary least squares，OLS)给出的判断标准是：二者之差的平方和

$$Q = \sum_{i=1}^{n}(Y_i - \hat{Y}_i)^2 = \sum_{i=1}^{n}[Y_i - (\hat{\beta}_0 + \hat{\beta}_1 X_i)]^2 \tag{2-11}$$

最小，即在给定样本观测值之下，选择出$\hat{\beta}_0$,$\hat{\beta}_1$，使Y_i与$\hat{Y}_i$之差的平方和最小。

为什么用平方和？因为样本回归线上的点$\hat{Y}_i$与真实观测点Y_i之差可正可负，简单求和可能将很大的误差抵消掉，只有平方和才能反映二者在总体上的接近程度，这就是最小二乘原理。

根据微积分学的运算，当Q对$\hat{\beta}_0$,$\hat{\beta}_1$的一阶偏导数为0时，Q达到最小，即

$$\begin{cases} \dfrac{\partial Q}{\partial \hat{\beta}_0} = 0 \\ \dfrac{\partial Q}{\partial \hat{\beta}_1} = 0 \end{cases}$$

可推得用于估计$\hat{\beta}_0$,$\hat{\beta}_1$的下列方程组：

$$\begin{cases} \sum (Y_i - \hat{\beta}_0 - \hat{\beta}_1 X_i) = 0 \\ \sum (Y_i - \hat{\beta}_0 - \hat{\beta}_1 X_i) X_i = 0 \end{cases} \tag{2-12}$$

或

$$\begin{cases} \sum Y_i = n\hat{\beta}_0 + \hat{\beta}_1 \sum X_i \\ \sum Y_i X_i = \hat{\beta}_0 \sum X_i + \hat{\beta}_1 \sum X_i^2 \end{cases} \tag{2-13}$$

解得

$$\begin{cases} \hat{\beta}_0 = \dfrac{\sum X_i^2 \sum Y_i - \sum X_i \sum Y_i X_i}{n \sum X_i^2 - (\sum X_i)^2} \\ \hat{\beta}_1 = \dfrac{n \sum Y_i X_i - \sum Y_i \sum X_i}{n \sum X_i^2 - (\sum X_i)^2} \end{cases} \tag{2-14}$$

方程组(2-12)或(2-13)称为正规方程组(normal equations)。记

$$\sum x_i^2 = \sum (X_i - \overline{X})^2$$
$$= \sum X_i^2 - \frac{1}{n}\left(\sum X_i\right)^2$$
$$\sum x_i y_i = \sum (X_i - \overline{X})(Y_i - \overline{Y})$$
$$= \sum X_i Y_i - \frac{1}{n}\sum X_i \sum Y_i$$

方程组(2-14)的参数估计量可以写成

$$\begin{cases}\hat{\beta}_1 = \dfrac{\sum x_i y_i}{\sum x_i^2} \\ \hat{\beta}_0 = \overline{Y} - \hat{\beta}_1 \overline{X}\end{cases} \tag{2-15}$$

称为 OLS 估计量的离差形式(deviation form)。在计量经济学中,往往以小写字母表示对均值的离差。由于 $\hat{\beta}_0$,$\hat{\beta}_1$ 的估计结果是从最小二乘原理得到的,故称为普通最小二乘估计量(ordinary least squares estimators)。

顺便指出,记 $\hat{y}_i = \hat{Y}_i - \overline{Y}$,则有

$$\hat{y}_i = (\hat{\beta}_0 + \hat{\beta}_1 X_i) - (\hat{\beta}_0 + \hat{\beta}_1 \overline{X} + \overline{e})$$
$$= \hat{\beta}_1 (X_i - \overline{X}) - \frac{1}{n}\sum e_i$$

可得

$$\hat{y}_i = \hat{\beta}_1 x_i \tag{2-16}$$

其中,用到了正规方程组的第一个方程

$$\sum e_i = \sum [Y_i - (\hat{\beta}_0 + \hat{\beta}_1 X_i)] = 0$$

(2-16)式也称为样本回归函数的离差形式。

2.2.3　参数估计的最大似然法(ML)

最大似然法(maximum likelihood,ML),也称最大或然法,是不同于最小二乘法的另一种参数估计方法,是从最大似然原理出发发展起来的其他估计方法的基础。虽然其应用没有最小二乘法普遍,但在计量经济学理论上占据很重要的地位,因为最大似然原理比最小二乘原理更本质地揭示了通过样本估计总体参数的内在机理。计量经济学理论的发展,更多地是以最大似然原理为基础的,对于一些特殊的计量经济学模型,只有最大似然方法才是较适合的估计方法。

对于最小二乘法,当从模型总体随机抽取 n 组样本观测值后,最合理的参数估计量应该使得模型能最好地拟合样本数据;而对于最大似然法,当从模型总体随机抽取 n 组样本观测值后,最合理的参数估计量应该使得从模型中抽取该 n 组样本观测值的概率最大。显然,这是从

不同原理出发的两种参数估计方法。

从总体中经过 n 次随机抽取得到样本容量为 n 的样本观测值，在任一次随机抽取中，样本观测值都以一定的概率出现。如果已经知道总体的参数，当然由变量的频率函数可以计算其概率。如果只知道总体服从某种分布，但不知道其分布参数，通过随机样本可以求出总体的参数估计量。以正态分布的总体为例，每个总体都有自己的分布参数期望和方差，如果已经得到 n 组样本观测值，在这些可供选择的总体中，哪个总体最可能产生已经得到的 n 组样本观测值呢？显然，要对每个可能的正态总体估计取得 n 组样本观测值的联合概率，然后选择其参数能使观测值的联合概率为最大的那个总体。将样本观测值联合概率函数称为变量的似然函数。在已经取得样本观测值的情况下，使似然函数取极大值的总体分布参数所代表的总体具有最大的概率取得这些样本观测值，该总体参数即所要求的参数。通过似然函数极大化以求得总体参数估计量的方法被称为极大或然法。

在满足基本假设条件下，对一元线性回归模型

$$Y_i=\beta_0+\beta_1 X_i+\mu_i,\quad i=1,2,\cdots,n$$

随机抽取 n 组样本观测值 $X_i,Y_i(i=1,2,\cdots,n)$，假如模型的参数估计量已经求得，为 $\hat{\beta}_0$ 和 $\hat{\beta}_1$，那么 Y_i 服从如下的正态分布：

$$Y_i\sim N(\beta_0+\beta_1 X_i,\sigma^2)$$

于是，Y_i 的概率函数为

$$P(Y_i)=\frac{1}{\sigma\sqrt{2\pi}}\mathrm{e}^{-\frac{1}{2\sigma^2}(Y_i-\beta_0-\beta_1 X_i)^2},\quad i=1,2,\cdots,n$$

因为 Y_i 是相互独立的，所以 Y 的所有样本观测值的联合概率，也即似然函数为

$$\begin{aligned}L(\beta_0,\beta_1,\sigma^2)&=P(Y_1,Y_2,\cdots,Y_n)\\&=\frac{1}{(2\pi)^{\frac{n}{2}}\sigma^n}\mathrm{e}^{-\frac{1}{2\sigma^2}\sum(Y_i-\beta_0-\beta_1 X_i)^2}\end{aligned}\tag{2-17}$$

将该似然函数最大化，即可求得模型参数的最大似然估计量。

由于似然函数的最大化与似然函数对数的最大化是等价的，所以，取对数似然函数如下：

$$L^*=\ln L=-n\ln(\sqrt{2\pi}\sigma)-\frac{1}{2\sigma^2}\sum(Y_i-\beta_0-\beta_1 X_i)^2\tag{2-18}$$

对 L^* 求最大值，等价于对 $\sum(Y_i-\beta_0-\beta_1 X_i)^2$ 求最小值。设 $\hat{\beta}_0,\hat{\beta}_1$ 满足该最值条件，即

$$\begin{cases}\dfrac{\partial}{\partial\hat{\beta}_0}\sum(Y_i-\hat{\beta}_0-\hat{\beta}_1 X_i)^2=0\\\dfrac{\partial}{\partial\hat{\beta}_1}\sum(Y_i-\hat{\beta}_0-\hat{\beta}_1 X_i)^2=0\end{cases}$$

解得模型的参数估计量为

$$
\begin{cases}
\hat{\beta}_0 = \dfrac{\sum X_i^2 \sum Y_i - \sum X_i \sum Y_i X_i}{n\sum X_i^2 - (\sum X_i)^2} \\
\hat{\beta}_1 = \dfrac{n\sum Y_i X_i - \sum Y_i \sum X_i}{n\sum X_i^2 - (\sum X_i)^2}
\end{cases}
$$

可见，在满足一系列基本假设的情况下，模型结构参数的最大似然估计量与普通最小二乘估计量是相同的。

[例 2-2]

在上述家庭可支配收入-消费支出例子中，对于所抽出的一组样本数，参数估计的计算可通过表 2-4 进行。

表 2-4 参数估计的计算

	X_i	Y_i	x_i	y_i	$x_i y_i$	x_i^2	y_i^2	X_i^2	Y_i^2
1	800	594	−1 350	−973	1 314 090	1 822 500	947 508	640 000	352 836
2	1 100	638	−1 050	−929	975 870	1 102 500	863 784	1 210 000	407 044
3	1 400	1 122	−750	−445	334 050	562 500	198 381	1 960 000	1 258 884
4	1 700	1 155	−450	−412	185 580	202 500	170 074	2 890 000	1 334 025
5	2 000	1 408	−150	159	23 910	22 500	25 408	4 000 000	1 982 464
6	2 300	1 595	150	25	4 140	22 500	762	5 290 000	2 544 025
7	2 600	1 969	450	402	180 720	202 500	161 283	6 760 000	3 876 961
8	2 900	2 078	750	511	382 950	562 500	260 712	8 410 000	4 318 084
9	3 200	2 585	1 050	1 018	1 068 480	1 102 500	1 035 510	10 240 000	6 682 225
10	3 500	2 530	1 350	963	1 299 510	1 822 500	926 599	12 250 000	6 400 900
求和	21 500	15 674			5 769 300	7 425 000	4 590 020	53 650 000	29 157 448
平均	2 150	1 567							

由(2-15)式计算得

$$\hat{\beta}_1 = \frac{\sum x_i y_i}{\sum x_i^2} = \frac{5\ 769\ 300}{7\ 425\ 000} = 0.777$$

$$\hat{\beta}_0 = \overline{Y} - \hat{\beta}_1 \overline{X} = 1\ 567 - 0.777 \times 2\ 150 = -103.55$$

因此，由该样本估计的回归方程为

$$\hat{Y}_i = -103.55 + 0.777X_i$$

2.2.4 最小二乘估计量的性质

在模型参数估计之后，不能直接将模型估计的结果应用于实际，还需考虑参数估计值对总体参数真值的代表性。一般地，由于抽样波动的存在以及所选估计方法的不同，会使参数估计值与总体参数的真值存在一定差距，因此考察参数估计量的统计性质就成了衡量该估计量“好坏”的主要准则。

一个用于考察总体的估计量，可从如下几个方面考察其优劣性：①线性性，即它是否是另一随机变量的线性函数；②无偏性，即它的均值或期望是否等于总体的真实值；③有效性，即它是否在所有线性无偏估计量中具有最小方差；④渐近无偏性，即样本容量趋于无穷大时，它的均值序列是否趋于总体真值；⑤一致性，即样本容量趋于无穷大时，它是否依概率收敛于总体的真值；⑥渐近有效性，即样本容量趋于无穷大时，它在所有的一致估计量中是否具有最小的渐近方差。

这里，前三个准则也称作估计量的有限样本性质或小样本性质（small-sample properties），因为一旦某估计量具有该类性质，它是不以样本的大小而改变的。拥有这类性质的估计量称为最佳线性无偏估计量（best linear unbiased estimator，BLUE）。当然，在小样本情形下，有时很难找到最佳线性无偏估计量，这时就需要考察样本容量增大时估计量的渐近性质。后三个准则称为估计量的无限样本性质或大样本渐近性质（large-sample asymptotic properties）。如果小样本情况下不能满足估计的准则，则应扩大样本容量，考察参数估计量的大样本性质。

可以证明，在经典线性回归的假定下，最小二乘估计量是具有最小方差的线性无偏估计量。

（1）线性性

即估计量 $\hat{\beta}_0$，$\hat{\beta}_1$ 是 Y_i 的线性组合。由（2-15）式知

$$\hat{\beta}_1 = \frac{\sum x_i y_i}{\sum x_i^2} = \frac{\sum x_i(Y_i - \bar{Y})}{\sum x_i^2} = \frac{\sum x_i Y_i}{\sum x_i^2} - \frac{\bar{Y}\sum x_i}{\sum x_i^2} = \sum k_i Y_i$$

其中，$k_i = \dfrac{x_i}{\sum x_i^2}$。同样可得

$$\begin{aligned}\hat{\beta}_0 &= \bar{Y} - \hat{\beta}_1 \bar{X} = \frac{1}{n}\sum Y_i - \sum k_i Y_i \bar{X} \\ &= \sum\left(\frac{1}{n} - \bar{X}k_i\right)Y_i = \sum w_i Y_i\end{aligned}$$

其中，$w_i = \dfrac{1}{n} - \bar{X}k_i$。

（2）无偏性

即估计量 $\hat{\beta}_0$，$\hat{\beta}_1$ 的均值（期望）等于总体回归参数真值 β_0 与 β_1。由线性性得

$$\hat{\beta}_1 = \sum k_i Y_i = \sum k_i(\beta_0 + \beta_1 X_i + \mu_i) = \beta_0 \sum k_i + \beta_1 \sum k_i X_i + \sum k_i \mu_i$$

易知

$$\sum k_i = \frac{\sum x_i}{\sum x_i^2} = 0, \quad \sum k_i X_i = 1$$

故

$$\hat{\beta}_1 = \beta_1 + \sum k_i\mu_i$$

$$E(\hat{\beta}_1 \mid X) = E[(\beta_1 + \sum k_i\mu_i \mid X)] = \beta_1 + \sum k_i E(\mu_i \mid X) = \beta_1$$

同样地，容易得出

$$E(\hat{\beta}_0 \mid X) = E[(\beta_0 + \sum w_i\mu_i) \mid X] = E(\beta_0) + \sum w_i E(\mu_i \mid X) = \beta_0$$

(3)有效性(最小方差性)

即在所有线性无偏估计量中，普通最小二乘估计量 $\hat{\beta}_0$，$\hat{\beta}_1$ 具有最小方差。

首先，由 $\hat{\beta}_1$，$\hat{\beta}_0$ 是关于 Y_i 的线性函数，可求得它们的条件方差为

$$\begin{aligned}\mathrm{Var}(\hat{\beta}_1 \mid X) &= \mathrm{Var}(\sum k_i Y_i \mid X) = \sum k_i^2 \mathrm{Var}[(\beta_0 + \beta_1 X_i + \mu_i) \mid X] \\ &= \sum k_i^2 \mathrm{Var}(\mu_i \mid X) = \sum \left(\frac{x_i}{\sum x_i^2}\right)\sigma^2 = \frac{\sigma^2}{\sum x_i^2} \end{aligned} \tag{2-19}$$

$$\begin{aligned}\mathrm{Var}(\hat{\beta}_0 \mid X) &= \mathrm{Var}(\sum w_i Y_i \mid X) = \sum w_i^2 \mathrm{Var}[(\beta_0 + \beta_1 X_i + \mu_i) \mid X] \\ &= \sum \left(\frac{1}{n} - \bar{X}k_i\right)^2 \sigma^2 \\ &= \sum \left[\left(\frac{1}{n}\right)^2 - 2\frac{1}{n}\bar{X}k_i + \bar{X}^2 k_i^2\right]\sigma^2 \\ &= \left[\frac{1}{n} - \frac{2}{n}\bar{X}\sum k_i + \bar{X}^2 \sum \left(\frac{x_i}{\sum x_i^2}\right)^2\right]\sigma^2 \\ &= \left(\frac{1}{n} + \frac{\bar{X}^2}{\sum x_i^2}\right)\sigma^2 = \frac{\sum x_i^2 + n\bar{X}^2}{n\sum x_i^2}\sigma^2 \\ &= \frac{\sum X_i^2}{n\sum x_i^2}\sigma^2 \end{aligned} \tag{2-20}$$

其次，假设 $\hat{\beta}_1^*$ 是其他估计方法得到的关于 β_1 的线性无偏估计量：

$$\hat{\beta}_1^* = \sum c_i y_i$$

其中，$c_i = k_i + d_i$ 为不全为零的常数，则容易证明 $\mathrm{Var}(\hat{\beta}_1^*) \geqslant \mathrm{Var}(\hat{\beta}_1)$。

同理，设 $\hat{\beta}_0^*$ 是其他估计方法得到的关于 β_0 的线性无偏估计量，则有

$$\mathrm{Var}(\hat{\beta}_0^*) \geqslant \mathrm{Var}(\hat{\beta}_0)$$

由以上分析可以看出，普通最小二乘估计量(ordinary least squares estimators)具有线性性、无偏性和有效性等优良性质，是最佳线性无偏估计量，这就是著名的高斯-马尔可夫定理(Gauss-Markov theorem)。显然这些优良的性质依赖于对模型的基本假设。

由于普通最小二乘估计量拥有一个“好”的估计量所应具备的小样本特性，它自然也拥有大样本特性。例如，对 $\hat{\beta}_1$ 的一致性来说，易知

$$
\begin{aligned}
P\lim(\hat{\beta}_1) &= P\lim(\beta_1 + \sum k_i\mu_i) \\
&= P\lim(\beta_1) + P\lim\left(\frac{\sum x_i\mu_i}{\sum x_i^2}\right) \\
&= \beta_1 + \frac{P\lim\left(\dfrac{\sum x_i\mu_i}{n}\right)}{P\lim\left(\dfrac{\sum x_i^2}{n}\right)}
\end{aligned}
$$

等式右边第二项分子是 X 与 μ 的样本协方差的概率极限，它等于总体协方差 $\mathrm{Cov}(X,\mu)$，根据基本假设，其值为 0；而分母是 X 的样本方差的概率极限，根据基本假设，其值为一有限常数 Q，因此有

$$
P\lim(\hat{\beta}_1) = \beta_1 + \frac{0}{Q} = \beta_1
$$

2.2.5 参数估计量的概率分布及随机干扰项方差的估计

(1)参数估计量 $\hat{\beta}_0$ 和 $\hat{\beta}_1$ 的概率分布

为了达到对所估计参数精度测定的目的，还需进一步确定参数估计量的概率分布。由于普通最小二乘估计量 $\hat{\beta}_0$ 和 $\hat{\beta}_1$ 分别是 Y_i 的线性组合，因此 $\hat{\beta}_0$，$\hat{\beta}_1$ 的概率分布取决于 Y_i。在 μ_i 是正态分布的假设下，Y_i 是正态分布，则 $\hat{\beta}_0$ 和 $\hat{\beta}_1$ 也服从正态分布，其分布特征由其均值和方差唯一决定。由此可得

$$
\hat{\beta}_1 \sim N\left(\beta_1, \frac{\sigma^2}{\sum x_i^2}\right), \quad \hat{\beta}_0 \sim N\left(\beta_0, \frac{\sum X_i^2}{n\sum x_i^2}\sigma^2\right)
$$

于是，$\hat{\beta}_0$ 和 $\hat{\beta}_1$ 的标准差分别为

$$
\sigma_{\hat{\beta}_1} = \sqrt{\frac{\sigma^2}{\sum x_i^2}} \tag{2-21}
$$

$$
\sigma_{\hat{\beta}_0} = \sqrt{\frac{\sigma^2\sum X_i^2}{n\sum x_i^2}} \tag{2-22}
$$

标准差可用来衡量估计量接近其真实值的程度，进而判断估计量的可靠性(图 2-4)。

(2)随机干扰项 μ_i 的方差 σ^2 的估计

在估计的参数 $\hat{\beta}_0$ 和 $\hat{\beta}_1$ 的方差表达式中，都含有随机干扰项的方差 σ^2。由于 σ^2 实际上是未知的，因此 $\hat{\beta}_0$ 和 $\hat{\beta}_1$ 的方差实际上无法计算，这就需要对其进行估计。由于随机干扰项 μ_i 不可观测，只能从 μ_i 的估计——残差 e_i 出发，对总体方差 σ^2 进行估计。可以证明 σ^2 的最小二乘估计量为

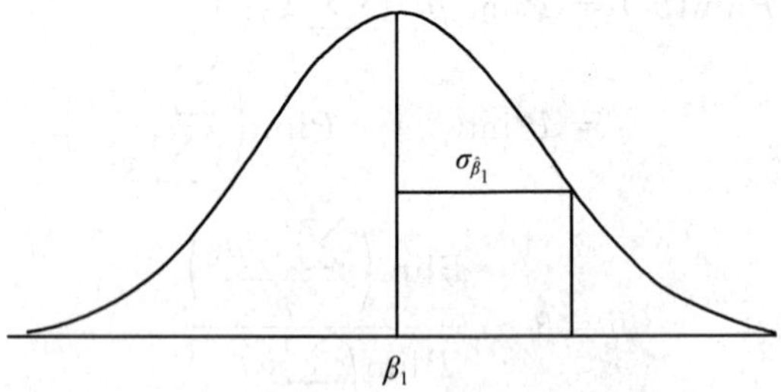

图 2-4　判断估计量的可靠性

$$\hat{\sigma}^2 = \frac{\sum e_i^2}{n-2} \tag{2-23}$$

它是关于 σ^2 的无偏估计量。在最大似然估计法中，由似然方程

$$\frac{\partial}{\partial \sigma^2} L^* = \frac{\partial}{\partial \sigma^2}\left[-n\ln(\sqrt{2\pi}\sigma) - \frac{1}{2\sigma^2}\sum (Y_i - \beta_0 - \beta_1 X_i)^2\right] = 0$$

也可解得 σ^2 的如下最大似然估计量：

$$\hat{\sigma}^2 = \frac{1}{n}\sum (Y_i - \hat{\beta}_0 - \hat{\beta}_1 X_i)^2 = \frac{\sum e_i^2}{n} \tag{2-24}$$

对照(2-23)式知，σ^2 的最大似然估计量不具有无偏性，但却具有一致性。

在随机干扰项 μ_i 的方差 σ^2 估计出后，参数 $\hat{\beta}_0$ 和 $\hat{\beta}_1$ 的样本方差和样本标准差的估计量分别如下。

$\hat{\beta}_1$ 的样本方差：

$$S_{\hat{\beta}_1}^2 = \frac{\hat{\sigma}^2}{\sum x_i^2} \tag{2-25}$$

$\hat{\beta}_1$ 的样本标准差：

$$S_{\hat{\beta}_1} = \frac{\hat{\sigma}}{\sqrt{\sum x_i^2}} \tag{2-26}$$

$\hat{\beta}_0$的样本方差：

$$S_{\hat{\beta}_0}^2 = \frac{\hat{\sigma}^2 \sum X_i^2}{n\sum x_i^2} \tag{2-27}$$

$\hat{\beta}_0$的样本标准差：

$$S_{\hat{\beta}_0} = \hat{\sigma}\sqrt{\frac{\sum X_i^2}{n\sum x_i^2}} \tag{2-28}$$

2.3 一元线性回归模型的统计检验

回归分析是要通过样本所估计的参数来代替总体的真实参数，或者说是用样本回归线代替总体回归线。尽管从统计性质上已知，如果有足够多的重复抽样，参数的估计值的期望(均值)就等于其总体的参数真值，但在一次抽样中，估计值不一定就等于该真值。那么，在一次抽样中，参数的估计值与真值的差异有多大，是否显著，就需要进一步进行统计检验。统计检验主要包括拟合优度检验、变量的显著性检验及参数检验的置信区间估计。

2.3.1 拟合优度检验

拟合优度检验是检验模型对样本观测值的拟合程度。检验的方法是构造一个可以表征拟合程度的指标，在这里称为统计量，它是样本的函数。从检验对象中计算出该统计量的数值，然后与某一标准进行比较，得出检验结论。有人也许会问，采用普通最小二乘估计方法，已经保证了模型最好地拟合了样本观测值，为什么还要检验拟合程度呢？问题在于，在一个特定的条件下做得最好的并不一定就是高质量的。普通最小二乘法所保证的最好拟合，是同一个问题内部的比较，拟合优度检验结果所表示的优劣，是不同问题之间的比较。例如，图 2-5(a)与(b)中的直线方程都是由散点表示的样本观测值的普通最小二乘估计结果，对于每个问题它们都满足残差的平方和最小，但是二者对样本观测值的拟合程度显然是不同的。

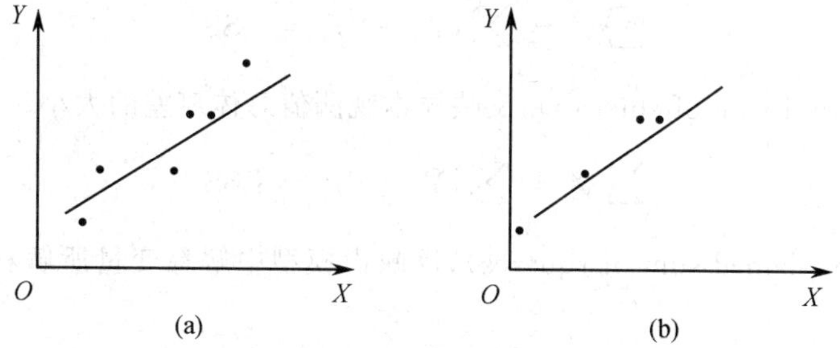

图 2-5 OLS 法样本回归直线

(1)总离差平方和的分解

已知由一组样本观测值$(X_i, Y_i)(i=1,2,\cdots,n)$得到如下样本回归直线：

$$\hat{Y}_i=\hat{\beta}_0+\hat{\beta}_1 X_i$$

Y 的第 i 个观测值与样本均值的离差 $y_i=Y_i-\bar{Y}$ 可分解为两部分之和

$$y_i=Y_i-\bar{Y}=(Y_i-\hat{Y}_i)+(\hat{Y}_i-\bar{Y})=e_i+\hat{y}_i \qquad (2\text{-}29)$$

图 2-6 表示了这种分解，其中，$\hat{y}_i=\hat{Y}_i-\bar{Y}$ 是样本回归线理论值（回归拟合值）与观测值 Y_i 的平均值之差，可认为是由回归线解释的部分；$e_i=Y_i-\hat{Y}_i$ 是实际观测值与回归拟合值之差，是回归线不能解释的部分。显然，如果 Y_i 落在样本回归线上，则 Y 的第 i 个观测值与样本均值的离差，全部来自样本回归拟合值与样本均值的离差，即完全可由样本回归线解释，表明在该点处实现完全拟合。

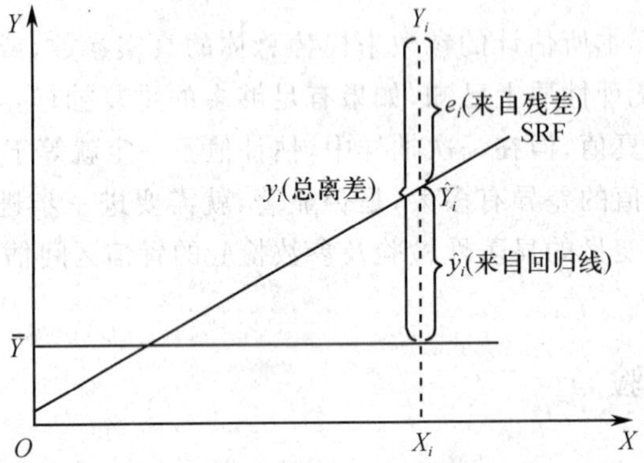

图 2-6　离差分解示意图

对于所有样本点，则需考虑这些点与样本均值离差的平方和。由于

$$\sum y_i^2=\sum \hat{y}_i^2+\sum e_i^2+2\sum \hat{y}_i e_i$$

可以证明 $\sum \hat{y}_i e_i=0$，所以有

$$\sum y_i^2=\sum \hat{y}_i^2+\sum e_i^2 \tag{2-30}$$

记

$$\sum y_i^2=\sum (Y_i-\bar{Y})^2=\text{TSS}$$

称为总体平方和(total sum of squares)，反映样本观测值总体离差的大小；

$$\sum \hat{y}_i^2=\sum (\hat{Y}_i-\bar{Y})^2=\text{ESS}$$

称为回归平方和(explained sum of squares)，反映由模型中解释变量所解释的那部分离差的大小；

$$\sum e_i^2=\sum (Y_i-\hat{Y}_i)^2=\text{RSS}$$

称为残差平方和(residual sum of squares)，反映样本观测值与估计值偏离的大小，也是模型中解释变量未解释的那部分离差的大小。

(2-30)式表明了 Y 的观测值围绕其均值的总离差平方和可分解为两部分：一部分来自回归线，另一部分则来自随机势力。因此，可用来自回归线的回归平方和占 Y 的总离差平方和的比例来判断样本回归线与样本观测值的拟合优度。

那么，既然 RSS 反映样本观测值与估计值偏离的大小，可否直接用它作为拟合优度检验的统计量？这里提出了一个普遍的问题，即作为检验统计量的一般应该是相对量，而不能用绝对量。因为用绝对量作为检验统计量，无法设置标准。在这里，残差平方和与样本容量关系很大，当 n 比较小时，它的值也较小，但不能因此而判断模型的拟合优度就好。

(2)可决系数 R^2 统计量

根据上述关系，可以用

$$R^2 = \frac{\text{ESS}}{\text{TSS}} = 1 - \frac{\text{RSS}}{\text{TSS}} \tag{2-31}$$

检验模型的拟合优度，称 R^2 为可决系数(coefficient of determination)。显然，在总离差平方和中，回归平方和所占的比重越大，残差平方和所占的比重越小，回归直线与样本点拟合得越好。如果模型与样本观测值完全拟合，则有 $R^2=1$。当然，模型与样本观测值完全拟合的情况很少发生，即 R^2 等于1的情况较少。但毫无疑问的是，该统计量越接近于1，模型的拟合优度越高。

实际计算可决系数时，在 $\hat{\beta}_1$ 已经估计出后，一个较为简单的计算公式为

$$R^2 = \hat{\beta}_1^2\left(\frac{\sum x_i^2}{\sum y_i^2}\right) \tag{2-32}$$

这里用到了样本回归函数的离差形式来计算回归平方和：

$$\text{ESS} = \sum \hat{y}_i^2 = \sum (\hat{\beta}_1 x_i)^2 = \hat{\beta}_1^2 \sum x_i^2$$

在例2-1可支配收入-消费支出的例子中，

$$R^2 = \hat{\beta}_1^2 \frac{\sum x_i^2}{\sum y_i^2} = \frac{(0.777)^2 \times 7\ 425\ 000}{4\ 590\ 020} \approx 0.976\ 6$$

说明在线性回归模型中，家庭消费支出总离差中，由家庭可支配收入的离差解释的部分占97.66%，模型的拟合优度较高。

由(2-31)式知，可决系数的取值范围为 $0 \leqslant R^2 \leqslant 1$，它是一个非负的统计量。它随着抽样的不同而不同，是随抽样而变动的统计量。

2.3.2 变量的显著性检验

变量的显著性检验，旨在对模型中被解释变量与解释变量之间的线性关系是否显著成立做出推断，或者说考察所选择的解释变量是否对被解释变量有显著的线性影响。

从上面的拟合优度检验中可以看出，拟合优度高，则解释变量对被解释变量的解释程度就大，线性影响就强，可以推测模型线性关系成立；反之，就不成立。但这只是一个模糊的推测，不能给出一个统计上的严格的结论。因此，还必须进行变量的显著性检验。变量的显著性检验所应用的方法是数理统计学中的假设检验。

(1)假设检验

假设检验是统计推断的一个主要内容，它的基本任务是根据样本所提供的信息，对未知总

体分布的某些方面的假设做出合理的判断。

假设检验的程序是:先根据实际问题的要求提出一个论断,称为统计假设,记为 H_0;然后根据样本的有关信息,对 H_0 的真伪进行判断,做出拒绝 H_0 或接受 H_0 的决策。

假设检验的基本思想是概率性质的反证法。为了检验原假设 H_0 是否正确,先假定这个假设是正确的,看由此能推出什么结果。如果导致一个不合理的结果,则表明"假设 H_0 为正确"是错误的,即原假设 H_0 不正确,因此要拒绝原假设 H_0;如果没有导致一个不合理现象的出现,则不能认为原假设 H_0 不正确,因此不能拒绝原假设 H_0。

概率性质的反证法的根据是小概率事件原理,该原理认为"小概率事件在一次试验中几乎是不可能发生的"。在原假设 H_0 下构造一个事件,这个事件在"假设 H_0 是正确"的条件下是一个小概率事件。随机抽取一组容量为 n 的样本观测值进行该事件的试验,如果该事件发生了,说明"假设 H_0 正确"是错误的,因为不应该出现的小概率事件出现了,因而应该拒绝原假设 H_0;反之,如果该小概率事件没有出现,就没有理由拒绝原假设 H_0,应该接受原假设 H_0。

(2)变量的显著性检验

用以进行变量显著性检验的方法主要有三种:F 检验,t 检验,z 检验。它们的区别在于构造的统计量不同。应用最为普遍的是 t 检验。几乎所有的计量经济学软件包中,都有关于统计量的计算结果。我们在此只介绍 t 检验。

对于一元线性回归方程中的 $\hat{\beta}_1$,已经知道它服从正态分布

$$\hat{\beta}_1 \sim N\left(\beta_1, \frac{\sigma^2}{\sum x_i^2}\right)$$

进一步根据数理统计学中的定义,如果真实的 σ^2 未知,而用它的无偏估计量 $\hat{\sigma}^2 = \dfrac{\sum e_i^2}{n-2}$ 替代时,可构造如下统计量:

$$t = \frac{\hat{\beta}_1 - \beta_1}{\sqrt{\dfrac{\hat{\sigma}^2}{\sum x_i^2}}} = \frac{\hat{\beta}_1 - \beta_1}{S_{\hat{\beta}_1}} \tag{2-33}$$

则该统计量服从自由度为 $n-2$ 的 t 分布。因此,可用该统计量作为 β_1 显著性检验的 t 统计量。

如果变量 X 是显著的,那么参数 β_1 应该显著地不为 0。于是,在变量显著性检验中设计的原假设与备择假设分别为

$$H_0: \beta_1 = 0, \quad H_1: \beta_1 \neq 0$$

给定一个显著性水平 α,比如 0.05,查 t 分布表(见附表 2)得到一个临界值 $t_{\frac{\alpha}{2}}(n-2)$,则 $|t| > t_{\frac{\alpha}{2}}(n-2)$[这里的 t 已不同于(2-33)式,其中,$\beta_1=0$]为原假设 H_0 下的一个小概率事件。

在参数估计完成后,可以很容易计算 t 的数值。如果发生了 $|t| > t_{\frac{\alpha}{2}}(n-2)$,则在 $1-\alpha$ 的置信度下拒绝原假设 H_0,即变量是显著的,通过变量显著性检验;如果未发生 $|t| > t_{\frac{\alpha}{2}}(n-2)$,则在 $1-\alpha$ 置信度下不拒绝原假设 H_0,即变量是不显著的,未通过变量显著性检验。

对于一元线性回归方程中的 β_0,可构造如下 t 统计量进行显著性检验:

$$t=\frac{\hat{\beta}_0-\beta_0}{\sqrt{\frac{\hat{\sigma}^2\sum X_i^2}{n\sum x_i^2}}}=\frac{\hat{\beta}_0-\beta_0}{S_{\hat{\beta}_0}} \tag{2-34}$$

同样地,该统计量服从自由度为 $n-2$ 的 t 分布,检验的原假设一般仍为 $\beta_0=0$。

在例 2-1 及例 2-2 的可支配收入-消费支出例中,首先计算 σ^2 的估计值:

$$\hat{\sigma}^2=\frac{\sum e_i^2}{n-2}=\frac{\sum y_i^2-\hat{\beta}_1^2\sum x_i^2}{n-2}$$
$$=\frac{4\ 590\ 020-0.777^2\times 7\ 425\ 000}{10-2}=13\ 417$$

于是 $\hat{\beta}_0$ 和 $\hat{\beta}_1$ 的标准差的估计值分别是

$$S_{\hat{\beta}_1}=\sqrt{\frac{\hat{\sigma}^2}{\sum x_i^2}}=\sqrt{\frac{13\ 417}{7\ 425\ 000}}=\sqrt{0.001\ 8}=0.042\ 5$$

$$S_{\hat{\beta}_0}=\sqrt{\frac{\hat{\sigma}^2\sum X_i^2}{n\sum x_i^2}}=\sqrt{\frac{13\ 417\times 53\ 650\ 000}{10\times 7\ 425\ 000}}=98.46$$

t 统计量的计算结果分别为

$$t_1=\frac{\hat{\beta}_1}{S_{\hat{\beta}_1}}=\frac{0.777}{0.042\ 5}=18.29$$
$$t_0=\frac{\hat{\beta}_0}{S_{\hat{\beta}_0}}=\frac{-103.55}{98.46}=-1.052$$

给定一个显著性水平 $\alpha=0.05$,查 t 分布表中自由度为 8(在这个例子中 $n-2=8$),$\alpha=0.05$ 的临界值,得到 $t_{\frac{\alpha}{2}}(8)=2.306$,$|t_1|>t_{\frac{\alpha}{2}}(n-2)$,说明解释变量家庭可支配收入在 95%的置信度下显著,即通过了变量显著性检验;但$|t_0|<t_{\frac{\alpha}{2}}(n-2)$,表明在 95%的置信度下,无法拒绝截距项为零的假设。

2.3.3 参数检验的置信区间估计

假设检验可以通过一次抽样的结果检验总体参数可能值的范围(最常用的假设为总体参数值为零),但它并没有指出在一次抽样中样本参数值到底距总体参数的真值有多“近”。要判断样本参数的估计值在多大程度上可以“近似”地替代总体参数的真值,往往需要通过构造一个以样本参数的估计值为中心的“区间”,来考察它以多大的可能性(概率)包含着真实的参数值。这种方法就是参数检验的置信区间估计。

要判断估计的参数值 $\hat{\beta}_i$ 离真实的参数值 β_i 有多“近”($i=0,1$),可预先选择一个概率 $\alpha(0<\alpha<1)$,并求一个正数 δ,使得随机区间(random interval)$(\hat{\beta}_i-\delta,\hat{\beta}_i+\delta)$包含参数 β_i 的真值的概率为 $1-\alpha$,即

$$P(\hat{\beta}_i-\delta\leqslant\beta_i\leqslant\hat{\beta}_i+\delta)=1-\alpha$$

如果存在这样一个区间,称之为置信区间(confidence interval):$1-\alpha$ 称为置信系数(置信度)(confidence coefficient),α 称为显著性水平(level of significance);置信区间的端点称为置信限(confidence limit)或临界值(critical values)。

在变量的显著性检验中已经知道

$$t=\frac{\hat{\beta}_i-\beta_i}{S_{\hat{\beta}_i}}\sim t(n-2),\quad i=0,1$$

这就是说,如果给定置信度 $1-\alpha$,从 t 分布表中查得自由度为 $n-2$ 的临界值 $t_{\frac{\alpha}{2}}$,那么 t 值处在 $(-t_{\frac{\alpha}{2}},t_{\frac{\alpha}{2}})$ 的概率是 $1-\alpha$,表示为

$$P(-t_{\frac{\alpha}{2}}<t<t_{\frac{\alpha}{2}})=1-\alpha$$

即

$$P(-t_{\frac{\alpha}{2}}<\frac{\hat{\beta}_i-\beta_i}{S_{\hat{\beta}_i}}<t_{\frac{\alpha}{2}})=1-\alpha$$

$$P(\hat{\beta}_i-t_{\frac{\alpha}{2}}\times S_{\hat{\beta}_i}<\beta_i<\hat{\beta}_i+t_{\frac{\alpha}{2}}\times S_{\hat{\beta}_i})=1-\alpha$$

于是得到 $1-\alpha$ 的置信度下 β_i 的置信区间是

$$(\hat{\beta}_i-t_{\frac{\alpha}{2}}\times S_{\hat{\beta}_i},\hat{\beta}_i+t_{\frac{\alpha}{2}}\times S_{\hat{\beta}_i})\tag{2-35}$$

在例 2-1 与例 2-2 中,如果给定 $\alpha=0.01$,查表得

$$t_{\frac{\alpha}{2}}(n-2)=t_{0.005}(8)=3.355$$

从假设检验中已经得到

$$S_{\hat{\beta}_0}=98.46,\quad S_{\hat{\beta}_1}=0.043$$

于是,根据(2-35)式计算得到 β_1,β_0 的置信区间分别为(0.632 7,0.921 3)和(−433.88,226.78)。显然,参数 β_1 的置信区间小于 β_0 的置信区间。

由于置信区间一定程度上给出了样本参数估计值与总体参数真值的"接近"程度,因此置信区间越小越好。如何才能缩小置信区间?应从以下两方面着手。①增大样本容量 n。样本容量变大,可使样本参数估计量的标准差减小;同时,在同样的显著性水平下,n 越大,t 分布表中的临界值越小。②提高模型的拟合优度。因为样本参数估计量的标准差与残差平方和成正比,模型的拟合优度越高,残差平方和应越小。

模型的参数一般具有特定的经济意义。例如,在例 2-1 中,参数 β_1 表示边际消费倾向。当经过模型估计得到 $\hat{\beta}_1=0.777$ 后,我们能否说"边际消费倾向为 $\hat{\beta}_1=0.777$"?不能。根据置信区间,我们只能说"边际消费倾向以 0.99 的置信水平处于以 0.777 为中心的区间(0.632 7,0.921 3)中"。

2.4 一元线性回归分析的应用:预测问题

计量经济学模型的一个重要应用是经济预测。对于一元线性回归模型

$$\hat{Y}_i = \hat{\beta}_0 + \hat{\beta}_1 X_i$$

如果给定样本以外的解释变量的观测值 X_0，可以得到被解释变量的预测值 $\hat{Y}_0$，可以此作为其条件均值 $E(Y|X_0)=\beta_0+\beta_1X_0$ 或个别值 Y_0 的一个近似估计。严格地说，这只是被解释变量的预测值的估计值，而不是预测值。原因在于两方面：一是模型中的参数估计量是不确定的；二是随机干扰项的影响。所以，我们得到的仅是预测值的一个估计值，预测值仅以某一个置信度处于以该估计值为中心的一个区间中。预测在更大程度上说是一个区间估计问题。

2.4.1 $\hat{Y}_0$ 是条件均值 $E(Y|X=X_0)$ 或个别值 Y_0 的一个无偏估计

在总体回归函数为 $E(Y|X)=\beta_0+\beta_1X$ 的情况下，Y 在 $X=X_0$ 时的条件均值为

$$E(Y|X=X_0)=\beta_0+\beta_1X_0$$

通过样本回归函数 $\hat{Y}=\hat{\beta}_0+\hat{\beta}_1X$，求得 $X=X_0$ 的拟合值为 $\hat{Y}_0=\hat{\beta}_0+\hat{\beta}_1X_0$

$$E(\hat{Y}_0)=E(\hat{\beta}_0+\hat{\beta}_1X_0)=E(\hat{\beta}_0)+X_0E(\hat{\beta}_1)=\beta_0+\beta_1X_0 \tag{2-36}$$

另一方面，在总体回归模型为 $Y=\beta_0+\beta_1X+\mu$ 的情况下，Y 在 $X=X_0$ 时的值为

$$\begin{aligned} Y_0&=\beta_0+\beta_1X_0+\mu \\ E(Y_0)&=E(\beta_0+\beta_1X_0+\mu) \\ &=\beta_0+\beta_1X_0+E(\mu) \\ &=\beta_0+\beta_1X_0 \end{aligned} \tag{2-37}$$

(2-36)式与(2-37)式说明，在 $X=X_0$ 时，样本估计值 $\hat{Y}_0$ 是总体均值 $E(Y|X=X_0)$ 和个别值 Y_0 的无偏估计，因此可用 $\hat{Y}_0$ 作为 $E(Y|X=X_0)$ 与 Y_0 的预测值。

2.4.2 总体条件均值与个别值预测值的置信区间

(1)总体条件均值预测值的置信区间

由于

$$\hat{Y}_0=\hat{\beta}_0+\hat{\beta}_1X_0$$

且

$$\hat{\beta}_1 \sim N\left(\beta_1,\frac{\sigma^2}{\sum x_i^2}\right),\quad \hat{\beta}_0 \sim N\left(\beta_0,\frac{\sum X_i^2}{n\sum x_i^2}\sigma^2\right)$$

则

$$E(\hat{Y}_0)=E(\hat{\beta}_0)+X_0E(\hat{\beta}_1)=\beta_0+\beta_1X_0$$

$$\mathrm{Var}(\hat{Y}_0)=\mathrm{Var}(\hat{\beta}_0)+2X_0\mathrm{Cov}(\hat{\beta}_0,\hat{\beta}_1)+X_0^2\mathrm{Var}(\hat{\beta}_1)$$

可以证明

$$\mathrm{Cov}(\hat{\beta}_0,\hat{\beta}_1)=\frac{-\sigma^2\overline{X}}{\sum x_i^2}$$

因此
$$\mathrm{Var}(\hat{Y}_0)=\frac{\sigma^2\sum X_i^2}{n\sum x_i^2}-\frac{2X_0\overline{X}\sigma^2}{\sum x_i^2}+\frac{X_0^2\sigma^2}{\sum x_i^2}$$
$$=\frac{\sigma^2}{\sum x_i^2}\left(\frac{\sum X_i^2-n\overline{X}^2}{n}+\overline{X}^2-2X_0\overline{X}+X_0^2\right)$$
$$=\frac{\sigma^2}{\sum x_i^2}\left[\frac{\sum x_i^2}{n}+(X_0-\overline{X})^2\right]$$
$$=\sigma^2\left[\frac{1}{n}+\frac{(X_0-\overline{X})^2}{\sum x_i^2}\right]$$

故
$$\hat{Y}_0\sim N\left\{\beta_0+\beta_1X_0,\sigma^2\left[\frac{1}{n}+\frac{(X_0-\overline{X})^2}{\sum x_i^2}\right]\right\}$$

将未知的 σ^2 代以它的无偏估计量$\hat{\sigma}^2$，则可构造 t 统计量：
$$t=\frac{\hat{Y}_0-(\beta_0+\beta_1X_0)}{S_{\hat{Y}_0}}\sim t(n-2) \tag{2-38}$$

其中
$$S_{\hat{Y}_0}=\sqrt{\hat{\sigma}^2\left[\frac{1}{n}+\frac{(X_0-X)^2}{\sum x_i^2}\right]} \tag{2-39}$$

于是，在 $1-\alpha$ 的置信度下，总体均值 $E(Y|X=X_0)$的置信区间为
$$\hat{Y}_0-t_{\frac{\alpha}{2}}\times S_{\hat{Y}_0}<E(Y|X_0)<\hat{Y}_0+t_{\frac{\alpha}{2}}\times S_{\hat{Y}_0} \tag{2-40}$$

(2)总体个别值预测值的置信区间

由 $Y_0=\beta_0+\beta_1X_0+\mu$ 知
$$Y_0\sim N(\beta_0+\beta_1X_0,\sigma^2)$$

于是
$$\hat{Y}_0-Y_0\sim N\left\{0,\sigma^2\left[1+\frac{1}{n}+\frac{(X_0-\overline{X})^2}{\sum x_i^2}\right]\right\} \tag{2-41}$$

将未知的 σ^2 代以它的无偏估计量$\hat{\sigma}^2$，则可构造 t 统计量：
$$t=\frac{\hat{Y}_0-Y_0}{S_{\hat{Y}_0-Y_0}}\sim t(n-2) \tag{2-42}$$

其中
$$S_{\hat{Y}_0-Y_0}=\sqrt{\hat{\sigma}^2\left[1+\frac{1}{n}+\frac{(X_0-X)^2}{\sum x_i^2}\right]}$$

从而在 $1-\alpha$ 的置信度下，Y_0 的置信区间为

$$\hat{Y}_0 - t_{\frac{\alpha}{2}} \times S_{\hat{Y}_0 - Y_0} < Y_0 < \hat{Y}_0 + t_{\frac{\alpha}{2}} \times S_{\hat{Y}_0 - Y_0} \tag{2-43}$$

在例 2-1 及例 2-2 的可支配收入-消费支出例子中，得到的样本回归函数为

$$\hat{Y}_i = -103.55 + 0.777X_i$$

则在 $X_0 = 1\ 000$ 处，

$$\hat{Y}_0 = -103.55 + 0.777 \times 1\ 000 = 673.45$$

它可作为总体均值 $E(Y|X=1\ 000)$ 或 Y 的个别值在 $X=1\ 000$ 处的预测的估计值。而

$$\text{Var}(\hat{Y}_0) = 13\ 402\left[\frac{1}{10} + \frac{(1\ 000 - 2\ 150)^2}{7\ 425\ 000}\right] = 3\ 727.29$$

$$S(\hat{Y}_0) = 61.051$$

因此，总体均值 $E(Y|X=1\ 000)$ 的 95%的置信区间为

$$673.45 - 2.306 \times 61.051 < E(Y|X=1\ 000) < 673.45 + 2.306 \times 61.051$$

或为(532.666,814.234)

同样地，对于 Y 在 $X=1\ 000$ 的个别值 Y_0，易知其 95%的置信区间为

$$673.45 - 2.306 \times 130.879 < Y|X=1\ 000 < 673.45 + 2.306 \times 130.879$$

或为(371.643,975.257)

如图 2-7 所示，如果对每个 X 值求其总体均值 $E(Y|X)$ 的 95%的置信区间，将区间端点连接起来，可以得到关于总体回归函数的置信带(域)(confidence band)。同样地，对每个 X 值求 Y 的个别值的 95%的置信区间，将区间端点连接起来，可以得到关于个别值 Y_0 的置信带(域)。可以看出，Y 的个别值 Y_0 的置信带比其总体均值的置信带宽。

对于 Y 的总体均值 $E(Y_0)$ 与个别值 Y_0 的预测区间(置信区间)，有如下结论。①样本容量 n 越大，预测精度越高，反之预测精度越低。②样本容量一定时，置信带的宽度在 X 的均值处最小，在其附近进行预测(插值预测)精度高；X 越远离其均值，置信带越宽，预测精度将下降。

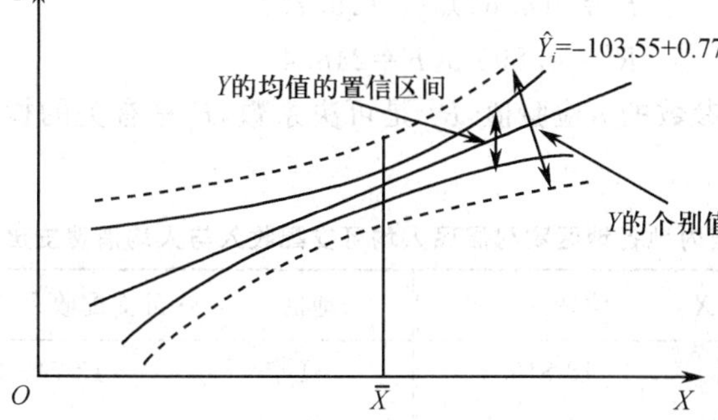

图 2-7 Y 均值与个别值的置信区间

2.5 实例及时间序列问题

本节通过两个实例演示计量经济模型建立的一般过程。第一个是截面数据(cross-sectional data)的例子,第二个是时间序列(time series)的例子。在建立了时间序列的模型后,我们将初步讨论这类模型可能遇到的问题。

2.5.1 中国农村居民人均消费支出模型:截面数据模型

[例 2-3]

为考察中国农村居民 2017 年人均可支配收入与消费支出的关系,图 2-8 给出了中国内地 31 个省区以当年价测算的农村居民年人均可支配收入(X)与年人均消费支出(Y)两组数据。由于表中是同一年份中不同地区居民的人均可支配收入与人均消费支出,因此也称为截面数据。

(1)建立模型

本例中我们假设拟建立如下一元回归模型:

$$Y=\beta_0+\beta_1 X+\mu$$

图 2-8 给出了采用 Stata 软件对表 2-5 中数据进行回归分析的计算结果。

一般可写出如下回归分析结果:

$$\hat{Y}_i=2\ 670.79+0.617\ 9X_i$$

$$t=\ (4.61)\qquad (15.76)$$

$$R^2=0.895\ 5, F=248.4$$

其中括号内的数为相应参数的 t 检验值,R^2 是可决系数,F 是有关的检验统计量,其含义将在后面的章节中介绍。

表 2-5 中国内地各地区农村居民人均可支配收入与人均消费支出 元

地区	可支配收入 X	消费支出 Y	地区	可支配收入 X	消费支出 Y
北京	24 240.5	18 810.5	辽宁	13 746.8	10 787.3
天津	21 753.7	16 385.9	吉林	12 950.4	10 279.4
河北	12 880.9	10 535.9	黑龙江	12 664.8	10 523.9
山西	10 787.5	8 424.0	上海	27 825.0	18 089.8
内蒙古	12 584.3	12 184.4	江苏	19 158.0	15 611.5

续表 2-5

地区	可支配收入 X	消费支出 Y	地区	可支配收入 X	消费支出 Y
浙江	24 955.8	18 093.4	重庆	12 637.9	10 936.1
安徽	12 758.2	11 106.1	四川	12 226.9	11 396.7
福建	16 334.8	14 003.4	贵州	8 869.1	8 299.0
江西	13 241.8	9 870.4	云南	9 862.2	8 027.3
山东	15 117.5	10 342.1	西藏	10 330.2	6 691.5
河南	12 719.2	9 211.5	陕西	10 264.5	9 305.6
湖北	13 812.1	11 632.5	甘肃	8 076.1	8 029.7
湖南	12 935.8	11 533.6	青海	9 462.3	9 902.7
广东	15 779.7	13 199.6	宁夏	10 737.9	9 982.1
广西	11 325.5	9 436.6	新疆	11 045.3	8 712.6
海南	12 901.8	9 599.4			

资料来源：《2018 年中国统计年鉴》，中国统计出版社。

```
      Source |       SS           df       MS      Number of obs   =        31
-------------+----------------------------------   F(1, 29)        =    248.40
       Model |   264702027         1   264702027   Prob > F        =    0.0000
    Residual |  30903578.1        29  1065640.62   R-squared       =    0.8955
-------------+----------------------------------   Adj R-squared   =    0.8919
       Total |   295605605        30  9853520.18   Root MSE        =    1032.3

------------------------------------------------------------------------------
           y |      Coef.   Std. Err.      t    P>|t|     [95% Conf. Interval]
-------------+----------------------------------------------------------------
           x |   .6178763   .0392038    15.76   0.000     .5376955    .6980571
       _cons |   2670.792   579.3071     4.61   0.000     1485.975    3855.608
------------------------------------------------------------------------------
```

图 2-8　中国农村居民人均消费支出模型回归结果

(2)模型检验

从回归估计的结果看，模型拟合较好。可决系数 $R^2=0.8955$，表明农村居民人均消费支出变化的 89.55%可由人均可支配收入的变化来解释。从斜率项的 t 检验值看，大于 5%显著性水平下自由度为 $n-2=29$ 的临界值 $t_{0.025}(29)=2.045$，且该斜率值满足 $0<0.6179<1$，符合经济理论中边际消费倾向在 0 与 1 之间的绝对收入假说，表明 2017 年，中国农村居民人均可支配收入每增加 1 元，人均消费支出增加 0.617 9 元。

(3)预测

假设我们需要关注 2017 年人均可支配收入在 20 000 元这一档的中国农村居民的人均消费支出问题。由上述回归方程可得该类家庭人均消费支出的预测值：

$$\hat{Y}_0 = 2\,670.79 + 0.617\,9 \times 20\,000 = 15\,028.79(\text{元})$$

下面给出该类家庭人均消费支出 95%置信度的预测区间。

由于人均可支配收入 X 的样本均值为 $E(X)=13\ 999.6$，于是，在 95％的置信度下，$E(Y_0)$的预测区间为

$$15\ 028.79 \pm 2.045 \times \sqrt{\frac{30\ 903\ 578.1}{31-2} \times \left(\frac{1}{31}+\frac{(20\ 000-13\ 999.6)^2}{22\ 366\ 255.77}\right)}$$

$$=15\ 028.79 \pm 2\ 705.15$$

或(12 323.64,17 733.94)

如果我们想知道某地区农村居民人均可支配收入为 20 000 元时，该地区人均消费支出的个值预测，则仍通过上述样本回归方程得到 15 028.79 元的消费支出预测值。

同样地，在 95％的置信度下，该家庭人均消费支出的预测区间为

$$15\ 028.79 \pm 2.045 \times \sqrt{\frac{30\ 903\ 578.1}{31-2} \times \left(1+\frac{1}{31}+\frac{(20\ 000-13\ 999.6)^2}{22\ 366\ 255.77}\right)}$$

$$=15\ 028.79 \pm 3\ 431.38$$

或(11 597.41,18 460.17)

2.5.2 中国居民总量消费函数：时间序列数据模型

［例 2-4］

建立总量消费函数(aggregate consumption function)是进行宏观经济管理的重要手段。为了从总体上考察中国居民收入与消费的关系，表 2-6 给出了中国名义支出法国内生产总值 GDP、名义居民总消费 CONS 以及表示宏观税赋的税收总额 TAX、表示价格变化的居民消费价格指数 CPI(1978 年＝100，％)，并由这些数据整理出实际支出法国内生产总值 GDPC＝GDP/CPI、居民实际消费总支出 Y＝CONS/CPI，以及实际可支配收入 X＝(GDP－TAX)/CPI。这些数据是 1978—2016 年的时间序列数据(time series data)，即观测值是连续不同年份中的数据。

表 2-6 中国居民总量消费支出与收入资料

年份	GDP/亿元	CONS/亿元	CPI/％	TAX/亿元	GDPC/亿元	X/亿元	Y/亿元
1978	3 634.1	1 759.1	100.0	519.28	3 634.1	3 114.9	1 759.1
1979	4 078.2	2 014.0	101.9	537.82	4 002.1	3 474.3	1 976.4
1980	4 575.3	2 336.9	109.5	571.70	4 178.3	3 656.2	2 134.1
1981	4 957.3	2 627.5	112.2	629.89	4 418.2	3 856.8	2 341.8
1982	5 426.3	2 867.1	114.4	700.02	4 743.3	4 131.3	2 506.2
1983	6 078.7	3 220.9	116.7	775.59	5 208.8	4 544.2	2 760.0
1984	7 345.9	3 689.5	119.9	947.35	6 126.7	5 336.6	3 077.2
1985	9 180.5	4 627.4	131.1	2 040.79	7 002.6	5 446.0	3 529.7

续表 2-6

年份	GDP/亿元	CONS/亿元	CPI/%	TAX/亿元	GDPC/亿元	X/亿元	Y/亿元
1986	10 473.7	5 293.5	139.6	2 090.73	7 502.6	6 005.0	3 791.9
1987	12 294.2	6 047.6	149.8	2 140.36	8 207.1	6 778.3	4 037.1
1988	15 332.2	7 532.1	177.9	2 390.47	8 618.4	7 274.7	4 233.9
1989	17 359.6	8 778.0	209.9	2 727.40	8 270.4	6 971.0	4 182.0
1990	19 067.0	9 435.0	216.4	2 821.86	8 811.0	7 507.0	4 360.0
1991	22 124.2	10 544.5	223.8	2 990.17	9 885.7	8 549.6	4 711.6
1992	27 334.2	12 312.2	238.1	3 296.91	11 480.1	10 095.5	5 171.0
1993	35 900.1	15 696.2	273.1	4 255.30	13 145.4	11 587.3	5 747.4
1994	48 822.7	21 446.1	339.0	5 126.88	14 402.0	12 889.6	6 326.3
1995	61 539.0	28 072.9	396.9	6 038.04	15 504.9	13 983.6	7 073.0
1996	72 102.5	33 660.3	429.9	6 909.82	16 771.9	15 164.6	7 829.8
1997	80 024.8	36 626.3	441.9	8 234.04	18 109.3	16 245.9	8 288.4
1998	85 486.3	38 821.8	438.4	9 262.80	19 499.6	17 386.7	8 855.3
1999	90 823.8	41 914.9	432.2	10 682.58	21 014.3	18 542.6	9 698.0
2000	100 576.8	46 987.8	434.0	12 581.51	23 174.4	20 275.4	10 826.7
2001	111 250.2	50 708.8	437.0	15 301.38	25 457.7	21 956.3	11 603.8
2002	122 292.1	55 076.4	433.5	17 636.45	28 210.4	24 142.0	12 705.0
2003	138 314.7	59 343.8	438.7	20 017.31	31 528.3	26 965.4	13 527.2
2004	162 742.1	66 587.0	455.8	24 165.68	35 704.7	30 402.9	14 608.8
2005	189 190.4	75 232.4	464.0	28 778.54	40 773.8	34 571.5	16 213.9
2006	221 206.5	84 119.1	471.0	34 804.35	46 965.3	39 575.8	17 859.7
2007	271 699.3	99 793.3	493.6	45 621.97	55 044.4	45 801.7	20 217.4
2008	319 935.8	115 338.3	522.7	54 223.79	61 208.3	50 834.5	22 065.9
2009	349 883.3	126 660.9	519.0	59 521.59	67 414.9	55 946.4	24 404.8
2010	410 708.3	146 057.6	536.1	73 210.79	76 610.4	62 954.2	27 244.5
2011	486 037.8	176 532.0	565.0	89 738.39	86 024.4	70 141.5	31 244.6
2012	540 988.9	198 536.8	579.7	100 614.28	93 322.2	75 965.9	34 248.2
2013	596 962.9	219 762.5	594.8	110 530.70	100 363.6	81 780.8	36 947.3
2014	647 181.7	242 539.7	606.7	119 175.31	106 672.4	87 029.2	39 976.9
2015	699 109.4	265 980.1	615.2	124 922.20	113 639.4	93 333.4	43 234.7
2016	745 632.4	293 443.1	627.5	130 360.73	118 825.9	98 051.3	46 763.8

资料来源：《2018 年中国统计年鉴》，中国统计出版社。

(1)建立模型

对于时间序列数据，也可建立类似于截面数据的计量经济模型，并进行回归分析。本例中我们假设拟建立如下一元回归模型：

$$Y=\beta_0+\beta_1 X+\mu$$

图 2-9 给出了采用 Stata 软件对表 2-6 中的数据进行回归分析的计算结果，表明可建立如下中国居民消费函数：

$$\hat{Y}=834.99+0.445\,5X$$

Source	SS	df	MS		
				Number of obs	= 39
				F(1, 37)	=11524.86
Model	6.2354e+09	1	6.2354e+09	Prob > F	= 0.0000
Residual	20018556.9	37	541042.077	R-squared	= 0.9968
				Adj R-squared	= 0.9967
Total	6.2555e+09	38	164617173	Root MSE	= 735.56

y	Coef.	Std. Err.	t	P>|t|	[95% Conf.	Interval]
x	.4455021	.0041498	107.35	0.000	.4370938	.4539105
_cons	834.9944	166.9736	5.00	0.000	496.6737	1173.315

图 2-9　中国居民总量消费 *Y* 对可支配收入 *X* 的回归结果(1978—2016 年)

(2)模型检验

从回归估计的结果看，模型拟合较好：可决系数 $R^2=0.996\,8$，截距项与斜率项的 t 检验值均大于 5%显著性水平下自由度为 $n-2=37$ 的临界值 $t_{0.025}(37)=2.026$，且斜率项符合经济理论中边际消费倾向在 0 与 1 之间的绝对收入假说，斜率项 0.445 5 表明，1978—2016 年，以 1978 年价计的中国居民可支配总收入每增加 1 亿元，居民总量消费支出平均增加 0.445 5 亿元。

(3)预测

2017 年，以当年价计的中国 GDP 为 812 038.1 亿元，税收总额 144 369.87 亿元，居民消费价格指数为 637.5%，由此可得到以 1978 年价计的可支配总收入 X 约 104 732.3 亿元，由上述回归方程可得 2017 年居民总量消费预测的点估计值：

$$Y_{2017}=834.99+0.445\,5\times 104\,732.3=47\,493.23(\text{亿元})$$

2017 年，中国名义居民消费总量为 317 509.7 亿元，以 1978 年为基准的居民消费价格指数为 637.5%，由此可推得当年中国实际居民消费总量为 49 805.4 亿元，可见相对误差为 4.64%。

下面给出 2017 年中国居民总量消费的预测区间。

由于在样本期内 $E(X)=28\,519.8$，于是，在 95%的置信度下，$E(Y_{2017})$的预测区间为

$$47\,493.23\pm 2.026\times\sqrt{\frac{20\,019\,173.2}{39-2}\times\left(\frac{1}{39}+\frac{(104\,732.3-28\,519.8)^2}{31\,417\,175\,300}\right)}$$

$$=47\,493.23\pm 683.77$$

或(46 809.46，48 177)

同样地，在 95%的置信度下，Y_{2017} 的预测区间为：

$$47\ 493.23 \pm 2.026 \times \sqrt{\frac{20\ 019\ 173.2}{39-2} \times \left(1+\frac{1}{39}+\frac{(104\ 732.3-28\ 519.8)^2}{31\ 417\ 175\ 300}\right)}$$

$$=47\ 493.23 \pm 1\ 639.64$$

或(45 853.59,49 132.87)

2.5.3 时间序列问题

例 2-4 表明,时间序列完全可以进行类似于截面数据的回归分析。然而,在时间序列回归分析中,有两个需注意的问题。

第一,关于抽样分布的理解问题。我们能把表 2-6 中的数据理解为是从某个总体中抽出的一个样本吗?如果我们将该组数据理解成来自产生该组数据的经济系统,而该经济系统能够产生任何可能的"实际"数据,即该组数据只是该经济系统"所有"可能产生的数据中的一组数据。这时,我们就认为该组数据是众多可能产生的数据中的一个样本。

第二,关于"伪回归问题"(spurious regression problem)。注意到我们对可决系数 R^2 的定义与解释,它被定义为回归平方和占总离差平方和的比重,解释为被解释变量 Y 的变化中可由解释变量 X 的变化"解释"的部分。我们并未将这里的"解释"替换为"引起",因为因果关系不能通过回归分析本身来判断。然而,由于回归分析往往就是要对因果关系进行评判,人们自然倾向于认为一个高的可决系数就意味着 X 对 Y 的"影响"能力强。

在现实经济问题中,对时间序列数据做回归,即使两个变量间没有任何的实际联系,也往往会得到较高的可决系数。问题在于许多经济变量的时间序列往往具有相同的变动趋势,如价格指数、产出水平、就业水平等往往表现出在一段时间内持续上升或持续下降。对于具有共同变化趋势的时间序列,即使它们之间没有任何实际的联系,也会产生较高的可决系数。这意味着许多通过较高可决系数而"发现"的变量间的联系是虚假的(spurious)。例 2-4 中,可决系数 R^2 高达 0.996 8,然而,观察发现 X 与 Y 在该时间段中表现出持续的上升趋势(图 2-10),

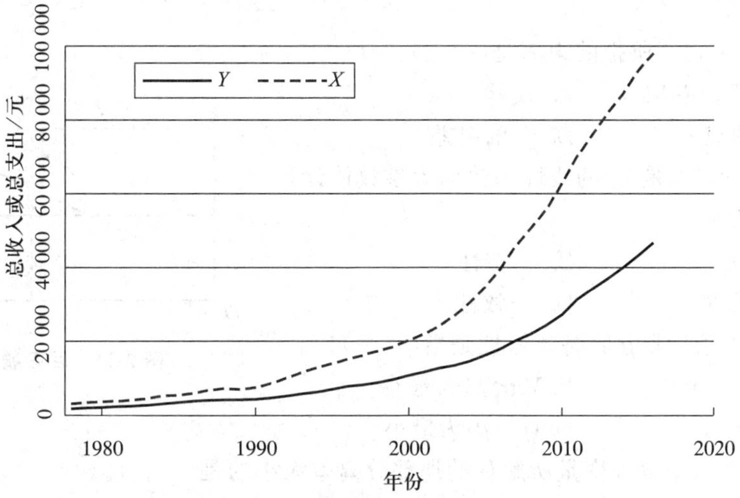

图 2-10 中国居民可支配总收入 X 与消费总支出 Y 变动图

这意味着我们需要谨慎对待所得到的较高的可决系数。这里得到的回归线对居民消费的“解释”可能存在部分的虚假性。

为了避免时间序列做回归分析时，由于变量随时间的共同变化趋势而可能带来的误导，一种解决方案是在模型中引入代表时间变化的时间趋势项，这样可将变量共同变化的时间趋势分离出来，从而能够较准确地考察解释变量对被解释变量变动的解释能力，一定程度地消除可能存在的“伪回归”现象。在模型中引入更多解释变量就成为多元回归分析，也是后续章节的主要内容。当然，从理论上讲，只有“平稳”的时间序列才适用于经典的线性回归模型，而实际的时间序列经常是非平稳的。如何避免“伪回归”或“虚假回归”，如何利用非平稳时间序列建立经典线性回归模型，这些问题将在后面的课程中进一步讨论。

本章练习题

一、单选题

1. 回归分析中定义的（　　）。
   A. 解释变量和被解释变量都是随机变量
   B. 解释变量为非随机变量，被解释变量为随机变量
   C. 解释变量和被解释变量都为非随机变量
   D. 解释变量为随机变量，被解释变量为非随机变量

2. 最小二乘准则是指使（　　）达到最小值的原则确定样本回归方程。
   A. $\left|\sum_{t=1}^{n}(Y_t-\hat{Y}_t)\right|$　　B. $\sum_{t=1}^{n}|Y_t-\hat{Y}_t|$
   C. $\max|Y_t-\hat{Y}_t|$　　D. $\sum_{t=1}^{n}(Y_t-\hat{Y}_t)^2$

3. 图 2-11 中，“{”所指的距离是（　　）。
   A. 随机误差项　　B. 残差
   C. Y_i 的离差　　D. $\hat{Y}_i$ 的离差

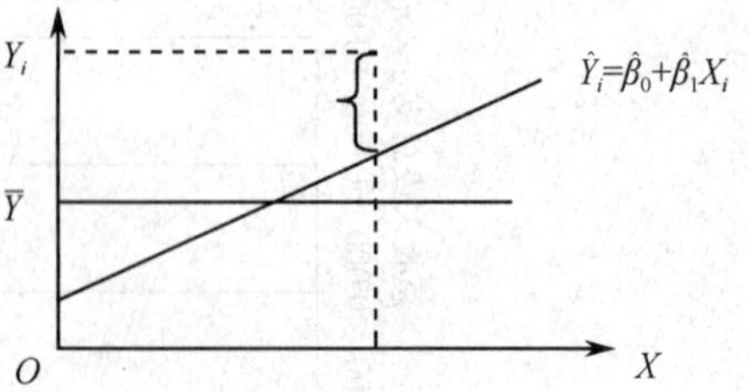

图 2-11　回归线关系图

4. 参数估计量 $\hat{\beta}$ 是 Y_i 的线性函数称为参数估计量具有（　　）的性质。
   A. 线性　　B. 无偏性
   C. 有效性　　D. 一致性

5. 参数 β 的估计量 $\hat{\beta}$ 具备有效性是指（　　）。
   A. $\mathrm{Var}(\hat{\beta})=0$　　B. $\mathrm{Var}(\hat{\beta})$为最小
   C. $\hat{\beta}-\beta=0$　　D. $(\hat{\beta}-\beta)$为最小

6. 反映由模型中解释变量所解释的那部分离差大小的是（　　）。
   A. 总体平方和　　B. 回归平方和　　C. 残差平方和　　D. 样本平方和

7. 总体平方和 TSS、残差平方和 RSS 与回归平方和 ESS 三者的关系是(　　)。

A. RSS=TSS+ESS　　B. TSS=RSS+ESS

C. ESS=RSS−TSS　　D. ESS=TSS+RSS

8. 下面哪一个必定是错误的(　　)。

A. $\hat{Y}_i=30+0.2X_i, r_{XY}=0.8$　　B. $\hat{Y}_i=-75+1.5X_i, r_{XY}=0.91$

C. $\hat{Y}_i=5-2.1X_i, r_{XY}=0.78$　　D. $\hat{Y}_i=-12-3.5X_i, r_{XY}=-0.96$

9. 产量(X,台)与单位产品成本(Y,元/台)之间的回归方程为 $\hat{Y}=356-1.5X$,这说明(　　)。

A. 产量每增加一台,单位产品成本增加 356 元

B. 产量每增加一台,单位产品成本减少 1.5 元

C. 产量每增加一台,单位产品成本平均增加 356 元

D. 产量每增加一台,单位产品成本平均减少 1.5 元

10. 回归模型 $Y_i=\beta_0+\beta_1X_i+\mu_i, i=1,\cdots,25$ 中,总体方差未知,检验 $H_0:\beta_1=0$ 时,所用的检验统计量$\frac{\hat{\beta}_1-\beta_1}{S_{\hat{\beta}_1}}$服从(　　)。

A. $X^2(n-2)$　　B. $t(n-1)$　　C. $X^2(n-1)$　　D. $t(n-2)$

11. 对下列模型进行经济意义检验,哪一个模型通常被认为是没有实际价值的(　　)。

A. C_i(消费)$=500+0.8I_i$(收入)

B. Q_{di}(商品需求)$=10+0.8I_i$(收入)$+0.9P_i$(价格)

C. Q_{si}(商品供给)$=20+0.75P_i$(价格)

D. Y_i(产出量)$=0.65K_i^{0.6}$(资本)$L_i^{0.4}$(劳动)

12. 进行相关分析时,假定相关的两个变量(　　)。

A. 都是随机变量

B. 都不是随机变量

C. 一个是随机变量,一个不是随机变量

D. 随机或非随机都可以

13. 一元线性回归分析中的回归平方和 ESS 的自由度是(　　)。

A. n　　B. $n-1$　　C. $n-k$　　D. 1

14. 假设用 OLS 法得到的样本回归直线为 $Y_i=\hat{\beta}_1+\hat{\beta}_2X_i+e_i$,以下说法不正确的是(　　)。

A. $\sum e_i=0$　　B. $(\bar{X},\bar{Y})$一定在回归直线上

C. $\bar{\hat{Y}}=\bar{Y}$　　D. $\mathrm{Cov}(X_i,e_i)\neq0$

15. 对样本的相关系数 γ,以下结论错误的是(　　)。

A. $|\gamma|$越接近 0,X 和 Y 之间的线性相关程度越高

B. $|\gamma|$越接近 1,X 和 Y 之间的线性相关程度越高

C. $-1\leqslant\gamma\leqslant1$

D. $\gamma=0$,则在一定条件下 X 与 Y 相互独立

二、多选题

1. 利用普通最小二乘法求得的样本回归直线 $\hat{Y}_i=\hat{\beta}_1+\hat{\beta}_2X_i$ 的特点是(　　)。

A. 必然过点($\bar{X}$,$\bar{Y}$)　　　　B. 可能通过点($\bar{X}$,$\bar{Y}$)

C. 残差 e_i 的均值为常数　　　　D. $\hat{Y}_i$ 的均值与 Y_i 的均值相等

E. 残差 e_i 与解释变量之间有一定的相关性

2. 古典线性回归模型的普通最小二乘估计量的特性有(　　)。

A. 无偏性　　B. 线性

C. 最小方差　　D. 不一致性

E. 有偏性

3. 指出下列哪些现象是相关关系(　　)。

A. 家庭消费支出与收入　　　　B. 商品销售额和销售量、销售价格

C. 物价水平与商品需求量　　　　D. 小麦亩产量与施肥量

E. 学习成绩总分与各门课程成绩分数

4. 一元线性回归模型 $Y_i=\hat{\beta}_0+\hat{\beta}_1X_i+e_i$ 的经典假设包括(　　)。

A. $E(e_i)=0$　　　　B. $\mathrm{Var}(e_i)=\sigma^2$(常数)

C. $\mathrm{Cov}(e_i,e_j)=0$　　　　D. $e_i\sim N(0,1)$

E. $\mathrm{Cov}(X_i,e_i)=0$

5. 以 Y 表示实际观测值,$\hat{Y}$ 表示回归估计值,e 表示残差,则回归直线满足(　　)。

A. 通过样本均值点($\bar{X}$,$\bar{Y}$)　　　　B. $\sum Y_i=\sum\hat{Y}_i$

C. $\mathrm{Cov}(X_i,e_i)=0$　　　　D. $\sum(Y_i-\hat{Y}_i)^2=0$

E. $\sum(\hat{Y}_i-\bar{Y})^2=0$

三、判断题:下列计量经济学方程哪些是正确的?哪些是错误的?为什么?

1. $Y_t=\alpha+\beta X_t,\quad t=1,2,\cdots,n;$

2. $Y_t=\alpha+\beta X_t+\mu_t,\quad t=1,2,\cdots,n;$

3. $Y_t=\hat{\alpha}+\hat{\beta}X_t+\mu_t,\quad t=1,2,\cdots,n;$

4. $\hat{Y}_t=\hat{\alpha}+\hat{\beta}X_t+\mu_t,\quad t=1,2,\cdots,n;$

5. $Y_t=\hat{\alpha}+\hat{\beta}X_t,\quad t=1,2,\cdots,n;$

6. $\hat{Y}_t=\hat{\alpha}+\hat{\beta}X_t,\quad t=1,2,\cdots,n;$

7. $Y_t=\hat{\alpha}+\hat{\beta}X_t+e_t,\quad t=1,2,\cdots,n;$

8. $\hat{Y}_t=\hat{\alpha}+\hat{\beta}X_t+e_t,\quad t=1,2,\cdots,n$。

其中带“^”者表示“估计值”。

四、假设已经得到一元线性回归模型 $Y=\beta_0+\beta_1X+\mu$ 的最小二乘估计,试回答:

(1)假设决定把变量 X 的单位扩大 10 倍,这样对原回归的斜率和截距会有什么样的影响?如果把变量 Y 的单位扩大 10 倍,又会怎样?

(2)假定给 X 的每个单位观测值都增加 2,对原回归的斜率和截距会有什么样的影响?如果给 Y 的每个观测值都增加 2,又会怎样?

五、表 2-7 是我国内地 2017 年各地区税收和国内生产总值(GDP)的统计资料。

要求,运用 Stata 软件(或其他软件):

(1)做出散点图,建立税收随国内生产总值(GDP)变化的一元线性回归方程,并解释斜率的经济意义;

(2)对所建立的回归方程进行检验；

(3)若2018年某地区国内生产总值为24 000亿元，求该地区税收收入的预测值及预测区间。

表2-7 我国内地2017年各地区税收和国内生产总值 亿元

地区	税收	国内生产总值	地区	税收	国内生产总值
北京	4 676.68	28 014.94	浙江	4 940.74	51 768.26
天津	1 611.96	18 549.19	安徽	1 970.68	27 018.00
河北	2 199.35	34 016.32	福建	2 052.64	32 182.09
山西	1 397.43	15 528.42	江西	1 515.01	20 006.31
内蒙古	1 286.91	16 096.21	山东	4 419.40	72 634.15
辽宁	1 812.42	23 409.24	河南	2 329.31	44 552.83
湖北	2 247.82	35 478.09	四川	2 430.32	36 980.22
湖南	1 759.13	33 902.96	贵州	1 179.73	13 540.83
广东	8 871.89	89 705.23	云南	1 233.85	16 376.34
广西	1 057.69	18 523.26	西藏	122.70	1 310.92
海南	543.56	4 462.54	陕西	1 485.58	21 898.81
重庆	1 476.33	19 424.73	甘肃	547.14	7 459.90
吉林	854.03	14 944.53	青海	183.96	2 624.83
黑龙江	901.91	15 902.68	宁夏	270.30	3 443.56
上海	5 865.51	30 632.99	新疆	944.38	10 881.96
江苏	6 484.33	85 869.76			

第3章 多元线性回归模型

教学目的与要求：通过本章学习，要求学生重点掌握多元回归模型的基本假定、模型的估计、模型的检验以及模型在预测方面的应用。学习并熟悉非线性模型转化为线性回归模型的常见类型与方法，这里尤其需要注意各回归参数的具体经济含义。

与一元线性回归模型相比，多元回归分析的基本假设中引入了多个解释变量间不存在(完全)多重共线性这一假设；在模型检验部分，一方面引入了修正的可决系数，另一方面引入了对多个解释变量是否对被解释变量有显著线性影响关系的联合性 F 检验，及 F 检验与拟合优度检验的内在联系。

3.1 多元线性回归模型及其参数估计

在实际经济问题中，一个变量往往受到多个变量的影响，例如，家庭消费除了受家庭可支配收入的影响外，还受家庭财富、物价水平、广告、周围群体消费水平等多种因素的影响，表现在线性回归模型中的解释变量包含多个，这样的模型被称为多元线性回归模型。

3.1.1 多元线性回归模型

假设讨论的多元线性回归模型为 k 元，即解释变量为 k 个，多元线性回归模型的一般表达式为：

$$Y = \beta_0 + \beta_1 X_1 + \beta_2 X_2 + \cdots + \beta_k X_k + \mu \tag{3-1}$$

如果我们随机抽取了一个容量为 n 的样本，其观测值为$(Y_i, X_{1i}, X_{2i}, \cdots, X_{ki})$，$i=1,2,\cdots,n$，则有：

$$Y_i = \beta_0 + \beta_1 X_{1i} + \beta_2 X_{2i} + \cdots + \beta_k X_{ki} + \mu_i, \quad i = 1,2,\cdots,n \tag{3-2}$$

如果对观测值使用矩阵表示有：

$$\boldsymbol{Y}=\begin{pmatrix}Y_1\\Y_2\\\vdots\\Y_n\end{pmatrix},\quad \boldsymbol{\beta}=\begin{pmatrix}\beta_0\\\beta_1\\\vdots\\\beta_k\end{pmatrix},\quad \boldsymbol{X}=\begin{bmatrix}1 & X_{11} & X_{21} & \cdots & X_{k1}\\1 & X_{12} & X_{22} & \cdots & X_{k2}\\\vdots & \vdots & \vdots & & \vdots\\1 & X_{1n} & X_{2n} & \cdots & X_{kn}\end{bmatrix},\quad \boldsymbol{\mu}=\begin{pmatrix}\mu_1\\\mu_2\\\vdots\\\mu_n\end{pmatrix}$$

则 k 元线性回归模型的矩阵表示为：

$$\boldsymbol{Y}=\boldsymbol{X\beta}+\boldsymbol{\mu} \tag{3-3}$$

这里需要注意的是，多元线性回归模型的回归系数 $\beta_1,\beta_2,\cdots,\beta_k$ 所表达的意义与一元线性回归模型的回归系数不同，多元线性回归模型的回归系数称为偏回归系数，其表示在其他解释变量不变的情况下，其中一个解释变量的变动对被解释变量均值的影响。

根据多元线性回归模型，可得多元线性回归总体回归方程：

$$E(Y_i)=\beta_0+\beta_1X_{1i}+\beta_2X_{2i}+\cdots+\beta_kX_{ki},\quad i=1,2,\cdots,n \tag{3-4}$$

其矩阵表达形式为：

$$E(\boldsymbol{Y})=\boldsymbol{X\beta} \tag{3-5}$$

而多元线性样本回归方程为：

$$\hat{Y}_i=\hat{\beta}_0+\hat{\beta}_1X_{1i}+\hat{\beta}_2X_{2i}+\cdots+\hat{\beta}_kX_{ki},\quad i=1,2,\cdots,n \tag{3-6}$$

其矩阵表达形式为：

$$\hat{\boldsymbol{Y}}=\boldsymbol{X}\hat{\boldsymbol{\beta}} \tag{3-7}$$

多元线性样本回归模型为：

$$Y_i=\hat{\beta}_0+\hat{\beta}_1X_{1i}+\hat{\beta}_2X_{2i}+\cdots+\hat{\beta}_kX_{ki}+e_i,\quad i=1,2,\cdots,n \tag{3-8}$$

其矩阵表达形式为：

$$\boldsymbol{Y}=\boldsymbol{X}\hat{\boldsymbol{\beta}}+\boldsymbol{e} \tag{3-9}$$

其中

$$\hat{\boldsymbol{\beta}}=\begin{pmatrix}\hat{\beta}_0\\\hat{\beta}_1\\\vdots\\\hat{\beta}_k\end{pmatrix},\quad \boldsymbol{e}=\begin{pmatrix}e_1\\e_2\\\vdots\\e_n\end{pmatrix} \tag{3-10}$$

3.1.2 多元线性回归模型的经典假设

对于多元线性回归模型，其经典假设内容主要有：

(1)$E(\mu_i)=0,i=1,2,\cdots,n$：即随机误差项对被解释变量的影响平均结果为零，此为零均值假设。

(2)$\text{Var}(\mu_i)=\sigma^2, i=1,2,\cdots,n$:即所有随机误差项的方差相等,此为同方差假设。

(3)$\text{Cov}(\mu_i,\mu_j)=0, \forall i\neq j,\ i,j=1,2,\cdots,n$:即不同随机误差项之间是不相关的,此为不序列相关假设。

(4)所有的解释变量是确定性的,因而是非随机的,它和随机误差项 μ 不相关。

(5)解释变量之间不存在线性相关关系,即解释变量之间不存在多重共线性。

(6)为了满足假设检验和预测的需要,一般还要进一步假设 $\mu_i \sim N(0,\sigma^2), i=1,2,\cdots,n$,即所有的随机误差项服从正态分布,此为正态分布假设。

需要说明的是,也有人认为假设(5)中的条件进一步改为 $R(X)=k+1<n$,这是对样本容量的一个要求,也是为了保证参数能够实现估计。和一元线性回归模型一样,从这些假设中,我们也能得出以下的推论:

(1)$E(Y_i)=\beta_0+\beta_1X_{1i}+\beta_2X_{2i}+\cdots+\beta_kX_{ki}(i=1,2,\cdots,n)$ (3-11)

(2)$\text{Var}(Y_i)=\sigma^2(i=1,2,\cdots,n)$ (3-12)

(3)$\text{Cov}(Y_i,Y_j)=0(\forall i\neq j;\ i,j=1,2,\cdots,n)$ (3-13)

(4)$Y_i\sim N(\beta_0+\beta_1X_{1i}+\beta_2X_{2i}+\cdots+\beta_kX_{ki},\sigma^2)(i=1,2,\cdots,n)$ (3-14)

3.1.3 多元回归模型的参数估计

同一元线性回归模型的参数估计一样,多元线性回归模型参数估计,一是求反映变量之间数量关系的结构参数的估计量,二是求得随机干扰项的方差估计。

假设已经得到回归系数 β 的一个估计,记为 $\hat{\beta}$,则被解释变量和随机误差项的估计值分别为:

$$\hat{Y}=X\hat{\beta},\quad \hat{\mu}=Y-\hat{Y}=Y-X\hat{\beta}$$

残差平方和可以表示为:

$$S^2=\mu'\mu=(Y-X\hat{\beta})'(Y-X\hat{\beta})=Y'Y-2\hat{\beta}'X'Y+\hat{\beta}'X'X\hat{\beta} \tag{3-15}$$

根据最小二乘法的思想,需要极小化上式,由极值原理得到:

$$\frac{\partial S}{\partial\hat{\beta}}=-2X'Y+2X'X\hat{\beta}=0$$

解上式得到:

$$\hat{\beta}=(X'X)^{-1}X'Y \tag{3-16}$$

同样不加证明指出,关于分布参数 σ^2 的一个无偏估计为:

$$\hat{\sigma}^2=s^2=\frac{\hat{\mu}'\hat{\mu}}{n-k-1} \tag{3-17}$$

3.2 参数估计量的统计性质

当多元线性回归模型满足基本假设时,其参数的普通最小二乘法估计仍具有线性性、无偏性和有效性。同时,随着样本容量的增加,即当 $n \to +\infty$时,参数估计量具有渐近无偏性、一致性及渐近有效性。

3.2.1 线性性

证明:令 $\boldsymbol{A}=(\boldsymbol{X}'\boldsymbol{X})^{-1}\boldsymbol{X}'$,并记矩阵 $\boldsymbol{A}=(\alpha_{ij})_{(k+1)\times n}$,参数的估计量可以表示为:

$$\hat{\boldsymbol{\beta}}=\boldsymbol{AY} \tag{3-18}$$

其中的一个典型代表 $\hat{\beta}_j$ 可以表示为:

$$\hat{\beta}_j = \alpha_{j1}y_1 + \alpha_{j2}y_2 + \cdots + \alpha_{jn}y_n (j = 0,1,2,\cdots,k) \tag{3-19}$$

从而线性性得证。

3.2.2 无偏性

对等式:

$$\hat{\beta}=(X'X)^{-1}X'Y=(X'X)^{-1}X'(X\beta+\mu)=\beta+(X'X)^{-1}X'\mu$$

两边取期望有:

$$E(\hat{\beta}) = \beta+E[(X'X)^{-1}X'\mu] = \beta+(X'X)^{-1}X'E(\mu) = \beta \tag{3-20}$$

从而无偏性得证。

3.2.3 方差有效性

这里我们只给出参数估计量 $\hat{\beta}$ 的方差-协方差矩阵,根据:

$$\begin{aligned}\mathrm{Cov}(\hat{\beta}) &= E\{[\hat{\beta}-E(\hat{\beta})][\hat{\beta}-E(\hat{\beta})]'\} \\ &= (X'X)^{-1}X'E(\mu\mu')X(X'X)^{-1} \\ &= (X'X)^{-1}\sigma^2\end{aligned}$$

对于某个估计量 $\hat{\beta}_j$,显然有

$$\mathrm{Var}(\hat{\beta}_j) = (X'X)_{jj}^{-1}\sigma^2 \quad (3\text{-}21)$$

其中$(X'X)_{jj}^{-1}$表示矩阵$(X'X)^{-1}$主对角线上第 j 个元素。

最后需要说明的是，根据参数估计量的性质 1 和本章 3.1 中关于 y_i 的正态分布特征，可以得到的结论是：参数估计量 $\hat{\beta}$ 同样具有正态分布的特征。再结合上述性质，我们得到参数估计量的分布为：

$$\hat{\beta} \sim N[\beta, (X'X)^{-1}\sigma^2] \quad (3\text{-}22)$$

3.3 多元线性回归模型的假设检验

多元线性回归模型的参数估计出来后，即求出样本回归函数后，还需进一步对样本回归函数进行统计检验，以判定估计的可靠程度。统计检验包括拟合优度检验、方程总体线性显著性检验（F 检验）、变量的显著性的 t 检验等。

3.3.1 多元线性回归方程的拟合优度检验

多元线性回归方程的拟合优度检验也是建立在三个离差平方和的基础上，即：总离差平方和 $\mathrm{TSS}=\sum_{i=1}^{n}(y_i-\bar{y})^2$，回归平方和 $\mathrm{ESS}=\sum_{i=1}^{n}(\hat{y}_i-\bar{y})^2$，残差平方和 $\mathrm{RSS}=\sum_{i=1}^{n}(y_i-\hat{y}_i)^2$。这三个平方和具有等式关系：TSS＝RSS＋ESS。即总离差平方和可分解为回归平方和与残差平方和两部分，回归平方和反映总离差平方和中可由样本回归线解释说明的部分，它越大，残差平方和越小，表明样本回归线与样本观测值的拟合程度越高。因此，与一元线性回归一样，定义 $R^2=\mathrm{ESS}/\mathrm{TSS}$，来衡量解释变量对被解释变量变动的解释程度。显然，其取值是在 0 与 1 之间，值越接近 1，则解释变量的解释程度越高；值越接近 0，则解释变量的解释能力越弱。一般来说，增加解释变量的个数，会增加回归平方和 ESS，所以 R^2 就会变大，这样容易引起误导，要使模型拟合得好，只要增加解释变量即可，但现实情况往往是，由增加解释变量个数引起的 R^2 的增加与拟合好坏无关。因此，在多元回归模型之间比较拟合优度，R^2 并不是一个合适的指标，必须加以调整。

在样本容量一定的情况下，增加解释变量必定使得自由度减少，所以调整的思路是将残差平方和与总离差平方和分别除以各自的自由度，以剔除变量个数对拟合优度的影响。

定义调整的可决系数为：$\bar{R}^2=1-\dfrac{\mathrm{RSS}/(n-k-1)}{\mathrm{TSS}/(n-1)}=1-(1-R^2)\dfrac{n-1}{n-k-1}$，其中 $n-k-1$ 是残差平方和的自由度，$n-1$ 是总离差平方和的自由度。显然，如果增加的解释变量没有解释能力，则对残差平方和的减小没有多大帮助，但增加了待估参数的个数，从而使 $\bar{R}^2$ 有较大幅度的下降。

3.3.2 方程总体线性显著性检验(F 检验)

方程总体线性的显著性检验，旨在对模型中被解释变量与解释变量之间的线性关系在总体上是否显著成立做出判断。方程总体线性显著性检验也是建立在总离差平方和、回归平方和与残差平方和这三个平方和的基础上，其检验步骤如下。

(1)建立原假设和备择假设：

$$H_0: \beta_1 = \beta_2 = \cdots = \beta_k = 0, \quad H_1: \beta_j \text{不全为} 0, \quad j = 1, 2, \cdots, k$$

(2)构造 F 统计量，在原假设成立下，不加证明地指出下列结论是成立的：

$$F = \frac{\mathrm{ESS}/k}{\mathrm{RSS}/(n-k-1)} \sim F(k, n-k-1) \tag{3-23}$$

(3)根据估计的结果，计算出统计量值 F。

(4)根据给定显著性水平 α 和自由度，查 F 分布的临界表得到临界值 $F_\alpha(k, n-k-1)$。

(5)比较统计量值 F 和临界值 $F_\alpha(k, n-k-1)$，做出判断，规则如下：

若 $F > F_\alpha(k, n-k-1)$，则拒绝原假设，接受备择假设，从而回归模型总体线性关系显著；

若 $F \leqslant F_\alpha(k, n-k-1)$，则接受原假设，拒绝备择假设，从而回归模型总体线性关系不显著。

很多软件把线性显著性检验以方差分析表的形式列出，见表 3-1。

表 3-1 回归方程线性显著性检验的方差分析表

方差来源	自由度	平方和	均方	F 值
回归平方和	k	ESS	MSE=ESS/k	MSE/MSR
残差平方和	$n-k-1$	RSS	MSR=RSS/$(n-k-1)$	
总离差平方和	$n-1$	TSS		

3.3.3 变量的显著性的 t 检验

对于多元线性回归模型，方程的总体线性关系是显著的，并不能说明每个解释变量对被解释变量的影响都是显著的，因此，必须对每个解释变量进行显著性检验，以决定是否作为解释变量被保留在模型中。如果某个变量对被解释变量的影响不显著，可以考虑剔除，以建立更为简单的模型。变量显著性检验中应用最为普遍的是 t 检验。

在前面的分析中，已经得到估计量的方差和期望表达式，在经典假设下，很容易推出估计量服从正态分布，即 $\hat{\beta}_j \sim N[\beta_j, (X'X)_{jj}^{-1}\sigma^2]$，其中 $(X'X)_{jj}^{-1}$ 表示矩阵 $(X'X)^{-1}$ 主对角线上第 j 个元素。由于估计量的方差中含有未知参数 σ^2，所以不能够直接使用正态分布来进行参数检验。

根据概率论中的知识,容易得到:

$$\frac{\hat{\beta}_j-\beta_j}{s\sqrt{(X'X)^{-1}_{jj}}} \sim t(n-k-1)$$

变量的显著性检验就是基于上述的统计量而进行的。变量的显著性假设检验的基本步骤如下。

(1)建立假设检验:

$$H_0:\beta_j=0,\quad H_1:\beta_j\neq 0,\quad j=0,1,2,\cdots,k$$

(2)构造检验的统计量,在原假设成立的条件下有:

$$t_j=\frac{\hat{\beta}_j}{s\sqrt{(X'X)^{-1}_{jj}}} \sim t(n-k-1) \tag{3-24}$$

(3)计算统计量的值 t_j。

(4)给定显著性水平 α,查 t 分布的临界表,得到临界值 $t_{\alpha/2}(n-k-1)$。

(5)比较计算的统计量值和查表得到的临界值,给出判断,规则如下:

如果 $|t_j|>t_{\alpha/2}(n-k-1)$,则拒绝原假设,接受备择假设,即系数 $\beta_j=0$ 在给定显著性水平下与 0 有显著性差异,解释变量 X_j 对被解释变量有显著影响;如果 $|t_j|\leqslant t_{\alpha/2}(n-k-1)$,则接受原假设,拒绝备择假设,即系数 β_j 在给定显著性水平下与 0 没有显著性差异,解释变量 X_j 对被解释变量没有显著影响。

3.4 多元线性回归模型的预测

3.4.1 点预测

假设有观测值 $X_0=(1,X_{01},X_{02},X_{03},\cdots,X_{0k})$,那么得到被解释变量的一个点估计为:

$$\hat{Y}_0=X_0\hat{\beta} \tag{3-25}$$

从而得到总体均值 $E(Y_0|X_0)$ 和总体个别值 Y_0 的一个无偏估计,即有:

$$E(Y_0|X_0)=E(\hat{Y}_0)=E(X_0\hat{\beta})=X_0\beta \tag{3-26}$$

3.4.2 区间预测

(1)总体均值 $E(Y_0|X_0)$ 的区间预测

令 $\delta_0=E(Y_0|X_0)-\hat{Y}_0$,则 δ_0 服从正态分布,其期望和方差分别为:

$$E(\delta_0)=E(Y_0|X_0)-E(\hat{Y}_0)=0$$

$$\mathrm{Var}(\delta_0)=\mathrm{Var}[E(Y_0|X_0)-X_0\hat{\beta}]=X_0(X'X)^{-1}X_0'\sigma^2 \tag{3-27}$$

由于该方差表达式中含有未知参数 σ^2,所以不能直接使用正态分布构建统计量进行区间估计。与参数检验一样,可以使用 t 分布,根据概率论的知识可以证明:

$$\frac{E(Y_0 \mid X_0)-\hat{Y}_0}{s\sqrt{X_0(X'X)^{-1}X_0'}} \sim t(n-k-1) \tag{3-28}$$

如果取显著性水平为 α,则根据 t 分布和区间估计理论得到总体均值 $E(Y_0|X_0)$的区间估计为:

$$\hat{Y}_0-t_{\alpha/2}(n-k-1)s\sqrt{X_0(X'X)^{-1}X_0'} \leqslant E(Y_0|X_0) \leqslant \hat{Y}_0+t_{\alpha/2}(n-k-1)s\sqrt{X_0(X'X)^{-1}X_0'} \tag{3-29}$$

(2)总体个别值 Y_0 的区间预测

令 $e_0=Y_0-\hat{Y}_0$,则 e_0 也具有正态分布性质,其期望和方差分别为:

$$E(e_0)=E(Y_0)-E(\hat{Y}_0)=0 \tag{3-30}$$

$$\begin{aligned}\mathrm{Var}(e_0)&=\mathrm{Var}(Y_0-\hat{Y}_0)\\&=\mathrm{Var}(X_0\beta+\mu_0-X_0\hat{\beta})\\&=\mathrm{Var}[X_0(\beta-\hat{\beta})+\mu_0]\\&-[1+X_0(X'X)^{-1}X_0']\sigma^2\end{aligned} \tag{3-31}$$

同样由于该方差表达式中含有未知参数 σ^2,所以不能直接使用正态分布构建统计量进行区间估计。仿照总体均值预测,可以使用 t 分布,根据概率论的知识可以证明:

$$\frac{Y_0-\hat{Y}_0}{s\sqrt{1+X_0(X'X)^{-1}X_0'}} \sim t(n-k-1) \tag{3-32}$$

在显著性水平为 α 下,则根据 t 分布和区间估计理论得到总体个别值 Y_0 的区间估计为:

$$\hat{Y}_0-t_{\alpha/2}(n-k-1)s\sqrt{1+X_0(X'X)^{-1}X_0'} \leqslant Y_0 \leqslant \hat{Y}_0+t_{\alpha/2}(n-k-1)s\sqrt{1+X_0(X'X)^{-1}X_0'} \tag{3-33}$$

由此可见,虽然个别值与总体均值的点估计是相同的,但个别值的区间预测要比相同显著性水平下的总体均值区间预测的范围宽。

3.5 可以化为线性的内蕴线性模型

在前面几章及本章中,我们分析的线性回归模型具有一个突出特点,即被解释变量既是解释变量的线性函数,也是参数的线性函数。然而,在实践中,被解释变量往往不具备这一特点,它可能不是解释变量的线性函数,也可能不是参数的线性函数。本节讨论一种特殊的情况,即通过函数变换能够将模型转换为线性形式,我们将这种模型称为内蕴线性模型。

3.5.1 对数线性——幂函数

模型形式为:

$$Y = AX_2^{\beta_2} X_3^{\beta_3} e^{\mu} \tag{3-34}$$

更一般的形式为:

$$Y = A \prod_{k=2}^{K} X_k^{\beta_k} e^{\mu} \tag{3-35}$$

对上述模型两边取对数,得:

$$\ln Y = \ln A + \beta_2 \ln X_2 + \beta_3 \ln X_3 + \mu \tag{3-36}$$

我们称该模型为对数线性模型。

记 $\beta_1 = \ln A, Y^* = \ln Y, X_2^* = \ln X_2, X_3^* = \ln X_3$,对数线性模型就转化为线性模型:

$$Y^* = \beta_1 + \beta_2 X_2^* + \beta_3 X_3^* + \mu \tag{3-37}$$

利用 OLS 方法就能估计该模型。

在对数线性模型中,系数就是弹性:

$$\frac{\mathrm{d}\ln Y}{\mathrm{d}\ln X_2} = \beta_2 \tag{3-38}$$

因此,对数线性模型常用于弹性分析。

另外,在对数线性模型中:

$$\mu = \ln Y - \ln \hat{Y},\ \mathrm{d}\ln Y = \frac{\mathrm{d}Y}{Y} \tag{3-39}$$

这表明,残差 μ 相当于因变量的相对变化幅度,就绝对值而言,它较因变量的绝对变化幅度大大减少,所以,对数线性模型具有自动消除异方差的作用。

3.5.2 半对数线性——指数函数

模型形式为:

$$Y = A\, e^{\beta_2 X_2 + \cdots + \beta_k X_k + \mu} \tag{3-40}$$

对上述模型两边取对数,得:

$$\ln Y = \ln A + \beta_2 X_2 + \cdots + \beta_k X_k + \mu \tag{3-41}$$

令 $\beta_1 = \ln A, Y^* = \ln Y$，得到线性模型：

$$Y^* = \beta_1 + \beta_2 X_2 + \cdots + \beta_k X_k + \mu \tag{3-42}$$

这种形式的模型通常用于 X 对 Y 的影响很强的情况。

在简单回归方程中，当 $X=t$，即 X 表示时间时，模型为：

$$\ln Y = \beta_1 + \beta_2 t + \mu \tag{3-43}$$

显然，

$$\beta_2 = \frac{\mathrm{d}\ln Y}{\mathrm{d}t} = \frac{\mathrm{d}Y/Y}{\mathrm{d}t} = \frac{\Delta Y}{Y} \cdot \frac{1}{\Delta t} \tag{3-44}$$

令 $\Delta t = 1$，则

$$\beta_2 = \frac{\Delta Y}{Y} = \frac{Y_{t+1} - Y_t}{Y_t} \tag{3-45}$$

这就是说，β_2 表示增长率。通过回归模型得到的这种增长率充分利用了原始数据的信息，比较合理。

还可以与另外两种形式的增长率比较。

算术平均增长率：

$$\frac{1}{T-1}\sum_{t=1}^{T-1}\frac{Y_{t+1} - Y_t}{Y_t} \tag{3-46}$$

复利增长率：

由 $Y_t = Y_0(1+\rho)^t$ 得：

$$\rho = \exp\left\{\frac{\ln Y_t - \ln Y_0}{t}\right\} - 1 \tag{3-47}$$

3.5.3 半对数线性——对数函数

模型的形式为：

$$Y = \beta_1 + \beta_2 \ln X + \mu \tag{3-48}$$

一般适用于 Y 随 X 变化缓慢的情况，比如，当 Y 随时间变化缓慢时，可设 $X=t$，进而构造上述模型。

3.5.4 多项式

多项式形式的模型为：

$$Y = \beta_0 + \beta_1 X + \beta_2 X^2 + \cdots + \beta_k X^k + \mu \tag{3-49}$$

显然，模型只含有一个解释变量 X，但回归量有 k 个。

通过设定新的变量 $X_i = X^i (i=1,2,\cdots,k)$ 就可以将上述模型转化为一般的线性回归模型：

$$Y = \beta_0 + \beta_1 X_1 + \beta_2 X_2 + \cdots + \beta_k X_k + \mu \tag{3-50}$$

多项式的次数越高，自由度的损失也越大，回归量之间出现多重共线性的可能性也越大。大多数情况下，设定多项式的次数不超过 2。

多项式形式的模型多用于成本函数，有时也用于刻画时间趋势。

3.5.5 倒数函数

倒数函数形式的模型为：

$$Y = \beta_1 + \beta_2 \frac{1}{X} + \mu \tag{3-51}$$

当 $x \to +\infty$ 时，$Y \to \beta_1$，可见 β_1 为 Y 的饱和水平。

当 $\beta_2 > 0$ 时，X、Y 反向变化；当 $\beta_2 < 0$ 时，X、Y 同向变化。

倒数函数形式的模型常用于消费函数和需求函数的估计。

对于消费函数，以 X 表示收入，以 Y 表示消费支出，$\beta_1 > 0$，$\beta_2 < 0$。这一模型有几个特点：

(1)只有当收入(支出)达到 $-\frac{\beta_2}{\beta_1}$ 时，才会消费该种商品。

(2)随着收入上升，对于商品的消费量也会上升。

(3)当收入越来越大时，对商品的消费存在饱和水平，即 β_1。

对于需求函数，以 X 表示价格，以 Y 表示需求，$\beta_1 > 0$，$\beta_2 > 0$。

倒数函数形式的模型还可用于菲力普斯曲线。此时，以 Y 表示工资变化率，以 X 表示失业率，$\beta_2 > 0$。在这一模型中，随着失业率的不断上升，工资变化率也存在饱和水平。

3.5.6 交互作用

有时候，一个解释变量的边际效应可能依赖于另一个解释变量，我们称之为存在交互效应。比如下述模型：

$$Y = \beta_1 + \beta_2 X_2 + \beta_3 X_3 + \beta_4 X_2 X_3 + \mu \tag{3-52}$$

其中，$X_2 X_3$ 就表示交互作用项。

比如，在有关刹车距离的研究中，我们采用下面的模型：

$$D = \beta_1 + \beta_2 S + \beta_3 W + \beta_4 SW + \mu$$

其中，D 表示刹车距离，S 表示车速，W 表示路面潮湿程度。车速越快，刹车距离越长；路面越潮湿，车轮越容易打滑，刹车距离也越长。同时，还存在车速与路面潮湿之间的交互作用，比如，在更加潮湿的路面上，车速对刹车距离的影响更大。车速对于刹车距离的边际效应为：

$$\frac{\partial D}{\partial S} = \beta_2 + \beta_4 W, \quad \beta_2 > 0$$

显然，边际效应是路面潮湿程度的函数。

3.6 受约束回归

在建立回归模型时，有时根据经济理论需对模型中变量的参数施加一定的约束条件。如建立中国城镇居民对食品的消费需求函数时，根据需求函数的一般理论，它应满足零阶齐次性条件，即双对数线性模型中各变量前的参数和为零。同样地，在估计以幂函数的形式表示的生产函数模型时，有时也施加产出关于资本与劳动的弹性和为 1 的约束。模型施加约束条件后进行回归，称为受约束回归(restricted regression)。与此对应，不加任何约束的回归称为无约束回归(unrestricted regression)。

3.6.1 模型参数的线性约束

一般地，估计线性模型时可对模型参数施加若干个线性约束条件。如对模型

$$Y = \beta_0 + \beta_1 X_1 + \beta_2 X_2 + \cdots + \beta_k X_k + \mu \tag{3-53}$$

可施加：

$$\beta_1 + \beta_2 = 1, \ \beta_{k-1} = \beta_k$$

于是，对上式的回归可转化为对施加上述条件后如下模型的回归：

$$Y = \beta_0 + \beta_1 X_1 + (1 - \beta_1) X_2 + \cdots + \beta_{k-1} X_{k-1} + \beta_{k-1} X_k + \mu^* \tag{3-54}$$

或

$$Y^* = \beta_0 + \beta_1 X_1^* + \beta_3 X_3 + \cdots + \beta_{k-1} X_{k-1}^* + \mu^* \tag{3-55}$$

其中，$Y^* = Y - X_2$，$X_1^* = X_1 - X_2$，$X_{k-1}^* = X_{k-1} + X_k$。

如果运用普通最小二乘法得到参数的估计结果 $\hat{\beta}_0, \hat{\beta}_1, \hat{\beta}_3, \cdots, \hat{\beta}_{k-1}$，可由上述约束条件得到 $\hat{\beta}_2 = 1 - \hat{\beta}_1$，$\hat{\beta}_k = \hat{\beta}_{k-1}$。

然而，对所考查的具体问题能否施加约束条件，或者说能否直接对施加约束后的模型进行回归，还需进一步做相应的检验。常用的检验有 F 检验、χ^2 检验与 t 检验，这里主要介绍 F 检验。

在同一数据样本下，记无约束样本回归模型的矩阵式为：

$$\boldsymbol{Y}=\boldsymbol{X}\hat{\boldsymbol{\beta}}+\boldsymbol{e} \tag{3-56}$$

记受约束样本回归模型的矩阵式为：

$$\boldsymbol{Y}=\boldsymbol{X}\hat{\boldsymbol{\beta}}_*+\boldsymbol{e}_* \tag{3-57}$$

于是，受约束样本回归模型的残差项可写为

$$\boldsymbol{e}_*=\boldsymbol{Y}-\boldsymbol{X}\hat{\boldsymbol{\beta}}_*=\boldsymbol{X}\hat{\boldsymbol{\beta}}+\boldsymbol{e}-\boldsymbol{X}\hat{\boldsymbol{\beta}}_*=\boldsymbol{e}-\boldsymbol{X}(\hat{\boldsymbol{\beta}}_*-\hat{\boldsymbol{\beta}}) \tag{3-58}$$

得受约束样本回归模型的残差平方和 $\mathrm{RSS_R}$

$$\boldsymbol{e}_*'\boldsymbol{e}_*=\boldsymbol{e}'\boldsymbol{e}+(\hat{\boldsymbol{\beta}}_*-\hat{\boldsymbol{\beta}})'\boldsymbol{X}'\boldsymbol{X}(\hat{\boldsymbol{\beta}}_*-\hat{\boldsymbol{\beta}}) \tag{3-59}$$

式中第二项为一非负标量，于是

$$\boldsymbol{e}_*'\boldsymbol{e}_*\geqslant\boldsymbol{e}'\boldsymbol{e} \tag{3-60}$$

其中，$\boldsymbol{e}'\boldsymbol{e}$ 为无约束样本回归模型的残差平方和 $\mathrm{RSS_U}$。

在以上两个回归模型中，有着相同的被解释变量 Y 与相同的数据样本，于是 Y 的总离差平方和 TSS 也相同。受约束样本回归模型的残差平方和不小于无约束样本回归模型的残差平方和，于是，受约束样本回归模型的回归平方和 $\mathrm{ESS_R}$ 不大于无约束样本回归模型的回归平方和 $\mathrm{ESS_U}$。这意味着，通常情况下，对模型施加约束条件会降低模型的解释能力。

但是，如果约束条件为真，则受约束回归模型与无约束回归模型具有相同的解释能力，从而使得 $\mathrm{RSS_U}$ 与 $\mathrm{RSS_R}$ 的差异变小。于是，可用 $\mathrm{RSS_R}-\mathrm{RSS_U}$ 的大小来检验约束条件的真实性。

根据数理统计学的知识，$\mathrm{RSS}/\sigma^2\sim\chi^2(n-k-1)$，其中 k 为回归模型中解释变量的个数，σ 为回归模型随机扰动项的方差。于是，

$$\mathrm{RSS_U}/\sigma^2\sim\chi^2(n-k_{\mathrm{U}}-1) \tag{3-61}$$

$$\mathrm{RSS_R}/\sigma^2\sim\chi^2(n-k_{\mathrm{R}}-1) \tag{3-62}$$

$$(\mathrm{RSS_R}-\mathrm{RSS_U})/\sigma^2\sim\chi^2(k_{\mathrm{U}}-k_{\mathrm{R}}) \tag{3-63}$$

其中，k_{U}，k_{R} 分别为无约束与受约束回归模型的解释变量的个数。于是可通过计算 χ^2 统计量来进行相应的 χ^2 检验。当然，由于随机扰动项的方差 σ^2 往往未知，检验时需用它的估计量$\hat{\sigma}^2$替代。

进一步得到如下的 F 统计量

$$F=\frac{(\mathrm{RSS_R}-\mathrm{RSS_U})/(k_{\mathrm{U}}-k_{\mathrm{R}})}{\mathrm{RSS_U}/(n-k_{\mathrm{U}}-1)}\sim F(k_{\mathrm{U}}-k_{\mathrm{R}},n-k_{\mathrm{U}}-1) \tag{3-64}$$

F 统计量无须估计随机扰动项的方差 σ^2。根据该统计量，如果约束条件无效，则 $\mathrm{RSS_R}$ 与 $\mathrm{RSS_U}$ 的差异较大，计算的 F 值也较大。于是，可用计算的 F 统计量的值与所给定的显著性水平下的临界值做比较，来对约束条件的真实性进行检验。需注意的是，$k_{\mathrm{U}}-k_{\mathrm{R}}$ 恰为约束条件的个数。

3.6.2 对回归模型增加或减少解释变量

在建立回归模型时，一个重要的问题是如何判断增加重要的解释变量或去掉不必要的解释变量。t 检验可对单个变量的取舍进行判断，而上面介绍的 F 检验除能对单个变量的取舍进行判断外，还可对多个变量的同时取舍进行判断。

考虑如下两个回归模型：

$$Y=\beta_0+\beta_1X_1+\cdots+\beta_kX_k+\mu \tag{3-65}$$

$$Y=\beta_0+\beta_1X_1+\cdots+\beta_kX_k+\beta_{k+1}X_{k+1}+\cdots+\beta_{k+q}X_{k+q}+\mu \tag{3-66}$$

上面的式(3-65)可以看成是式(3-66)施加如下约束条件的受约束回归：

$$H_0:\beta_{k+1}=\beta_{k+2}=\cdots=\beta_{k+q}=0$$

相应的 F 统计量为：

$$\begin{aligned}F&=\frac{(\mathrm{RSS_R}-\mathrm{RSS_U})/q}{\mathrm{RSS_U}/[n-(k+q+1)]}\\&=\frac{(\mathrm{ESS_U}-\mathrm{ESS_R})/q}{\mathrm{ESS_U}/[n-(k+q+1)]}\sim F[q,n-(k+q+1)]\end{aligned} \tag{3-67}$$

如果约束条件为真，即额外的变量 $X_{k+1},\cdots,X_{k+q}$ 对 Y 没有解释能力，则 F 统计量较小；否则，约束条件为假，意味着额外的变量 $X_{k+1},\cdots,X_{k+q}$ 对 Y 有较强的解释能力，则 F 统计量较大。因此，可通过给定某一显著性水平下 F 分布的临界值与 F 统计量的计算值的比较，来判断额外变量 $X_{k+1},\cdots,X_{k+q}$ 是否应包括在模型中。

可进一步得到 F 统计量的另一个等价的式子：

$$F=\frac{({R^2}_{\mathrm U}-{R^2}_{\mathrm R})/q}{(1-{R^2}_{\mathrm U})/[n-(k+q+1)]} \tag{3-68}$$

式中，${R^2}_{\mathrm U}$、${R^2}_{\mathrm R}$ 分别为无约束回归与受约束回归方程的可决系数，表明通过变量增减前后回归方程的可决系数 R^2 是否有“足够大”的变化来判断变量的增减与否。

3.6.3 参数的稳定性

(1)邹氏参数稳定性检验

建立模型时往往希望模型的参数是稳定的，即所谓的结构不变，这将提高模型的预测与分析功能。然而，经济结构的变化往往导致计量模型结构也发生变化。下面给出一个结构变化的检验。

假设我们需要建立的模型为：

$$Y = \beta_0 + \beta_1 X_1 + \cdots + \beta_k X_k + \mu \tag{3-69}$$

在两个连续的时间序列$(1,2,\cdots,n_1)$与$(n_1+1,n_1+2,\cdots,n_1+n_2)$中，相应的模型分别为：

$$Y = \beta_0 + \beta_1 X_1 + \cdots + \beta_k X_k + \mu_1 \tag{3-70}$$

$$Y = \alpha_0 + \alpha_1 X_1 + \cdots + \alpha_k X_k + \mu_2 \tag{3-71}$$

合并两个时间序列为$(1,2,\cdots,n,n_1+1,\cdots,n_1+n_2)$，则可写出如下无约束回归模型：

$$\begin{bmatrix} Y_1 \\ Y_2 \end{bmatrix} = \begin{bmatrix} X_1 & 0 \\ 0 & X_2 \end{bmatrix} \begin{bmatrix} \beta \\ \alpha \end{bmatrix} + \begin{bmatrix} \mu_1 \\ \mu_2 \end{bmatrix}$$

其中，β,α分别是两时间序列对应模型中的参数列向量，$Y_i(i=1,2)$是对应模型的被解释变量以其样本为元素的列向量，$X_i(i=1,2)$是对应模型的解释变量矩阵。

如果$\beta=\alpha$，表示没有发生结构变化，因此可针对如下假设进行检验：

$$H_0:\beta=\alpha$$

施加该约束条件后变换为受约束回归模型：

$$\begin{bmatrix} Y_1 \\ Y_2 \end{bmatrix} = \begin{bmatrix} X_1 \\ X_2 \end{bmatrix} \beta + \begin{bmatrix} \mu_1 \\ \mu_2 \end{bmatrix}$$

因此，仍可用如下F统计量进行检验：

$$F = \frac{(\mathrm{RSS_R} - \mathrm{RSS_U})/k}{\mathrm{RSS_U}/[n_1+n_2-2(k+1)]} \sim F[k, n_1+n_2-2(k+1)] \tag{3-72}$$

其中，$\mathrm{RSS_U}$与$\mathrm{RSS_R}$分别为对应于无约束模型与受约束模型的残差平方和。

记$\mathrm{RSS_1}$与$\mathrm{RSS_2}$为两时间序列对应的回归模型在各自时间段上分别回归后所得的残差平方和，容易验证：

$$\mathrm{RSS_U} = \mathrm{RSS_1} + \mathrm{RSS_2}$$

于是，F统计量可写为：

$$F = \frac{[\mathrm{RSS_R} - (\mathrm{RSS_1} + \mathrm{RSS_2})]/k}{(\mathrm{RSS_1} + \mathrm{RSS_2})/[n_1+n_2-2(k+1)]} \sim F[k, n_1+n_2-2(k+1)] \tag{3-73}$$

因此，对参数稳定性的原假设的检验步骤为：首先，分别以两个连续的时间序列作为两个样本，运用式$Y=\beta_0+\beta_1 X_1+\cdots+\beta_k X_k+\mu$进行回归，得到相应的残差平方$\mathrm{RSS_1}$与$\mathrm{RSS_2}$；然后，将两序列并为一个大样本后进行回归，得到大样本下的残差平方和RSS_R；最后，通过F统计量，在事先给定的显著性水平下进行假设检验。如果F大于相应的临界值，则拒绝原假设，认为发生了结构变化，参数是非稳定的。该检验也被称为邹氏参数稳定性检验(Chow test for parameter stability)。

(2)邹氏预测检验

上述参数稳定性检验要求$n_2>k$，即第二个时间段中样本数不能小于待估参数的个数。如果出现$n_2<k$，则往往进行如下的邹氏预测检验(Chow test for predictive failure)。

邹氏预测检验的基本思想是，先用前一时间段n_1个样本估计原模型，再用估计出的参数

进行后一时间段 n_2 个样本的预测，如果预测误差较大，则说明参数发生了变化，否则说明参数是稳定的。即需用第一时间段估计的参数 $\hat{\beta}_j(j=1,2,\cdots,k)$，考察第二时间段预测误差 $Y_i-(\hat{\beta}_1X_{1i}+\hat{\beta}_2X_{2i}+\cdots+\hat{\beta}_kX_{ki})$ 的大小。

分别以 β,α 表示第一时间段与第二时间段的参数，即假设允许预测期出现不同的参数向量，则完整的模型可写为

$$Y_1 = X_1\beta+\mu_1 \tag{3-74}$$

$$Y_2 = X_2\alpha+\mu_2 = X_2\beta+X_2(\alpha-\beta)+\mu_2 = X_2\beta+\gamma+\mu_2 \tag{3-75}$$

其中，$\gamma=X_2(\alpha-\beta)$。如果 $\gamma=0$，则 $\alpha=\beta$，表明参数在估计期与预测期相同。

进一步地写成矩阵式：

$$\begin{bmatrix}Y_1\\Y_2\end{bmatrix}=\begin{bmatrix}X_1 & 0\\X_2 & I_{n_2}\end{bmatrix}\begin{bmatrix}\beta\\\gamma\end{bmatrix}+\begin{bmatrix}\mu_1\\\mu_2\end{bmatrix}$$

其中，I_{n_2} 为 n_2 阶单位矩阵。可见，用前 n_1 个样本估计可得前 k 个参数 β 的估计，而 γ 不外是用后 n_2 个样本测算的预测误差 $X_2\alpha-X_2\beta$。如果参数没有发生变化，则 $\gamma=0$，上式简化为：

$$\begin{bmatrix}Y_1\\Y_2\end{bmatrix}=\begin{bmatrix}X_1\\X_2\end{bmatrix}\beta+\begin{bmatrix}\mu_1\\\mu_2\end{bmatrix}$$

则上面两公式可以分别看成无约束与受约束回归模型，因此，可用 F 统计量进行约束的有效性检验：

$$F=\frac{(\mathrm{RSS_R}-\mathrm{RSS_U})/(k_\mathrm{U}-k_\mathrm{R})}{\mathrm{RSS_U}/(n-k_\mathrm{U}-1)}=\frac{(\mathrm{RSS_R}-\mathrm{RSS_1})/n_2}{\mathrm{RSS_1}/(n_1-k-1)} \tag{3-76}$$

这里，由于检验的约束为 n_2 个元素的向量 $\gamma=0$，因此，约束共有 n_2 个。另外，在无约束模型中，已将后 n_2 个观测值的预测误差计入 γ 中，因此，对应的样本残差 $e_2=0$，这样无约束回归中的总的残差平方和 $\mathrm{RSS_U}$ 就等于用前 n_1 个样本估计的残差平方和 $\mathrm{RSS_1}$。

邹氏预测检验仍为三步：第一步，在两时间段的合成大样本下做 OLS 回归，得受约束模型的残差平方和 $\mathrm{RSS_R}$；第二步，对前一时间段的 n_1 个子样做 OLS 回归，得残差平方和 $\mathrm{RSS_1}$；第三步，计算 F 统计量，在事先给定的显著性水平下进行假设检验。如果 F 大于相应的临界值，则拒绝原假设，认为预测期发生了结构变化。

3.7 案例分析

本节通过两个案例来介绍多元线性回归模型的参数估计及检验步骤，在了解多元回归分析应用的过程中，还可以进一步熟悉 Stata 软件的使用。

[例 3-1]

为了研究美国电力行业的总成本函数，收集了 1955 年美国 145 家电力企业的总成本、总

产量、小时工资率、燃料价格、资本的租赁价格的横截面数据，见表 3-2。

表 3-2　美国电力企业横截面数据

总成本 tc/万美元	总产量 q/万千瓦	小时工资率 pl/(美元/小时)	燃料价格 pf/万美元	资本的租赁价格 pk/万美元
0.082	2	2.1	17.9	183
0.661	3	2.1	35.1	174
0.990	4	2.1	35.1	171
0.315	4	1.8	32.2	166
0.197	5	2.1	28.6	233
0.098	9	2.1	28.6	195
0.949	11	2.0	35.5	206
0.675	13	2.1	35.1	150
0.525	13	2.2	29.1	155
0.501	22	1.7	15.0	188
1.194	25	2.1	17.9	170
0.670	25	1.7	39.7	167
0.349	35	1.8	22.6	213
0.423	39	2.3	23.6	164
0.501	43	1.8	42.8	170
0.550	63	1.8	10.3	161
0.795	68	2.0	35.5	210
0.664	81	2.3	28.5	158
0.705	84	2.2	29.1	156
0.903	73	1.8	42.8	176
1.504	99	2.2	36.2	170
1.615	101	1.7	33.4	192
1.127	119	1.9	22.5	164
0.718	120	1.8	21.3	175
2.414	122	2.1	17.9	180
1.130	130	1.8	38.9	176
0.992	138	1.8	20.2	202
1.554	149	1.9	22.5	227
1.225	196	1.9	29.1	186
1.565	197	2.2	29.1	183
1.936	209	1.9	22.5	169
3.154	214	1.5	27.5	168
2.599	220	1.9	22.5	164
3.298	234	2.2	36.2	164

续表 3-2

总成本 tc/万美元	总产量 q/万千瓦	小时工资率 pl/(美元/小时)	燃料价格 pf/万美元	资本的租赁价格 pk/万美元
2.441	235	2.1	24.4	170
2.031	253	1.9	22.5	158
4.666	279	2.1	35.1	177
1.834	290	1.7	33.4	195
2.072	290	1.8	20.2	176
2.039	295	1.8	21.3	188
3.398	299	1.7	26.9	187
3.083	324	2.1	35.1	152
2.344	333	2.2	29.1	157
2.382	338	1.9	24.6	163
2.657	353	2.2	29.1	143
1.705	353	2.1	10.7	167
3.230	416	1.5	26.2	217
5.049	420	1.5	27.5	144
3.814	456	2.1	30.0	178
4.580	484	1.8	42.8	176
4.358	516	2.3	23.6	167
4.714	550	2.1	35.1	158
4.357	563	2.3	31.9	162
3.919	566	2.3	33.5	198
3.442	592	1.9	22.5	164
4.898	671	2.1	35.1	164
3.584	696	1.8	10.3	161
5.535	719	1.7	26.9	174
4.406	742	2.0	20.7	157
4.289	795	2.2	26.5	185
6.731	800	1.7	26.9	157
6.895	808	1.7	39.7	203
5.112	811	2.3	28.5	178
5.141	855	2.0	34.3	183
5.720	860	2.3	33.5	168
4.691	909	1.5	17.6	196
6.832	913	1.7	26.9	166
4.813	924	1.8	10.3	172
6.754	984	1.7	26.9	158

续表 3-2

总成本 tc/万美元	总产量 q/万千瓦	小时工资率 pl/(美元/小时)	燃料价格 pf/万美元	资本的租赁价格 pk/万美元
5.127	991	2.1	30.0	174
6.388	1 000	1.6	28.2	225
4.509	1 098	2.1	24.4	168
7.185	1 109	2.1	35.1	177
6.800	1 118	2.3	23.6	161
7.743	1 122	2.2	29.1	162
7.968	1 137	2.0	20.7	158
8.858	1 156	2.3	33.5	176
8.588	1 166	1.7	26.9	183
6.449	1 170	2.1	35.1	166
8.488	1 215	2.2	29.1	164
8.877	1 279	2.0	34.3	207
10.274	1 291	2.3	31.9	175
6.024	1 290	1.6	28.2	225
8.258	1 331	2.1	30.0	178
13.376	1 373	2.2	36.2	157
10.690	1 420	2.2	36.2	138
8.308	1 474	1.9	24.6	163
6.082	1 497	1.8	10.3	168
9.284	1 545	1.8	20.2	158
10.879	1 649	2.3	31.9	177
8.477	1 668	1.8	20.2	170
6.877	1 782	2.1	10.7	183
15.106	1 831	2.0	35.5	162
8.031	1 833	1.8	10.3	177
8.082	1 838	1.5	17.6	196
10.866	1 787	2.2	26.5	164
8.596	1 918	1.7	12.9	158
8.673	1 930	1.8	22.6	157
15.437	2 028	2.1	24.4	163
8.211	2 057	1.8	10.3	161
11.982	2 084	1.8	21.3	156
16.674	2 226	2.0	34.3	217
12.620	2 304	2.3	23.6	161
12.905	2 341	2.0	20.7	183

续表 3-2

总成本 tc/万美元	总产量 q/万千瓦	小时工资率 pl/(美元/小时)	燃料价格 pf/万美元	资本的租赁价格 pk/万美元
11.615	2 353	1.7	12.9	167
9.321	2 367	1.8	10.3	161
12.962	2 451	2.0	20.7	163
16.932	2 457	2.2	36.2	170
9.648	2 507	1.8	10.3	174
18.350	2 530	2.3	33.5	197
17.333	2 576	1.9	22.5	162
12.015	2 607	1.8	10.3	155
11.320	2 870	1.8	10.3	167
22.337	2 993	2.3	33.5	176
19.035	3 202	2.3	23.6	170
12.205	3 286	1.6	17.8	183
17.078	3 312	1.7	28.8	190
25.528	3 498	2.1	30.0	170
24.021	3 538	2.1	30.0	176
32.197	3 794	2.1	35.1	159
26.652	3 841	2.3	28.5	157
20.164	4 014	2.1	24.4	161
14.132	4 217	1.5	18.1	172
21.410	4 305	2.1	24.4	203
23.244	4 494	2.0	20.7	167
29.845	4 764	2.2	29.1	195
32.318	5 277	1.9	29.1	161
21.988	5 283	2.0	20.7	159
35.229	5 668	2.1	24.4	177
17.467	5 681	1.8	10.3	157
22.828	5 819	1.8	18.5	196
33.154	6 000	2.1	24.4	183
32.228	6 119	1.5	26.2	189
34.168	6 136	1.9	22.5	160
40.594	7 193	2.1	28.6	162
33.354	7 886	1.6	17.8	178
64.542	8 419	2.3	31.9	199
41.238	8 642	2.2	26.5	182
47.993	8 787	2.3	33.5	190

续表 3-2

总成本 tc/万美元	总产量 q/万千瓦	小时工资率 pl/(美元/小时)	燃料价格 pf/万美元	资本的租赁价格 pk/万美元
69.878	9 484	2.1	24.4	165
44.894	9 956	1.7	28.8	203
67.120	11 477	2.2	26.5	151
73.050	11 796	2.1	28.6	148
139.422	14 359	2.3	33.5	212
119.939	16 719	2.3	23.6	162

首先构建多元线性回归模型：

$$\text{lntc} = \beta_0 + \beta_1 \ln q + \beta_2 \text{lnpl} + \beta_3 \text{lnpf} + \beta_4 \text{lnpk} + \mu$$

利用 Stata 软件得到的结果如图 3-1 所示。

```
      Source |       SS       df       MS              Number of obs =     145
-------------+------------------------------           F(  4,   140) =  437.90
       Model |  269.524728     4  67.3811819           Prob > F      =  0.0000
    Residual |  21.5420958   140  .153872113           R-squared     =  0.9260
-------------+------------------------------           Adj R-squared =  0.9239
       Total |  291.066823   144  2.02129738           Root MSE      =  .39227

------------------------------------------------------------------------------
        lntc |      Coef.   Std. Err.      t    P>|t|     [95% Conf. Interval]
-------------+----------------------------------------------------------------
         lnq |   .7209135   .0174337    41.35   0.000     .6864462    .7553808
        lnpl |   .4559645    .299802     1.52   0.131    -.1367602    1.048689
        lnpf |   .4258137   .1003218     4.24   0.000     .2274721    .6241554
        lnpk |  -.2151476   .3398295    -0.63   0.528    -.8870089    .4567136
       _cons |  -3.566513   1.779383    -2.00   0.047    -7.084448   -.0485779
------------------------------------------------------------------------------
```

图 3-1　Stata 输出结果

根据多元线性回归 Stata 软件输出结果可以得到参数的估计值为：

$$\hat{\beta}_0 = -3.566\ 513,\ \hat{\beta}_1 = 0.720\ 913\ 5,\ \hat{\beta}_2 = 0.455\ 964\ 5,$$
$$\hat{\beta}_3 = 0.425\ 813\ 7,\ \hat{\beta}_4 = -0.215\ 147\ 6$$

从而得到回归方程为：

$$\ln \widehat{tc} = -3.566\ 513 + 0.720\ 913\ 5\ln q + 0.455\ 964\ 5\text{lnpl} + 0.425\ 813\ 7\text{lnpf} - 0.215\ 147\ 6\text{lnpk}$$

从 Stata 输出的结果可以看出：调整的样本可决系数为 0.923 9，说明回归方程拟合优度比较好。回归方程总体线性显著性检验的 F 值为 437.90，其对应的检验概率为 0.000 0，小于显著性水平 $\alpha=0.05$，说明方程总体线性关系显著。

解释变量 ln$q$ 的 t 统计量值为 41.35，对应的检验概率为 0.000，小于显著性水平 $\alpha=0.05$，说明解释变量 ln$q$ 对被解释变量 lntc 的线性影响显著。解释变量 lnpf 的 t 统计量值为

4.24，对应的检验概率为0.000，小于显著性水平$\alpha=0.05$，说明解释变量lnpf对被解释变量lntc的线性影响显著。而解释变量lnpl、lnpk均没有通过变量的显著性检验。

[例3-2]

拟建立中国城镇居民食品消费需求函数模型，表3-3列出了用当年价测度的中国城镇居民人均消费支出(C)与人均食品消费支出(FC)，表中GP表示中国城镇居民消费价格总指数。由于在1995年前，中国没有城镇居民的食品消费价格指数，我们选取城镇食品零售价格指数(FP)作为城镇居民食品消费价格指数的近似替代。中国城镇居民人均消费支出(C)与人均食品消费支出(FC)均为按当年价计算的消费支出，考虑数据的可比性，在建立回归模型前，将这些数据推算成以2000年价测度的城镇居民人均食品消费支出(Q)，人均消费支出(X)以及城镇居民消费价格缩减指数(P_0)与城镇居民食品消费价格缩减指数(P_1)。

表3-3 中国城镇居民消费支出及价格指数 元

年份	C（当年价）	FC（当年价）	GP（上年=100）	FP（上年=100）	P_0（2000年=100）	P_1（2000年=100）	X（2000年价）	Q（2000年价）
1985	673.2	351.4	111.9	116.5	28.1	26.7	2 395.7	1 316.1
1986	799.0	418.9	107.0	107.2	30.1	28.6	2 654.5	1 464.7
1987	884.1	472.9	108.8	112.0	32.8	32.1	2 695.4	1 473.2
1988	1 104.0	567.0	120.7	125.2	39.5	40.1	2 794.9	1 414.0
1989	1 211.0	660.0	116.3	114.4	46.0	45.9	2 632.6	1 437.9
1990	1 278.9	693.8	101.3	98.8	46.6	45.4	2 744.4	1 528.2
1991	1 453.8	782.5	105.1	105.4	49.0	47.8	2 966.9	1 637.0
1992	1 671.7	884.8	108.6	110.7	53.2	52.9	3 142.3	1 672.6
1993	2 110.8	1 058.2	116.1	116.5	61.7	61.7	3 421.1	1 715.1
1994	2 851.3	1 422.5	125.0	134.2	77.2	82.8	3 693.4	1 718.0
1995	3 537.6	1 771.9	116.8	123.6	90.1	102.3	3 926.3	1 732.1
1996	3 919.5	1 904.7	108.8	107.9	98.1	110.4	3 995.4	1 725.3
1997	4 185.6	1 942.6	103.1	100.1	101.1	110.5	4 140.1	1 758.0
1998	4 331.6	1 926.9	99.4	96.9	100.5	107.1	4 130.1	1 799.2
1999	4 615.9	1 932.1	98.7	95.7	99.2	102.5	4 653.1	1 885.0
2000	4 998.0	1 971.3	100.8	97.6	100.0	100.0	4 998.0	1 971.3
2001	5 309.0	2 027.9	100.7	100.7	100.7	100.7	5 272.1	2 013.8
2002	6 029.9	2 271.8	99.0	99.9	99.7	100.6	6 048.0	2 258.3
2003	6 510.9	2 416.9	100.9	103.4	100.6	104.0	6 472.1	2 323.9
2004	7 182.1	2 709.6	103.3	109.9	103.9	114.3	6 912.5	2 370.6
2005	7 942.9	2 914.4	101.6	103.1	105.6	117.9	7 521.7	2 471.9
2006	8 696.6	3 111.9	101.5	102.6	107.2	120.9	8 112.5	2 573.9

续表 3-3

年份	C（当年价）	FC（当年价）	GP（上年=100）	FP（上年=100）	P_0（2000 年=100）	P_1（2000 年=100）	X（2000 年价）	Q（2000 年价）
2007	9 997.5	3 628.0	104.5	111.7	112.0	135.0	8 926.3	2 687.4
2008	11 242.8	4 259.8	105.6	114.5	118.3	154.6	9 503.6	2 755.4
2009	12 264.5	4 478.5	99.1	101.0	117.2	156.1	10 464.6	2 869.0
2010	13 471.5	4 804.7	103.2	107.1	121.0	167.2	11 133.5	2 873.6
2011	15 160.9	5 506.3	105.3	111.6	127.4	186.6	11 900.2	2 950.9
2012	16 674.3	6 040.9	102.7	105.1	130.8	196.1	12 747.9	3 080.5
2013	13 220.4	4 126.7	102.6	104.6	134.2	205.1	9 851.3	2 012.0
2014	14 491.4	4 493.9	102.1	103.3	137.0	211.9	10 577.7	2 120.8
2015	15 712.4	4 814.0	101.5	102.3	139.0	216.8	11 303.9	2 220.5
2016	17 110.7	5 151.0	102.1	103.7	141.9	224.8	12 058.3	2 291.4
2017	18 322.1	5 373.6	101.7	99.8	144.3	224.4	12 697.2	2 394.7

资料来源：《1990—2008 年中国统计年鉴》，中国统计出版社。

根据需求理论，构建食品的消费需求函数：

$$\ln Q=\beta_0+\beta_1\ln X+\beta_2 P+\mu$$

其中，$P=\dfrac{P_1}{P_0}$，反映食品的相对价格。Stata 软件的输出结果如图 3-2 所示。回归后的模型如下：

$$\ln\hat{Q}=3.024\,693+0.626\,274\,4\ln X-0.702\,954\,3P$$
$$t=\quad(12.46)\qquad(15.87)\qquad(-6.81)$$
$$R^2=0.938\,6,\bar{R}^2=0.934\,5,F=229.11$$

结果显示，模型拟合度较高，回归方程总体线性显著性检验的 F 值为 229.11，其对应的检验概率为 0.000 0，小于显著性水平 $\alpha=0.05$，说明方程总体线性关系显著。解释变量 $\ln X$ 的 t 统计量值为 15.87，对应的检验概率为 0.000，小于显著性水平 $\alpha=0.05$，说明解释变量 $\ln X$ 对被解释变量 $\ln Q$ 的线性影响显著。解释变量 P 的 t 统计量值为 -6.81，对应的检验概率为 0.000，小于显著性水平 $\alpha=0.05$，说明解释变量 P 对被解释变量 $\ln Q$ 的线性影响显著。

从 $\ln X$ 前的参数看，在 1985—2017 年，中国城镇居民对食品的消费支出关于总消费支出的弹性为 0.63，表明中国城镇居民总消费支出增加 1%，对食品消费支出平均增加 0.63%，中国城镇居民收入与消费支出总额的增加，会刺激对食品消费需求的增加，而食品相对价格（P）的上升，对食品的消费需求则起着抑制作用。

Source	SS	df	MS
Model	1.77090347	2	.885451737
Residual	.115941694	30	.003864723
Total	1.88684517	32	.058963912

Number of obs	=	33
F(2, 30)	=	229.11
Prob > F	=	0.0000
R-squared	=	0.9386
Adj R-squared	=	0.9345
Root MSE	=	.06217

lnQ	Coef.	Std. Err.	t	P>|t|	[95% Conf.	Interval]
lnX	.6262744	.039459	15.87	0.000	.5456883	.7068604
P	-.7029543	.1032931	-6.81	0.000	-.9139068	-.4920017
_cons	3.024693	.2427988	12.46	0.000	2.528832	3.520554

图 3-2 中国城镇居民人均食品消费需求函数

本章练习题

一、单选题

1. 多元样本线性回归函数是(　　)。

A. $Y_i=\beta_1+\beta_2X_{2i}+\beta_3X_{3i}+\cdots+\beta_kX_{ki}+\mu_i$

B. $\hat{Y}_i=\hat{\beta}_1+\hat{\beta}_2X_{2i}+\hat{\beta}_3X_{3i}+\cdots+\hat{\beta}_kX_{ki}$

C. $E(Y_i|X_{2i},X_{3i},\cdots,X_{ki})=\beta_1+\beta_2X_{2i}+\beta_3X_{3i}+\cdots+\beta_kX_{ki}$

D. $Y=X\beta+U$

2. 下列样本模型中,哪一个模型通常是无效的(　　)。

A. C_i(消费)$=500+0.8I_i$(收入)

B. Q_i^d(商品需求)$=10+0.8I_i$(收入)$+0.9P_i$(价格)

C. Q_i^s(商品供给)$=20+0.75P_i$(价格)

D. Y_i(产出量)$=0.65L_i^{0.6}$(劳动)$K_i^{0.4}$(资本)

3. 残差平方和 RSS 指的是(　　)。

A. $\sum(Y_i-\bar{Y})^2$　　B. $\sum(Y_i-\hat{Y}_i)^2$

C. $\sum(\hat{Y}_i-\bar{Y})^2$　　D. $\sum(\hat{Y}_i-\bar{Y}_i)^2$

4. 修正可决系数与未经修正的可决系数之间的关系为(　　)。

A. $\bar{R}^2=1-\frac{n-1}{n-k-1}(1-R^2)$　　B. $\bar{R}^2=1-\frac{n-k-1}{n-1}(1-R^2)$

C. $\bar{R}^2=1-\frac{n-k-1}{n-1}R^2$　　D. $\bar{R}^2=1-\frac{n-1}{n-k-1}R^2$

5. 回归方程的显著性检验的 F 检验量为(　　)。

A. $F=\dfrac{ESS/k}{RSS/(n-k-1)}$　　B. $F=\dfrac{ESS/(n-1)}{RSS/(n-k-1)}$

C. $F=\dfrac{ESS/(n-k-1)}{RSS/(n-1)}$　　D. $F=\dfrac{ESS/(n-k-1)}{RSS/k}$

6. 在由 $n=30$ 的一组样本估计的、包含 3 个解释变量的线性回归模型中，计算的多重可决系数为 0.850 0，则修正的可决系数为（　　）。

A. 0.860 3　　B. 0.838 9　　C. 0.865 5　　D. 0.832 7

7. 设 k 为模型中的参数个数，则回归平方和是指（　　）。

A. $\sum_{i=1}^{n}(y_i-\bar{y})^2$　　B. $\sum_{i=1}^{n}(y_i-\hat{y}_i)^2$

C. $\sum_{i=1}^{n}(\hat{y}_i-\bar{y})^2$　　D. $\sum_{i=1}^{n}(y_i-\bar{y}_i)^2/k-1$

8. 用一组有 30 个观测值的样本估计模型 $Y_i=\beta_0+\beta_1X_{1i}+\beta_2X_{2i}+\mu_i$ 后，在 0.05 的显著性水平下对 β_1 的显著性做 t 检验，则 β_1 显著地不等于零的条件是其统计量大于等于（　　）。

A. $t_{0.05}(30)$　　B. $t_{0.025}(28)$　　C. $t_{0.025}(27)$　　D. $F_{0.025}(1,28)$

9. 模型 $\ln Y_i=\beta_0+\beta_1\ln X_i+\mu_i$ 中，β_1 的实际含义是（　　）。

A. X 关于 Y 的弹性　　B. Y 关于 X 的弹性

C. X 关于 Y 的边际倾向　　D. Y 关于 X 的边际倾向

10. 下列正确的是（　　）。

A. $\sum y_i^2=\sum e_i^2+\sum \hat{y}_i^2$　　B. $\sum \hat{y}_i^2=\sum e_i^2+\sum y_i^2$

C. $\sum e_i^2=\sum y_i^2+\sum \hat{y}_i^2$　　D. $\sum \hat{y}_i^2>\sum e_i^2+\sum y_i^2$

二、多选题

1. 多元线性回归模型的古典假定有（　　）。

A. 零均值假定　　B. 同方差和无自相关假定

C. 随机扰动项与解释变量不相关假定　　D. 无多重共线性假定

E. 正态性假定

2. 对模型 $Y_i=\beta_0+\beta_1X_{1i}+\beta_2X_{2i}+\mu_i$ 进行总体显著性检验，如果检验结果总体线性关系显著，则有（　　）。

A. $\beta_1=\beta_2=0$　　B. $\beta_1\neq0,\beta_2=0$　　C. $\beta_1\neq0,\beta_2\neq0$

D. $\beta_1=0,\beta_2\neq0$　　E. $\beta_1=\beta_2\neq0$

3. 在模型 $\ln Y=\beta_0+\beta_1\ln X+\mu$ 中（　　）。

A. Y 与 X 是非线性的　　B. Y 与 β_1 是非线性的

C. $\ln Y$ 与 β_1 是线性的　　D. $\ln Y$ 与 $\ln X$ 是线性的

E. Y 与 $\ln X$ 是线性的

4. 残差平方和是指（　　）。

A. 随机因素影响所引起的被解释变量的变差

B. 解释变量变动所引起的被解释变量的变差

C. 被解释变量的变差中，回归方程不能做出解释的部分

D. 被解释变量的总变差与回归平方和之差

E. 被解释变量的实际值与回归值的离差平方和

5. 回归平方和是指(　　)。

A. 被解释变量的实际值与平均值的离差平方和

B. 被解释变量的回归值与平均值的离差平方和

C. 被解释变量的总离差平方和与残差平方和之差

D. 解释变量变动所引起的被解释变量的变差

E. 随机因素影响所引起的被解释变量的变差

三、判断题

1. 在对参数进行最小二乘估计之前,没有必要对模型提出古典假定。(　　)
2. 一元线性回归模型与多元线性回归模型的基本假定是相同的。(　　)
3. 拟合优度检验和 F 检验是没有区别的。(　　)
4. 多重共线性问题是随机扰动项违反古典假设所引起的。(　　)
5. 总体平方和 TSS、残差平方和 RSS 与回归平方和 ESS 三者的关系是 RSS＝TSS＋ESS。(　　)

四、问答题

1. 什么叫作多元回归?如何建立多元回归方程?
2. 多元线性回归模型如何进行拟合优度检验?
3. 在多元回归中如何剔除不显著的自变量,建立最优多元线性回归方程?
4. 多元线性回归模型的检验包括哪些内容?如何进行检验?

五、计算题

1. 表 3-4 为 2011 年江苏启东高产棉田的部分调查资料,X_1 为每亩株数(千株),X_2 为每株铃数(个),Y 为每亩皮棉产量(kg)。(1 亩≈666.67 平方米)

表 3-4　2011 年江苏启东高产棉田的部分调查资料

X_1/千株	X_2/个	Y/kg
6.21	10.2	95
6.29	11.8	111
6.38	9.9	95
6.50	11.7	107
6.52	11.1	110
6.55	9.3	95
6.61	10.3	92
6.77	9.8	100
6.82	8.8	91
6.96	9.6	101

试完成:(1)建立多元回归方程;

(2)对多元线性回归模型进行检验。

2. 江苏无锡连续12年测定一代三化螟高峰期Y(kg)(以4月30日为0)与1月份雨量X_1(mm)、2月份雨量X_2(mm)、3月上旬平均温度X_3(℃)和3月中旬平均温度X_4(℃)的关系,得结果见表3-5。试建立Y依X_i的最优线性回归方程并对其进行检验。

表3-5　1999—2011年江苏无锡一代三化螟测定数据

X_1/mm	X_2/mm	X_3/℃	X_4/℃	Y/kg
47.5	30.6	11.1	9.0	17
42.9	32.3	8.1	9.5	21
20.2	37.4	6.7	11.1	26
0.2	21.5	8.5	8.9	23
67.0	61.6	6.8	9.4	20
5.5	83.5	5.0	9.5	30
44.4	24.1	10.0	11.1	22
8.9	24.9	6.1	9.5	26
39.0	10.2	7.1	10.8	27
74.2	54.9	4.4	6.8	23
15.9	74.2	4.6	3.8	23
26.4	50.7	4.1	5.8	27

第4章 放宽基本假定的模型

教学目的与要求:本章主要介绍放宽基本假定的模型,即异方差性、序列相关性、多重共线性、随机解释变量问题。要求理解产生各现象的原因及后果;掌握各专门问题的含义、检验方法以及解决方法。

在第 2 章学习一元线性回归模型时,在介绍计量经济模型参数估计之前涉及了一个计量经济学很重要的内容,即计量经济模型的基本假定。我们知道,如果回归模型满足基本假定,则普通最小二乘法是估计模型参数的理想方法,回归系数的 OLS 估计量是最佳线性无偏估计量。但是,在实际的经济问题中,完全满足这些基本假定的情况并不多见,如果计量模型违反了某项基本假定,是否还可以直接应用 OLS 法,进行参数估计?如果不能应用 OLS 法,应该如何处理?这就是本章所要解决的问题。实际上本章体现了计量经济模型检验中的一个内容:计量经济学检验。

4.1 异方差性

异方差性是指模型违反了经典假定中的同方差性,它是计量分析中的一个专门问题。

4.1.1 异方差性的含义

第 2 章中,对于线性回归模型 $Y_i=\beta_0+\beta_1X_{1i}+\beta_2X_{2i}+\cdots+\beta_kX_{ki}+\mu_i$ 提出的基本假定中,要求对所有的 $i(i=1,2,\cdots,n)$ 都有 $\mathrm{Var}(u_i)=\sigma^2$,即 u_i 具有同方差性,这也就说明了对于不同的样本点,随机干扰项的离散程度是相同的。

如果模型出现 $\mathrm{Var}(u_i)=\sigma_i^2\neq$常数,即对于不同的样本观测值,随机干扰项的方差不再是一个常数,而是随着样本观测值的变化而变化,则说明模型出现了异方差性(heteroscedasticity)。

由于异方差性指的是被解释变量观测值的离散程度随解释变量的变化而变化，如图 4-1 所示，所以进一步可以把异方差看成是由于某个解释变量的变化而引起的，则 $\mathrm{Var}(u_i^2)=\sigma_i^2=\sigma^2 f(X_i)$。

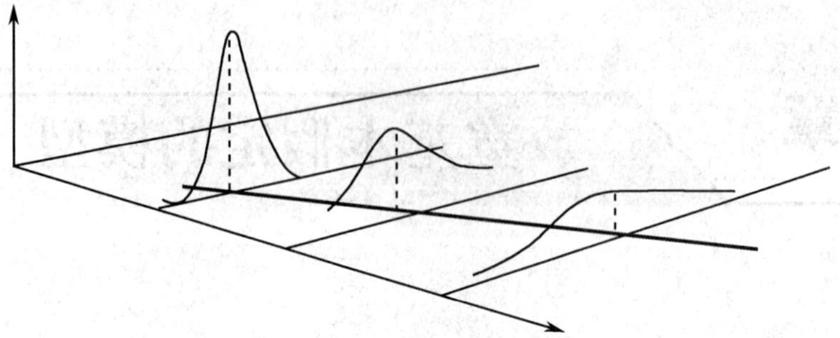

图 4-1　异方差

4.1.2　异方差性的类型

异方差通常有三种表现形式，如图 4-2 所示。

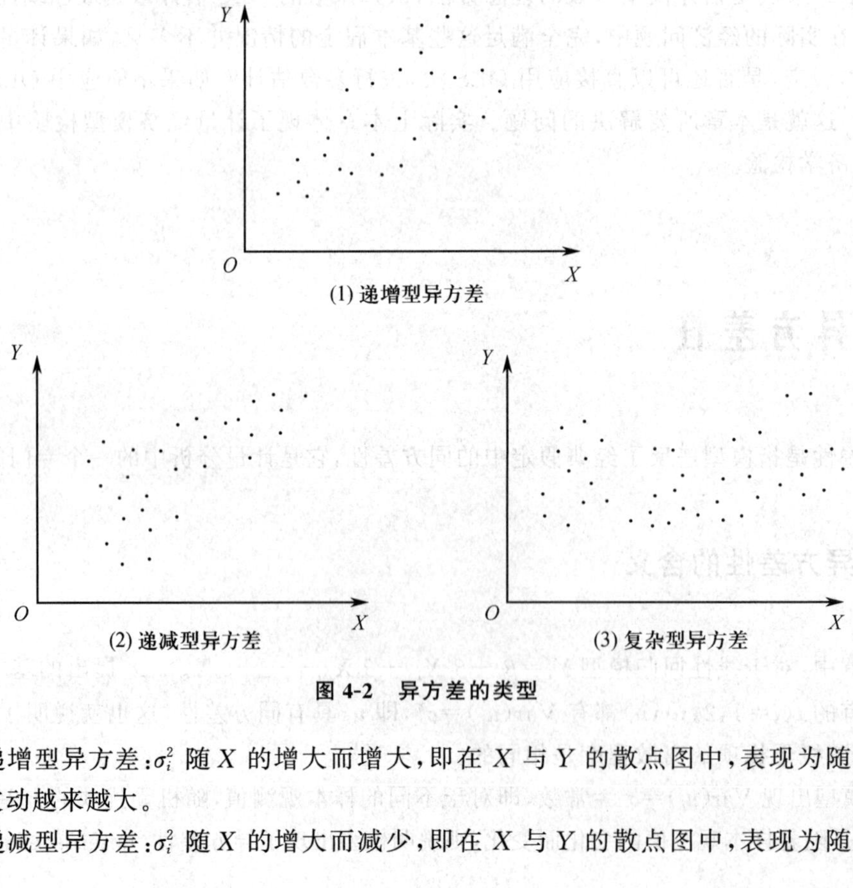

图 4-2　异方差的类型

(1)递增型异方差：σ_i^2 随 X 的增大而增大，即在 X 与 Y 的散点图中，表现为随着 X 的增大，Y 的波动越来越大。

(2)递减型异方差：σ_i^2 随 X 的增大而减少，即在 X 与 Y 的散点图中，表现为随着 X 的增大，Y 的波动越来越小。

(3)复杂型异方差：σ_i^2 与 X 的变化呈复杂形式，即在 X 与 Y 的散点图中，表现为随着 X 的增大，Y 的波动复杂多变没有规律。

4.1.3 异方差性的来源

在计量经济模型中，异方差产生的原因主要包括以下四个方面。

(1)模型省略了某些解释变量

异方差的表现为随机干扰项的方差与解释变量的变化有密切关系，假设回归模型 $Y_i=\beta_0+\beta_1 X_{1i}+\mu_i$ 遗漏了解释变量 X_2，则模型中的随机干扰项包含了 X_2 变化的影响，如果 X_2 与 X_1 呈同方向变化的趋势，这就使得随机干扰项随 X_1 增大而增大，使得模型不再是同方差模型，出现了异方差性。例如，研究家庭消费函数，未考虑家庭的年龄结构这一解释变量，因为由较多年轻人组成的家庭支出变化较大，由较多老年人组成的家庭支出变化较小，而年龄结构这一解释变量的作用被归入随机项中，而且一般年轻人较多的家庭收入较低，由较多老年人组成的家庭的收入较高，因此年龄结构这一解释变量与收入是同方向变化，所以导致随机干扰项出现异方差。

(2)模型函数形式错误

一般情况下，解释变量与被解释变量之间的关系是比较复杂的非线性关系。在构造模型时，为了简化模型，用简单的线性模型代替了非线性关系，造成了模型关系不准确的误差。如将成本函数的二次函数形式 $Y_i=\beta_0+\beta_1 X_i+\beta_2 X_i^2+\mu_i$，误设成了线性函数模型 $Y_i=\beta_0+\beta_1 X_i+\nu_i$，这样 $\nu_i=\beta_2 X_i^2+\mu_i$，$\nu_i$ 就会随着 X_i 增大而逐渐增大，其方差就有增大的趋势。

(3)数据的测量误差

在随机干扰项中包含了观测误差。一方面，由于观测误差常常随着观测范围的扩大而增加，或随着时间的推移逐渐累积，引起随机干扰项的方差增大；另一方面，由于抽样技术的发展，数据处理技术的提高，观测误差会有所减少，也可能引起随机干扰项的方差减少。例如，对于生产函数 $Y_i=AL_i^{\alpha}K_i^{\beta}e^{\mu_i}$，随着企业规模(通常用 K 和 L 反映)的扩大、管理水平的提高以及统计监督功能的落实，观测误差减少，随机项的方差也随之减少，因此，模型具有异方差性。

(4)数据总体各单位的差异

一般来说，实际经济问题中，截面数据比时间序列数据更容易出现异方差性。这是因为随机干扰项包括了模型中忽略的因素以及测量误差，对于截面数据来说，来自不同个体的因素相互差异较大，因此，随机项差异也会较大，容易出现异方差；而对于时间序列样本，由于是来自同一个体的不同时间的样本，通常不同时间的随机干扰项之间差别不是很大，故异方差一般不明显。例如，利用截面数据建立居民储蓄函数时，对于低收入家庭，其满足基本消费支出之后的剩余收入有限，所以各家庭间的储蓄情况差异不明显；但对于高收入家庭，因受储蓄心理、消费习惯、家庭成员构成等因素的影响，各个家庭之间的储蓄情况可能会有很大差异，在这种情况下，高收入家庭随机干扰项的方差会明显大于低收入家庭。不过，在时间序列数据发生较大变化的情况下，也可能出现比截面数据更严重的异方差性，特别是一些比较大的偶然因素，如自然灾害、金融危机、政策变动等，使经济分析中经常会遇到异方差性问题。

另外，由于经济变量本身受很多随机因素的影响，特别是社会经济问题涉及人的思维和行为，也涉及各阶层的物质利益，人的行为具有很多不确定因素，使不同的单位有不同的规模和水平。

4.1.4 异方差性的后果

计量经济模型一旦出现异方差性，如果仍采用普通最小二乘法估计模型参数，会产生一系列不良的后果。

(1)参数的最小二乘估计仍是线性无偏的，但不再是有效估计

参数估计的无偏性仅依赖于基本假定中的零均值假定[即 $E(\mu_i)=0$]，所以异方差性的存在对无偏性的成立没有影响，因此，随机干扰项为异方差时，OLS 估计仍是无偏性估计。但在最小二乘估计量有效性的证明过程中曾利用了同方差假定，因此，如果随机项存在异方差性，OLS 估计量不再具有最小方差的特性。这意味着可能存在其他的参数估计方法，其估计误差将小于 OLS 估计的误差。

(2)变量的显著性检验失效

由于异方差性的影响，使得无法正确估计参数的标准误差，导致参数估计的 t 统计量的值不能正确确定。由于 t 分布和 F 分布的检验统计量都是利用总体方差的估计量 $\hat{\sigma}^2=\frac{\sum e_i^2}{n-k-1}$ 构造而成的，这里面包含随机干扰项的方差。在同方差的假定下，$\hat{\sigma}^2$ 可以估计并且服从特定分布，这样就能进行显著性检验。当不满足同方差假定时，$\hat{\sigma}^2$ 不再是总体方差 σ^2 的无偏估计量，这时无法构造出服从特定分布的检验统计量，从而导致计算出的 t 统计量和 F 统计量不再满足为 t 分布和 F 分布。这种情况下，t 检验和 F 检验就有可能得出错误的结论。

(3)预测功能失效

尽管参数的 OLS 估计量仍然无偏，并且此时的预测也是无偏的，但是由于参数的估计量不再有效，从而对 Y 的预测也将不再是有效的，失去了良好的统计性质。另外，由于进行预测时，预测的置信区间包含参数方差的估计量 $S_{\hat{\beta}_j}$，因此，当模型出现异方差性时，仍然使用 OLS 估计量，将导致预测区间偏大或偏小，预测功能失效。

4.1.5 异方差性的检验

上述分析表明，实际经济问题中经常会出现异方差性，这将直接影响回归模型的估计、检

验和应用。因此，在建立计量经济模型的过程中，应该检验模型是否存在异方差性：如果不存在异方差性，则可以采用普通最小二乘法进行模型估计（当然要求其他假定也同时成立）；否则，应该采用其他的方法进行模型估计。

检验异方差性的方法有很多，但基本思路相似，即为了检验模型是否存在异方差性，需要事先了解随机干扰项的分布情况。但是，随机干扰项的变化是由模型之外其他因素的综合影响来决定的，其取值情况具有很大的不确定性。因此，在实际研究中，一般是通过对残差的分布情况来推测随机干扰项的分布情况，可以将残差 e_i 作为随机干扰项 u_i 的估计量。而异方差性通常被认为是对于不同的解释变量的观测值，随机干扰项具有不同的方差，且 $\mathrm{Var}(u_i)=E(u_i^2)\approx e_i^2$ 。因此，可以通过估计残差与解释变量之间的关系来判断模型是否存在异方差性。

具体来看，检验异方差性的方法包括下面几种。

（1）图示检验法

①散点图

由于方差描述的是随机变量取值的离散程度，被解释变量 Y 与随机干扰项 u_i 具有相同的方差，所以通过分析 Y 与 X 之间的散点图，可以粗略地看出随着 X 的增加，Y 的离散程度有没有发生变化，据此可以判断模型是否存在递增型、递减型或复杂型异方差（图 4-2）。

②残差图

虽然随机干扰项无法观测，但样本回归的残差在一定程度上反映了随机干扰项的某些分布特征，所以可以通过残差的图形对异方差性做观察。例如，一元回归模型 $Y_i=\beta_0+\beta_1X_i+u_i$，在 OLS 估计基础上得到残差的平方$\tilde{e}_i^2$，然后绘制出$\tilde{e}_i^2$ 对 X_i 的散点图。如果$\tilde{e}_i^2$ 不随 X_i 的变化而变化，如图 4-3（1）所示，则表明 u_i 不存在异方差性；如果$\tilde{e}_i^2$ 随 X_i 发生变化，如图 4-3（2）、（3）、（4）所示，则表明 u_i 存在异方差性。

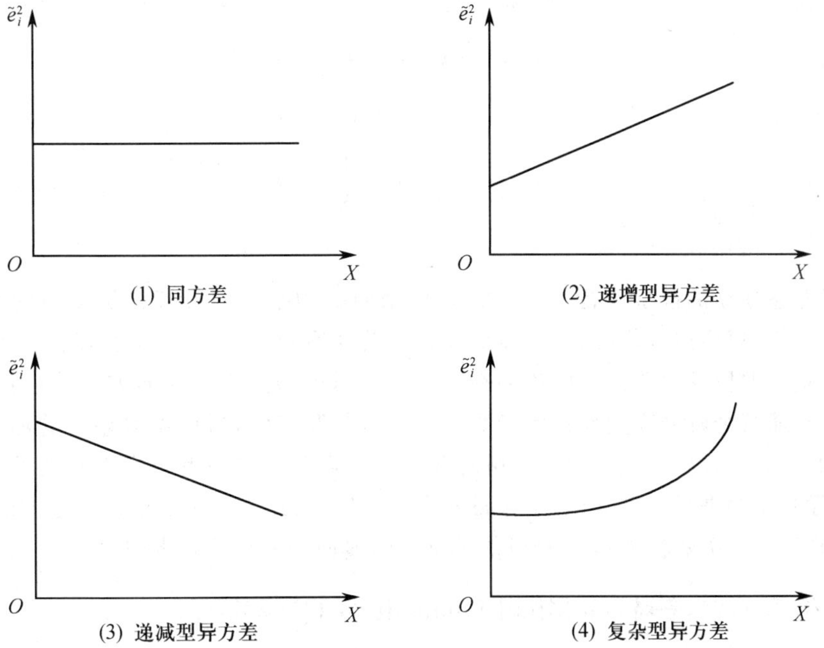

图 4-3 残差图

图示检验法简单直观，在计量经济学软件中容易操作，但对于异方差性的判断比较粗糙、模糊。由于引起异方差性的原因错综复杂，仅靠图示检验法很难对于是否存在异方差性给出准确结论，因此，一般需要将图示检验法和其他检验方法结合起来判断。

(2)帕克(Park)检验和戈里瑟(Glejser)检验

帕克检验和戈里瑟检验是两种检验方法，将其放在一起介绍，是因为这两种检验方法的基本思想非常相似，都是将图示检验法进行具体函数化。其基本思想是：首先对模型进行 OLS 估计，得到随机干扰项的估计$\tilde{e}_i^2$，然后以$\tilde{e}_i$ 为被解释变量，以原模型的某个解释变量为解释变量构建函数模型，根据建立新模型拟合优度和显著性检验的结果来判断原模型是否存在异方差性。

以线性回归模型 $Y_i=\beta_0+\beta_1X_{1i}+\beta_2X_{2i}+\cdots+\beta_kX_{ki}+u_i$ 为例，检验的具体步骤如下。

①根据样本数据进行 OLS 回归，并求残差序列$\tilde{e}_i=Y_i-\hat{Y}_i$。

②将估计的残差作为被解释变量，将原模型中易引起异方差性的某一解释变量 X_j 作为解释变量，建立新的回归模型。

帕克检验常建立的模型形式为：

$$\tilde{e}_i^2=\sigma^2X_{ji}^{\beta}\mathrm{e}^{\varepsilon_i} \tag{4-1}$$

该模型也可以转化为线性形式：

$$\ln\tilde{e}_i^2=\ln\sigma^2+\beta\ln X_{ji}+\varepsilon_i \tag{4-2}$$

戈里瑟检验的模型形式为：

$$|\tilde{e}_i|=\alpha_0+\alpha_1f(X_j)+\varepsilon_i \tag{4-3}$$

在建立模型时，由于$|\tilde{e}_i|$和$\tilde{e}_i^2$ 与 X_j 的真实函数形式并不知道，可用各种函数形式去试验，如常用的回归方程的函数形式包括：

$$|\tilde{e}_i|=\alpha_0+\alpha_1X_{ji}+\varepsilon_i \tag{4-4}$$

$$|\tilde{e}_i|=\alpha_0+\alpha_1\sqrt{X_{ji}}+\varepsilon_i \tag{4-5}$$

$$|\tilde{e}_i|=\alpha_0+\alpha_1\frac{1}{X_{ji}}+\varepsilon_i \tag{4-6}$$

$$|\tilde{e}_i|=\alpha_0+\alpha_1\frac{1}{\sqrt{X_{ji}}}+\varepsilon_i \tag{4-7}$$

……

③对于上述建立的模型进行 OLS 回归，根据回归的结果进行拟合优度检验及显著性检验，如果某一回归模型拟合优度较高，能够通过显著性检验，则说明原模型存在异方差性。

帕克检验和戈里瑟检验最大的优势在于不仅能对模型是否存在异方差性进行检验，而且还能对异方差随某个解释变量变化的函数形式进行判断，这为后面异方差性的消除提供了保证。但是，由于需要找到与残差相关的解释变量以及需要确定该解释变量和残差之间的具体函数关系，可能需要进行大量尝试，工作量较大，而且有时还不一定能确定异方差的结构形式；另外，建立的新模型中随机项 ε_i 本身可能不满足经典回归模型的基本假定。

(3)戈德菲尔德-夸特(Goldfeld-Quanadt，G-Q)检验

戈德菲尔德-夸特检验方法由戈德菲尔德和夸特两人于 1965 年提出，该检验的适用条件

包括：大样本情况（$n\geqslant 30$）；除同方差假定之外，经典线性回归模型的其他假定应满足；只能用于检验递增型或递减型的异方差。

该检验方法的基本思想是：先将样本观测值按照某一引起异方差性的解释变量的大小进行排序，将排序之后的样本一分为二，对两个子样本分别进行 OLS 回归，然后比较两个子样本的残差平方和。如果原模型存在异方差性，则两个子样本的残差平方和应该显著不同；如果两个子样本的残差平方和大致相同，则有可能原模型不存在递增型或递减型的异方差。具体步骤如下。

①建立原假设和备择假设：

$$H_0: \mu_i \text{ 为同方差}; \quad H_1: \mu_i \text{ 为异方差}$$

②将 n 组样本观测值按照某一引起异方差性的解释变量的大小由小到大排列，将排列在中间的 c 个（约 1/4）观测值删掉，再将剩余的观测值平均分为两个子样本，每个子样本观测值的个数为 $(n-c)/2$。

③分别对两个子样本进行 OLS 回归，并分别计算两个子样本的残差平方和，记较小的残差平方和为 RSS_1，较大的残差平方和为 RSS_2，它们的自由度均为$\frac{n-c}{2}-k-1$，k 为解释变量个数。在原假设成立的条件下，因 RSS_1、RSS_2 分别服从自由度为$\frac{n-c}{2}-k-1$ 的 χ^2 分布，构造检验统计量：

$$F=\frac{RSS_2\Big/\left(\frac{n-c}{2}-k-1\right)}{RSS_1\Big/\left(\frac{n-c}{2}-k-1\right)}=\frac{RSS_2}{RSS_1}\sim F\left(\frac{n-c}{2}-k-1,\frac{n-c}{2}-k-1\right) \tag{4-8}$$

④给定显著性水平 α，查 F 分布表，得 $F_\alpha\left(\frac{n-c}{2}-k-1,\frac{n-c}{2}-k-1\right)$。

⑤得出结论：若检验统计量 $F>F_\alpha\left(\frac{n-c}{2}-k-1,\frac{n-c}{2}-k-1\right)$，则拒绝原假设，模型存在异方差性；若 $F<F_\alpha\left(\frac{n-c}{2}-k-1,\frac{n-c}{2}-k-1\right)$，则不拒绝原假设，模型不存在递增型或递减型的异方差。

对于戈德菲尔德-夸特检验来说，其能克服帕克检验和戈里瑟检验的缺陷，相对来说更简单，但是，其只能检验递增型或递减型的异方差，而对于复杂型的异方差是无法检验的。

（4）怀特（White）检验

怀特检验由怀特于 1980 年提出，它是通过建立辅助回归方程的方式来判断异方差性。其基本思想是：如果存在异方差，则方差σ_i^2 与解释变量有关系，通过分析σ_i^2 是否与解释变量有某些形式的联系以判断异方差性。

在大样本情况下，设原模型为 $Y_i=\beta_0+\beta_1X_{1i}+\beta_2X_{2i}+\mu_i$，检验的具体步骤如下。

①对原模型进行 OLS 回归，计算残差序列：$\tilde{e}_i=Y_i-\hat{Y}_i$，并求$\tilde{e}_i^2$，将其作为$\sigma_i^2$ 的估计值。

②将$\tilde{e}_i^2$ 作为被解释变量，做辅助回归模型：

$\tilde{e}_i^2=\hat{\alpha}_0+\hat{\alpha}_1x_{1i}+\hat{\alpha}_2x_{2i}+\hat{\alpha}_3x_{1i}^2+\hat{\alpha}_4x_{2i}^2+\hat{\alpha}_5x_{1i}x_{2i}+\varepsilon_i$，对模型进行回归，计算检验统计量

nR^2，其中，n 为样本容量，R^2 为辅助回归模型的可决系数。

③建立假设，$H_0: \alpha_1 = \cdots = \alpha_5 = 0$，$H_1: \alpha_j (j=1,2,\cdots,5)$不全为 0。

④可以证明，在同方差性假设下，检验统计量 nR^2 渐近地服从自由度为 p 的 χ^2 分布（p 为辅助回归模型解释变量个数），即：$nR^2 \sim \chi^2(p)$，在本例中，$p=5$。

⑤给定显著性水平 α，查 χ^2 分布表，得临界值$\chi^2_\alpha(5)$。

若 $nR^2 > \chi^2_\alpha(5)$，则拒绝原假设，原模型存在异方差性；

若 $nR^2 < \chi^2_\alpha(5)$，则不拒绝原假设，原模型不存在异方差性。

从以上步骤来看，进行怀特检验时，仍是检验样本残差与解释变量之间的相关性，如果存在异方差性，则样本残差与解释变量的某种组合间存在显著的相关性，而这种显著的相关性往往表现为较高的 R^2 以及辅助回归模型中某个或某几个解释变量的显著性。因此，在这种思路下，建立辅助回归模型时，还可引入解释变量的更高次方。但对多元回归模型进行检验时，解释变量个数越多，辅助回归模型中的解释变量个数也会增加更多，过多的解释变量将导致其自由度下降，这时也可以将解释变量的交叉项去掉。

怀特检验的优势很明显：一是不需要关于异方差性的任何先验认识，只要在大样本情况下，该检验就可以进行；二是适用于任何类型的异方差性。

(5)自回归条件异方差(ARCH)检验

异方差性不仅存在于截面数据中，在时间序列数据中同样也会存在异方差性，针对这一问题，恩格尔(Engel)于 1982 年提出了一种观测时间序列方差变动的方法，这就是 ARCH(auto regressive conditional heteroscedasticity)检验方法。ARCH 检验的思想是：在时间序列模型中，可认为存在的异方差为 ARCH(自回归条件异方差)过程，即随机干扰项的方差主要依赖于以前某一段时间随机干扰项的变化程度，并通过检验这一过程是否成立来判断时间序列有无异方差性。具体检验步骤如下。

①提出假设，$H_0: \alpha_1 = \cdots = \alpha_p = 0$，$H_1: \alpha_j (j=1,2,\cdots,p)$不全为 0，对原模型进行 OLS 回归，根据回归结果计算残差序列$e_t^2, e_{t-1}^2, \cdots, e_{t-p}^2$，分别作为对$\sigma_t^2, \sigma_{t-1}^2, \cdots, \sigma_{t-p}^2$的估计。

②建立 ARCH 模型：$\tilde{e}_t^2 = \alpha_0 + \alpha_1 \tilde{e}_{t-1}^2 + \alpha_2 \tilde{e}_{t-2}^2 + \cdots + \alpha_p \tilde{e}_{t-p}^2 + \varepsilon_t$，其中，$p$ 为 ARCH 过程的阶数，ε_t 为 ARCH 模型的随机干扰项。

③计算辅助回归模型的可决系数 R^2，可以证明，在原假设成立的条件下，基于大样本，有$(n-p)R^2 \sim \chi^2(p)$，给定显著性水平 α，查 χ^2 分布表得临界值$\chi^2_\alpha(p)$。

若$(n-p)R^2 > \chi_\alpha{}^2(p)$，则拒绝原假设，原模型存在异方差性；

若$(n-p)R^2 < \chi_\alpha{}^2(p)$，则不拒绝原假设，原模型为同方差。

ARCH 检验的特点是：要求变量的观测值为大样本，并且是时间序列数据；它只能判断模型中是否存在异方差，而不能判断出哪一个变量引起的异方差。

4.1.6 异方差性的修正

如果模型通过检验证实确定存在异方差性，则需要对异方差进行修正。但需注意，进行异方差修正时，应首先分析模型中是否存在遗漏了引起异方差性的解释变量，模型函数形式是否设定有误等原因，在排除这些原因的条件下，可以尝试以下方法消除异方差性。

(1)模型变换法

模型变换法是对存在异方差性的回归模型做适当的代数变换，使之成为满足同方差假定的模型，然后再用 OLS 方法估计回归参数。模型变换法的关键是事先对异方差性的形式有一个合理的假设。提出合理假设的方法主要分为两种：一是通过对具体经济问题的经验分析；二是通过对帕克检验、戈里瑟检验的结果所提供的信息加以确定，从而进行相应的变换。

设回归模型为：$Y_i=\beta_0+\beta_1X_{1i}+\beta_2X_{2i}+\cdots+\beta_kX_{ki}+\mu_i$。经过检验，模型存在异方差性，且异方差性的表现为：$\mathrm{Var}(\mu_i)=\sigma_i^2=\sigma^2f(X_{ji})$，其中，$\sigma^2$ 为常数，$f(X_{ji})$为解释变量 X_{ji}的函数。

可用$\sqrt{f(X_{ji})}$去除原模型的两端，则有：

$$\frac{Y_i}{\sqrt{f(X_{ji})}}=\frac{\beta_0}{\sqrt{f(X_{ji})}}+\frac{\beta_1X_{1i}}{\sqrt{f(X_{ji})}}+\frac{\beta_2X_{2i}}{\sqrt{f(X_{ji})}}+\cdots+\frac{\beta_kX_{ki}}{\sqrt{f(X_{ji})}}+\frac{\mu_i}{\sqrt{f(X_{ji})}} \tag{4-9}$$

在该模型中，由于

$$\mathrm{Var}\left[\frac{\mu_i}{\sqrt{f(X_{ji})}}\right]=\left[\frac{1}{\sqrt{f(X_{ji})}}\right]^2\mathrm{Var}(\mu_i)=\sigma^2$$

则变换之后的模型消除了异方差性。

(2)加权最小二乘法

对于异方差模型来说，最常用的估计方法是加权最小二乘法(weighted least squares, WLS)。用普通最小二乘法估计模型中的参数时，对参数的估计是使得残差平方和 $\sum e_i^2=\sum(Y_i-\hat{Y}_i)^2$ 达到最小，在最小化过程中，对每个残差平方所提供信息的重要程度是同等看待的，它们在决定参数估计的过程中所起的作用是相同的，或者说取了相同的权数，即权数都为1。在同方差的假定下，对不同的 X_i，e_i 偏离均值的程度相同，这样做是合理的。但在异方差情况下，对不同的 X_i，e_i 偏离均值的分散程度相差很大，这样做就未必合理。对于模型估计而言，某个样本点存在着较小的残差平方，这对于模型估计而言是有利的，而某个样本点存在着较大的残差平方，这对于模型估计而言是不利的，因此，可以考虑在估计模型时对较小的样本残差平方给予较大的权重，而对较大的样本残差平方则给予较小的权重，通过这种方式，对样本残差提供的信息的重要程度进行修正，提高模型估计的精度。通常取权数 $W_i=\frac{1}{\sigma_i^2}(i=1,2,\cdots,n)$，这样，$W_i$ 与σ_i^2 变化趋势相反：σ_i^2 越小，W_i 越大；σ_i^2 越大，W_i 越小。

以一元线性回归模型为例，对于模型进行最小二乘估计时，要使 $\sum W_ie_i^2=\sum W_i(Y_i-\beta_0-\beta_1X_i)^2$ 最小，可得：

$$\begin{cases}\hat{\beta}_0^*=\overline{Y}^*-\hat{\beta}_1^*\ \overline{X}^*\\ \hat{\beta}_1^*=\dfrac{\sum W_i(X_i-\overline{X}^*)(Y_i-\overline{Y}^*)}{\sum W_i(X_i-\overline{X}^*)^2}\end{cases} \tag{4-10}$$

其中 $\bar{X}^* = \dfrac{\sum W_i X_i}{\sum W_i}$，$\bar{Y}^* = \dfrac{\sum W_i Y_i}{\sum W_i}$。这样估计的参数 $\hat{\beta}_0^*$ 和 $\hat{\beta}_1^*$ 称为加权最小二乘估计，这种求解参数估计式的方法称为加权最小二乘法。

对于异方差模型，WLS才是最佳线性无偏估计。显然，当满足同方差假定时，即权数相同时，加权最小二乘估计就是普通最小二乘估计。因此，在实际应用时，可以不对原模型进行异方差性检验，而是直接选择加权最小二乘法进行参数估计，尤其是采用截面数据作为样本时。如果模型确实存在异方差性，则被有效地消除了；如果不存在异方差性，则加权最小二乘法等价于普通最小二乘法。

以上介绍了两种消除异方差性的方法：模型变换法和加权最小二乘法，但从根本上来说，模型变换法的实质就是加权最小二乘法。也就是说，用加权最小二乘法和模型变换法进行参数估计具有结果一致性。

以一元线性模型 $Y_i = \beta_0 + \beta_1 X_i + \mu_i$ 为例，如果已知存在异方差，且 $\mathrm{Var}(\mu_i) = \sigma_i^2 = \sigma^2 f(X_i)$，则变换后的模型为：

$$\frac{Y_i}{\sqrt{f(X_i)}} = \frac{\beta_0}{\sqrt{f(X_i)}} + \beta_1 \frac{X_i}{\sqrt{f(X_i)}} + \frac{\mu_i}{\sqrt{f(X_i)}} \tag{4-11}$$

经过变换之后模型的随机干扰项 $\mu_i / \sqrt{f(X_i)}$ 已是同方差的。用OLS法估计上式的参数，其残差平方和为：

$$\sum e_i^2 = \sum \left[\frac{Y_i}{\sqrt{f(X_i)}} - \frac{\hat{\beta}_0}{\sqrt{f(X_i)}} - \frac{\hat{\beta}_1 X_i}{\sqrt{f(X_i)}}\right]^2 = \sum \frac{1}{f(X_i)}(Y_i - \hat{\beta}_0 - \hat{\beta}_1 X_i)^2 \tag{4-12}$$

当对原模型采用加权最小二乘法时，其权数为 $W_i = 1/\sigma_i^2 = 1/\sigma^2 f(X_i)\ (i=1,2,\cdots,n)$，其残差平方和为：

$$\sum W_i (Y_i - \hat{\beta}_0 - \hat{\beta}_1 X_i)^2 = \sum \frac{1}{\sigma^2 f(X_i)}(Y_i - \hat{\beta}_0 - \hat{\beta}_1 X_i)^2 \tag{4-13}$$

比较模型变换的残差平方和与加权最小二乘的残差平方和，可以看出二者只相差常数 σ^2，能使其中一个最小时也必能使另一个最小。对模型变换后用OLS法估计其参数，实际与应用加权最小二乘法估计的参数是一致的。

(3)异方差稳健标准误法

异方差稳健标准误法在计量软件中很容易完成。由于回归模型随机干扰项出现异方差时，普通最小二乘法只是影响到了参数估计量的方差或标准差的正确估计，从而无法保证普通最小二乘法估计量的有效性，但并不影响估计量的无偏性和一致性。因此，另一种针对异方差性的修正的估计方法是：仍采用普通最小二乘估计量，但修正相应的方差。

怀特于1980年提出：用普通最小二乘估计的残差的平方 $\tilde{e}_i^2$ 作为相应 σ_i^2 的代表，如在一元线性回归模型中，估计的斜率 $\mathrm{Var}(\hat{\beta}_1) = \dfrac{\sum x_i^2 \sigma_i^2}{\left(\sum x_i^2\right)^2}$，则用普通最小二乘估计的残差平方 $\tilde{e}_i^2$ 作为

相应的σ_i^2的代表，即用$\frac{\sum x_i^2 \tilde{e}_i^2}{(\sum x_i^2)^2}$作为$\mathrm{Var}(\hat{\beta}_1)$的估计。

怀特证明了在大样本下，该式是$\mathrm{Var}(\hat{\beta}_1)=\frac{\sum x_i^2 \sigma_i^2}{(\sum x_i^2)^2}$式的一致估计，$\frac{\sum x_i^2 \tilde{e}_i^2}{(\sum x_i^2)^2}$的平方根被称为$\hat{\beta}_1$的异方差稳健标准误。

通过这种方式，解决了异方差性造成的系数的置信区间和假设检验结果不可信赖的问题，也就解决了在异方差性存在的情况下能否使用OLS法估计方程的问题。与前面介绍的两种方法相比，异方差稳健标准误法的优越性在于不需要知道异方差性的具体形式。

4.1.7 案例分析

中国居民人均食品消费支出主要由人均可支配收入决定，为考察我国各地区居民人均可支配收入对人均食品消费支出的影响，考虑建立计量经济学模型进行拟合。表4-1列出了2018年中国各地区居民人均可支配收入及人均食品消费支出的相关数据。

表4-1 2018年中国各地区居民人均可支配收入及人均食品消费支出 元

地区	人均可支配收入	人均食品消费支出	地区	人均可支配收入	人均食品消费支出
北京	62 361.2	8 064.9	湖北	25 814.5	5 491.3
天津	39 506.1	8 647.5	湖南	25 240.7	5 260.0
河北	23 445.7	4 271.3	广东	35 809.9	8 480.8
山西	21 990.1	3 688.2	广西	21 485.0	4 545.7
内蒙古	28 375.7	5 324.3	海南	24 579.0	6 552.2
辽宁	29 701.4	5 727.8	重庆	26 385.8	6 220.8
吉林	22 798.4	4 417.4	四川	22 460.6	5 937.9
黑龙江	22 725.8	4 573.2	贵州	18 430.2	3 792.9
上海	64 182.6	10 728.2	云南	20 084.2	3 983.4
江苏	38 095.8	6 529.8	西藏	17 286.1	4 330.5
浙江	45 839.8	8 198.3	陕西	22 528.3	4 292.5
安徽	23 983.6	5 414.7	甘肃	17 488.4	4 253.3
福建	32 643.9	7 572.9	青海	20 757.3	4 671.6
江西	24 079.7	4 809.0	宁夏	22 400.4	4 234.1
山东	29 204.6	5 030.9	新疆	21 500.2	4 691.6
河南	21 963.5	3 959.8			

资料来源：《2019年中国统计年鉴》，中国统计出版社。

根据数据，考虑建立线性回归模型：$Y=\beta_0+\beta_1X+\mu$，其中，Y表示各地区居民人均食品消费支出，X表示各地区居民人均可支配收入。

(1)建立回归模型，根据数据进行模型拟合

图 4-4 给出了采用 Stata 软件对表 4-1 中的数据进行回归分析的计算结果。

Source	SS	df	MS
Model	69139877.5	1	69139877.5
Residual	21179863.7	29	730340.126
Total	90319741.1	30	3010658.04

Number of obs =	31
F(1, 29) =	94.67
Prob > F =	0.0000
R-squared =	0.7655
Adj R-squared =	0.7574
Root MSE =	854.6

y	Coef.	Std. Err.	t	P>|t|	[95% Conf. Interval]	
x	.132408	.0136086	9.73	0.000	.1045754	.1602407
_cons	1873.707	412.8903	4.54	0.000	1029.251	2718.162

图 4-4　2018 年中国各地区居民人均食品消费支出 Y 对人均可支配收入 X 的回归结果

该回归结果表明可建立如下中国居民食品消费函数：

$$\hat{Y}=1\,873.71+0.132\,4X$$
$$t=\quad(4.54)\quad\quad(9.73)$$
$$R^2=0.765\,5,F=94.67$$

估计结果显示，在 5%的显著性水平下，我国居民人均可支配收入对于人均食品消费支出的影响显著。下面对该模型进行异方差性的检验。

(2)检验异方差性

①图示检验法

根据最小二乘估计的结果，可得到残差平方项$\tilde{e}_i^2$ 与 X 散点图(图 4-5)，根据散点图判断，模型可能存在递增型异方差性。

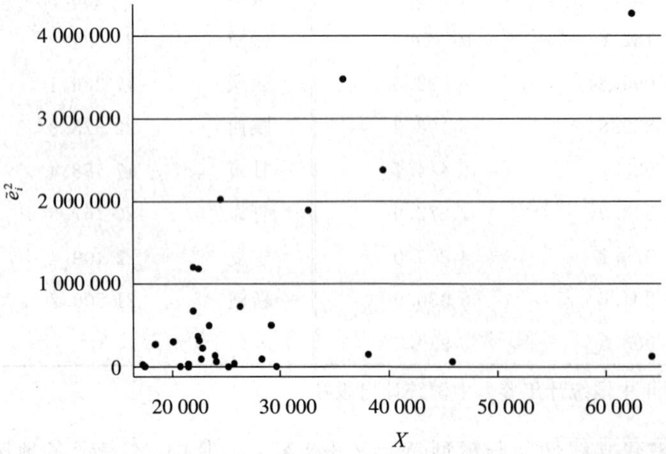

图 4-5　异方差性检验图

②G-Q 检验

首先将原始数据按照 X 进行升序排列，去掉中间的 7 个数据，得到两个容量为 12 的子样本，对两个子样本分别做 OLS 回归，求得两个子样本的残差平方和 RSS_1 和 RSS_2。

子样本 1：

$$\hat{Y}=2\,633.49+0.083\,7X$$
$$t=(1.37)\quad(0.90)$$
$$RSS_1=3\,549\,100.65$$

子样本 2：

$$\hat{Y}=3\,143.52+0.105\,5X$$
$$t=(3.16)\quad(4.26)$$
$$RSS_2=11\,660\,343.9$$

计算检验统计量 $F=\dfrac{RSS_2}{RSS_1}=3.29$，给定显著性水平 $\alpha=5\%$，查 F 分布表得 $F_{0.05}(10,10)=2.97$，则 $F=3.29>F_{0.05}(10,10)$，因此，可以判断模型存在递增型异方差。

③怀特检验

设 $\tilde{e}_i^2$ 为对原始模型进行普通最小二乘回归得到的残差平方项，将其与 X 及其平方项做辅助回归，得到怀特检验的结果如图 4-6 所示。

```
White's test for Ho: homoskedasticity
         against Ha: unrestricted heteroskedasticity

         chi2(2)      =     7.48
         Prob > chi2  =   0.0237

Cameron & Trivedi's decomposition of IM-test
```

Source	chi2	df	p
Heteroskedasticity	7.48	2	0.0237
Skewness	7.83	1	0.0051
Kurtosis	0.44	1	0.5056
Total	15.76	4	0.0034

图 4-6　怀特检验结果

怀特检验统计量：$nR^2=7.48$，在显著性水平 $\alpha=5\%$ 时，查 $\chi^2_{0.05}(2)=5.99$，则 $\chi^2=7.48>\chi^2_{0.05}(2)$，因此，可以判断模型存在异方差性。

(3)异方差性的消除

经检验，模型存在异方差性，因此，需要采用加权最小二乘法对原模型进行回归。可以取原模型残差绝对值的倒数作为权数进行加权最小二乘估计，即设权数为：$W=\dfrac{1}{|\tilde{e}_i|}$，回归结果如图 4-7 所示。

```
(sum of wgt is   1.6442e-01)

      Source |       SS       df       MS              Number of obs =      31
-------------+------------------------------           F(  1,    29) =  283.96
       Model |  35188920.4     1  35188920.4           Prob > F      =  0.0000
    Residual |  3593735.61    29  123921.917           R-squared     =  0.9073
-------------+------------------------------           Adj R-squared =  0.9041
       Total |    38782656    30   1292755.2           Root MSE      =  352.03

------------------------------------------------------------------------------
           y |      Coef.   Std. Err.      t    P>|t|     [95% Conf. Interval]
-------------+----------------------------------------------------------------
           x |   .1368231   .0081195    16.85   0.000     .1202168    .1534294
       _cons |   1747.722   207.9809     8.40   0.000     1322.353    2173.091
------------------------------------------------------------------------------
```

图 4-7 加权最小二乘结果

则回归结果为：

$$\hat{Y}=1\ 747.72+0.136\ 8X$$
$$t=(8.40)\quad(16.85)$$
$$R^2=0.907\ 3,F=283.96$$

经加权最小二乘估计后，再进行异方差检验，发现模型已不存在异方差性。与原模型相比，可以看出，无论是拟合优度，还是各参数估计量 t 的检验统计量以及 F 统计量的值，均有显著提高。

4.2 序列相关性

线性回归模型基本假定之一是随机干扰项不相关，若违背此假定则称为序列相关性(serial correlation)。本节将讨论序列相关性问题，这里假定其他基本假定仍成立。

4.2.1 序列相关性的含义

在第 2 章的内容中，我们已经知道进行回归模型参数估计时必须要假定随机干扰项之间是不存在相关性的，即 $\mathrm{Cov}(\mu_i,\mu_j)=E(\mu_i\mu_j)=0(i\neq j)$。如果该假定不能满足，就称 μ_i 与 μ_j 存在序列相关，也叫自相关，即不同观测点上的随机干扰项彼此相关，即 $\mathrm{Cov}(\mu_i,\mu_j)\neq 0(i\neq j)$。

由于序列相关性经常出现在时间序列为样本的模型中，因此，本节将代表不同样本点的下标 i 用 t 表示。如果随机干扰项之间存在的序列相关性只存在相邻两期之间，即 $\mathrm{Cov}(\mu_t,\mu_{t-1})=E(\mu_t\mu_{t-1})\neq 0(t=1,2,3,\cdots,n)$，则称模型存在一阶序列相关。一阶序列相关常写成以下形式：$\mu_t=\rho\mu_{t-1}+\varepsilon_t(-1<\rho<1)$。其中，$\rho$ 称为自协方差系数(coefficient of autocovariance)或一阶自相关系数(coefficient of autocorrelation)。ε_t 是满足线性回归模型基本假定的随机干扰

项。如果随机干扰项 μ_t 不仅与其前一期随机项 μ_{t-1} 有关，还与前 r 期随机项 μ_{t-r} 有关，则称随机项存在 r 阶序列相关，二阶及二阶以上的序列相关统称为高阶序列相关。

对于时间序列来说，相邻两个变量之间的相关性最强，两个变量在时间上相隔越久，则相关性越弱。因此，对于存在序列相关性的随机干扰项来说，相邻两个随机项之间的相关性最强，也就是一阶自相关是最强的，因此，本节主要关注一阶自相关问题。

4.2.2 序列相关性的来源

实际经济问题中，序列相关性产生的原因主要来自以下三个方面。

(1)经济变量的惯性

序列相关性大多出现在时间序列数据中，而经济系统的经济行为都具有时间上的惯性，任何一种经济现象都具有历史的延续性与继承性，现在的状况与过去的发展水平、速度、特征等有着千丝万缕的联系，例如，从宏观数据上来看，GDP、就业、价格指数等时间序列都会随着经济周期而波动。微观层面上，一个企业的固定资产的形成，不仅与当期固定资产投资有关，还与前期多年固定资产投资相关；人们在消费时往往受到消费习惯的影响，由于不同时期的消费习惯存在内在联系，所以不同时期的消费之间也存在内在联系。随机干扰项作为模型中的一个特殊经济变量，虽然它包含的具体内容很多，不具有单一的经济含义，但它与模型中独立出现的解释变量类似，不同观测期的取值也不可能完全互不相关，总存在着一定的相关性。

(2)模型设定偏误

模型设定偏误包括两种情况：一种是漏掉了重要的解释变量，另一种是错误地选择了回归模型的函数形式。在对实际经济问题研究过程中，用于分析与测度经济变量之间数学依存关系的模型，是研究者根据一定的经济理论、实践经验确定的。由于研究对象自身比较复杂，人们对研究对象认识可能存在片面性及经济理论的局限性，这些都有可能导致解释变量的遗漏以及模型形式确定偏误。

前一种情况下，尽管遗漏了重要的解释变量，但其影响不会从模型中消失，而体现在随机干扰项中，如果进入随机干扰项的这一影响因素在不同时期的观测值是高度相关的，就有可能引起序列相关性。例如，在商品需求函数中，如果解释变量只包括收入和商品的自身价格，则随机干扰项中将包含其他商品价格对该商品需求的影响，价格变量一般是逐期相关的，从而使模型中产生了序列相关性。后一种情况下，回归模型采用的数学模型与所研究问题的真实关系不一致，也会使得随机干扰项表现出序列相关性。

(3)观测数据的处理

在计量经济分析中使用的时间序列数据，因多种原因在代表性上存在某些缺陷，为增强数据的代表性或弥补其他方面的缺陷，往往需要对原始观测数据进行内插或平滑处理。经过这样处理后的时间序列资料与原始时间序列数据之间的差异便会在随机干扰项中反映出来，并引起随机干扰项的序列相关。例如，季度数据来自月度数据的简单平均，这种平滑处理减弱了月度数据的波动性，而使生成的数据产生序列相关性。

4.2.3 序列相关性的后果

与异方差问题相似，如果模型存在序列相关性，在违反回归模型基本假定的情况下，仍采用普通最小二乘法进行参数估计，会对模型造成许多不良后果，包括以下方面。

（1）参数的最小二乘估计量仍是无偏的，但不再是有效估计

以一元线性回归模型 $Y_t = \beta_0 + \beta_1 X_1 + \mu_t$ 为例，当 μ_t 满足各项古典假定时，普通最小二乘估计 $\hat{\beta}_1$ 为：$\hat{\beta}_1 = \dfrac{\sum x_t y_t}{\sum x_t^2} = \beta_1 + \dfrac{\sum x_t \mu_t}{\sum x_t^2}$，当随机误差项 μ_t 存在序列相关时，$\hat{\beta}_1$ 依然是无偏的，即 $E(\hat{\beta}_1) = \beta_1$，因为在普通最小二乘法无偏性的证明中并不需要 μ_t 满足无自相关的假定。

另外，可以证明，当模型存在序列相关性时，普通最小二乘估计量不再是最佳线性无偏估计量，即它在线性无偏估计量中不是方差最小的，这是因为在有效性的证明中利用了无序列相关性的基本假定。

（2）变量的显著性检验失效

变量显著性检验中的 t 统计量是建立在参数方差正确估计基础之上的，这只有当随机干扰项具有同方差和相互独立性时才能成立。如果存在序列相关性，估计的参数方差出现偏大或者偏小的情况，这种情况下，t 检验以及其他检验都将失去意义。

（3）预测功能失效

尽管参数的 OLS 估计量仍然无偏，并且此时的预测也是无偏的，但是由于参数的估计量不再有效，从而对 Y 的预测也将不再是有效的，失去了良好的统计性质。因此，当模型出现序列相关性时，仍然使用 OLS 估计量，将导致预测精度降低。

4.2.4 序列相关性的检验

序列相关性的实质在于随机干扰项 μ_t 序列存在前后的相关性。然而，实际的 μ_t 是无从观测的，由于残差 $\tilde{e}_t$ 可以视为 μ_t 的估计值，因此对于序列相关性的检验，主要依据 OLS 法中得到的 $\tilde{e}_t$ 来判断序列相关性是否存在。

（1）图示法

图示法主要通过观察 $\tilde{e}_t$ 的变化规律来判断随机干扰项是否存在相关性。根据给定的样本数据运用 OLS 法对模型进行回归后，求得残差序列 $\tilde{e}_t$ 后再进行具体判断，具体方法包括以下两种。

①绘制$\tilde{e}_t$、$\tilde{e}_{t-1}$的散点图。建立直角坐标系，以$\tilde{e}_{t-1}$为横轴，$\tilde{e}_t$为纵轴，绘制($\tilde{e}_{t-1}$，$\tilde{e}_t$)的散点图。若大部分散点落在Ⅰ、Ⅲ象限，则说明$\tilde{e}_{t-1}$与$\tilde{e}_t$存在正序列相关，如图4-8(1)所示；若大部分散点落在Ⅱ、Ⅳ象限，则说明$\tilde{e}_{t-1}$与$\tilde{e}_t$存在负序列相关，如图4-8(2)所示。

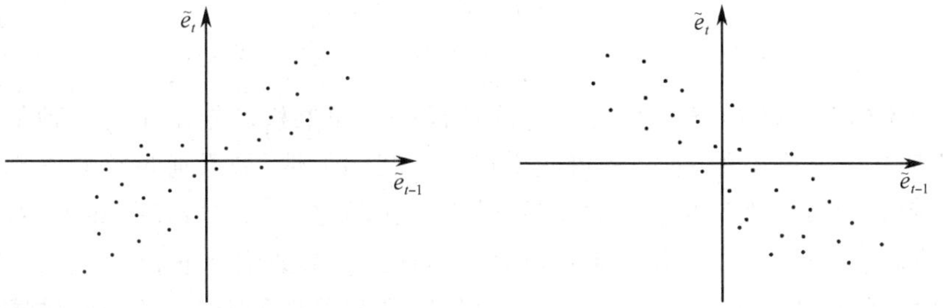

(1)正序列相关　　(2)负序列相关

图4-8　散点图表示的序列相关性

②按时间顺序绘制残差图。如果残差随着时间的变化而呈现有规律的变动，则表明$\tilde{e}_t$存在相关性，进而可以推断随机干扰项μ_t之间存在序列相关性。

若随着时间t的变化，$\tilde{e}_t$并不频繁地改变符号，而是取几个正值之后又连续地取几个负值(或者与之相反)，则表明随机干扰项μ_t存在正序列相关，如图4-9(1)所示。

若随着时间t的变化，$\tilde{e}_t$频繁地改变符号，如图4-9(2)所示，则表明随机干扰项μ_t存在负序列相关。

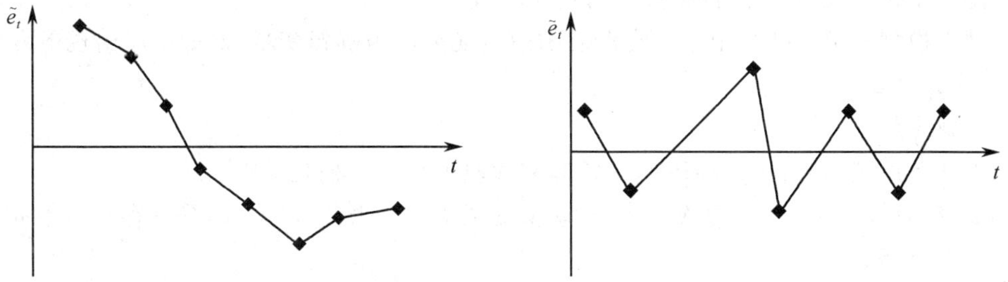

(1)正序列相关　　(2)负序列相关

图4-9　残差图表示的序列相关性

图示检验法较为直观，但结果比较粗糙，当样本残差的图形不是很明显时，从样本残差的散点图不易做出正确判断，因此，还需要结合更准确的方法对序列相关问题进行分析。

(2)回归检验法

回归检验法是一种尝试检验法，由于样本残差是随机干扰项的估计，随机干扰项如果存在序列相关性，必将在样本残差中反映出来，因此，回归检验法通过构建样本残差的各种形式的回归模型，来判断有无序列相关问题，具体步骤如下。

①依据模型变量的样本观测数值，应用普通最小二乘法求出模型的样本估计式，并计算出随机干扰项μ_t的估计值$\tilde{e}_t$。

②建立$\tilde{e}_t$、$\tilde{e}_{t-1}$的相互关系模型，由于它们相互关系的形式和类型是未知的，需要用多种函数形式进行试验，常用的函数形式主要有：

$$\tilde{e}_t=\rho\tilde{e}_{t-1}+\varepsilon_t \tag{4-14}$$

$$\tilde{e}_t=\rho\tilde{e}_{t-1}^2+\varepsilon_t \tag{4-15}$$

$$\tilde{e}_t=\rho_1\tilde{e}_{t-1}+\rho_2\tilde{e}_{t-2}+\varepsilon_t \tag{4-16}$$

$$\tilde{e}_t=\rho\sqrt{\tilde{e}_{t-1}}+\varepsilon_t \tag{4-17}$$

……

③对于上述模型进行 OLS 回归并进行统计检验。如果检验结果是每一种估计式都是不显著的，则表明残差之间不相关，模型可能不存在序列相关性；如果通过检验发现某一个估计式是显著的，则表明残差之间存在相关关系，随机干扰项之间存在着序列相关性，相关的形式就是统计检验显著的回归式，其相关系数就是该估计式的参数估计值。

回归检验法的优势在于适用于任意随机变量序列相关性的检验，并能提供序列相关性的具体形式及相关系数的估计值；但是，也应该看到，该方法需要用多种形式的回归模型对残差之间的相关性进行试验分析，工作量大，显得较为烦琐。

(3)杜宾-瓦特森(Durbin-Watson)检验

杜宾-瓦特森检验简称 DW 检验，是 Durbin 和 Watson 两人于 1951 年提出的一种检验序列相关性的方法，也是目前较为常用的检验序列相关性的方法。在应用该方法之前，需注意该方法的适用条件，包括如下方面。

①回归模型含有截距项，即截距项不为零；

②解释变量 X 是非随机的；

③随机干扰项 μ_t 为一阶自相关，即存在 $\mu_t=\rho\mu_{t-1}+\varepsilon_t$；

④线性模型的解释变量中不包含滞后的内生变量作为解释变量，例如不应出现下列形式：$Y_t=\beta_0+\beta_1X_t+\beta_2Y_{t-1}+\mu_t$；

⑤无缺失数据。

当上述条件满足时，可以利用 DW 检验来检验模型的序列相关性。

例如，针对模型 $Y_t=\beta_0+\beta_1X_t+\mu_t$，检验其是否存在一阶自相关，即是否存在 $\mu_t=\rho\mu_{t-1}+\varepsilon_t$，具体步骤如下。

①建立假设。$H_0:\rho=0$，即模型不存在一阶自相关；$H_1:\rho\neq 0$，即模型存在一阶自相关。

②构造 DW 检验统计量：

$$\mathrm{DW}=\frac{\sum_{t=2}^{n}(\tilde{e}_t-\tilde{e}_{t-1})^2}{\sum_{t=1}^{n}\tilde{e}_t^2} \tag{4-18}$$

由上式可得：

$$\mathrm{DW}=\frac{\sum_{t=2}^{n}\tilde{e}_t^2+\sum_{t=2}^{n}\tilde{e}_{t-1}^2-2\sum_{t=2}^{n}\tilde{e}_t\tilde{e}_{t-1}}{\sum_{t=1}^{n}\tilde{e}_t^2}$$

在大样本的情况下，$\sum_{t=2}^{n}\tilde{e}_t^2\approx\sum_{t=2}^{n}\tilde{e}_{t-1}^2\approx\sum_{t=1}^{n}\tilde{e}_t^2$，则上式可整理为：

$$DW \approx 2\left(1-\frac{\sum_{t=2}^{n}\tilde{e}_t\tilde{e}_{t-1}}{\sum_{t=1}^{n}\tilde{e}_t^2}\right) \tag{4-19}$$

一阶自相关系数定义为：

$$\rho=\frac{\sum_{t=2}^{n}\mu_t\mu_{t-1}}{\sqrt{\sum_{t=2}^{n}\mu_t^2}\sqrt{\sum_{t=2}^{n}\mu_{t-1}^2}} \tag{4-20}$$

同理，可认为 $\sum_{t=2}^{n}\tilde{e}_t^2 \approx \sum_{t=2}^{n}\tilde{e}_{t-1}^2 \approx \sum_{t=1}^{n}\tilde{e}_t^2$ 时，$\hat{\rho} \approx \frac{\sum_{t=2}^{n}\tilde{e}_t\tilde{e}_{t-1}}{\sum_{t=1}^{n}\tilde{e}_t^2}$，因此，

$$DW \approx 2(1-\hat{\rho}) \tag{4-21}$$

③检验序列相关性。由于自相关系数 $-1<\rho<1$，因此 DW 统计量与自相关系数存在如下关系(表 4-2)。

表 4-2 DW 值与 $\hat{\rho}$ 值的对应关系

$\hat{\rho}$	-1	$(-1,0)$	0	$(0,1)$	1
DW	4	$(2,4)$	2	$(0,2)$	0

因此，根据表中结果可知，$0 \leqslant DW \approx 2(1-\hat{\rho}) \leqslant 4$，当 DW 值接近 2 时，不存在序列相关性，而当 DW 值接近 0 或 4 时，模型存在序列相关性。因此，如果我们知道 DW 统计量的概率分布，在给定显著性水平下，根据临界值的位置就可以对原假设进行检验。但是，DW 统计量的概率分布同样本密切相关，很难确定，作为一种变通的处理方法，杜宾和瓦特森在 5%和 1%的显著水平下，找到了下限临界值 d_L 和上限临界值 d_U，并编制了 DW 检验的上下限表。这两个上下限只与样本的大小和解释变量个数有关，而与解释变量的取值无关，其具体的检验判断标准为：

若 $0<DW<d_L$，则拒绝原假设，存在一阶正自相关；

若 $d_L<DW<d_U$，则不能判断是否有自相关；

若 $d_U<DW<4-d_U$，则不拒绝原假设，模型无一阶自相关；

若 $4-d_U<DW<4-d_L$，则不能判断是否有自相关；

若 $4-d_L<DW<4$，则拒绝原假设，存在一阶负自相关。

因此，在给定显著性水平的条件下，根据样本容量以及解释变量个数查杜宾-瓦特森检验分布表，得到临界值 d_L、d_U，并根据以上标准，判断模型是否存在一阶自相关。

作为检验序列相关性的方法，DW 检验法的优势在于计算简单，应用方便，目前已成为最常用的检验序列相关性的方法。但其缺陷在于：一是只能检验一阶自相关，而不能检验高阶自相关；二是进行结果判断时，存在两个不确定区域，如果落到这两个区域，则需要改变样本容量

或采用其他的检验方法;三是这一方法不适用于对联立方程模型中各单一方程随机干扰项序列相关性的检验;四是对模型的形式有约束,要求其必须含有截距项,且不能含有滞后内生变量作为解释变量。因此,在运用该方法时必须注意以上问题。

(4)拉格朗日乘数(Lagrange multiplier)检验

拉格朗日乘数检验是由 Breusch 与 Godfrey 于 1978 年提出来的,简称 LM 检验或 GB 检验。这种方法可以检验高阶序列相关性,而且适用于滞后内生变量作为解释变量的模型,因此,比 DW 检验更具一般性。

以多元线性回归模型 $Y_t=\beta_0+\beta_1X_{1t}+\beta_2X_{2t}+\cdots+\beta_kX_{kt}+\mu_t$ 为例,检验其是否存在 p 阶序列相关,即是否存在 $\mu_t=\rho_1\mu_{t-1}+\rho_2\mu_{t-2}+\cdots+\rho_p\mu_{t-p}+\varepsilon_t$,检验步骤如下。

①建立假设。$H_0:\rho_1=\rho_2\cdots=\rho_p=0$;$H_1:\rho_i$ 不全为 $0,i=1,2,\cdots,p$。

②对原模型进行最小二乘法估计,得到残差序列$\tilde{e}_t$。

③建立辅助回归模型:

$$\tilde{e}_t=\alpha_0+\alpha_1X_{1t}+\alpha_2X_{2t}+\cdots+\alpha_kX_{kt}+\rho_1\tilde{e}_{t-1}+\rho_2\tilde{e}_{t-2}+\cdots+\rho_p\tilde{e}_{t-p}+\varepsilon_t \quad (4\text{-}22)$$

并对该模型进行最小二乘法估计,得到回归模型的可决系数 R^2,可以证明,在大样本条件下,LM 统计量 nR^2 渐进地服从自由度为 p 的 χ^2 分布,即:$LM=nR^2\sim\chi^2(p)$,其中 p 为序列相关的阶数。

④给定显著性水平 α,查自由度为 p 的 χ^2 分布表,得$\chi^2_\alpha(p)$。

⑤做出判断:若 $nR^2>\chi^2_\alpha(p)$,则拒绝原假设,模型存在 p 阶序列相关;若 $nR^2<\chi^2_\alpha(p)$,则不拒绝原假设,模型不存在序列相关。

在实际检验过程中,可从一阶、二阶逐次向更高阶检验,并利用辅助回归模型中$\tilde{e}_t$ 的滞后项前的回归参数的显著性,帮助判断序列相关性的阶数。

4.2.5 序列相关性的修正

若经检验模型存在序列相关性,首先应分析序列相关性产生的原因,如果序列相关性是由于模型遗漏了重要的解释变量或模型函数形式选择错误引起的,则应将遗漏的解释变量找出并引入模型、修改模型数学形式。在排除了上述造成序列相关性的原因后,经过序列相关性检验仍然存在序列相关性,则可以认为序列相关性主要来源于随机干扰项本身,这就是真正的序列相关,序列相关修正的办法就是要解决这种真正序列相关下模型参数的估计问题,其基本思想是通过差分变换,对原始序列进行整理。

(1)自相关系数 ρ 已知时的处理方法:广义差分法(generalized difference method)

广义差分法的基本原理是在已知随机干扰项的序列相关结构的情况下,通过差分将原模型变换成满足经典线性回归基本假定的差分模型,然后用 OLS 法估计。

多元回归模型与一元回归模型的广义差分法原理相同,因此以一元回归模型为例进行介绍。对于一元回归模型:$Y_t=\beta_0+\beta_1X_t+\mu_t$,由于随机干扰项 μ_t 是不可观测的,假定经过检验,

μ_t 为一阶自回归形式，即：$\mu_t=\rho\mu_{t-1}+\varepsilon_t$，其中，$|\rho|<1$，$\varepsilon_t$ 为满足古典假定的随机干扰项。

当自相关系数 ρ 已知时，可使用广义差分法解决自相关问题。

将一元回归模型：$Y_t=\beta_0+\beta_1X_t+\mu_t$ 滞后一期，可得：$Y_{t-1}=\beta_0+\beta_1X_{t-1}+\mu_{t-1}$。

用 ρ 乘上式两边，得：$\rho Y_{t-1}=\rho\beta_0+\rho\beta_1X_{t-1}+\rho\mu_{t-1}$。

用原模型减去上式可得模型：$Y_t-\rho Y_{t-1}=\beta_0(1-\rho)+\beta_1(X_t-\rho X_{t-1})+\mu_t-\rho\mu_{t-1}$。

由 $\mu_t=\rho\mu_{t-1}+\varepsilon_t$ 可知：$\mu_t-\rho\mu_{t-1}=\varepsilon_t$，由此可知模型中的随机干扰项满足古典假定。因此，模型满足古典假定，随机干扰项 $\mu_t-\rho\mu_{t-1}=\varepsilon_t$ 无自相关。

令 $Y_t^*=Y_t-\rho Y_{t-1}$，$X_t^*=X_t-\rho X_{t-1}$，$\beta_0^*=\beta_0(1-\rho)$，$\beta_1^*=\beta_1$，则上式可表示为：

$$Y_t^*=\beta_0^*+\beta_1^*X_t^*+\varepsilon_t \tag{4-23}$$

对模型使用普通最小二乘法估计，可得到参数的最佳线性无偏估计量。因为上式中被解释变量与解释变量均为现期值减去前期值的一部分，所以称为广义差分方程。在进行广义差分时，解释变量 X 与被解释变量 Y 均以差分形式出现，因而样本容量由 n 减少为 $n-1$，即丢失了第一个观测值。如果样本容量较大，减少一个观测值对估计结果影响不大。但是，如果样本容量较小，则会对估计精度产生较大影响。此时，可采用普莱斯-温斯特(Prais-Winsten)变换，将第一个观测值分别变换为 $Y_1\sqrt{1-\rho^2}$ 和 $X_1\sqrt{1-\rho^2}$，补充到差分序列 Y_t^*，X_t^* 中，再使用普通最小二乘法估计参数。

(2)自相关系数 ρ 未知时的处理方法

广义差分法得以实施的关键是已知自相关系数的值，但既然 μ_t 的值不可观测，就使得自相关系数 ρ 的值也是未知的，所以，在进行广义差分之前，还需要采用一定的方法对 ρ 进行估计，一般经常采用的方法如下。

①科克伦-奥克特(Cochrane-Orcutt)迭代法。科克伦-奥克特迭代法是用逐步逼近的方法求 ρ 的估计值，即进行一系列的迭代，每一次迭代都能得到比前一次更好的 ρ 的估计值。仍以一元线性回归模型 $Y_t=\beta_0+\beta_1X_t+\mu_t$ 为例，假设经过检验，模型存在一阶自相关，即存在 $\mu_t=\rho\mu_{t-1}+\varepsilon_t$，其中 ε_t 为满足古典假定的随机干扰项。迭代法的具体步骤如下。

第一步，使用 OLS 法估计模型 $Y_t=\beta_0+\beta_1X_t+\mu_t$，并计算残差 $\tilde{e}_t$ 序列：

$$\tilde{e}_t=Y_t-\hat{Y}_t=Y_t-(\hat{\beta}_0+\hat{\beta}_1X_t) \tag{4-24}$$

第二步，利用残差 $\tilde{e}_t$ 做如下的回归，并用 OLS 法估计式中的 $\hat{\rho}$：

$$\tilde{e}_t=\hat{\rho}\,\tilde{e}_{t-1}+\varepsilon_t \tag{4-25}$$

第三步，利用估计出的 $\hat{\rho}$ 对原模型进行广义差分，即：

$$Y_t-\hat{\rho}Y_{t-1}=\beta_0(1-\hat{\rho})+\beta_1(X_t-\hat{\rho}X_{t-1})+\mu_t-\hat{\rho}\mu_{t-1} \tag{4-26}$$

令 $Y_t^*=Y_t-\hat{\rho}Y_{t-1}$，$X_t^*=X_t-\hat{\rho}X_{t-1}$，$\beta_1^*=\beta_1(1-\hat{\rho})$，进行 OLS 回归，可得样本回归函数为 $\hat{Y}_t^*=\beta_0^*+\hat{\beta}_1^*X_t^*$；

第四步，由前一步估计的结果有 $\hat{\beta}_0=\hat{\beta}_0^*/(1-\hat{\rho})$ 和 $\hat{\beta}_1=\hat{\beta}_1^*$，将 $\hat{\beta}_1$，$\hat{\beta}_2$ 代入第一步的原回归方程，求得第二轮残差 $\tilde{\tilde{e}}_t$；

第五步，利用残差 $\tilde{\tilde{e}}_t$ 做回归：$\tilde{\tilde{e}}_t=\hat{\hat{\rho}}\tilde{\tilde{e}}_{t-1}+\varepsilon_t$，用 *OLS* 法估计的 $\hat{\hat{\rho}}$ 是对 ρ 的第二轮估计值。

依此类推，继续迭代估计量 ρ 的第三轮估计值$\hat{\hat{\hat{\rho}}}$。直到相邻两次估计的 ρ 值相差很小，收敛并满足精度要求时为止。一般可选取某一个精度为衡量标准，当前后两次 ρ 的估计值之差的绝对值小于这个精度时，迭代停止，此时最后一次 ρ 的估计值就是所需要的 ρ 的近似估计值，根据这个值，对模型进行广义差分变换，得到原模型回归系数的估计值。

②杜宾(Durbin)两步法。与科克伦-奥克特迭代法相似，杜宾两步法也是先估计自相关系数 ρ，再对差分模型进行估计。仍然以一元线性回归模型 $Y_t=\beta_0+\beta_1X_t+\mu_t$ 为例，杜宾两步法的具体步骤如下。

第一步，如果模型存在一阶自相关：$\mu_t=\rho\mu_{t-1}+\varepsilon_t$，对模型进行广义差分变换，整理之后得：$Y_t=\beta_0(1-\rho)+\beta_1X_t-\rho\beta_1X_{t-1}+\rho Y_{t-1}+\varepsilon_t$，并对该模型进行 OLS 回归，求得 ρ 的估计值；

第二步，利用估计的 $\hat{\rho}$ 进行广义差分，求得序列 $Y_t^*=Y_t-\hat{\rho}Y_{t-1}$ 和 $X_t^*=X_t-\hat{\rho}X_{t-1}$，然后使用 OLS 法对广义差分方程估计参数，求得最佳线性无偏估计量。

(3)序列相关稳健标准误法(method of serial correlation - robust standard error)

与上节异方差问题相似，当模型随机干扰项出现序列相关时，普通最小二乘法只是影响到了参数估计量方差或标准差的正确估计，从而无法保证普通最小二乘法估计量的有效性，但并不影响估计量的无偏性与一致性。因此，与解决出现异方差时的情况相仿，另一种针对序列相关的修正的估计方法是：仍采用普通最小二乘法估计量，但修正其相应的方差。

1987 年尼威和韦斯特提出了类似于怀特提出的解决模型出现异方差时的方法，即计算出参数估计量正确的标准差，在计量经济学软件 Stata 中，这一过程很容易完成。利用这一方法，不仅能在模型随机干扰项只存在序列相关时得到参数估计量的正确标准误，而且当模型随机干扰项同时存在异方差与序列相关时，也能得到参数估计量的正确标准误。该估计参数的方法也称为序列相关稳健标准误法。

与存在异方差时的情况类似，序列相关稳健标准误法虽不能得到有效的估计量，但由于可以得到普通最小二乘法估计量正确的方差估计，从而使得以估计量方差为基础的各种统计检验不再失效，建立的预测区间也更加可信，因此序列相关稳健标准误法就成为在不能较好地实施其他方法时消除序列相关性的主要手段。

4.2.6 案例分析

为了研究我国国内生产总值与进口总额之间的关系，表 4-3 给出了 1995—2018 年我国国内生产总值与进口总额的数据。

表 4-3　1995—2018 年我国国内生产总值与进口总额　　亿元

年份	国内生产总值	进口总额	年份	国内生产总值	进口总额
1995	61 339.9	11 048.1	1997	79 715.0	11 806.5
1996	71 813.6	11 557.4	1998	85 195.5	11 626.1

续表 4-3

年份	国内生产总值	进口总额	年份	国内生产总值	进口总额
1999	90 564.4	13 736.4	2009	348 517.7	68 618.4
2000	100 280.1	18 638.8	2010	412 119.3	94 699.3
2001	110 863.1	20 159.2	2011	487 940.2	113 161.4
2002	121 717.4	24 430.3	2012	538 580.0	114 801.0
2003	137 422.0	34 195.6	2013	592 963.2	121 037.5
2004	161 840.2	46 435.8	2014	641 280.6	120 358.0
2005	187 318.9	54 273.7	2015	685 992.9	104 336.1
2006	219 438.5	63 376.9	2016	740 060.8	104 967.2
2007	270 092.3	73 300.1	2017	820 754.3	124 789.8
2008	319 244.6	79 526.5	2018	900 309.5	140 880.3

资料来源:《2019 年中国统计年鉴》,中国统计出版社。

根据数据,考虑建立线性回归模型:$Y=\beta_0+\beta_1 X+\mu$,其中,Y 表示我国历年进口总额,X 表示我国历年国内生产总值。

(1)建立回归模型,根据数据进行模型拟合

Stata 软件回归结果如图 4-10 所示。

```
      Source |       SS           df       MS      Number of obs   =        24
-------------+----------------------------------   F(1, 22)        =    183.17
       Model |  4.1003e+10         1  4.1003e+10   Prob > F        =    0.0000
    Residual |  4.9247e+09        22   223850808   R-squared       =    0.8928
-------------+----------------------------------   Adj R-squared   =    0.8879
       Total |  4.5927e+10        23  1.9968e+09   Root MSE        =     14962

------------------------------------------------------------------------------
           y |      Coef.   Std. Err.      t    P>|t|     [95% Conf. Interval]
-------------+----------------------------------------------------------------
           x |   .1569659   .0115979    13.53   0.000     .1329134    .1810184
       _cons |   12372.39   4997.336     2.48   0.021     2008.545    22736.23
------------------------------------------------------------------------------
```

图 4-10 Stata 回归结果

利用回归结果,可得一元线性回归模型为:

$$\hat{Y}=12\ 372.39+0.157\ 0X$$
$$t=\quad(2.48)\qquad(13.53)$$
$$R^2=0.892\ 8, F=183.17$$

回归结果显示,在 5%的显著性水平下,国内生产总值对于进口总额的影响显著。下面对该模型进行序列相关性的检验。

(2)检验序列相关性

①图示法

根据最小二乘估计的结果,可得到残差项$\tilde{e}_t$、$\tilde{e}_{t-1}$的散点图(图 4-11),也可以做随时间变化

的残差图(图 4-12),根据残差项变化可以判断,模型可能存在正序列相关性。

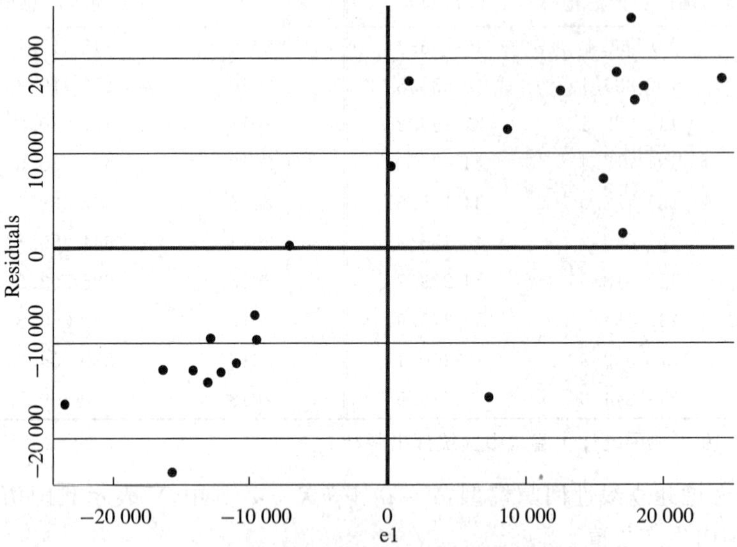

注:横轴el表示$\tilde{e}_{t-1}$,纵轴Residuals表示$\tilde{e}_t$。

图 4-11 残差项散点图

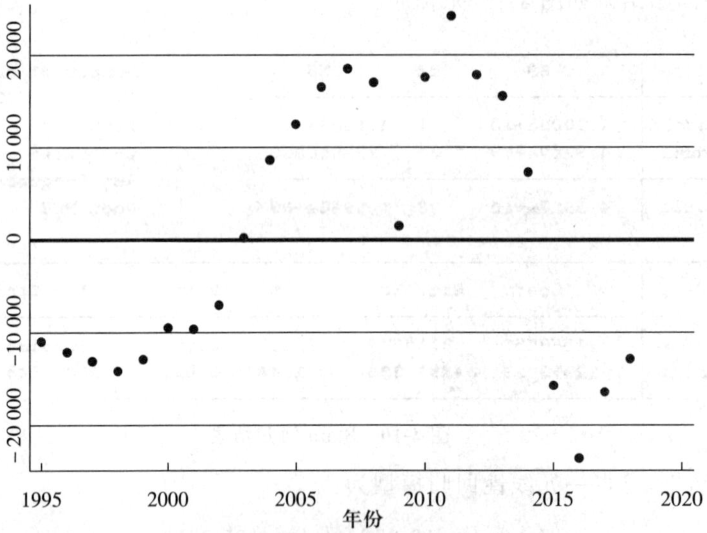

图 4-12 随时间变化的残差图

②DW 检验

进行 DW 检验,得 DW=0.304 0,在 5%的显著性水平下,$n=24$,$k=1$,查表可得:$d_L=1.273$,$d_U=1.446$,则 DW=0.304 0<d_L,因此,可以判断模型存在一阶正序列相关性。

③拉格朗日乘数检验

由于 DW 只能检验一阶序列相关性,根据以上检验结果,模型存在一阶序列相关,在此基础上,还需对于模型是否存在高阶序列相关性进行检验,可以通过拉格朗日乘数检验来完成。

首先利用拉格朗日乘数检验模型是否存在一阶序列相关性,检验结果如图 4-13 所示。

Breusch-Godfrey LM test for autocorrelation

lags(p)	chi2	df	Prob > chi2
1	16.894	1	0.0000

H0: no serial correlation

图 4-13 拉格朗日乘数检验一阶序列相关性结果

检验统计量：$nR^2=16.894$，在显著性水平 $\alpha=5\%$ 时，查 $\chi^2_{0.05}(1)=3.84$，则 $\chi^2=16.894>\chi^2_{0.05}(1)$，因此，可以判断模型存在一阶序列相关性。

进一步检验模型是否存在二阶序列相关性，检验结果如图 4-14 所示。

Breusch-Godfrey LM test for autocorrelation

lags(p)	chi2	df	Prob > chi2
2	17.572	2	0.0002

H0: no serial correlation

图 4-14 拉格朗日乘数检验二阶序列相关性结果

检验统计量：$nR^2=17.572$，在显著性水平 $\alpha=5\%$ 时，查 $\chi^2_{0.05}(2)=5.99$，则 $\chi^2=17.572>\chi^2_{0.05}(2)$，进一步建立回归方程可得：

$$\tilde{e}_t=2\,040.774-0.004\,9X+1.092\,7\,\tilde{e}_{t-1}-0.299\,3\,\tilde{e}_{t-2}$$
$$t=\quad(0.66)\qquad(-0.68)\qquad(4.83)\qquad(-1.26)$$
$$R^2=0.746\,6$$

说明模型存在序列相关性，但 $\tilde{e}_{t-2}$ 不能通过 5% 的显著性检验，因此，模型并不存在二阶序列相关性。

最后，结合以上几项检验的结果，最终判断模型存在一阶序列相关性。

(3)序列相关性的消除

经检验，模型存在一阶序列相关性，因此，可以采用迭代法对模型进行回归。经过迭代之后，所得估计结果如图 4-15 所示。

则回归结果为：

$$\hat{Y}=20\,351.26+0.142\,3X$$
$$t=\quad(1.13)\qquad(5.21)$$
$$R^2=0.564\,2,F=27.19$$

经迭代之后，还需要对模型是否存在序列相关性再次进行检验。迭代之后回归模型 DW=1.466 3，查表可得 $d_L=1.257$、$d_U=1.437$，$d_U<DW=1.466\,3<4-d_U$，因此模型已不存在一阶序列相关性。

```
Iteration 0:  rho = 0.0000
Iteration 1:  rho = 0.8474
Iteration 2:  rho = 0.8367
Iteration 3:  rho = 0.8362
Iteration 4:  rho = 0.8362
Iteration 5:  rho = 0.8362

Cochrane-Orcutt AR(1) regression -- iterated estimates

      Source |       SS       df       MS              Number of obs =      23
-------------+------------------------------           F(  1,    21) =   27.19
       Model |  1.7708e+09     1  1.7708e+09           Prob > F      =  0.0000
    Residual |  1.3679e+09    21  65137183.6           R-squared     =  0.5642
-------------+------------------------------           Adj R-squared =  0.5434
       Total |  3.1387e+09    22   142668377           Root MSE      =  8070.8

------------------------------------------------------------------------------
           y |      Coef.   Std. Err.      t    P>|t|     [95% Conf. Interval]
-------------+----------------------------------------------------------------
           x |   .1422932    .0272905     5.21   0.000     .0855395    .1990468
       _cons |   20351.26    17951.88     1.13   0.270    -16981.71    57684.23
-------------+----------------------------------------------------------------
         rho |   .8361987
------------------------------------------------------------------------------
Durbin-Watson statistic (original)    0.303968
Durbin-Watson statistic (transformed) 1.466345
```

图 4-15　科克伦-奥克特迭代法回归结果

4.3　多重共线性

本章前两节主要讨论回归模型随机干扰项的基本假定违背问题，即异方差性和序列相关性，本节主要讨论模型中的解释变量违背经典假定的问题。

4.3.1　多重共线性的含义

多元回归模型的假定之一是模型中解释变量之间是相互独立的，即对于多元线性回归模型：$Y_i=\beta_0+\beta_1X_{1i}+\beta_2X_{2i}+\cdots+\beta_kX_{ki}+\mu_i, i=1,2,\cdots,n$，其基本假定之一是解释变量 $X_1, X_2, \cdots, X_k$ 是相互独立的，即不存在线性相关关系。如果模型某两个或多个解释变量之间出现了相关性，则称为多重共线性(multicollinearity)。

4.3.2　多重共线性的类型

(1)对于解释变量 $X_1, X_2, \cdots, X_k$，如果存在不全为 0 的数 $\lambda_1, \lambda_2, \cdots, \lambda_k$，能使得：

$$\lambda_1X_{1i}+\lambda_2X_{2i}+\lambda_3X_{3i}+\cdots+\lambda_kX_{ki}=0,\quad i=1,2,\cdots,n \tag{4-27}$$

则称解释变量 $X_1, X_2, \cdots, X_k$ 之间存在完全的多重共线性，也就是解释变量之间存在严格的线性关系，表明至少有一个解释变量可由其他变量线性表示。

(2)在研究实际经济问题时，完全的多重共线性并不多见。比较常见的是解释变量 X_1，$X_2, \cdots, X_k$ 之间存在不完全的多重共线性。所谓不完全的多重共线性，是指对于解释变量 $X_1, X_2, \cdots, X_k$，存在不全为 0 的数 $\lambda_1, \lambda_2, \cdots, \lambda_k$，能使得：

$$\lambda_1 X_{1i} + \lambda_2 X_{2i} + \lambda_3 X_{3i} + \cdots + \lambda_k X_{ki} + \varepsilon_i = 0, \quad i = 1, 2, \cdots, n \tag{4-28}$$

其中，ε_i 为随机变量。这表明解释变量 $X_1, X_2, \cdots, X_k$ 存在一种近似的线性关系。

4.3.3 多重共线性的来源

在实际经济问题中，多重共线性问题在多元回归模型中十分常见，产生多重共线性的原因很多，主要包括以下几个方面。

(1)经济变量共同的变化趋势

对于时间序列数据，反映经济总体状况的经济变量会出现相同的变化趋势。例如，收入水平、消费水平、就业率等经济变量在经济繁荣时期均呈现增长的趋势，而在经济衰退期都会出现下降。当这些变量同时作为模型中的解释变量，就会产生多重共线性。

对于截面数据来说，许多变量变化与发展规模相关，会呈现出共同增长的趋势。例如，在研究生产问题时，资本投入、劳动投入与企业规模密切相关，一般大企业资本投入和劳动投入都很大，而小企业资本投入和劳动投入都很小，在这里，资本投入和劳动投入之间存在内在联系，模型容易出现多重共线性问题。

(2)模型中存在解释变量的滞后项

解释变量和其自身的滞后变量之间容易产生多重共线性。例如，建立消费函数时，消费不仅依赖于本期收入，还依赖于上期收入，即：$Y_t = \beta_0 + \beta_1 X_t + \beta_2 X_{t-1} + \mu_t$，显然上期收入与当期收入有较强的线性相关性，因此，模型存在多重共线性问题。

(3)样本资料自身的限制

抽样选取的样本只是总体解释变量取值中的一个有限范围，这会使变量的变异不大；另外，由于总体受限，多个解释变量的样本数据之间存在相关关系，也会造成样本的多重共线性。例如，在医疗研究中，可能只有少数病人，却要收集大量变量的信息，这些变量之间就会出现相关性。另外，客观上完全符合理论模型所要求的样本数据较难收集，也会使特定样本存在某种程度的共线性，这一点在时间序列模型上表现得更加明显。

4.3.4 多重共线性的后果

(1)完全多重共线性下:参数估计量不存在

如果模型出现完全多重共线性,说明某一解释变量与其他解释变量之间存在严格的线性关系,如对于二元回归模型:$Y_i=\beta_0+\beta_1X_{1i}+\beta_2X_{2i}+\mu_i$,存在不为 0 的数 λ,使得 $X_{1i}=\lambda X_{2i}$,则原模型可以整理为:$Y_i=\beta_0+(\beta_1\lambda+\beta_2)X_{2i}+\mu_i$,则只能对回归参数 $\beta_1\lambda+\beta_2$ 进行估计,但 β_1、β_2 各自的估计值是没办法取得的。

从直观意义来理解,模型中的参数 β_1 表示在 X_2 保持不变的情况下,X_1 每变化一个单位时 Y 的平均变化量。由于模型中存在完全多重共线性,$X_{1i}=\lambda X_{2i}$,所以当 X_1 每变化一个单位时,X_2 也相应地变化 $\frac{1}{\lambda}$ 个单位,就无法去确定在 X_2 保持不变的情况下,X_1 对 Y 的单独影响。

(2)不完全多重共线性下

在对实际经济问题进行研究时,完全多重共线性的情形是一种极端情况,较为少见。我们遇到的更普遍的问题是解释变量之间存在不完全多重共线性。如果模型中存在不完全的多重共线性,对模型进行估计时,可以得到参数的估计值,但是对计量经济分析可能会产生一系列的影响。

①参数估计量的方差增大。以二元回归模型 $Y_i=\beta_0+\beta_1X_{1i}+\beta_2X_{2i}+\mu_i$ 为例,X_1 与 X_2 存在不完全的多重共线性,表示为:$X_{1i}=\lambda X_{2i}+\varepsilon_i$,在这种情况下,还是可以用 OLS 法估计回归系数 β_1 和 β_2 的。而且,可以证明:$\mathrm{Var}(\hat{\beta}_1)=\dfrac{\sigma^2}{\sum x_{1i}^2(1-r_{12}^2)}$,其中,$r_{12}$ 表示 X_1、X_2 之间的相关系数。同样地,可以得到:$\mathrm{Var}(\hat{\beta}_2)=\dfrac{\sigma^2}{\sum x_{2i}^2(1-r_{12}^2)}$。

从这两个式子可以看出,随着共线性增加,r_{12} 趋于 1,两个参数估计量的方差也将增大,而且我们可以看出,方差增大的速度决定于方差膨胀因子(variance inflation factor,VIF)。

VIF 定义为:

$$\mathrm{VIF}=\frac{1}{1-r_{12}^2} \tag{4-29}$$

VIF 表明,参数估计量的方差是随着多重共线性的增强而不断增大的。表 4-4 反映了多重共线性对 VIF 的影响,即对 OLS 估计量的方差的影响,从表中可以推测,当 r_{12}^2 趋于 1 时,参数估计量的方差趋近无穷大。而当没有共线性时,$r_{12}=0$,则 VIF 为 1,即表示在无多重共线性时,参数估计量的方差不会增加。

表 4-4 多重共线性对参数估计量方差的影响

r_{12}^2	0	0.5	0.8	0.9	0.95	0.96	0.97	0.98	0.99	0.999
VIF	1	2	5	10	20	25	33	50	100	1 000

②参数估计量经济含义不合理。当模型中两个解释变量具有线性相关性，如上例中$X_{1i}=\lambda X_{2i}+\varepsilon_i$时，$X_1$和$X_2$前的参数$\beta_1$和$\beta_2$并不反映各自与被解释变量之间的结构关系，而是反映它们对被解释变量的共同影响，因此当二者呈现同方向或反方向变动时，无法准确地将二者的影响分离开来，这时，估计的参数也失去了原有的经济意义。

③变量的显著性检验和预测功能失去意义。在对参数进行显著性检验时，由于多重共线性的存在，使得参数估计量的方差增大，则t检验统计量会随之减小，这样，很可能产生接受原假设的结论，最终剔除重要的解释变量。

由于存在多重共线性，参数估计量的方差增大，使估计的参数的置信区间也增大，模型的预测功能会减弱。

4.3.5 多重共线性的检验

由于多重共线性表现为解释变量之间具有相关关系，所以用于多重共线性的检验方法主要是统计方法，包括以下几种。

(1)不显著系数法

不显著系数法是利用多元线性回归模型的拟合结果进行检验。如果模型的可决系数R^2很大，F检验显著，但是偏回归系数的显著性检验部分或全部不显著，则模型很有可能存在多重共线性。

另一种情况，如果回归参数估计量的符号、大小与经济理论不符，则可能存在多重共线性。

最后，如果在方程中增加或删掉某些解释变量后，拟合优度变化不大，但参数估计量的方差变化很大，则表明可能存在严重的多重共线性。

(2)相关系数检验法

相关系数检验法是利用解释变量之间的线性相关程度去判断是否存在严重多重共线性的一种简便方法。一般而言，如果每两个解释变量的简单相关系数比较高，出现了高度相关，则可认为存在着较严重的多重共线性。但要注意，较高的简单相关系数只是多重共线性存在的充分条件，而不是必要条件。特别是在多于两个解释变量的回归模型中，有时较低的简单相关系数也可能存在多重共线性，因此并不能简单地依据相关系数进行多重共线性的准确判断。

(3)辅助回归模型检验法

简单相关系数只能判断解释变量之间的两两线性相关情况，当模型的解释变量个数较多并且具有复杂的相关关系时，可以通过建立每个解释变量分别对其余解释变量的辅助回归模型来检验多重共线性问题。

假设原模型中共有k个解释变量，即$X_1,X_2,\cdots,X_k$，将每个解释变量对其余解释变量进行回归，可得k个辅助回归模型：

$$X_1=f(X_2,X_3,\cdots,X_k)$$
$$X_2=f(X_1,X_3,\cdots,X_k)$$
$$\vdots$$
$$X_k=f(X_1,X_2,\cdots,X_{k-1})$$

分别求出每个回归模型的可决系数，如果某个回归模型的可决系数 R_i^2 值较大，接近于1，则它所对应的解释变量 X_i 与其余解释变量之间存在多重共线性。

4.3.6 多重共线性的消除

在设定计量经济模型时，为了全面反映各种因素的影响，总是在理论和实践认识的基础上，尽量选取影响被解释变量的所有重要因素。在同时考虑多个影响因素的情况下，难免产生多重共线性问题。在已判断确定存在多重共线性的情况下，应当寻求一定的办法去消除或减弱它的影响。具体来看，消除多重共线性的方法如下。

(1)剔除引起多重共线性的解释变量

这是消除多重共线性最简单的一种方法。当回归模型中存在严重多重共线性时，可以删除引起多重共线性的不重要的解释变量。在剔除引起多重共线性的解释变量时，可采用逐步回归法来进行。这种方法主要采用一个一个引入解释变量的方式，边引入解释变量边检验，使最终建立的回归模型不存在多重共线性问题。

其基本步骤是：

①把被解释变量对每一个解释变量进行回归，从而得到所有的基本回归方程，并对每一个基本回归方程进行检验，从中选取相关性最强的解释变量建立一元回归模型；

②在一元回归模型中分别引入第二个变量，共建立 $k-1$ 个二元回归模型(设共有 k 个解释变量)，从这些模型中再选取一个较优的模型，选择时要求模型中每个解释变量影响显著，参数符号正确，R^2 值有所提高；

③在选取的二元回归模型中以同样方式引入第三个变量，如此下去，直至无法引入新的变量时为止。

对于新引入的解释变量是否应被保留在模型中，需要进行如下判断：

①如果新引入的解释变量在符合经济意义的前提下，能使拟合优度 R^2 有所提高，而且每个参数统计检验显著，则将这一解释变量保留在模型中；

②如果新引入的解释变量不能提高拟合优度，对其他回归系数也没有影响，则不作为解释变量引入模型；

③如果新引入的解释变量能使拟合优度有所改善，R^2 提高，但对其他参数的符号和数值有明显的影响，统计检验也不显著，可以断定新解释变量引起了多重共线性，在这种情况下，不应盲目舍去该解释变量，应对模型中引起多重共线性的解释变量进行具体分析，保留对被解释变量影响较大的一个，舍去对被解释变量影响较小的一个。

需要注意的是，排除了引起共线性的变量后，保留变量的参数估计量的经济意义发生了变化，其参数估计值也会发生变化。它们不再仅仅反映自身与被解释变量之间的关系，也包含了与它们呈线性关系的、被排除的变量对解释变量的影响。

(2)变换模型形式

将原设定的模型的形式做适当的变换，有可能消除或减弱原模型中解释变量之间的相关关系。例如，可采用差分法，即原模型变形为差分模型形式，进而降低多重共线性。

将原模型 $Y_i=\beta_0+\beta_1X_{1i}+\beta_2X_{2i}+\beta_3X_{3i}+\cdots+\beta_kX_{ki}+\mu_i$

进行差分变换：$\Delta Y_i=\beta_1\Delta X_{1i}+\beta_2\Delta X_{2i}+\cdots+\beta_k\Delta X_{ki}+\Delta\mu_i$

经过差分之后，变量之间的相关性要比差分前弱得多，所以差分后的模型可以有效地降低出现共线性的可能性，此时可直接估计差分方程。

因为差分常常会丢失一些信息，差分模型的误差项可能是序列相关的，因此，有可能在消除多重共线性之后，又违背了经典线性回归模型的其他相关假设，所以，在具体运用时要慎重。

(3)变量变换法

有时通过对模型中的变量进行变换能够实现降低共线性的目的。常用的变量变换方式如下：

①根据绝对指标计算相对指标。例如，原模型之中引入总量指标引起了多重共线性问题，可以根据总量指标计算平均指标、比较相对指标、结构相对指标等。经过这样处理的数据有时可以降低共线性。

②利用已知信息，对模型中的变量进行变换。例如，$Y_i=\beta_0+\beta_1X_{1i}+\beta_2X_{2i}+\mu_i$，且依据长期的经验分析可以认为 $\beta_1=3.5\beta_2$，这样，我们就可以化简为下列模型：

$$Y_i=\beta_0+3.5\beta_2X_{1i}+\beta_2X_{2i}+\mu_i=\beta_0+\beta_2(3.5X_{1i}+X_{2i})+\mu_i$$

采用这种方式，消除了多重共线性问题。

③将相似指标进行合并。例如，研究消费模型时，引入两个解释变量：工资收入和非工资收入，如果这两个变量出现多重共线性，则可将其合并为收入一个经济变量，合并之后有助于消除多重共线性。

需要指出的是，变量数据的变换只是有时可得到较好的结果，但谁也无法保证一定可以得到很好的结果。

(4)增大样本容量

前面已经说明，参数估计量的方差随着多重共线性的严重程度的增加而增大，通过增加样本容量，减少方差，也就削弱了多重共线性的不利影响。当样本容量增加时，样本数据的平方和也会增加，即 $\mathrm{Var}(\hat{\beta}_1)=\dfrac{\sigma^2}{\sum x_{1i}^2(1-r_{12}^2)}$ 中的 $\sum x_{1i}^2$ 会增大，这时参数估计量的方差将减少。增大样本容量虽然没有消除模型中的多重共线性，但却能消除多重共线性造成的影响。

4.3.7 案例分析

为了研究影响我国粮食总产量的主要因素，选择粮食播种面积（千公顷）、化肥施用量（万吨）、农业机械总动力（万千瓦）、第一产业从业人数（万人）、受灾面积（千公顷）五个影响粮食总产量的因素，建立计量经济学模型。

我国粮食产量1997—2018年相关数据见表4-5。

由数据建立线性回归模型：$Y=\beta_0+\beta_1X_1+\beta_2X_2+\beta_3X_3+\beta_4X_4+\beta_5X_5+\mu$，其中，$Y$表示我国粮食总产量，$X_1$表示粮食播种面积、$X_2$表示化肥施用量、$X_3$表示农业机械总动力、$X_4$表示第一产业从业人数、$X_5$表示受灾面积。

表 4-5　我国粮食产量 1997—2018 年相关数据

年份	粮食总产量 Y/万吨	粮食播种面积 X_1/千公顷	化肥施用量 X_2/万吨	农业机械总动力 X_3/万千瓦	第一产业从业人数 X_4/万人	受灾面积 X_5/千公顷
1997	49 417.1	112 912	3 980.7	42 015.6	34 840	53 427
1998	51 229.5	113 787	4 083.7	45 207.7	35 177	50 145
1999	50 838.6	113 161	4 124.3	48 996.1	35 768	49 980
2000	46 217.5	108 463	4 146.4	52 573.6	36 043	54 688
2001	45 263.7	106 080	4 253.8	55 172.1	36 399	52 215
2002	45 705.8	103 891	4 339.4	57 929.9	36 640	46 946
2003	43 069.5	99 410	4 411.6	60 386.5	36 204	54 506
2004	46 946.9	101 606	4 636.6	64 027.9	34 830	37 106
2005	48 402.2	104 278	4 766.2	68 397.8	33 442	38 818
2006	49 804.2	104 958	4 927.7	72 522.1	31 941	41 091
2007	50 413.9	105 999	5 107.8	76 589.6	30 731	48 992
2008	53 434.3	107 545	5 239.0	82 190.4	29 923	39 990
2009	53 940.9	110 255	5 404.4	87 496.1	28 890	47 214
2010	55 911.3	111 695	5 561.7	92 780.5	27 931	37 426
2011	58 849.3	112 980	5 704.2	97 734.7	26 594	32 471
2012	61 222.6	114 368	5 838.8	102 559.0	25 773	24 962
2013	63 048.2	115 908	5 911.9	103 906.8	24 171	31 350
2014	63 964.8	117 455	5 995.9	108 056.6	22 790	24 891
2015	66 060.3	118 963	6 022.6	111 728.1	21 919	21 770
2016	66 043.5	119 230	5 984.1	97 245.6	21 496	26 221
2017	66 160.7	117 989	5 859.4	98 783.3	20 944	18 478
2018	65 789.2	117 038	5 653.4	100 371.7	20 258	20 814

资料来源：《2019年中国统计年鉴》《2019年中国农村统计年鉴》，中国统计出版社。

注：该表中的单位符号采用了中文符号，沿用年鉴中的用法，属农业领域的习惯用法。

(1)建立回归模型,根据数据进行模型拟合

Stata 软件回归结果如图 4-16 所示。

Source	SS	df	MS
Model	1.2999e+09	5	259989777
Residual	5046828.78	16	315426.799
Total	1.3050e+09	21	62142653

Number of obs	=	22
F(5, 16)	=	824.25
Prob > F	=	0.0000
R-squared	=	0.9961
Adj R-squared	=	0.9949
Root MSE	=	561.63

y	Coef.	Std. Err.	t	P>|t|	[95% Conf.	Interval]
x1	.5199489	.041629	12.49	0.000	.4316994	.6081984
x2	1.862434	1.421342	1.31	0.209	-1.150676	4.875544
x3	-.0202735	.0429761	-0.47	0.643	-.1113787	.0708317
x4	-.5125441	.1109406	-4.62	0.000	-.7477277	-.2773605
x5	-.1266569	.0256407	-4.94	0.000	-.1810127	-.0723011
_cons	9238.846	9975.745	0.93	0.368	-11908.79	30386.48

图 4-16 Stata 软件回归结果

可得五元线性回归模型为:

$$\hat{Y}=9\ 238.85+0.519\ 9X_1+1.862\ 4X_2-0.020\ 3X_3-0.512\ 5X_4-0.126\ 7X_5$$

$$t=\quad(0.93)\quad(12.49)\quad(1.31)\quad(-0.47)\quad(-4.62)\quad(-4.94)$$

$$\bar{R}^2=0.994\ 9, F=824.25$$

估计结果显示,在 5%的显著性水平下,模型整体拟合很好,且模型能够通过回归方程的显著性检验,但两个解释变量 X_2、X_3 不能通过变量的显著性检验,且 X_3、X_4 系数符号与经济意义相反,不能通过经济检验。下面对该模型进行多重共线性的检验。

(2)检验多重共线性

根据不显著系数法,通过对于模型的初步判断,怀疑模型出现多重共线性问题。对于模型的解释变量进一步计算其相关系数,结果如图 4-17 所示。可以看出,解释变量 X_2 与 X_3、X_3 与 X_4、X_2 与 X_4、X_4 与 X_5 之间相关系数的绝对值均超过 90%,存在高度线性相关关系,因此,可以判断模型存在严重的多重共线性问题。

	x1	x2	x3	x4	x5
x1	1.0000				
x2	0.6175	1.0000			
x3	0.5966	0.9916	1.0000		
x4	-0.7822	-0.9431	-0.9320	1.0000	
x5	-0.6645	-0.8772	-0.8766	0.9128	1.0000

图 4-17 相关系数矩阵

另外,可以通过计算方差膨胀因子,判断模型中有无多重共线性问题,利用 Stata 软件计算结果如图 4-18 所示。

Variable	VIF	1/VIF
x2	73.54	0.013598
x3	62.89	0.015901
x4	27.94	0.035789
x5	6.39	0.156564
x1	4.05	0.247218
Mean VIF	34.96	

图 4-18 方差膨胀因子 VIF 计算结果

VIF 值越大说明多重共线性问题越严重。一般认为,最大的 VIF 不超过 10,则不存在明显的多重共线性。根据 VIF 计算结果判断,模型存在较为严重的共线性问题。

(3)多重共线性的消除

可以对模型进行逐步回归,消除多重共线性问题。具体来说,可以利用 Stata 软件中向前逐步回归及向后逐步回归的命令,完成解释变量的选择。

①向前逐步回归结果如图 4-19 所示。

```
p = 0.0000 <  0.2000  adding  x4
p = 0.0000 <  0.2000  adding  x1
p = 0.0002 <  0.2000  adding  x5
p = 0.0508 <  0.2000  adding  x2
```

Source	SS	df	MS
Model	1.2999e+09	4	324969672
Residual	5117023.28	17	301001.369
Total	1.3050e+09	21	62142653

Number of obs =	22
F(4, 17) =	1079.63
Prob > F =	0.0000
R-squared =	0.9961
Adj R-squared =	0.9952
Root MSE =	548.64

y	Coef.	Std. Err.	t	P>|t|	[95% Conf.	Interval]
x4	-.5132063	.1083654	-4.74	0.000	-.7418373	-.2845753
x1	.5224741	.0403283	12.96	0.000	.4373889	.6075594
x5	-.1247628	.0247385	-5.04	0.000	-.1769564	-.0725691
x2	1.257341	.5981552	2.10	0.051	-.0046558	2.519339
_cons	10393.19	9447.241	1.10	0.287	-9538.742	30325.13

注:软件回归过程中自动剔除了 X_3。

图 4-19 向前逐步回归结果

②向后逐步回归结果如图 4-20 所示。

根据逐步回归结果可以写出回归方程:

$$\hat{Y} = 10\,393.19 + 0.522\,5X_1 + 1.257\,3X_2 - 0.513\,2X_4 - 0.124\,8X_5$$

$$t = \quad (1.10) \quad (12.96) \quad (2.10) \quad (-4.74) \quad (-5.04)$$

$$R^2 = 0.996\,1, \bar{R}^2 = 0.995\,2, F = 1\,079.63$$

对于该回归方程进行检验,X_4(第一产业从业人数)与 Y(粮食总产量)应为正相关,但其回归系数为负,不能通过经济意义的检验,且在 5%的显著性水平下,不能通过变量的显著性检验,因此,考虑模型中剔除 X_4,剔除该变量后,模型回归结果如图 4-21 所示。

```
                    begin with full model
p = 0.6435 >= 0.2000  removing x3
```

Source	SS	df	MS
Model	1.2999e+09	4	324969672
Residual	5117023.28	17	301001.369
Total	1.3050e+09	21	62142653

Number of obs = 22
F(4, 17) = 1079.63
Prob > F = 0.0000
R-squared = 0.9961
Adj R-squared = 0.9952
Root MSE = 548.64

y	Coef.	Std. Err.	t	P>|t|	[95% Conf.	Interval]
x1	.5224741	.0403283	12.96	0.000	.4373889	.6075594
x2	1.257341	.5981552	2.10	0.051	-.0046558	2.519339
x5	-.1247628	.0247385	-5.04	0.000	-.1769564	-.0725691
x4	-.5132063	.1083654	-4.74	0.000	-.7418373	-.2845753
_cons	10393.19	9447.241	1.10	0.287	-9538.742	30325.13

图 4-20　向后逐步回归结果

Source	SS	df	MS
Model	1.2931e+09	3	431042548
Residual	11868069.3	18	659337.184
Total	1.3050e+09	21	62142653

Number of obs = 22
F(3, 18) = 653.75
Prob > F = 0.0000
R-squared = 0.9909
Adj R-squared = 0.9894
Root MSE = 812

y	Coef.	Std. Err.	t	P>|t|	[95% Conf.	Interval]
x1	.6635511	.0402337	16.49	0.000	.5790233	.7480789
x2	3.591983	.5014030	7.16	0.000	2.538573	4.645393
x5	-.1799046	.0323048	-5.57	0.000	-.2477744	-.1120348
_cons	-30207.77	5874.285	-5.14	0.000	-42549.18	-17866.36

图 4-21　模型回归结果

根据回归结果得到回归方程：

$$\hat{Y}=-30\ 207.77+0.663\ 6X_1+3.592\ 0X_2-0.179\ 9X_5$$

$$t=(-5.14)\qquad(16.49)\qquad(7.16)\qquad(-5.57)$$

$$R^2=0.990\ 9,\bar{R}^2=0.989\ 4,F=653.75$$

根据回归结果可知，该模型能够通过检验，因此，经过逐步回归之后，得出的最终粮食生产函数为三元线性回归模型，即：

$$\hat{Y}=-30\ 207.77+0.663\ 6X_1+3.592\ 0X_2-0.179\ 9X_5$$

4.4　随机解释变量问题

单方程线性计量经济学模型假定解释变量是确定性变量，并且与随机干扰项不相关，违背这一基本假定的问题被称为随机解释变量问题。本节将介绍随机解释变量问题的概念、产生的原因、后果及修正。

4.4.1 随机解释变量的含义

对于计量经济模型 $Y_i=\beta_0+\beta_1X_{1i}+\beta_2X_{2i}+\beta_3X_{3i}+\cdots+\beta_kX_{ki}+\mu_i, i=1,2,\cdots,n$,其中一个基本假定是解释变量 $X_1, X_2, \cdots, X_k$ 是确定性变量,且解释变量与随机干扰项不相关。但在现实经济生活中,这个假定不一定成立。模型中如果存在一个或多个随机变量作为解释变量,就称模型出现了随机解释变量问题。假设解释变量 X_2 为随机解释变量,根据解释变量 X_2 与随机干扰项之间的关系,随机解释变量问题可以分成三种情况:

(1)随机解释变量与随机干扰项独立:

$$\mathrm{Cov}(X_{2i},\mu_i)=E(X_{2i}\mu_i)=0$$

(2)随机解释变量与随机干扰项同期无关但异期相关:

$$\mathrm{Cov}(X_{2i},\mu_i)=E(X_{2i}\mu_i)=0,\quad \mathrm{Cov}(X_{2i},\mu_{i-s})=E(X_{2i}\mu_{i-s})\neq 0$$
$$s\neq 0,\quad i=1,2,\cdots,n$$

(3)随机解释变量与随机干扰项同期相关:

$$\mathrm{Cov}(X_{2i},\mu_i)=E(X_{2i}\mu_i)\neq 0,\quad i=1,2,\cdots,n$$

4.4.2 随机解释变量问题产生的原因

(1)省略的解释变量

模型中随机解释变量问题首先来源于省略的解释变量。被省略的解释变量如果与模型中保留的解释变量相关,将导致模型中的随机干扰项与解释变量相关。在建立模型的过程中,由于有些变量的样本观测值难以得到,例如影响个人消费的因素除个人收入水平外,还包括个人的财富,但由于个人财富数据很难收集到,则实际建立的模型只引入收入水平作为解释变量,个人财富的影响就体现在了随机干扰项中,显然个人收入与个人财富间存在相关关系,因此解释变量与随机干扰项之间也存在相关关系。

(2)引入滞后被解释变量作为解释变量

由于被解释变量是随机变量,且与随机项相关,因此,如果滞后的被解释变量作为解释变量,也会与随机项相关,从而产生随机解释变量问题。例如,企业产品产量不仅与本期投入有关,还与前期产量有关;个人消费除受本人收入水平、价格水平影响外,还受个人前期消费水平的影响,即消费存在一定的惯性。

4.4.3 随机解释变量的后果

当模型存在随机解释变量时，如果仍采用普通最小二乘法估计模型参数，不同类型的随机解释变量会产生不同的后果，即随着随机解释变量与随机干扰项关系的不同，参数 *OLS* 估计量的统计性质也会不同。

(1)随机解释变量 X 与随机干扰项 μ 相互独立：参数估计量为无偏一致估计量。

以一元线性回归模型 $Y_i=\beta_0+\beta_1 X_i+\mu_i$ 为例，在第 2 章中曾得到如下最小二乘估计量：

$\hat{\beta}_1=\dfrac{\sum(X_i-\bar{X})(Y_i-\bar{Y})}{\sum(X_i-\bar{X})^2}=\beta_1+\dfrac{\sum(X_i-\bar{X})\mu_i}{\sum(X_i-\bar{X})^2}$，则已经证明：

$$E(\hat{\beta}_1)=E\left[\beta_1+\frac{\sum(X_i-\bar{X})\mu_i}{\sum(X_i-\bar{X})^2}\right]=\beta_1+E\left[\frac{\sum(X_i-\bar{X})\mu_i}{\sum(X_i-\bar{X})^2}\right]=\beta_1 \tag{4-30}$$

(2)随机解释变量 X 与随机干扰项 μ 同期无关但异期相关：参数估计量为有偏但一致的估计量。

经过推导可知：

$$E(\hat{\beta}_1)=E\left[\beta_1+\frac{\sum(X_i-\bar{X})\mu_i}{\sum(X_i-\bar{X})^2}\right]=\beta_1+E\left[\frac{\sum(X_i-\bar{X})\mu_i}{\sum(X_i-\bar{X})^2}\right] \tag{4-31}$$

尽管 X_i 与 μ_i 同期无关，但对任一 μ_i，$\dfrac{X_i-\bar{X}}{\sum(X_i-\bar{X})^2}$ 的分母中一定包含不同期的 X，由异期相关性可知 $\dfrac{X_i-\bar{X}}{\sum(X_i-\bar{X})^2}$ 与 μ_i 相关，导致 $E(\hat{\beta}_1)\neq\beta_1$，即参数估计量是有偏的。

但是，

$$P\lim_{n\to\infty}(\hat{\beta}_1)=P\lim_{n\to\infty}\left[\beta_1+\frac{(X_i-\bar{X})\mu_i}{\sum(X_i-\bar{X})^2}\right]=\beta_1+\frac{P\lim\limits_{n\to\infty}\left[\frac{1}{n}\sum(X_i-\bar{X})\mu_i\right]}{P\lim\limits_{n\to\infty}\left[\frac{1}{n}\sum(X_i-\bar{X})^2\right]}$$

$$=\beta_1+\frac{\mathrm{Cov}(X_i,\mu_i)}{\mathrm{Var}(X_i)}=\beta_1 \tag{4-32}$$

即 $\hat{\beta}_1$ 是 β_1 的一致估计。

(3)随机解释变量 X 与随机干扰项 μ 同期相关：参数估计量为有偏且不一致的估计量。

由上面的证明可以看出，如果 X 与 μ 同期相关，则 $\mathrm{Cov}(X_i,\mu_i)\neq 0$，因此，$P\lim\limits_{n\to\infty}(\hat{\beta}_1)\neq\beta_1$，即 $\hat{\beta}_1$ 是 β_1 的非一致估计。

4.4.4 随机解释变量的修正

模型中出现随机解释变量且与随机干扰项相关时，OLS 估计量是有偏的。如果随机解释变量与随机干扰项之间异期相关，则可以通过增大样本容量的方法来得到一致的估计量；但如果是同期相关，即使增大样本容量也无济于事。这时，就需要寻求新的估计方法。目前最常用的方法为工具变量(instrument variables)法。

(1)选择工具变量的标准

工具变量是指在模型估计过程中被作为工具使用，以代替模型中与随机误差项相关的随机解释变量。被选择为工具变量的变量必须满足以下条件：

①与所替代的随机解释变量高度相关；

②与随机干扰项不相关；

③与模型中其他解释变量不相关，以避免出现多重共线性。

(2)一元线性回归模型工具变量的应用

工具变量法是克服解释变量与随机干扰项影响的一种参数估计方法。它的基本思路是：当随机解释变量 X 与随机干扰项 μ 高度相关时，设法找到另外一个变量 Z，它与 X 高度相关，而与 μ 无关，从而用 Z 替换 X。变量 Z 就被称为工具变量。

我们用一元线性回归模型进行说明。给定一元线性回归模型：

$$Y_i = \beta_0 + \beta_1 X_i + U_i (i = 1,2,\cdots,n) \tag{4-33}$$

其离差形式为：$y_i=\beta_1 x_i+u_i$，其中，$y_i=Y_i-\bar{Y}$，$x_i=X_i-\bar{X}$。

若 x 与 u 不相关，u 满足所有的统计假定。应用 OLS 法，利用微分求极值的办法求出正规方程：

$$\begin{cases} \sum x_i y_i = \beta_1 \sum x_i^2 \\ \bar{Y}_i = \beta_0 + \beta_1 \bar{X}_i \end{cases} \tag{4-34}$$

现采用另一种方法来导出 OLS 正规方程。我们以 $x_i(i=1,2,\cdots,n)$ 同乘以 $y_i=\beta_1 x_i+u_i$ 两边，得 n 个式子，求和得：$\sum x_i y_i = \beta_i \sum x_i^2 + \sum x_i u_i$。

因为 x 与 u 不相关，从而可以略去 $\sum x_i u_i = 0$，就可以得 OLS 正规方程。

如果 x 与 u 相关，则 $\Sigma x_i u_i \neq 0$，不能用 OLS 法来估计参数。现在，我们要寻找一个变量 Z，Z 与 X 高度相关而与 U 无关，用 Z 的离差 z_i 乘以 $y_i=\beta_1 x_i+u_i$ 的两边，然后求和，得到一个类似于 OLS 正规方程的方程。在这里，Z 就是工具变量。

可得：
$$\sum z_i y_i = \beta_1 \sum z_i x_i + \sum z_i u_i$$

由于 z 与 u 无关，所以 $P\lim\limits_{n\to\infty} \frac{1}{n} \sum\limits_{i=1}^{n} z_i u_i = 0$

得：
$$\sum z_i y_i = \beta_1 \sum z_i x_i$$

上式称为拟正规方程，从而求得：

$$\begin{cases} \hat{\beta}_1 = \dfrac{\sum z_i y_i}{\sum z_i x_i} = \dfrac{\sum (Z_i - \bar{Z})(Y_i - \bar{Y})}{\sum (Z_i - \bar{Z})(X_i - \bar{X})} \\ \hat{\beta}_0 = \bar{Y} - \hat{\beta}_1 \bar{X} \end{cases} \tag{4-35}$$

因此，工具变量法的基本原理在于：用工具变量代替随机解释变量 X，从而利用 $\mathrm{Cov}(Z,U)=0$ 克服 $\mathrm{Cov}(X,U)\neq 0$ 产生的对模型参数估计的不利影响，形成有效正规方程组并最终获得模型参数的估计量。从这一原理理解，OLS 法也可以看作一种工具变量法，即利用模型中的各解释变量作为它们自身的工具变量。

容易证明，参数工具变量估计量是有偏的、一致的估计量。

在实际经济分析中，对于工具变量的选择，一般的做法是：

对于时间序列资料，如果被解释变量 Y_i、随机解释变量 X_i、随机误差项 u_i 三者之间的关系有 $\mathrm{Cov}(X_i,u_i)\neq 0$，但 $\mathrm{Cov}(X_{i-1},u_i)=0$，$\mathrm{Cov}(Y_{i-1},u_i)=0$，则可用 X_{i-1} 或 Y_{i-1} 作为 X_i 的工具变量。

(3)多元线性回归模型工具变量的应用

对于 k 元线性回归模型：$Y_i=\beta_0+\beta_1X_{1i}+\beta_2X_{2i}+\cdots+\beta_kX_{ki}+u_i$

其矩阵形式为：$\boldsymbol{Y}=\boldsymbol{XB}+\boldsymbol{U}$

其中，$\boldsymbol{X}=(1,X_{1i},X_{2i},\cdots,X_{ki})$，$\boldsymbol{B}=(\beta_0,\beta_1,\cdots,\beta_k)'$。

假设 X_i 为随机解释变量，且与随机误差项 u_i 高度相关，u_i 满足最小二乘法的其他假定条件，解释变量之间无多重共线性。

①寻找工具变量 Z。工具变量满足以下条件：它们是有实际经济意义的变量；与其对应的随机解释变量高度相关；与随机误差项 u_i 不相关；与 k 元线性回归模型中其他解释变量不相关。

②写出工具变量矩阵。将 $\boldsymbol{X}$ 矩阵中的 X_i 替换为 Z，其他外生变量和常数项均由其自身做工具变量，得 $\boldsymbol{Z}$ 矩阵：

$$\boldsymbol{Z}=\begin{bmatrix}1 & X_{11} & Z_1 & \cdots & X_{k1}\\ 1 & X_{12} & Z_2 & \cdots & X_{k2}\\ \vdots & \vdots & \vdots & & \vdots\\ 1 & X_{1n} & Z_n & \cdots & X_{kn}\end{bmatrix} \tag{4-36}$$

③求出工具变量估计量$\hat{B}_{\mathrm{IV}}$，沿上述思路，用 $\boldsymbol{Z}'$ 同乘 $\boldsymbol{Y}=\boldsymbol{XB}+\boldsymbol{U}$ 两边，由于 $\boldsymbol{Z}$ 和 $\boldsymbol{U}$ 无关，所以有

$$P\lim\frac{1}{n}\boldsymbol{Z}'\boldsymbol{U}=0 \tag{4-37}$$

$$\boldsymbol{B}'_{\mathrm{IV}}=(\boldsymbol{Z}'\boldsymbol{X})^{-1}\boldsymbol{Z}'\boldsymbol{Y} \tag{4-38}$$

$\hat{B}_{\mathrm{IV}}$是一致估计量。

(4)应用工具变量法需注意的问题

从理论上分析，工具变量法可以得到渐近无偏、渐近有效的参数估计量，在解释变量为随机变量并与随机误差项相关的情况下，参数估计值达到了渐近一致。但这种方法在实际应用中会遇到一定困难，主要表现在三个方面。

①在解释变量 X 与随机误差项 u 相关的情况下，要找寻一个既与 X 高度相关，又与 u 不相关的工具变量 Z 十分困难。再加上工具变量 Z 要具有明确的经济含义，这就更不容易。

②在能找到符合要求的工具变量条件下，所选择的工具变量不同，模型参数估计值也不会一致，使参数估计出现随意性。工具变量选择得当，参数估计值的质量会高一点；如果工具变

量选择不得当，参数估计值就会出现较大偏误。

③由于使用了工具变量，有可能产生较高的标准差，不能保证参数估计值的渐近方差一定能达到最小。

基于上述分析，到底选择何种工具变量，还需要通过实践掌握工具变量选择的技巧。

本章练习题

一、单选题

1. 下列哪种方法不是检验异方差的方法（　　）。

A. 戈德菲尔德-夸特检验　　B. 怀特检验

C. 戈里瑟检验　　D. DW 检验

2. 在异方差性情况下，常用的估计方法是（　　）。

A. 一阶差分法　　B. 广义差分法　　C. 工具变量法　　D. 加权最小二乘法

3. 加权最小二乘法克服异方差的主要原理是通过赋予不同观测点以不同的权数，从而提高估计精度，即（　　）。

A. 重视大误差的作用，轻视小误差的作用

B. 重视小误差的作用，轻视大误差的作用

C. 重视小误差和大误差的作用

D. 轻视小误差和大误差的作用

4. 如果戈里瑟检验表明，普通最小二乘估计结果的残差 e_i 与 x_i 有显著的形式为 $|e_i| = 0.4573\,x_i + \nu_i$ 的相关关系（ν_i 满足线性模型的全部经典假设），则用加权最小二乘法估计模型参数时，权数应为（　　）。

A. x_i　　B. x_i^2　　C. $\dfrac{1}{x_i}$　　D. $\dfrac{1}{\sqrt{x_i}}$

5. 如果模型 $y_t=\beta_0+\beta_1 x_t+\mu_t$ 存在序列相关，则（　　）。

A. $\mathrm{Cov}(x_t,\mu_t)=0$　　B. $\mathrm{Cov}(\mu_t,\mu_s)=0(t\neq s)$

C. $\mathrm{Cov}(x_t,\mu_t)\neq 0$　　D. $\mathrm{Cov}(\mu_t,\mu_s)\neq 0(t\neq s)$

6. 下列哪个序列相关可用 DW 检验（ν_t 为具有零均值，同方差且不存在序列相关的随机变量）（　　）。

A. $\mu_t=\rho\mu_{t-1}+\nu_t$　　B. $\mu_t=\rho_1\mu_{t-1}+\rho_2\mu_{t-2}+\cdots+\nu_t$

C. $\mu_t=\rho\nu_t$　　D. $\mu_t=\rho_1\nu_t+\rho_2\nu_{t-1}+\cdots$

7. 根据一个 $n=30$ 的样本估计 $y_t=\hat{\beta}_0+\hat{\beta}_1 x_t+e_t$ 后计算得 DW＝1.4，已知在 5%的显著性水平下，$d_L=1.35$，$d_U=1.49$，则认为原模型（　　）。

A. 存在正的一阶序列相关　　B. 存在负的一阶序列相关

C. 不存在一阶序列相关　　D. 无法判断是否存在一阶序列相关

8. 对于原模型 $y_t=\beta_0+\beta_1 x_t+\mu_t$，经过检验其存在一阶序列相关性，则广义差分模型是指（　　）。

A. $\frac{y_t}{\sqrt{f(x_t)}}=\beta_0\frac{1}{\sqrt{f(x_t)}}+\beta_1\frac{x_t}{\sqrt{f(x_t)}}+\frac{\mu_t}{\sqrt{f(x_t)}}$

B. $y_t=\beta_1 x_t+\mu_t$

C. $y_t=\beta_0+\beta_1 x_t+\mu_t$

D. $y_t-\rho y_{t-1}=\beta_0(1-\rho)+\beta_1(x_t-\rho x_{t-1})+(\mu_t-\rho\mu_{t-1})$

9. 在多元线性回归模型中，若某个解释变量对其余解释变量的可决系数接近于1，则表明模型中存在（　　）。

A. 异方差性　　B. 序列相关性　　C. 多重共线性　　D. 高拟合优度

10. 工具变量法适用于估计下列哪些模型（或方程）的参数（　　）。

A. 存在异方差的模型　　B. 包含有随机解释变量的模型

C. 存在严重多重共线性的模型　　D. 存在序列相关性的模型

二、多选题

1. 如果模型中存在异方差现象，则有如下后果（　　）。

A. 参数估计量有偏　　B. 无法进行最小二乘估计

C. 参数的显著性检验失效　　D. 预测精度降低

E. 参数估计量非有效

2. DW 检验不适用于下列哪些情况下的序列相关检验（　　）。

A. 模型包含有随机解释变量　　B. 样本存在缺失值

C. 非一阶自回归模型　　D. 含有滞后的被解释变量

E. 包含有虚拟变量的模型

3. 下列哪些回归分析中很可能出现多重共线性问题（　　）。

A. 资本投入与劳动投入两个变量同时作为生产函数的解释变量

B. 消费作被解释变量，收入作解释变量的消费函数

C. 本期收入和前期收入同时作为消费的解释变量的消费函数

D. 商品价格、地区同时作为解释变量的需求函数

E. 每亩施肥量、每亩施肥量的平方同时作为小麦亩产的解释变量的模型

4. 多重共线性产生的原因主要有（　　）。

A. 经济变量之间往往存在同方向的变化趋势

B. 解释变量和随机干扰项存在相关性

C. 模型中存在解释变量的滞后项

D. 样本资料的限制

E. 以上都正确

5. 选择作为工具变量的变量必须满足以下条件（　　）。

A. 与所替代的随机解释变量高度相关

B. 与所替代的随机解释变量无关

C. 与随机干扰项不相关

D. 与模型中其他解释变量不相关，以避免出现多重共线性

E. 与随机干扰项高度相关

三、判断题

1. 当模型出现异方差问题时，常用的 t 检验和 F 检验失效。（　　）

2. 利用戈德菲尔德-夸特检验异方差性，只能检验单调递增或单调递减型的异方差性。（　　）

3. DW 检验中的 DW 值在 0～4，数值越小说明模型中的序列相关性越小，数值越大说明模型中的序列相关性越严重。（　　）

4. 迭代法是消除序列相关性问题的一种有效方法。（　　）

5. 回归模型中误差项 μ_t 存在序列相关时，OLS 估计不再是无偏的。（　　）

6. 拉格朗日乘数检验能够检验高阶序列相关。（　　）

7. 在模型中引入解释变量的多个滞后项容易引起多重共线性问题。（　　）

8. 多重共线性问题是随机干扰项违反基本假定所引起的。（　　）

9. 工具变量法是解决随机解释变量问题的一种方法。（　　）

10. 如果模型出现完全的多重共线性，该模型不能进行最小二乘估计。（　　）

四、简答题

1. 什么是异方差性？试举例说明经济现象中的异方差性。

2. 检验异方差性的方法有哪些？

3. 异方差性的解决方法有哪些？

4. 检验序列相关性的方法有哪些？

5. 简述 DW 检验的步骤及应用条件。

6. 简述消除序列相关性的方法。

7. 简述多重共线性的含义及类型。

8. 检验多重共线性的方法有哪些？

9. 简述消除多重共线性的方法。

10. 什么是工具变量法？简述工具变量法的步骤以及工具变量法存在的缺陷。

五、分析题

1. 表 4-6 给出 2018 年我国部分行业规模以上工业企业营业收入及利润总额的数据资料：

表 4-6　2018 年我国部分行业规模以上工业企业营业收入及利润总额　　亿元

行　业	营业收入	利润总额
煤炭开采和洗选业	24 645.8	2 888.2
石油和天然气开采业	8 710.9	1 627.5
黑色金属矿采选业	3 374.4	72.6
有色金属矿采选业	3 729.1	419.8
非金属矿采选业	3 413.3	268.9
开采专业及辅助性活动	1 790.9	－31.5

续表 4-6

行　业	营业收入	利润总额
其他采矿业	30.9	0.8
农副食品加工业	47 758.3	2 124.4
食品制造业	18 679.8	1 552.2
酒、饮料和精制茶制造业	15 534.9	2 094.3
烟草制品业	10 465.4	923.5
纺织业	27 863.1	1 265.3
纺织服装、服饰业	17 417.7	1 006.8
皮革、毛皮、羽毛及其制品和制鞋业	12 130.5	721.0
木材加工和木、竹、藤、棕、草制品业	9 210.3	475.3
家具制造业	7 081.7	425.9
造纸和纸制品业	14 012.8	766.4
印刷和记录媒介复制业	6 471.1	425.6
文教、工美、体育和娱乐用品制造业	13 408.8	710.9
石油、煤炭及其他燃料加工业	47 910.8	2 270.8
化学原料和化学制品制造业	72 065.9	5 146.2
医药制造业	24 264.7	3 094.2
化学纤维制造业	8 394.0	393.9
橡胶和塑料制品业	24 845.2	1 248.6
非金属矿物制品业	48 973.6	4 287.8
黑色金属冶炼和压延加工业	67 255.6	4 029.3
有色金属冶炼和压延加工业	52 215.3	1 397.1
金属制品业	34 375.1	1 590.2
通用设备制造业	38 308.9	2 526.9
专用设备制造业	29 920.0	2 035.1
汽车制造业	83 372.6	6 091.3
铁路、船舶、航空航天和其他运输设备制造业	11 853.7	673.0
电气机械和器材制造业	64 643.3	3 758.0
计算机、通信和其他电子设备制造业	107 685.4	4 781.0
仪器仪表制造业	8 206.5	780.5
其他制造业	1 675.1	90.2
废弃资源综合利用业	4 086.0	217.2
金属制品、机械和设备修理业	1 103.6	61.5
电力、热力生产和供应业	62 462.6	3 266.7
燃气生产和供应业	7 484.8	591.3
水的生产和供应业	2 657.9	282.6

资料来源：《2019 年中国统计年鉴》，中国统计出版社。

要求：

(1)根据以上数据拟合样本回归函数，并对模型进行经济意义检验和统计检验。

(2)检验模型是否存在异方差性。

(3)如果模型存在异方差性，选择适当的方法对异方差性进行修正。

2. 表 4-7 给出 1990—2011 年我国全社会固定资产投资总额及工业增加值的数据：

表 4-7　1990—2011 年我国全社会固定资产投资总额及工业增加值　　亿元

年份	工业增加值	全社会固定资产投资总额	年份	工业增加值	全社会固定资产投资总额
1990	6 858.0	4 517.0	2001	43 580.6	37 213.5
1991	8 087.1	5 594.5	2002	47 431.3	43 499.9
1992	10 284.5	8 080.1	2003	54 945.5	55 566.6
1993	14 188.0	13 072.3	2004	65 210.0	70 477.4
1994	19 480.7	17 042.1	2005	77 230.8	88 773.6
1995	24 950.6	20 019.3	2006	91 310.9	109 998.2
1996	29 447.6	22 913.5	2007	110 534.9	137 323.9
1997	32 921.4	24 941.1	2008	130 260.2	172 828.4
1998	34 018.4	28 406.2	2009	135 239.9	224 598.8
1999	35 861.5	29 854.7	2010	160 722.2	251 683.8
2000	40 033.6	32 917.7	2011	188 470.2	311 485.1

资料来源：《2012 年中国统计年鉴》，中国统计出版社。

要求：

(1)根据以上数据建立计量经济模型。

(2)检验回归模型是否存在序列相关性。

(3)如果模型存在序列相关性，采用适当的方法消除序列相关问题。

3. 某公司经理对职工的工作情况进行考察，拟从交易能力(X_1)、与其他人联系的能力(X_2)及决策能力(X_3)三个方面建立识别对管理有利的个人能力模型，他选取了 15 名新近提拔的职员进行一系列测试，为每名职员的工作情况 Y 对上述三个变量做回归，数据见表 4-8。

表 4-8　个人工作能力模型数据

序号	Y	X_1	X_2	X_3
1	80	50	72	18
2	75	51	74	19
3	84	42	79	22
4	62	42	71	17
5	92	59	85	25
6	75	45	73	17
7	63	48	75	16
8	69	39	73	19

续表 4-8

序号	Y	X_1	X_2	X_3
9	68	40	71	20
10	87	55	80	30
11	92	48	83	33
12	82	45	80	20
13	74	45	75	18
14	80	61	75	20
15	62	59	70	15

要求：

(1)根据以上数据建立计量经济模型。

(2)检验回归模型是否存在多重共线性。

(3)如果模型存在多重共线性，采用适当的方法消除多重共线性问题。

第5章 计量经济模型专门问题

教学目的与要求:掌握虚拟变量的概念,虚拟变量的设置规则和应用虚拟变量模型解决实际经济问题;掌握滞后变量的概念,了解分布滞后模型、自回归模型及其估计方法;理解设定误差中相关变量的遗漏、无关变量的误选,对回归模型的影响及检验方法。

前面几章,主要介绍了经典线性回归模型及其在若干基本假定下的估计问题,并分析了一个或多个假定不满足时所产生的后果及其可能的改进措施。然而上述方法还不能解决经济生活中遇到的全部问题。例如,如何考察某一突发事件对经济行为带来的影响,某变量的过去行为又是怎样影响变量当前变动路线的,等等。这需要建立专门的模型来进行研究。

另一方面,直到目前,我们一直假设所设定的模型是正确的,即不存在模型设定偏误。然而,实际情况并非如此。经济理论并未告知变量间的具体关系应当是什么样的,比如应包括多少个解释变量,模型应选取线性形式还是双对数形式等。显然,如果模型应包括两个解释变量,而我们在建立模型时只包括了一个解释变量,这时就出现了所谓的模型设定偏误(model specification error)问题。对上述问题需要进行专门的探讨。

本章将主要介绍经典单方程计量经济学模型中两类常见的专门问题:一类是模型中引入虚拟解释变量、滞后解释变量或(和)滞后被解释变量的问题;另一类是模型设定的偏误问题。

5.1 虚拟变量模型

在回归分析中,影响被解释变量的因素除量的因素外还有质的因素,这些质的因素可能会使回归模型中的参数发生变化。为了估计质的因素产生的影响,我们需要引入一种特殊的变量——虚拟变量。

5.1.1 虚拟变量的概念及作用

(1)虚拟变量的概念

建立计量经济模型的一个基本要求,就是模型中的所有变量都是可以用数值计量的。因此，我们前面讨论的变量都是可以直接获取观测资料的数值变量，如收入、产出、商品需求量、价格、成本、资金、就业人数、消费支出、产值和利润等。但是，在现实经济生活中，影响经济变量变动的因素，除了这些可以直接获得实际观测数据的定量变量外，有时还包括一些本质上为定性（属性）因素的变量，例如性别、民族、地区、职业、季节、文化程度、战争、自然灾害、政府经济政策的变动等因素。比如，冷饮销售量除了受价格影响以外还明显受到季节因素影响；消费习惯、地区差异直接影响居民的消费支出；农业的产出，应是资金、劳动力和气候条件、农业科学技术水平及物价政策变动等因素的结果；财政政策与货币政策的变化将影响许多经济变量的增长。以前建立模型时，因这些因素无法度量而只能将其舍弃。这一方面不能真实地描述经济变量之间的相关关系，增大模型的设定误差，同时也不能计量这些定性因素的影响。因此，在计量经济模型中，应当包含定性（属性）因素。

定性因素通常都是表示某种属性存在与否的非数值变量，如男性或女性、城市居民或农村居民、气候条件正常或异常、政府经济政策不变与改革等。为了能够在模型中反映这些因素的影响，并提高模型的精度，需要将它们“量化”，这种“量化”通常是通过构造一个取值为“0”或“1”的人工变量来完成的，这类变量被称为虚拟变量（dummy variables），常记为 D。也有文献称其为哑变量、虚设变量、属性变量、双值变量、类型变量、定性变量、二元型变量和名义变量等。

一般地，在虚拟变量的设置中，基础类型和肯定类型取值为 1；比较类型和否定类型取值为 0。例如：

$$D=\begin{cases}1 & \text{城镇居民}\\ 0 & \text{农村居民}\end{cases}\qquad D=\begin{cases}1 & \text{男性}\\ 0 & \text{女性}\end{cases}\qquad D=\begin{cases}1 & \text{就业}\\ 0 & \text{失业}\end{cases}\qquad D=\begin{cases}1 & \text{销售旺季}\\ 0 & \text{销售淡季}\end{cases}$$

需要说明的是，虚拟变量在单一方程中，可以作为解释变量，也可以作为被解释变量。虚拟变量作为被解释变量时，与虚拟解释变量有着不同的统计性质，通常不宜用 OLS 进行回归，而应采用二值选择模型。本章仅考虑虚拟解释变量的情形。

（2）引入虚拟变量的作用

引入虚拟变量，可以将定性因素或属性因素对因变量的影响数量化。当虚拟变量取“1”时，表示定性因素的影响发生作用，即代表某种属性的因素存在或某种定性因素发生作用；当虚拟变量取“0”时，则表示这种属性因素的影响不发生作用，即这种定性因素不发生或这种属性不存在。

在计量经济模型中引入虚拟变量有以下作用：

①可以描述和测量定性（属性）因素的影响。

②能够正确反映经济变量之间的相互关系，提高模型的精度。

③便于处理异常数据。由于某些突发因素的存在，例如战争的爆发、地震、洪水等自然灾害的发生，可能会使原本比较稳定的经济关系，产生一段时间的混乱。这种情况下可以利用虚拟变量对模型进行估计。当样本资料中存在异常数据时，一般有三种处理方式：一是在样本容量较大的情况下直接剔除异常数据；二是用平均数等方式修匀异常数据；三是设置虚拟变量（即将异常数据作为一个特殊的定性因素）。例如：

$$D=\begin{cases}1 & \text{异常时期}\\0 & \text{正常时期}\end{cases}$$

5.1.2 虚拟变量的设置

5.1.2.1 虚拟变量的设置规则

在计量经济模型中引入虚拟变量，可以使我们同时兼顾定量因素和定性因素的影响和作用。但是，在设置虚拟变量的过程中，还应遵循虚拟变量的设置规则，以免使虚拟变量之间产生多重共线性。

(1)一个因素多个属性

若定性因素有 m 个不同属性或相互排斥的类型，在模型中则只能引入 $m-1$ 个虚拟变量，否则会产生完全多重共线性。

[例 5-1]

将居民住房消费函数设定为

$$Y_i=\beta_0+\beta_1 X_i+\mu_i \tag{5-1}$$

其中，Y_i 为第 i 个居民的住房消费支出，X_i 为第 i 个居民的可支配收入。为了将城镇居民和农村居民这两种不同类型的居民对住房消费支出的影响反映到上述模型中，需要引入区分城镇居民和农村居民的虚拟变量。一个定性因素“居民”，两个不同属性“城镇居民”“农村居民”，这时 $m=2$，应引入 $m-1=2-1=1$ 个虚拟变量 D：

$$D=\begin{cases}1 & \text{城镇居民}\\0 & \text{农村居民}\end{cases}$$

此时，居民住房消费函数为

$$Y_i=\beta_0+\beta_1 X_i+\beta_2 D_i+\mu_i \tag{5-2}$$

当 $D=1$ 时，$Y_i=(\beta_0+\beta_2)+\beta_1 X_i+\mu_i$ 表示城镇居民住房消费支出；当 $D=0$ 时，$Y_i=\beta_0+\beta_1 X_i+\mu_i$ 表示农村居民住房消费支出。通过检验系数的显著性，可以判断不同类型居民对住房消费支出是否有显著影响。

但在此例中，若引入 $m=2$ 个虚拟变量：

$$D_1=\begin{cases}1 & \text{城镇居民}\\0 & \text{农村居民}\end{cases}\qquad D_2=\begin{cases}1 & \text{城镇居民}\\0 & \text{农村居民}\end{cases}$$

则居民住房消费函数为

$$Y_i = \beta_0 + \beta_1 X_i + \beta_2 D_{1i} + \beta_3 D_{2i} + \mu_i \tag{5-3}$$

这时,对于第 i 个被调查的居民家庭而言,当 $D_1=1$ 时,有 $D_2=0$;反之,当 $D_1=0$ 时,有 $D_2=1$。即对于任何被调查的居民家庭都有 $D_1+D_2=1$,显然,有 $D_1=1-D_2$ 或 $D_2=1-D_1$,即 D_1 和 D_2 存在完全共线性,而模型(5-2)则不存在 $D_1=1-D_2$ 或 $D_2=1-D_1$,避免了完全共线性。

[例 5-2]

设公司职员的年薪(Y)与年龄(X)和学历(D)有关。学历分成三种类型:大专以下、本科、研究生(一个定性因素,三个不同属性)。为了反映"学历"这个定性因素的影响,应该设置两个虚拟变量:

$$D_1=\begin{cases}1 & \text{本科}\\0 & \text{其他}\end{cases}\qquad D_2=\begin{cases}1 & \text{研究生}\\0 & \text{其他}\end{cases}$$

可以将年薪函数模型写成:

$$Y_i = \beta_0 + \beta_1 X_i + \beta_2 D_{1i} + \beta_3 D_{2i} + \mu_i$$

该模型实际上描述了大专以下、本科和研究生三类年薪函数的差异情况。

①大专以下(即 $D_1=D_2=0$)的年薪函数:$Y_i=\beta_0+\beta_1 X_i+\mu_i$;

②本科(即 $D_1=1, D_2=0$)的年薪函数:$Y_i=(\beta_0+\beta_2)+\beta_1 X_i+\mu_i$;

③研究生(即 $D_1=0, D_2=1$)的年薪函数:$Y_i=(\beta_0+\beta_3)+\beta_1 X_i+\mu_i$。

通过检验 β_2,β_3 的显著性,可以判断学历层次对职员的年薪是否有显著影响。但在此例中,若引入 $m=3$ 个虚拟变量:

$$D_1=\begin{cases}1 & \text{本科}\\0 & \text{其他}\end{cases}\qquad D_2=\begin{cases}1 & \text{研究生}\\0 & \text{其他}\end{cases}\qquad D_3=\begin{cases}1 & \text{大专以下}\\0 & \text{其他}\end{cases}$$

则对于每一个职员,只能使某一个 $D_i=1$,其他的等于0,即 $D_1+D_2+D_3=1$,模型存在完全多重共线性。

因此,对于有 m 个不同属性类型的定性因素,应该设置 $m-1$ 个虚拟变量来反映该因素的影响。

(2)多个因素各两种属性

如果有 m 个定性因素,且每个因素各有两个不同的属性类型,则引入 m 个虚拟变量。

[例 5-3]

研究居民住房消费函数时,考虑到城乡差异以及不同收入层次的影响,将消费函数设定为

$$Y_i = \beta_0 + \beta_1 X_i + \beta_2 D_{1i} + \beta_3 D_{2i} + \mu_i$$

其中 Y_i、X_i 分别是居民住房消费支出和可支配收入,虚拟变量 D_1 和 D_2 分别为

$$D_1=\begin{cases}1 & 城镇居民\\ 0 & 农村居民\end{cases}\qquad D_2=\begin{cases}1 & 高收入家庭\\ 0 & 低收入家庭\end{cases}$$

这样可以反映各类居民家庭的住房消费情况。

①农村低收入家庭(即 $D_1=D_2=0$):$Y_i=\beta_0+\beta_1X_i+\mu_i$;

②农村高收入家庭(即 $D_1=0,D_2=1$):$Y_i=(\beta_0+\beta_3)+\beta_1X_i+\mu_i$;

③城镇低收入家庭(即 $D_1=1,D_2=0$):$Y_i=(\beta_0+\beta_2)+\beta_1X_i+\mu_i$;

④城镇高收入家庭(即 $D_1=D_2=1$):$Y_i=(\beta_0+\beta_2+\beta_3)+\beta_1X_i+\mu_i$。

因此,如果有 m 个定性因素,且每个因素各有两个不同的属性类型,则应该引入 m 个虚拟变量。推广到更一般的情况,如果有些因素有多个属性水平,则可以参照"一个因素多种类型"的设置原则来设置虚拟变量。

(3)虚拟变量取值应从分析问题的目的出发予以界定

定性因素的变化通常表现为某种属性或特征是否存在,所以可以用只取 1、0 的虚拟变量来"量化"。一般地,"1"表示这种属性或特征存在,"0"表示这种属性或特征不存在。而且设置虚拟变量时,基础类型、否定类型通常取值为 0,而比较类型、肯定类型取值为 1。例如,引入政府经济政策变动的影响时,虚拟变量可以设定为

$$D=\begin{cases}1 & 经济政策变动\\ 0 & 经济政策不变\end{cases}$$

5.1.2.2 虚拟变量的引入方式

在计量经济模型中,引入虚拟解释变量的途径有两种:一是加法,二是乘法。不同的引入途径对计量经济模型有不同的影响。

(1)加法方式

加法方式引入虚拟解释变量,是在所设定的计量经济模型中,根据所研究问题中数值变量的作用,按照虚拟变量设置规则,直接在所设定的计量经济模型中加入适当的虚拟变量,此时虚拟变量与其他解释变量在设定模型中是相加关系。加法形式引入虚拟变量,从计量经济模型的意义看,其作用是改变了设定模型的截距水平。

[例 5-4]

居民家庭的教育费用支出除了受收入水平的影响外,还与子女的年龄结构密切相关。如果家庭中有适龄子女(6~21 岁),教育费用支出就多。因此,为了反映"子女年龄结构"这一定性因素,设置虚拟变量:

$$D=\begin{cases}1 & 有适龄子女\\ 0 & 无适龄子女\end{cases}$$

将家庭教育费用支出函数写成：

$$Y_i = \beta_0 + \beta_1 X_i + \alpha D_i + \mu_i$$

即以加法形式引入虚拟变量。同时，该消费函数又可以表示成以下等价形式：

无适龄子女家庭的教育费用支出函数($D=0$)：$Y_i=\beta_0+\beta_1 X_i+\mu_i$；

有适龄子女家庭的教育费用支出函数($D=1$)：$Y_i=(\beta_0+\alpha)+\beta_1 X_i+\mu_i$。

图5-1表明，两类家庭消费函数的斜率(即边际消费倾向)相同，但截距不同。因此，设置虚拟变量确实能描述定性因素的影响，并且以加法方式引入虚拟变量时，实际上反映的是定性因素对截距的影响，即平均水平的差异情况：在相同的收入水平情况下，有适龄子女家庭的教育费用平均要比无适龄子女家庭的教育费用多 α 个单位。

[例5-5]

建立线性模型研究妇女在工作中是否受到歧视。

令 $Y=$ 年薪，$X=$ 工作年限，$D=\begin{cases}1 & \text{男性}\\ 0 & \text{女性}\end{cases}$

可以建立如下年薪模型：$Y_i=\beta_0+\beta_1 X_i+\alpha D_i+\mu_i$。与一般的回归模型一样，假定 $E(u_t)=0$，模型如图5-2所示。

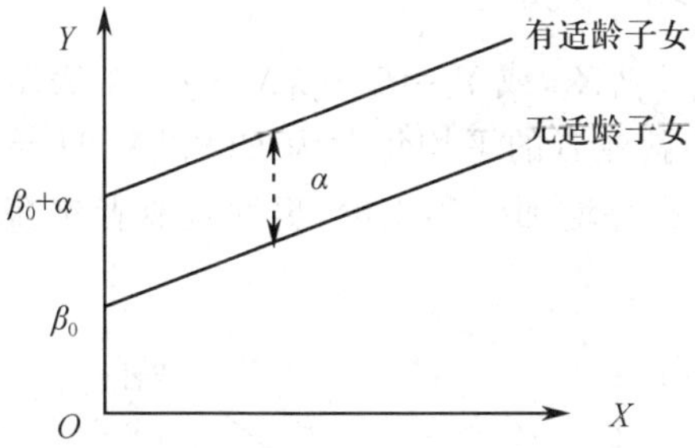

图5-1 虚拟变量对截距的影响

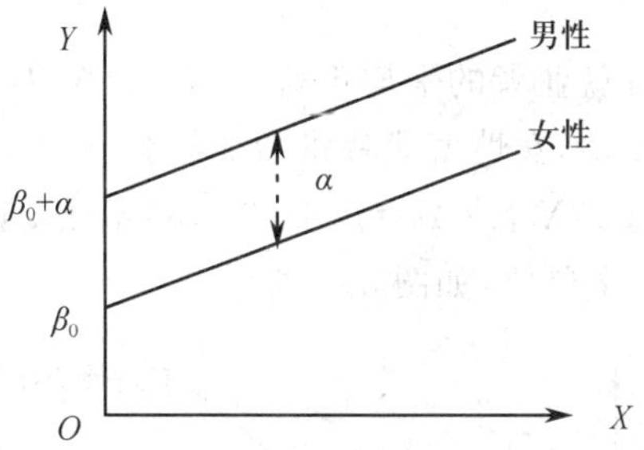

图5-2 不同性别就业者的年薪(加法模型)

女性就业者的年薪模型：$Y_i=\beta_0+\beta_1 X_i+\mu_i$；

男性就业者的年薪模型：$Y_i=(\beta_0+\alpha)+\beta_1 X_i+\mu_i$。

如果 $\alpha=0$，则说明不存在性别歧视；如果 $\alpha>0$，则说明存在性别歧视。

图5-2中男女就业者的平均年薪对工龄的函数具有相同斜率 β_1，表明随着工龄的增长，男女就业者工资的增长幅度相同；截距不同，说明男女就业者的初始年薪不同。我们称这种虚拟变量只影响截距不影响斜率的模型为加法模型。

(2)乘法方式

定性因素的影响不仅表现在截距上，有时可能还会影响斜率，斜率的变化可通过乘法的方式引入虚拟变量来测度。

以乘法方式引入虚拟解释变量，是在所设定的计量经济模型中，将虚拟解释变量与其他解释变量相乘作为新的解释变量，以提高模型对现实经济现象的描述精度。

[例 5-6]

随着收入水平的提高,家庭教育费用支出的边际消费倾向可能会发生变化(图 5-3)。为了反映定性因素对斜率的影响,可以用乘法方式引入虚拟变量,将家庭教育费用支出函数取成:

$$Y_i = \beta_0 + \beta_1 X_i + \alpha D_i X_i + \mu_i$$

该消费函数等价于:

$$Y_i = \begin{cases} \beta_0 + (\beta_1 + \alpha) X_i + \mu_i & \text{有适龄子女} \\ \beta_0 + \beta_1 X_i + \mu_i & \text{无适龄子女} \end{cases}$$

图 5-3 表明,以乘法方式引入虚拟变量,反映的是定性因素对斜率的影响,系数描述了定性因素的影响程度。

[例 5-7]

在例 5-5 中,如果随着工龄增加,男性与女性就业者的年薪差距也发生变化,则模型就变为:

$$Y_i = \beta_0 + \beta_1 X_i + \alpha D_i X_i + \mu_i$$

女性就业者的平均年薪为 $E(Y_i \mid X, D_i = 0) = \beta_0 + \beta_1 X_i$,或 $Y_i = \beta_0 + \beta_1 X_i + \mu_i$,$\beta_1$ 表示每增加一年工龄,女性就业者将增加年薪 β_1 个单位,男性就业者的平均年薪为 $E(Y_i \mid X, D_i = 1) = \beta_0 + (\beta_1 + \alpha) X_i$,或 $Y_i = \beta_0 + (\beta_1 + \alpha) X_i + \mu_i$,$\beta_1 + \alpha$ 表示每增加一年工龄,男性就业者年薪将增加 $\beta_1 + \alpha$ 个单位,如图 5-4 所示。

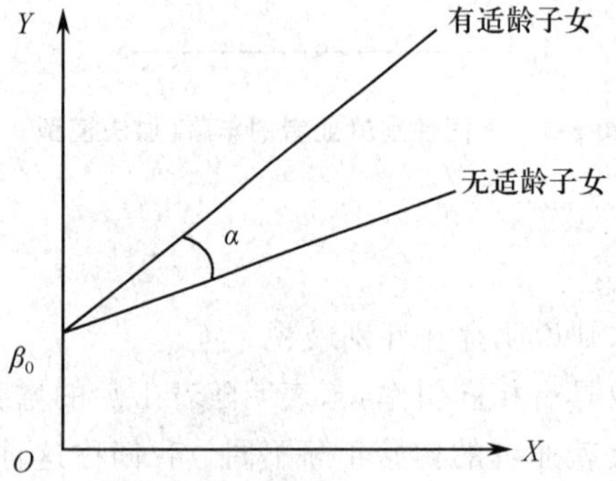

图 5-3 虚拟变量对斜率的影响

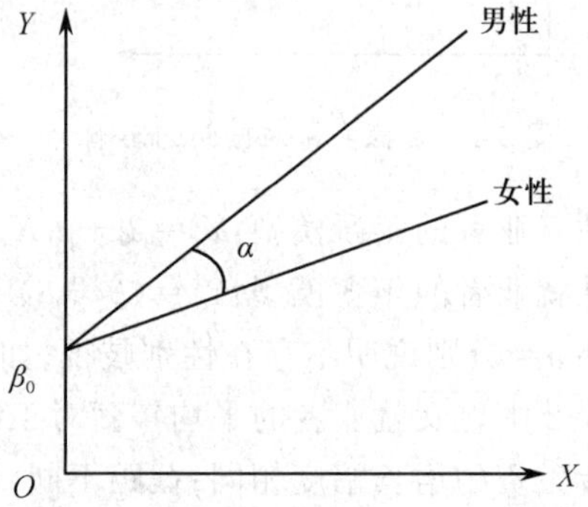

图 5-4 不同性别就业者的年薪(乘法模型)

我们称这种虚拟变量只影响斜率而不影响截距的模型为乘法模型。

(3)一般方式

用不同方式引入虚拟变量将反映不同的影响效果,所以设置虚拟变量时,最好先根据散点图或经济分析,大致判断定性因素的影响类型(即影响截距还是斜率),然后再用加法方式或乘法方式在模型中设置虚拟变量。

实际应用中，事先往往难以确定定性因素的影响类型。因此，一般是直接以加法和乘法方式引入虚拟变量，然后再利用 t 检验判断其系数是否显著地不等于零，进而确定虚拟变量的具体引入方式。

[例5-8]

在例5-7中，如果男性与女性就业者的初始年薪和年薪增加速度都有差异，我们可以将加法模型和乘法模型结合起来，得到如下模型：

$$Y_i = \beta_0 + \beta_1 X_i + \alpha_1 D_i + \alpha_2 D_i X_i + \mu_i$$

该模型可以用来表示截距和斜率都发生变化的模型，如图5-5所示。

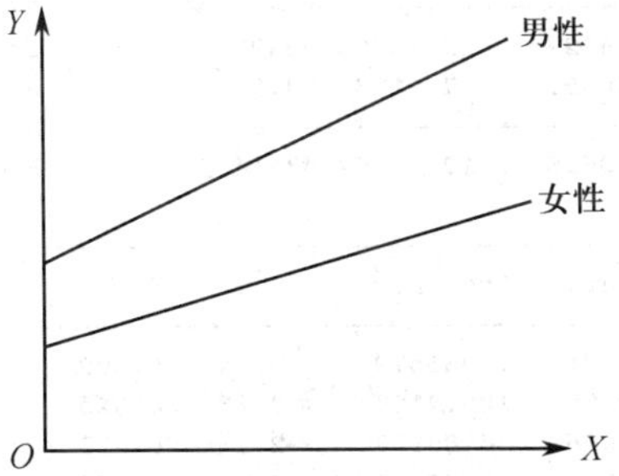

图5-5 截距和斜率均发生变化的模型

[例5-9]

表5-1列出了某地区1940—1950年的可支配收入和消费数据。根据表中资料进行简单数据分析可以看出，在1942—1945年第二次世界大战期间的消费数据明显低于正常趋势，因此，为了反映"第二次世界大战"这一异常因素的影响，设置虚拟变量：

$$D=\begin{cases}1 & 当\ t\in(1942,1945)\\0 & 当\ t\notin(1942,1945)\end{cases}$$

表5-1 某地区1940—1950年的可支配收入和消费

年份	可支配收入 x_t/亿美元	消费 y_t/亿美元	D_t	$XD_t=D_t\cdot x_t$
1940	244.0	229.9	0	0
1941	277.9	243.6	0	0
1942	317.5	231.1	1	231.1
1943	332.1	238.2	1	238.2
1944	343.6	235.2	1	235.2
1945	338.1	250.9	1	250.9
1946	332.7	301.0	0	0

续表 5-1

年份	可支配收入 x_t/亿美元	消费 y_t/亿美元	D_t	$XD_t=D_t\cdot x_t$
1947	318.8	305.8	0	0
1948	335.8	312.2	0	0
1949	336.8	319.3	0	0
1950	362.8	337.3	0	0

将可支配收入和消费之间的关系设为：

$$y_t = b_0 + b_1 x_t + a_1 D_t + a_2 XD_t + u_t$$

应用 Stata15.0 根据表 5-1 所给的数据进行回归，结果如图 5-6 所示。

```
      Source |       SS           df       MS      Number of obs   =        11
-------------+----------------------------------   F(3, 7)         =     30.06
       Model |  10277.4727         3  3425.82423   Prob > F        =    0.0002
    Residual |  797.888891         7  113.984127   R-squared       =    0.9280
-------------+----------------------------------   Adj R-squared   =    0.8971
       Total |  11075.3616        10  1107.53616   Root MSE        =    10.676

------------------------------------------------------------------------------
          yt |      Coef.   Std. Err.      t    P>|t|     [95% Conf. Interval]
-------------+----------------------------------------------------------------
          xt |   .9919601   .1085579     9.14   0.000     .7352614    1.248659
          Dt |   307.2288   108.4127     2.83   0.025     50.87342    563.5842
         XDt |   -.990066   .4700288    -2.11   0.073    -2.101508    .1213756
       _cons |   25.16779   32.03319     0.79   0.458    -50.57866    100.9142
------------------------------------------------------------------------------
```

图 5-6 回归结果

$$\hat{y}_t = 25.167\,79 + 0.991\,960\,1x_t + 307.228\,8D_t - 0.990\,066XD_t$$

$$t = \quad (0.79) \qquad (9.14) \qquad (2.83) \qquad (-2.11)$$

$$R^2 = 0.928\,0, \bar{R}^2 = 0.897\,1, F = 30.06$$

a_1 的 t 检验在 5%的显著性水平下是显著的，表明第二次世界大战对该地区消费影响是显著的，a_2 的 t 检验在 10%的显著性水平下是显著的。总体而言，第二次世界大战对该地区消费的影响在截距和斜率上都存在明显差异。各自的消费函数为

第二次世界大战期间：$\hat{y}_t = 332.396\,6 + 0.001\,894\,2x_t$；

非第二次世界大战期间：$\hat{y}_t = 25.167\,79 + 0.991\,960\,1x_t$。

由此可以看出，在第二次世界大战发生期间，可支配收入增加，几乎不会带来消费的增加：该地区可支配收入每增加 1 亿美元，消费平均增加 0.001 894 2 亿美元。而非第二次世界大战期间，可支配收入的增加会带来消费的增加：该地区可支配收入每增加 1 亿美元，消费平均增加 0.991 960 1 亿美元。

5.1.3 虚拟变量的特殊应用

(1)调节季节波动

利用季节或月份资料建立模型时，经常存在着季节波动。使用虚拟变量也可以反映季节

因素的影响。例如,利用季度数据分析公司利润 y 与销售收入 x 之间的相互关系时,为研究四个季度对利润的季节性影响,引入三个虚拟变量(设第一季度为基础类型):

$$D_2=\begin{cases}1 & \text{第二季度}\\ 0 & \text{其他}\end{cases}\quad D_3=\begin{cases}1 & \text{第三季度}\\ 0 & \text{其他}\end{cases}\quad D_4=\begin{cases}1 & \text{第四季度}\\ 0 & \text{其他}\end{cases}$$

取利润函数为 $y_t=b_0+b_1x_t+a_1D_{2t}+a_2D_{3t}+a_3D_{4t}+u_t$

系数 b_0、a_1、a_2、a_3 分别反映第一、第二、第三、第四季度对利润的平均影响,根据这些系数的 t 检验可以判断季节因素对利润是否存在着显著影响。若 a_1(或 a_2、a_3)显著地不为零,则表示第二(或第三、第四)季度对公司的利润有显著影响;若 a_1(或 a_2、a_3)显著地为零,则表示第二(或第三、第四)季度对公司的利润没有影响。

(2)检验模型结构的稳定性

利用不同的样本数据估计同一形式的计量经济模型,可能会得到不同的估计结果。如果估计的参数之间存在着显著差异,则称模型结构是不稳定的,反之则认为是稳定的。

模型结构的稳定性检验主要有两个用途:一是分析模型结构对样本变化的敏感性,如多重共线性检验;二是比较两个(或多个)回归模型之间的差异情况,即分析模型结构是否发生了显著变化。例如,利用我国改革开放前后的统计资料分别建立储蓄函数,通过比较两个时期的回归方程,可以分析改革开放前后居民的储蓄行为是否发生了明显变化。又如,利用我国发达地区和不发达地区 GDP 和投资的资料分别建立模型,可以比较不同地区对经济增长影响的差异情况。

利用一些特定统计检验(如邹氏检验法,美国计量经济学家邹至庄教授于 1960 年提出的一种检验两个以上计量经济模型间是否存在差异的统计方法),可以检验模型结构的稳定问题,使用虚拟变量也可以得到相同的检验结果。

设根据同一总体两个样本估计的回归模型分别为:

样本 1: $y_1=b_0+b_1x_t+u_t$

样本 2: $y_1=a_0+a_1x_t+u_t$

设置虚拟变量

$$D=\begin{cases}1 & \text{样本 2}\\ 0 & \text{样本 1}\end{cases}$$

将样本 1 和样本 2 的数据合并,估计以下模型

$$y_1=b_0+(a_0-b_0)D_t+b_1x_t+(a_1-b_1)XD_t+u_t$$

其中,$XD_t=x_t\cdot D_t$。利用 t 检验判断 D_t、XD_t 系数的显著性,可以得到四种检验结果:

①两个系数均等于零,即 $a_1=b_1$,$a_0=b_0$,表明两个回归模型之间没有显著差异,称之为“重合回归”(coincident regressions)。

②D_t 的系数不等于零,XD_t 的系数等于零,即 $a_1=b_1$,$a_0\neq b_0$,表明两个回归模型之间的

差异仅仅表现在截距上，称之为“平行回归”(parallel regressions)。

③D_t 的系数等于零，XD_t 的系数不等于零，即 $a_1 \neq b_1$，$a_0 = b_0$，表明两个回归模型的截距相同，但斜率存在显著差异，称之为“汇合回归”(coincident regressions)。

④D_t、XD_t 的系数均不等于零，即 $a_1 \neq b_1$，$a_0 \neq b_0$，表明两个回归模型完全不同，称之为“相异回归”(dissimilar regressions)。

上述情况中，只有第①种情况模型结构是稳定的，其余情况都表明模型结构不稳定。

(3)分段线性回归

在以上的讨论中，我们都是用虚拟变量代表质的因素。但在有些情况下，虚拟变量也可以代表数量因素，分段线性回归就是类似情形中常见的一种。

在经济关系中，常有这样的现象，在解释变量 X 的值达到某一水平 x^* 之前，解释变量与被解释变量存在某种线性关系；当 X 的值超过某一水平 x^* 之后，解释变量与被解释变量的关系就会发生变化，此时，如果已知 x^*，我们就可以用虚拟变量来估计每一段的斜率，这就是所谓的分段线性回归。

[例 5-10]

对进口商品的消费支出 y 主要取决于国民生产总值 x 的多少。我国改革开放前后，受国家政策变化及改革开放后外资的大量引入等因素的影响，1978 年前后，y 和 x 的回归关系明显不同，以 $t=1978$ 时为转折点，1978 年的国民生产总值 $x_t = x_t^*$ 为临界值。

设置虚拟变量：

$$D=\begin{cases}1 & t \geqslant 1978 \\ 0 & t<1978\end{cases}$$

进口商品需求回归方程为

$$y_t = b_0 + b_1 x_t + a(x_t - x_t^*)D_t + u_t$$

其中，当 $t=1978$ 时，$x_t = x_t^*$。

用 OLS 法估计得到：$\hat{y}_t = \hat{b}_0 + \hat{b}_1 x_t + \hat{a}(x_t - x_t^*)D_t$

当 $t<1978$ 时，$D_t = 0$，

$$\hat{Y}_t = \hat{b}_0 + \hat{b}_1 x_t \tag{5-4}$$

当 $t \geqslant 1978$ 时，$D_t = 1$，

$$\hat{y}_t = (\hat{b}_0 - \hat{a}x_t^*) + (\hat{b}_1 + \hat{a})x_t \tag{5-5}$$

根据我国经济发展的实际情况，一般 $\hat{a}>0$。比较式(5-4)与式(5-5)中的斜率，$\hat{b}_1 + \hat{a} > \hat{b}_1$，说明改革开放后，随着收入的增长，我国进口商品需求增长速度较改革开放前快。

当 $t=1978$ 时，$x_t = x_t^*$，所以，由式(5-4)与式(5-5)计算得到的 y_t^* 是一样的，两条不同时期的直线可在转折点处连接成为一条折线，如图 5-7 所示。

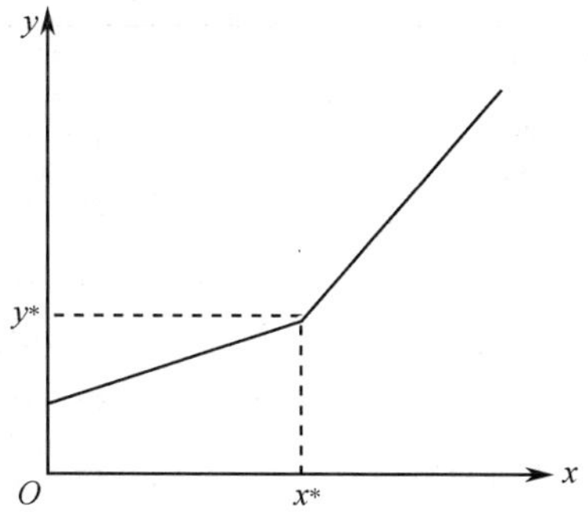

图 5-7 分段线性回归

(4)混合回归

建立计量经济模型时,有时能同时获得变量的时间序列数据(time-series data)和横截面数据(cross-section data)。例如,建立我国城镇居民消费函数时,既可以使用1978—2018年的统计资料,又可以使用某一年(如2018年)按收入等级分组的横截面数据。又如,建立我国工业生产函数时,可以使用历年的统计资料,也可以使用某一年全国各省区的资料。估计模型时,样本容量越大则估计误差越小,这就提出了一个问题,如果能同时获得变量的时间序列数据和横截面数据(简称TS-CS数据),是否可以将它们"混合"成一个样本来估算模型?混合回归的基本前提是不存在个体效应,只要模型参数不随时间而改变,并且在各个横截面图之间没有差异,就可以使用混合样本估计模型。因此,可以将它们合并成一个样本来进行估计,但是合并样本之前,需要比较使用不同样本估计的模型之间是否存在显著差异。

[例 5-11]

表5-2为我国分地区居民2016年、2017年全年人均消费支出和可支配收入的统计资料。尝试是否可以使用混合样本数据估计我国居民消费函数。

表 5-2 我国分地区居民 2016 年、2017 年全年人均消费支出和可支配收入统计资料

元

地区	2016年			2017年		
	消费支出 Y	收入 X	D	消费支出 Y	收入 X	D
北京	35 415.7	52 530.4	0	37 425.3	57 229.8	1
天津	26 129.3	34 074.5	0	27 841.4	37 022.3	1
河北	14 247.5	19 725.4	0	15 437.0	21 484.1	1
山西	12 682.9	19 048.9	0	13 664.4	20 420.0	1
内蒙古	18 072.3	24 126.6	0	18 945.5	26 212.2	1
辽宁	19 852.8	26 039.7	0	20 463.4	27 835.4	1
吉林	14 772.6	19 967.0	0	15 631.9	21 368.3	1
黑龙江	14 445.8	19 838.5	0	15 577.5	21 205.8	1
上海	37 458.3	54 305.3	0	39 791.9	58 988.0	1

续表 5-2

地区	2016 年			2017 年		
	消费支出 Y	收入 X	D	消费支出 Y	收入 X	D
江苏	22 129.9	32 070.1	0	23 468.6	35 024.1	1
浙江	25 526.6	38 529.0	0	27 079.1	42 045.7	1
安徽	14 711.5	19 998.1	0	15 751.7	21 863.3	1
福建	20 167.5	27 607.9	0	21 249.3	30 047.7	1
江西	13 258.6	20 109.6	0	14 459.0	22 031.4	1
山东	15 926.4	24 685.3	0	17 280.7	26 929.9	1
河南	12 712.3	18 443.1	0	13 729.6	20 170.0	1
湖北	15 888.7	21 786.6	0	16 937.6	23 757.2	1
湖南	15 750.5	21 114.8	0	17 160.4	23 102.7	1
广东	23 448.4	30 295.8	0	24 819.6	33 003.3	1
广西	12 295.2	18 305.1	0	13 423.7	19 904.8	1
海南	14 275.4	20 653.4	0	15 402.7	22 553.2	1
重庆	16 384.8	22 034.1	0	17 898.1	24 153.0	1
四川	14 838.5	18 808.3	0	16 179.9	20 579.8	1
贵州	11 931.6	15 121.1	0	12 969.6	16 703.6	1
云南	11 768.8	16 719.9	0	12 658.1	18 348.3	1
西藏	9 318.7	13 639.2	0	10 320.1	15 457.3	1
陕西	13 943.0	18 873.7	0	14 899.7	20 635.2	1
甘肃	12 254.2	14 670.3	0	13 120.1	16 011.0	1
青海	14 774.7	17 301.8	0	15 503.1	19 001.0	1
宁夏	14 965.4	18 832.3	0	15 350.3	20 561.7	1
新疆	14 066.5	18 354.7	0	15 087.3	19 975.1	1

资料来源:《2018 年中国统计年鉴》,中国统计出版社。

设 2016 年、2017 年我国居民消费函数分别为

2016 年：　$$y_t = b_0 + b_1 x_t + u_t$$

2017 年：　$$y_t = a_0 + a_1 x_t + u_t$$

根据以上资料,得回归结果分别为

$$\hat{y}_{2016} = 1\ 496.505 + 0.660\ 270\ 9x$$

$$t = \quad (2.90) \qquad (32.80)$$

$$R^2 = 0.973\ 8$$

$$\hat{y}_{2017} = 1\ 843.174 + 0.637\ 596x$$

$$t = \quad (3.59) \qquad (34.66)$$

$$R^2 = 0.976\ 4$$

为比较两年的消费函数是否有显著差异,设置虚拟变量:

$$D=\begin{cases}1 & 2017\text{ 年}\\ 0 & 2016\text{ 年}\end{cases}$$

合并 2016 年、2017 年两年的数据，估计以下模型：

$$y_t = b_0 + b_1 x_t + a_0 D_t + a_1 XD_t + u_t$$

其中，$XD_t = x_t \cdot D_t$。具体估计结果如图 5-8 所示。

Source	SS	df	MS
Model	2.6250e+09	3	874992684
Residual	66353270	58	1144021.9
Total	2.6913e+09	61	44120185.6

Number of obs =	62
F(3, 58) =	764.84
Prob > F =	0.0000
R-squared =	0.9753
Adj R-squared =	0.9741
Root MSE =	1069.6

y	Coef.	Std. Err.	t	P>|t|	[95% Conf.	Interval]
x	.6602709	.0200419	32.94	0.000	.6201527	.7003891
D	346.6691	728.4517	0.48	0.636	-1111.485	1804.824
XD	-.0226749	.0272593	-0.83	0.409	-.0772404	.0318906
_cons	1496.505	514.1143	2.91	0.005	467.3936	2525.617

图 5-8 回归结果

$$\hat{y}=1\ 496.505+0.660\ 270\ 9x+346.669\ 1D-0.022\ 674\ 9XD$$
$$t=\quad (2.91)\qquad (32.94)\qquad (0.48)\qquad (-0.83)$$
$$R^2=0.975\ 3,\bar{R}^2=0.974\ 1,F=764.84$$

根据 t 检验，D、XD 的回归系数均不显著，即认为 $a_0=0$，$a_1=0$。这表明 2016 年、2017 年我国居民消费函数并没有显著差异。因此，可以将两年的样本数据合并成一个样本，估计全国居民的消费函数，结果如图 5-9 所示。

Source	SS	df	MS
Model	2.6235e+09	1	2.6235e+09
Residual	67853567.4	60	1130892.79
Total	2.6913e+09	61	44120185.6

Number of obs =	62
F(1, 60) =	2319.83
Prob > F =	0.0000
R-squared =	0.9748
Adj R-squared =	0.9744
Root MSE =	1063.4

y	Coef.	Std. Err.	t	P>|t|	[95% Conf.	Interval]
x	.6468815	.0134306	48.16	0.000	.6200162	.6737468
_cons	1708.776	360.1496	4.74	0.000	988.3699	2429.183

图 5-9 回归结果

$$\hat{y}=1\ 708.776+0.646\ 881\ 5x$$
$$t=\quad (4.74)\qquad (48.16)$$
$$R^2=0.974\ 8,F=2\ 319.83$$

利用 2016 年、2017 年数据分别估计的我国居民消费函数与合并 2016 年、2017 年两年数据估计的我国居民消费函数相比较而言，使用混合回归降低了系数的估计误差，t 统计值增大，显著性有所增强。

5.2 滞后变量模型

在经济活动中，广泛存在着时间滞后效应，即动态性。某些经济变量不仅受到同期各种因素的影响，而且也受到过去某些时期的各种因素甚至自身的过去值的影响。通常把这种过去时期的具有滞后作用的变量叫作滞后变量(lagged variable)，含有滞后变量的模型称为滞后变量模型。

滞后变量模型考虑了时间因素的作用，使静态分析的问题有可能成为动态分析。含有滞后被解释变量的模型，又称动态模型(dynamic models)。

5.2.1 滞后效应及滞后变量模型

5.2.1.1 滞后效应与产生滞后效应的原因

一般说来，被解释变量与解释变量的因果关系不一定就在瞬时发生，可能存在时间的滞后，或者说解释变量的变化可能需要经过一段时间才能完全对被解释变量产生影响。同样地，被解释变量当前的变化也可能受其自身过去水平的影响，这种被解释变量受到自身或另一解释变量的前几期值影响的现象称为滞后效应，表示前几期值的变量称为滞后变量。例如，在研究消费函数时，通常认为，本期的消费 C_t 除了受本期的收入水平 Y_t 影响之外，还受前一期收入以及前一期消费水平的影响：

$$C_t = \beta_0 + \beta_1 Y_t + \beta_2 Y_{t-1} + \beta_3 C_{t-1} + \mu_t$$

这就是含有滞后变量的模型，Y_{t-1}，C_{t-1} 为滞后变量。

现实经济生活中，产生滞后效应的原因众多，主要有以下几个方面。

(1)心理原因。由于人们的心理定势和固有的行为习惯，其行为方式往往滞后于经济形势的变化，如中彩票的人不可能很快改变其生活方式。因此，以往的行为延续产生了滞后效应。

(2)技术原因。在现实经济运行中，从生产到流通再到使用，每一个环节都需要一段时间，从而形成时滞。例如，工业生产中，当年的产出在某种程度上依赖于过去若干期内投资形成的固定资产。又如，当年农产品产量主要取决于过去一年价格的高低，等等。

(3)制度原因。契约、管理制度等因素也会造成经济行为的滞后。例如，定期存款到期才能提取，造成了它对社会购买力的影响具有滞后性；过去的订货合同影响着当前产品的产量等。

5.2.1.2 滞后变量模型

以滞后变量作为解释变量，就得到滞后变量模型。它的一般形式为

$$Y_t = \beta_0 + \beta_1 Y_{t-1} + \beta_2 Y_{t-2} + \cdots + \beta_q Y_{t-q} + a_0 X_t + a_1 X_{t-1} + \cdots + a_s X_{t-s} + \mu_t \tag{5-6}$$

其中，q，s 为滞后时间间隔，Y_{t-q}为被解释变量 Y 的第 q 期滞后，X_{t-s}为解释变量 X 的第 s 期滞后。如果模型中仅包含解释变量的滞后项，没有被解释变量的滞后项，称为分布滞后模型；如果模型中仅包含被解释变量的滞后项，没有解释变量的滞后项，称为自回归模型；如果模型中既含有对自身滞后变量的回归，还包括解释变量 X 分布在不同时期的滞后变量，一般称为自回归分布滞后模型(autoregressive distributed lag model)。若滞后期长度有限，称模型为有限自回归分布滞后模型；若滞后期长度无限，称模型为无限自回归分布滞后模型。

(1)分布滞后模型

滞后变量模型中没有滞后被解释变量，仅有解释变量 X 的当期值及其若干期的滞后值，称为分布滞后模型(distributed lag mode)。分布滞后模型的一般形式为

$$Y_t = a + \sum_{i=0}^{s} \beta_i X_{t-i} + \mu_i \tag{5-7}$$

分布滞后模型的各系数体现了解释变量的当期值和各期滞后值对被解释变量的不同影响程度，因此也称为乘数(multiplier)。β_0 称为短期(short-run)或即期乘数(impact multiplier)，表示本期 X 变动一个单位对 Y 平均值的影响程度。$\beta_i(i=1,2,\cdots,s)$称为动态乘数或延迟系数，表示各滞后期 X 的变动对 Y 平均值影响的大小。$\sum_{i=0}^{s}\beta_i$ 则称为长期(long-run)或均衡乘数(total distributed-lag multiplier)，表示 X 变动一个单位，由于滞后效应而形成的对 Y 平均值总影响的大小。

由式(5-7)知，如果各期的 X 值保持不变，则 X 与 Y 间的长期或均衡关系为

$$E(Y) = a + (\sum_{i=0}^{s} \beta_i) X \tag{5-8}$$

(2)自回归模型

如果滞后变量模型中的解释变量仅包含 X 的当期值与被解释变量 Y 的一个或多个滞后值，则称该滞后变量模型为自回归模型(autoregressive model)。自回归模型的一般形式为

$$Y_t = a_0 + a_1 X_t + \sum_{i=1}^{q} \beta_i Y_{t-i} + \mu_t \tag{5-9}$$

其中，滞后期长度 q 也称为自回归模型的阶数(order)。而

$$Y_t = a_0 + a_1 X_t + \beta_1 Y_{t-1} + \mu_t \tag{5-10}$$

称为一阶自回归模型(first-order autoregressive model)。

对于自回归模型的估计问题，因为其中存在被解释变量的若干期滞后变量，可以用前面学

过的随机解释变量模型的估计方法解决。

5.2.2 分布滞后模型的参数估计

5.2.2.1 分布滞后模型估计的困难

对于无限期的分布滞后模型,由于样本观测值的有限性,使得无法直接对其进行估计。对于有限期的分布滞后模型,普通最小二乘回归也会遇到如下问题:

(1)没有先验准则确定滞后期长度;

(2)如果滞后期较长,将缺乏足够的自由度进行统计检验;

(3)同名变量滞后值之间可能存在高度线性相关,即模型存在高度的多重共线性。

5.2.2.2 分布滞后模型的修正估计方法

针对上述困难,人们在大量研究的基础上提出了一系列的修正估计方法,但并不完善。各种方法的基本思想大致相同,即都是通过对各滞后变量加权,组成线性合成变量而有目的地减少滞后变量的数目,以缓解多重共线性,保证自由度。

(1)经验加权法

对于有限期分布滞后模型,往往根据实际问题的特点及人们的经验给各滞后变量指定权数,并按权数构成各滞后变量的线性组合,形成新的变量,再进行估计。权数的类型有以下三类。

①递减型。即认为权数是递减的,X 的近期值对 Y 的影响较远期值大。例如,消费函数中,收入的近期值对消费的影响显然大于远期值的影响。一个滞后期为 3 的一组权数可取值如下:

$$\frac{1}{2},\frac{1}{4},\frac{1}{6},\frac{1}{8}$$

则新的线性组合变量为

$$W_{1t}=\frac{1}{2}X_t+\frac{1}{4}X_{t-1}+\frac{1}{6}X_{t-2}+\frac{1}{8}X_{t-3}$$

②矩型。即认为权数是相等的,X 的逐期滞后值对 Y 的影响相同。例如,对滞后期为 3 的分布滞后模型,可指定相等权数为$\frac{1}{4}$,则新的线性组合变量为

$$W_{2t}=\frac{1}{4}X_t+\frac{1}{4}X_{t-1}+\frac{1}{4}X_{t-2}+\frac{1}{4}X_{t-3}$$

③倒“V”型。在这种形式中,假定权数先递增后递减呈倒“V”型。例如,在一个较长建设周期的投资中,历年投资 X 对产出 Y 的影响,往往是周期中的投资额最大,因此对产出的贡献最大。设滞后期为 4,则一组权数可取为

$$\frac{1}{6},\frac{1}{4},\frac{1}{2},\frac{1}{3},\frac{1}{5}$$

于是新变量为

$$W_{3t}=\frac{1}{6}X_t+\frac{1}{4}X_{t-1}+\frac{1}{2}X_{t-2}+\frac{1}{3}X_{t-3}+\frac{1}{5}X_{t-4}$$

[例5-12]

对一个分布滞后模型

$$Y_t=a_0+\beta_0X_t+\beta_1X_{t-1}+\beta_2X_{t-2}+\beta_3X_{t-3}+\mu_t$$

给定递减权数

$$\frac{1}{2},\frac{1}{4},\frac{1}{6},\frac{1}{8}$$

构成新变量

$$W_{1t}=\frac{1}{2}X_t+\frac{1}{4}X_{t-1}+\frac{1}{6}X_{t-2}+\frac{1}{8}X_{t-3}$$

则原模型变为

$$Y_t=a_0+a_1W_{1t}+\mu_t$$

如果该模型满足OLS法的经典假设，就可进行OLS估计，估计出参数$\hat{a}_0$，$\hat{a}_1$。

假设$\hat{a}_0$，$\hat{a}_1$已估计出，分别为0.5与0.8，则可写出原模型的估计结果：

$$\hat{Y}_t=0.5+\frac{0.8}{2}X_t+\frac{0.8}{4}X_{t-1}+\frac{0.8}{6}X_{t-2}+\frac{0.8}{8}X_{t-3}$$

即

$$\hat{Y}_t=0.5+0.4X_t+0.2X_{t-1}+0.133X_{t-2}+0.1X_{t-3}$$

经验加权法的优点是简单易行，缺点是设置权数的随意性较大。通常的做法是多选几组权数，分别估计出几个模型，然后根据各统计检验(R^2检验，F检验，t检验，DW检验)，从中选择最佳估计式。

(2)阿尔蒙(Almon)多项式法

该方法的主要思想仍是针对有限滞后期模型，通过阿尔蒙变换，定义新变量，以减少解释变量个数，然后用OLS法估计参数。其主要步骤如下。

第一步，阿尔蒙变换：对于分布滞后模型

$$Y_t=a+\sum_{i=0}^{s}\beta_iX_{t-i}+\mu_t \tag{5-11}$$

假定其回归系数β_i可用一个关于滞后期i的适当阶数的多项式来表示，即

$$\beta_i=\sum_{k=0}^{m}a_k(i)^k,\ i=0,1,\cdots,s \tag{5-12}$$

其中 $m<s$。阿尔蒙变换要求先验地确定适当阶数 m，如取 $m=2$，得

$$\beta_i = \sum_{k=0}^{2} a_k (i)^k = a_0 + a_1 i + a_2 (i)^2,\ i = 0,1,\cdots,s \tag{5-13}$$

将式(5-13)代入式(5-11)得

$$\begin{aligned} Y_t &= a + \sum_{i=0}^{s} \Big[\sum_{k=0}^{2} a_k (i)^k\Big] X_{t-i} + \mu_t \\ &= a + a_0 \sum_{i=0}^{s} X_{t-i} + a_1 \sum_{i=0}^{s} (i) X_{t-i} + a_2 \sum_{i=0}^{s} (i)^2 X_{t-i} + \mu_t \end{aligned}$$

定义新变量

$$W_{0t} = \sum_{i=0}^{s} X_{t-i},\quad W_{1t} = \sum_{i=0}^{s} (i) X_{t-i},\quad W_{2t} = \sum_{i=0}^{s} (i)^2 X_{t-i}$$

将原模型转换为

$$Y_t = a + a_0 W_{0t} + a_1 W_{1t} + a_2 W_{2t} + \mu_t \tag{5-14}$$

第二步，模型的 OLS 估计：对变换后的模型(5-14)式进行 OLS 估计。将得到的参数估计值$\hat{a}_0$，$\hat{a}_1$，$\hat{a}_2$ 代入(5-13)式，求出滞后分布模型参数的估计值 $\hat{\beta}_0,\hat{\beta}_1,\cdots,\hat{\beta}_s$。

由于 $m<s$，可以认为原模型存在的自由度不足和多重共线性问题已得到改善。需注意的是，在实际估计中，阿尔蒙多项式的阶数 m 一般取 2 或 3，不超过 4，否则达不到减少变量个数的目的。

[例 5-13]

表 5-3 给出了 1998—2017 年我国电力热力燃气固定资产投资 X 与发电量 Y 的相关资料，拟建立一多项式分布滞后模型来考察两者的关系。

表 5-3　1998—2017 年我国电力热力燃气固定资产投资与发电量

年份	固定资产投资/亿元	发电量/亿千瓦时	年份	固定资产投资/亿元	发电量/亿千瓦时
1998	2 144.6	11 576	2008	10 997.2	34 379
1999	2 193.2	12 331	2009	14 434.6	36 595
2000	2 479.8	13 684	2010	15 679.7	42 278
2001	2 196.8	14 838	2011	14 659.7	47 306
2002	2 458.6	16 541	2012	16 672.7	49 865
2003	3 962.4	19 052	2013	19 634.7	53 721
2004	5 795.1	21 943	2014	22 829.7	56 801
2005	7 554.4	24 975	2015	26 722.8	57 399
2006	8 585.7	28 499	2016	29 747.7	60 228
2007	9 467.6	32 644	2017	29 805.6	64 171

资料来源：固定资产投资数据来自《中国统计年鉴》，中国统计出版社；发电量数据来自《中国电力年鉴》，中国电力出版社。注：亿千瓦时中文符号沿用年鉴中的用法。

由于无法预知固定资产投资对发电量影响的时滞期，需取不同的滞后期试算。经过试算发现，在2阶阿尔蒙多项式变换下，滞后期数取到第6期，估计结果的经济意义比较合理。2阶阿尔蒙多项式估计结果如下：

$$\hat{Y}_t = 2\ 064.326 + 0.421\ 731\ W_{0t} + 0.053\ 481\ W_{1t} - 0.085\ 296\ W_{2t}$$
$$t = \quad (2.09) \qquad (7.12) \qquad (4.24) \qquad (-5.57)$$
$$\bar{R}^2 = 0.993, F = 662.774\ 4, \mathrm{DW} = 1.89$$

通过(5-12)式求得的分布滞后模型参数估计值为

$$\hat{\beta}_0 = 0.421,\quad \hat{\beta}_1 = 0.389,\quad \hat{\beta}_2 = 0.187,$$
$$\hat{\beta}_4 = -0.727,\quad \hat{\beta}_5 = -1.439,\quad \hat{\beta}_6 = -2.321$$

最后得到分布滞后模型估计式为

$$Y_t = 2\ 064.326 + 0.421X_t + 0.389X_{t-1} + 0.187X_{t-2} - 0.185X_{t-3}$$
$$t = \quad (6.10) \qquad (6.10) \qquad (1.11) \qquad (6.07) \qquad (-7.12)$$
$$-0.727X_{t-4} - 1.439X_{t-5} - 2.321X_{t-6}$$
$$(-8.70) \qquad (-6.97) \qquad (-2.03)$$

需要说明的是，2阶阿尔蒙多项式估计尽管从估计的 a 的标准差换算估计的 β 的标准差较为烦琐，但大多数应用软件具有此功能，本例是 Stata 软件的估计结果。最后，为了比较，下面给出直接对滞后6期的模型进行 OLS 估计的结果：

$$Y_t = 21\ 747.19 - 0.387X_t - 0.067X_{t-1} + 0.461X_{t-2} + 0.903X_{t-3}$$
$$t = \quad (7.34) \qquad (-0.41) \qquad (-0.04) \qquad (0.24) \qquad (0.43)$$
$$+0.456X_{t-4} + 1.298X_{t-5} - 0.252X_{t-6}$$
$$(0.23) \qquad (0.77) \qquad (-0.23)$$
$$\bar{R}^2 = 0.958\ 4, F = 43.77$$

可以看出，所有变量均未通过 t 检验，而且系数符号也与实际经济意义不相符。

(3)科伊克(Koyck)方法

科伊克方法是将无限分布滞后模型转换为自回归模型，然后进行估计。对于无限分布滞后模型

$$Y_t = a + \sum_{i=0}^{\infty} \beta_i X_{t-i} + \mu_t \tag{5-15}$$

科伊克变换假设偏回归系数 β_i 随滞后期 i 按几何级数衰减：

$$\beta_i = \beta_0 \lambda^i,\quad i = 0,1,2,\cdots \tag{5-16}$$

其中 $0<\lambda<1$，λ 称为分布滞后衰减率，$1-\lambda$ 称为调整速率(speed of adjustment)。

科伊克变换的具体做法是：

将科伊克假定(5-16)式代入模型(5-15)式，得

$$Y_t = a + \beta_0 \sum_{i=0}^{\infty} \lambda^i X_{t-i} + \mu_t \tag{5-17}$$

将式(5-17)滞后一期并乘以 λ 得

$$\lambda Y_{t-1} = \lambda a + \beta_0 \sum_{i=0}^{\infty} \lambda^i X_{t-1-i} + \lambda \mu_{t-1} \tag{5-18}$$

将式(5-17)减去式(5-18)得科伊克变换模型

$$Y_t - \lambda Y_{t-1} = (1-\lambda)a + \beta_0 X_t + \mu_t - \lambda \mu_{t-1} \tag{5-19}$$

整理得科伊克模型的一般形式

$$Y_t = (1-\lambda)a + \beta_0 X_t + \lambda Y_{t-1} + \upsilon_t \tag{5-20}$$

这是一个一阶自回归模型。由此可见,可以将一个无限分布滞后模型变成只有一个本期解释变量 X_t 和滞后一期被解释变量 Y_{t-1} 的自回归模型。其中,

$$\upsilon_t = \mu_t - \lambda \mu_{t-1}$$

科伊克模型有两个特点:一是以一个滞后被解释变量 Y_{t-1} 代替了大量的滞后解释变量 X_{t-i},最大限度地节省了自由度,解决了滞后期长度 s 难以确定的问题;二是由于滞后一期的被解释变量 Y_{t-1} 与 X_t 的线性相关程度肯定可以小于 X 的各期滞后值之间的相关程度,从而缓解了多重共线性。

但科伊克变换同时也产生了两个新问题:一是模型存在随机干扰项 υ_t 的一阶自相关性;二是滞后被解释变量 Y_{t-1} 与随机项 υ_t 不独立,即 $\mathrm{Cov}(Y_{t-1}, \upsilon_t) \neq 0$。这些新问题需要进一步被解决。

5.2.3 自回归模型的构造及参数估计

5.2.3.1 自回归模型的构造

从上面的讨论中已看出,一个无限期分布滞后模型可以通过科伊克变换转化为自回归模型。事实上,许多滞后变量模型都可以转化为自回归模型,自回归模型是经济生活中更常见的模型。下面我们以自适应预期模型以及局部调整模型为例进行说明。

(1)自适应预期(adaptive expectation)模型

在某些实际问题中,因变量 Y_t 并不取决于解释变量的当前实际值 X_t,而取决于 X_t 的"预期水平"或"长期均衡水平"X_t^e。例如,家庭本期消费水平,取决于本期收入的预期值;市场上某种商品的供求量,决定于本期该商品价格的均衡值。因此,自适应预期模型最初的表现形式是

$$Y_t = \beta_0 + \beta_1 X_t^e + \mu_t \tag{5-21}$$

由于预期变量是不可实际观测的,往往做如下自适应预期假定:

$$X_t^e - X_{t-1}^e = r(X_t - X_{t-1}^e) \tag{5-22}$$

其中 r 为预期系数(coefficient of expectation),$0\leqslant r\leqslant 1$。该式的经济含义为:经济行为者将根据过去的经验修改他们的预期,即本期预期值的形成是一个逐步调整过程,本期预期值的增量是本期实际值与前一期预期值之差的一部分,其比例为 r。这个假定还可写成

$$X_t^e = rX_t + (1-r)X_{t-1}^e \tag{5-23}$$

即本期预期值为本期真值与前期预期值的加权和。

将(5-23)式代入(5-21)式得

$$Y_t = \beta_0 + \beta_1[rX_t + (1-r)X_{t-1}^e] + \mu_t \tag{5-24}$$

将(5-21)式滞后一期并乘以 $1-r$,得

$$(1-r)Y_{t-1} = \beta_0(1-r) + \beta_1(1-r)X_{t-1}^e + (1-r)\mu_{t-1} \tag{5-25}$$

以(5-24)式减去(5-25)式,整理得

$$Y_t = \beta_0 r + \beta_1 rX_t + (1-r)Y_{t-1} + v_t \tag{5-26}$$

其中,$v_t=\mu_t-(1-r)\mu_{t-1}$。可见自适应预期模型可转化为一个自回归模型。

(2)局部调整(partial adjustment)模型

局部调整模型主要是用来研究物资储备问题的。例如,企业为了保证生产和销售,必须保持一定的原材料储备。对应于一定的产量或销售量 X_t,存在着预期的最佳库存 Y_t^e。局部调整模型的最初形式为

$$Y_t^e = \beta_0 + \beta_1 X_t + \mu_t \tag{5-27}$$

显然,Y_t^e 不可观测。由于生产条件的波动,生产管理方面的原因,库存储备 Y_t^e 的实际变化量只是预期变化的一部分。储备按预定水平逐步进行调整,故有如下局部调整假设:

$$Y_t - Y_{t-1} = \delta(Y_t^e - Y_{t-1}) \tag{5-28}$$

其中,δ 为调整系数,$0\leqslant\delta\leqslant 1$。局部调整假设还可写成

$$Y_t = \delta Y_t^e + (1-\delta)Y_{t-1} \tag{5-29}$$

表明实际库存储备是本期最佳预期库存与上期实际库存的加权和。

将(5-27)式代入(5-29)式得

$$Y_t = \delta\beta_0 + \delta\beta_1 X_t + (1-\delta)Y_{t-1} + \delta\mu_t \tag{5-30}$$

可见,局部调整模型可转化为一个自回归模型。

5.2.3.2 自回归模型的参数估计

对于自回归模型(5-10)式,估计时的主要问题在于,滞后被解释变量的存在可能导致它与随机干扰项相关,以及随机干扰项出现序列相关性。如科伊克模型(5-20)式与自适应预期模型(5-26)式,就存在着滞后被解释变量 Y_{t-1} 与随机干扰项的同期相关性,同时,随机干扰项还是自相关的。而局部调整模型(5-30)式则存在着滞后被解释变量 Y_{t-1} 与随机干扰项的异

期相关性。因此，对自回归模型的估计主要需视滞后被解释变量与随机干扰项的不同关系进行估计。下面以一阶自回归模型为例说明。

(1)工具变量法

对于一阶自回归模型

$$Y_t = a_0 + a_1 X_t + a_2 Y_{t-1} + \mu_t \tag{5-31}$$

若滞后被解释变量 Y_{t-1} 与随机干扰项 μ_t 同期相关(如科伊克模型与自适应预期模型)，则OLS估计是有偏的，并且不是一致估计。因此，对上述模型，通常采用工具变量法，即寻找一个新的经济变量 Z_t 作为 Y_{t-1} 的工具变量进行估计。参数估计量具有一致性。

在实际估计中，一般用 $\hat{Y}_{t-1}$ 作为 Y_{t-1} 的工具变量，其中 $\hat{Y}_{t-1}$ 是 X 的若干滞后的线性组合：

$$\hat{Y}_{t-1} = a_0 + a_1 X_{t-1} + a_2 X_{t-2} + \cdots + a_s X_{t-s}$$

由于模型(5-31)式中已假设随机干扰项 μ_t 与解释变量 X 及其滞后项不存在相关性，因此(5-31)式中的 μ_t 与 $\hat{Y}_{t-1}$ 不再线性相关。一个更简单的情形是直接用 X_{t-1} 作为 Y_{t-1} 的工具变量。

(2)普通最小二乘法

若滞后被解释变量 Y_{t-1} 与随机干扰项 μ_t 同期无关(如局部调整模型)，可直接使用OLS法进行估计，得到一致估计量。

需要指出的是，上述工具变量法只解决了解释变量与随机干扰项相关对参数估计所造成的影响，但没有解决 μ_t 的自相关问题。事实上，对于自回归模型，随机干扰项的自相关问题始终是存在的，对于此问题，至今没有完全有效的解决方法。唯一可做的，就是尽可能地建立"正确"的模型，以使序列相关性的程度减轻。

[例 5-14]

建立我国长期货币流通量需求模型。考虑到适度的货币流通量是市场稳定的一个基本要素，而影响货币需求的因素，不仅在本期，而且在长期内发挥作用。我国改革开放以来，对货币需求量的影响因素，主要有资金运用中的贷款额以及反映价格变化的城市居民消费价格指数。显然，贷款额的增加，将使贷款转化为现金投放的需求增加，而物价水平的上升，就需要有更多的货币来支付同等的商品购买量。1978—2017 年我国货币疏通量、贷款额和城市居民消费价格指数的数据资料见表 5-4。

表 5-4　1978—2017 年我国货币流通量、贷款额和城市居民消费价格指数数据

年份	货币流通量 Y/亿元	城市居民消费价格指数 P (1978=100)	贷款额 X /亿元	年份	货币流通量 Y/亿元	城市居民消费价格指数 P (1978=100)	贷款额 X /亿元
1978	212.0	100.0	1 850.0	1983	529.8	116.7	3 589.9
1979	267.7	101.9	2 039.6	1984	792.1	119.9	4 766.1
1980	346.2	109.5	2 414.3	1985	987.8	134.2	5 905.6
1981	396.3	112.2	2 860.2	1986	1 218.4	143.6	7 590.8
1982	439.1	114.4	3 180.6	1987	1 454.5	156.2	9 032.5

续表 5-4

年份	货币流通量 Y/亿元	城市居民消费价格指数 P (1978=100)	贷款额 X /亿元	年份	货币流通量 Y/亿元	城市居民消费价格指数 P (1978=100)	贷款额 X /亿元
1988	2 134.0	188.5	10 551.3	2003	19 746.2	479.4	158 996.2
1989	2 344.0	219.2	14 360.1	2004	21 468.4	495.2	178 197.8
1990	2 644.4	222.0	17 680.7	2005	24 032.8	503.1	194 690.4
1991	3 177.8	233.3	21 337.8	2006	27 072.6	510.6	225 347.2
1992	4 336.0	253.4	26 322.9	2007	30 375.2	533.6	261 690.9
1993	5 864.7	294.2	32 943.1	2008	34 218.9	563.5	303 498.0
1994	7 288.6	367.8	39 976.0	2009	38 245.9	558.4	399 685.0
1995	7 885.3	429.6	50 544.1	2010	44 628.2	576.3	479 196.0
1996	8 802.0	467.4	61 156.6	2011	50 748.4	606.8	547 947.0
1997	10 177.6	481.9	74 914.1	2012	54 659.7	623.2	629 910.0
1998	11 204.2	479.0	86 524.1	2013	58 574.4	639.4	718 961.0
1999	13 455.5	472.8	93 734.3	2014	60 259.5	652.8	816 770.0
2000	14 652.7	476.6	99 371.1	2015	63 216.6	662.6	939 540.0
2001	15 688.8	479.9	112 314.7	2016	68 303.9	676.5	1 066 040.0
2002	17 278.4	475.1	131 293.9	2017	70 645.6	688.0	1 201 321.0

资料来源:《1980—2018 年中国统计年鉴》,中国统计出版社。

长期货币流通量模型可设定为

$$Y_t^e = \beta_0 + \beta_1 X_t + \beta_2 P_t + \mu_t \tag{5-32}$$

其中,Y_t^e 为长期货币流通需求量。由于长期货币流通需求量不可观测,做局部调整

$$Y_t - Y_{t-1} = \delta(Y_t^e - Y_{t-1}) \tag{5-33}$$

其中,Y_t 为实际货币流通量,表明每年货币流通量的调整,只是预期调整的一部分。将(5-32)式代入(5-33)式得短期货币流通量需求模型

$$Y_t = \delta\beta_0 + \delta\beta_1 X_t + \delta\beta_2 P_t + (1-\delta)Y_{t-1} + \delta\mu_t \tag{5-34}$$

(5-34)式为一局部调整模型,OLS 估计结果如图 5-10 所示。

```
      Source |       SS           df       MS      Number of obs   =        39
-------------+----------------------------------   F(3, 35)        =     11.48
       Model |  2614.42649         3  871.475498   Prob > F        =    0.0000
    Residual |   2657.8812        35  75.9394628   R-squared       =    0.4959
-------------+----------------------------------   Adj R-squared   =    0.4527
       Total |  5272.30769        38  138.744939   Root MSE        =    8.7143

------------------------------------------------------------------------------
           y |      Coef.   Std. Err.      t    P>|t|     [95% Conf. Interval]
-------------+----------------------------------------------------------------
           x |  -.1662139   .1307459    -1.27   0.212    -.4316422    .0992145
           P |   .0044151   .0073094     0.60   0.550    -.0104236    .0192539
        y_01 |   .7360339   .1291286     5.70   0.000     .4738889    .9981789
       _cons |   7.659971    4.10348     1.87   0.070    -.6705359    15.99048
------------------------------------------------------------------------------
```

图 5-10 回归结果

$$Y_t = 7.659\,971 - 0.166\,213\,9X_t + 0.004\,415\,1P_t + 0.736\,033\,9Y_{t-1}$$
$$t = \quad (1.87) \qquad (-1.27) \qquad (0.60) \qquad (5.70) \tag{5-35}$$
$$R^2 = 0.495\,9, \bar{R}^2 = 0.452\,7, F = 11.48$$

由参数估计结果得 $1-\hat{\delta} = 0.736\,033\,9$，得 $\hat{\delta} = 0.263\,966\,1$。

最后得到长期货币流通需求模型的估计式

$$Y_t^e = -29.018\,5 - 0.629\,6X_t + 0.016\,7P_t \tag{5-36}$$

估计结果表明，贷款额对我国货币流通量的影响，短期为 0.17，长期为 0.63，即贷款额每增加 1 亿元，短期货币流通需求量将减少 0.17 亿元，长期货币流通需求量将减少 0.63 亿元；而反映物价水平的居民消费价格指数对我国货币流通量的影响，短期为 0.004，长期为 0.017，即价格指数每增加 1 个百分点，将导致短期货币流通需求量增加 0.004 亿元，长期货币流通需求量增加 0.017 亿元。

如果直接对下式做 OLS 回归：

$$Y_t = \beta_0 + \beta_1 X_t + \beta_2 P_t + \mu_t$$

结果如图 5-11 所示。

Source	SS	df	MS
Model	189.502477	2	94.7512387
Residual	5140.49752	37	138.932365
Total	5330	39	136.666667

Number of obs =	40
F(2, 37) =	0.68
Prob > F =	0.5118
R-squared =	0.0356
Adj R-squared =	-0.0166
Root MSE =	11.787

y	Coef.	Std. Err.	t	P>|t|	[95% Conf.	Interval]
x	.0496039	.1655815	0.30	0.766	-.2858961	.385104
P	.0099782	.0096486	1.03	0.308	-.0095718	.0295281
_cons	15.61192	4.833896	3.23	0.003	5.817514	25.40632

图 5-11　回归结果

$$Y_t = 15.611\,92 + 0.049\,603\,9X_t + 0.009\,978\,2P_t$$
$$t = \quad (3.23) \qquad (0.30) \qquad (1.03)$$
$$R^2 = 0.035\,6, \bar{R}^2 = 0.016\,6, F = 0.68$$

由 $R^2, \bar{R}^2$ 的值均接近于 0，F 值不显著，变量 X 与 P 的 t 值均不显著，容易判断该模型结果不合理，因此(5-35)式的设定更“正确”。

5.2.4　格兰杰因果关系检验

自回归分布滞后模型旨在揭示某变量的变化受其自身及其他变量过去行为的影响。然而，许多经济变量有着相互的影响关系。例如，GDP 的增长能够促进消费的增长，而反过来，消费的变化又是 GDP 变化的一个组成部分，因此，消费增加又能促进 GDP 的增加。现在的问题是：当两个变量间在时间上有先导—滞后关系时，能否从统计上考察这种关系是单向的还是双向的？即主要是一个变量过去的行为在影响另一个变量的当前行为呢？还是双方的过去行为在相互影响着对方的当前行为？格兰杰(Granger)提出了一个简单的检验程序，习惯上称为格兰杰因果关系检验(Granger causality test)。

对两变量 Y 与 X，格兰杰因果关系检验要求估计以下回归：

$$Y_t = \sum_{i=1}^{m} \alpha_i X_{t-i} + \sum_{i=1}^{m} \beta_i Y_{t-i} + \mu_{1t} \tag{5-37}$$

$$X_t = \sum_{i=1}^{m} \lambda_i X_{t-i} + \sum_{i=1}^{m} \delta_i Y_{t-i} + \mu_{2t} \tag{5-38}$$

可能存在四种检验结果：

(1) X 对 Y 有单向影响，表现为(5-37)式 X 各滞后项前的参数整体不为零，而(5-38)式 Y 各滞后项前的参数整体为零；

(2) Y 对 X 有单向影响，表现为(5-38)式 Y 各滞后项前的参数整体不为零，而(5-37)式 X 各滞后项前的参数整体为零；

(3) Y 与 X 间存在双向影响，表现为 Y 与 X 各滞后项前的参数整体不为零；

(4) Y 与 X 间不存在影响，表现为 Y 与 X 各滞后项前的参数整体为零。

格兰杰检验是通过受约束的 F 检验完成的。如针对 X 不是 Y 的格兰杰原因这一假设，即针对(5-37)式中 X 滞后项前的参数整体为零的假设，分别做包含与不包含 X 滞后项的回归，记前者的残差平方和为 $\mathrm{RSS_U}$，后者的残差平方和为 $\mathrm{RSS_R}$，再计算 F 统计量：

$$F = \frac{(\mathrm{RSS_R} - \mathrm{RSS_U})/m}{\mathrm{RSS_U}/(n-k)} \tag{5-39}$$

式中，m 为 X 的滞后项的个数，n 为样本容量，k 为包含可能存在的常数项及其他变量在内的无约束回归模型的待估参数的个数。

如果计算的 F 值大于给定显著性水平 α 下 F 分布的相应的临界值 $F_\alpha(m, n-k)$，则拒绝原假设，认为 X 是 Y 的格兰杰原因。

需要指出的是，格兰杰因果关系检验对于滞后期长度的选择有时很敏感。不同的滞后期可能会得到完全不同的检验结果。因此，一般而言，常进行不同滞后期长度的检验，以检验模型中随机干扰项不存在序列相关的滞后期长度来选取滞后期。

由于假设检验的零假设是不存在因果关系，在该假设下 F 统计量服从 F 分布，因此严格地说，该检验应该称为格兰杰非因果关系检验。

[例 5-15]

表 5-5 给出了我国 1978—2000 年按当年价测度的 GDP 与居民消费 CONS 数据，检验两者的因果关系。

取 2 阶滞后，Stata 软件给出的格兰杰检验结果如图 5-12 所示。

表 5-5　我国 1978—2000 年按当年价测度的 GDP 与居民消费 CONS　　亿元

年份	CONS	GDP	年份	CONS	GDP
1978	1 759.1	3 605.6	1990	9 113.2	1 819.5
1979	2 005.4	4 074.0	1991	10 315.9	21 280.4
1980	2 317.1	4 551.3	1992	12 459.8	25 863.7
1981	2 604.1	4 901.4	1993	15 682.4	34 500.7
1982	2 867.9	5 489.2	1994	20 809.8	46 690.7
1983	3 182.5	6 076.3	1995	26 944.5	58 510.5
1984	3 674.5	7 164.4	1996	32 152.3	68 330.4
1985	4 589.0	8 792.1	1997	34 854.6	74 894.2
1986	5 175.0	10 132.8	1998	36 921.1	79 003.3
1987	5 961.2	11 784.7	1999	39 334.4	82 673.1
1988	7 633.1	14 704.0	2000	42 911.9	89 112.5
1989	8 523.5	16 466.0			

资料来源:《2001 年中国统计年鉴》,中国统计出版社。

```
Granger causality test                          Sample: 1980 to 2000
                                                              obs = 21
H0: gdp does not Granger-cause cons

                 F( 2, 16) =     1.20
                   Prob > F =   0.3272

                   chi2(2) =     3.15        (asymptotic)
               Prob > chi2 =   0.2073        (asymptotic)
```

图 5-12　格兰杰检验结果

由相伴概率知,在 5%的显著性水平下,既拒绝“GDP 不是 CONS 的格兰杰原因”的假设,也拒绝“CONS 不是 GDP 的格兰杰原因”的假设。因此,从 2 阶滞后的情况看,GDP 的增长与居民消费增长支出互为格兰杰原因。

表 5-6 给出了取 2～6 阶滞后的检验结果。可以看出,随着滞后阶数的增加,拒绝“GDP 是居民消费 CONS 的原因”的概率变大,而拒绝“居民消费 CONS 是 GDP 的原因”的概率变小。如果同时考虑检验模型的序列相关性以及赤池信息准则,我们发现滞后 4 阶或 5 阶的检验模型不具有 1 阶自相关性,而且也拥有较小的 AIC 值,这时判断结果则是 GDP 与居民消费有双向的格兰杰因果关系,即相互影响。

表 5-6　我国 GDP 与居民消费 CONS 的格兰杰因果关系检验

滞后长度	格兰杰因果性	F 值	F 的 p 值	LM(1)的 p 值	AIC 值	结论
2	GDP $\xrightarrow{\times}$ CONS	4.297	0.032	0.009	16.38	拒绝
	CONS $\xrightarrow{\times}$ GDP	1.823	0.194	0.008	17.86	不拒绝
3	GDP $\xrightarrow{\times}$ CONS	10.219	0.001	0.010	15.14	拒绝
	CONS $\xrightarrow{\times}$ GDP	0.496	0.691	0.191	17.14	不拒绝

续表 5-6

滞后长度	格兰杰因果性	F 值	F 的 p 值	LM(1)的 p 值	AIC 值	结论
4	GDP $\xrightarrow{\times}$ CONS	19.643	0.001	0.110	14.70	拒绝
	CONS $\xrightarrow{\times}$ GDP	5.247	0.015	0.027	16.42	拒绝
5	GDP $\xrightarrow{\times}$ CONS	10.321	0.004	0.464	14.72	拒绝
	CONS $\xrightarrow{\times}$ GDP	5.085	0.028	0.874	14.30	拒绝
6	GDP $\xrightarrow{\times}$ CONS	4.705	0.078	0.022	14.99	不拒绝
	CONS $\xrightarrow{\times}$ GDP	7.773	0.034	1.000	16.05	拒绝

注：表中“$\xrightarrow{\times}$”表示“箭头前的变量不是箭头后的变量的格兰杰原因”。

5.3 模型的设定误差

计量经济模型实际上是对变量经济关系因果性的一个假定或设想。若模型的设定是正确的，那么对此模型的估计和检验相对而言就比较简单。然而，事实上对各计量经济模型的设定正确与否通常都不可能有十足的把握。在实证分析中，我们在设定模型时常要包括下述几项具体内容：模型中解释变量的构成、模型的函数形式以及有关随机误差项的若干假定等。如果关于这些内容的设定与客观实际不一致，利用计量经济模型来描述经济变量关系时，就会产生误差（偏差），我们把这种误差称为模型的“设定误差”。但完全正确的模型设定只有理论可能，在实践中也许是永远达不到的。我们只是希望找到一个能够合理反映现实的模型，即一个好的模型。

5.3.1 传统建模方法及判断计量经济模型优劣的基本准则

5.3.1.1 传统建模方法的过程

利用传统方法建立计量经济模型，一般要经过以下四个工作步骤：

（1）根据有关经济理论的阐释或社会经济事件的惯常经验，选择模型应当包含的变量及模型具体的函数形式，构建理论模型。

（2）依据研究对象的性质，对理论模型的变量、参数及随机误差项做出相应的先验假设，作为模型检验的标准。

（3）收集相关变量的样本观测数据，采用一定的计量经济学方法，对模型参数进行估计，求出理论模型的样本估计式。

（4）对模型样本估计式进行理论检验、统计检验及计量经济学准则检验，如果检验结果能满足先验假设的要求，模型估计式便被接受，否则，模型估计式就被认为是错误的，应当抛弃。

5.3.1.2 传统建模方法的思路

传统建模方法认为，根据经济理论或实际经验建立的理论模型才是“正确的”模型。模型估计式经过检验，在某个或某些方面不满足先验假设，如参数估计量的符号和大小不符合经济理论和实际经验的常规，或 R^2、t、F、DW 等检验统计量不能令人满意，研究者仍不会怀疑模型变量选择和函数形式确定的“正确性”，而将出现错误结果的原因归结为数据资料的缺陷和估计方法的欠妥，进而搜寻自认为更完美的数据资料和更完善的方法重新估计参数。只有当重新估计的参数仍然不满足先验假设时，研究者才会将注意力转向模型可能出现的偏差上，考虑模型是否遗漏了重要变量，或包含了多余的变量，或模型函数形式不准，或随机误差项的设定不正确等。

若发现模型估计式不满足先验假设是由重要解释变量的遗漏造成，研究者便通过引入“新”变量的办法对原有理论模型进行修补。由于在实际的经济研究中，一般从含有较少个数解释变量的模型开始，经过检验后把越来越多的解释变量引入模型，故有的学者（如 C. L. Gibert）将其称为平均经济回归（简记为 AER）。

计量经济模型的传统建模方法因其存在一些缺陷而遭到非议。这些缺陷主要表现在三个方面：

(1)应用计量经济学方法研究的实际经济问题范围广泛、类型多样，经济理论难以对这些形形色色的研究对象都给出具体的阐释，社会经济实践也不总是能够提供可资借鉴的参照。在这种情况下，理论模型的构建就将因缺乏依据而陷入困境。

(2)即使所研究的问题有相关理论的说明或实际经验的参考，但对于某一个具体的经济现象，因其特殊性所决定，是否一定符合理论与经验的常规，还是一个有待证明的问题。将依据经济理论和实际经验建立的理论模型先验假设为“正确”，并将其作为前提对模型进行估计与检验，在方法上显得牵强，实际上模型不一定能真实描绘客观现实。

(3)有时虽然能根据经济理论和实际经验构建出一个好的理论模型，但由于数据资料不满足要求（如缺失或难以获得），参数估计困难（如不可线性化的模型）等原因，使其不具有实用性，遇到这种情况，传统的建模方法也会显得无能为力。

虽然传统的建模方法存在上述缺陷，但这一方法毕竟为模型构建提出了一个明晰的思路，并为大多数研究者所采用，正因为如此，一些计量经济学家（如 A. C. Darnell 和 L. Evans）认为，这一方法经过某些修改仍然可取。

5.3.1.3 判断计量经济模型优劣的基本准则

应用传统方法（应用其他方法也一样）构建计量经济模型优劣的基本准则有以下几条。

(1)模型应力求简单。计量经济模型只能是对客观经济现象的本质描绘，对其内在规律的高度抽象，而永远不可能是对经济现实的完全准确的描述。如果要求模型完全准确地反映经济现实，它就会复杂到没有任何实用价值。因此，构建任何一个计量经济模型，都离不开必要的抽象与简化，模型中只应当包含那些反映研究对象本质的关键变量，而把次要的变量（因素）放到随机误差项中。在可完成研究任务和达成研究目标的前提下，模型越简单越好。简单的模型不仅易于估计与检验，也便于应用。

(2)模型具有可识别性。所构建的模型对于给定的数据资料，可以采用一定的计量经济方法，求出参数的唯一估计量。如果说构建的模型是不可识别的，便不可能用任何一种计量经济方法求出参数的估计量，这样的模型是没有意义的。如果所构建的模型在给定的数据资料条件下，其参数估计量不是唯一的，则这样的模型也是没有用途的。

(3)模型具有较高的拟合优度。对计量经济模型的基本要求，是通过解释变量尽可能有效地解释被解释变量的变化。这种有效性主要体现在解释变量对被解释变量总变差解释的份额，份额越高越有效。这一份额是对模型总体拟合优度的量度，称为决定系数，用 R^2 表示(调整后的 R^2 用 $\bar{R}^2$ 表示)。对于一个好的模型，$\bar{R}^2$ 应当接近于 100%，不过，模型好坏不能只看 $\bar{R}^2$ 值，还需要看其他检验结果，在其他检验结果符合要求的情况下，$\bar{R}^2$ 值越高越好。

(4)模型应与理论相一致。计量经济模型所反映的变量之间的依存关系，应当与经济理论及社会经济实践的常规相一致。如果模型参数估计量中有一个或多个的符号发生错误，即使 $\bar{R}^2$ 值很高，因与常理相悖，也不一定是一个好的模型。当然，在某些特定情况下，经济现象的发展变化不符合理论常规，反映这类研究对象的模型也就与理论的一般说明不相符合，只要理由充分，模型仍然成立。

(5)模型具有较好的超样本功能。建立计量经济模型的目的在于进行经济分析、经济预测及理论验证，模型在这些方面的功能越强越好。对于模型样本估计式，如果在样本范围内和样本范围外对所研究的经济现象都有很强的分析和预测功能，模型的理论结果和实际结果相差很小，模型就真实可靠，超样本功能就强。如果模型在样本范围内有较好的分析与预测功能，而在样本范围之外不能对客观经济现象做出好的解释与说明，便表明其超样本功能差。超样本功能差的模型是不可靠的，不可贸然应用。

5.3.2 模型设定误差的类型

传统建模方法假定，根据经济理论和实际经验构建的理论模型是“正确的”，变量的样本观测数据没有测定误差。这两个方面的假定是很严格的，在实际的建模过程中很难满足。由于经济理论不可能对千差万别的研究对象指明应当包含的具体变量和应该采用的函数形式，研究者就必须经过主观判断构建理论模型，并使用统计数据(或调查数据)作为样本资料。在这一背景下，模型设定便可能出现相关变量的遗漏(欠拟合)、无关变量的误选(过拟合)以及模型采取了不正确的函数形式这几类误差。

(1)模型遗漏了重要的解释变量

在建模时，习惯做法是依据经济理论和主观经验去选择对因变量有重要影响的解释变量。在选择过程中，由于人们的认识、理论分析的缺陷及有关统计资料来源不畅等主观原因，可能无意识地忽略了某些变量，或遗漏了某些重要的解释变量，因此这样所设定的模型可能不正确。

假设内生变量 y 的变动主要受外生变量 x_1 和 x_2 的影响，y 与 x_1 和 x_2 的真实关系式为一个二元线性回归模型：

$$y_t = b_0 + b_1 x_{1t} + b_2 x_{2t} + u_t \tag{5-40}$$

当研究者构建模型时，或因经济理论对该研究对象应选择的具体变量缺乏说明，或因找不到同类的研究做参照,主观判断的结果认为只有 x_1 是影响 y 的重要变量,而丢掉了变量 x_2,只选择 x_1 做解释变量建模,就只会得到一个一元线性回归模型:

$$y_t = b_0 + b_1 x_{1t} + v_t \tag{5-41}$$

由于已经确认式(5-40)是反映 y 变动的正确的模型,故研究者所构建的式(5-41)便是一个有设定误差的模型,这一误差是因为在模型中遗漏了重要的解释变量 x_2,使模型对研究的对象的描绘失准,对比式(5-40)和式(5-41),它们的随机误差项存在下述关系:

$$v_t = b_2 x_{2t} + u_t \tag{5-42}$$

(2)模型包含无关的解释变量

有时因为研究者主观判断的失误,也可能将无关紧要的解释变量引进模型。对于上例,如果研究者误认为另一个外生变量 x_3 对内生变量 y 有重要影响,并将其作为一个独立的解释变量引进模型,就会建立一个三元线性回归模型:

$$y_t = b_0 + b_1 x_{1t} + b_2 x_{2t} + b_3 x_{3t} + \nu_t \tag{5-43}$$

与正确的模型(5-40)相比,式(5-43)也是一个有设定误差的模型,因为它包含无关的解释变量 x_3,使其不能正确描绘内生变量 y 的变动,在这一有设定误差的模型中,随机误差项 ν_t 实际上为,

$$\nu_t = u_t - b_3 x_{3t} \tag{5-44}$$

因为外生变量 x_3 是一个与内生变量 y 无关的变量,故在式(5-43)中解释变量 x_3 的系数 b_3 应当为零。所以随机误差项 ν_t 应当与 u_t 相等。

(3)模型采用了不正确的函数形式

在某些情况下,研究者对模型变量的选择正确,但因为多种原因对这些变量之间内在关联关系的判断发生失误,就可能对模型采用错误的函数形式。对于上例,如果研究者误认为内生变量 y 与外生变量 x_1 和 x_2 的关系为

$$y_t = b_0 x_{1t}^{b_1} x_{2t}^{b_2} \mathrm{e}^{v_t} \tag{5-45}$$

也即

$$\ln y_t = \ln b_0 + b_1 \ln x_{1t} + b_2 \ln x_{2t} + v_t \tag{5-46}$$

与正确的模型(5-40)相比,式(5-45)或式(5-46)是一个有设定误差的模型,因为它将 y 与 x 的线性函数关系错误地表达成非线性函数关系,从而对模型变量内在关联关系进行了不正确的描绘。

5.3.3 模型存在设定误差后果

对于所构建的模型,无论存在哪种类型的设定误差,都必然对模型参数估计、模型检验带

来重要影响，并最终决定模型估计式的质量和功能。在模型的几类设定误差中，函数形式选择错误的类型较多，产生的后果也不尽相同，难以进行一般性讨论；模型变量存在观测误差，轻则影响参数估计的有效性，重则改变模型的性质（若变量误差太大，将使其内涵发生改变），不良后果虽然明显，也难以进行一般性分析；而模型中遗漏重要变量和引进了无关变量的后果有一些共同的规律可循，可以进行一般性分析论证。

5.3.3.1 模型遗漏重要变量的后果

对于模型遗漏重要变量的后果，可以用一个二元线性模型遗漏一个重要变量的情况加以说明。至于多元模型中遗漏一个以上重要变量的后果，可以类推，只不过计算过程要复杂得多。

假设正确的回归模型为

$$y_t = b_0 + b_1 x_{1t} + b_2 x_{2t} + u_t \tag{5-47}$$

由于某种原因，我们实际采用的回归模型为

$$y_t = a_0 + a_1 x_{1t} + v_t \tag{5-48}$$

即无意识地忽略了变量 x_2，使其没有在式(5-48)中出现。

假定有关古典线性模型的假设都满足，则 a_1 的 OLS 估计量为

$$\hat{a}_1 = \frac{\sum (x_{1t} - \bar{x}_1)(y_t - \bar{y})}{\sum (x_{1t} - \bar{x}_1)^2} \tag{5-49}$$

将正确模型(5-47)代入式(5-49)，解得

$$\begin{aligned} \hat{a}_1 &= \frac{\sum (x_{1t} - \bar{x}_1)[b_1(x_{1t} - \bar{x}_1) + b_2(x_{2t} - \bar{x}_2) + (u_t - \bar{u})]}{\sum (x_{1t} - \bar{x}_1)^2} \\ &= b_1 + b_2 \cdot \frac{\sum (x_{1t} - \bar{x}_1)(x_{2t} - \bar{x}_2)}{\sum (x_{1t} - \bar{x}_1)^2} + \frac{\sum (x_{1t} - \bar{x}_1)(u_t - \bar{u})}{\sum (x_{1t} - \bar{x}_1)^2} \end{aligned} \tag{5-50}$$

对式(5-50)两边取期望，考虑到 x_{1t} 为非随机变量，有

$$E(\hat{a}_1) = b_1 + b_2 \cdot \frac{\sum (x_{1t} - \bar{x}_1)(x_{2t} - \bar{x}_2)}{\sum (x_{1t} - \bar{x}_1)^2} = b_1 + b_2 \cdot \frac{\mathrm{Cov}(x_1, x_2)}{\mathrm{Var}(x_1)} \tag{5-51}$$

其中，$\mathrm{Cov}(x_1, x_2)$为 x_1 与 x_2 的样本协方差，$\mathrm{Var}(x_1)$为 x_1 的样本方差。

(1)如果遗漏的变量 x_2 与 x_1 是相关的，即 $\mathrm{Cov}(x_1, x_2)$非零，那么$\hat{a}_1$ 是有偏的且不一致的，因为 $\mathrm{Cov}(x_1, x_2)$不会随着样本的增大而趋于零，并且$\hat{a}_1$ 的偏差程度随着 $\mathrm{Cov}(x_1, x_2)$的增大而增加。

(2)如果遗漏的变量 x_2 与 x_1 是不相关的，即 $\mathrm{Cov}(x_1, x_2)=0$，$\hat{a}_1$ 是无偏的，但可以证明$\hat{a}_0$ 仍是有偏差的。

(3)参数估计量$\hat{a}_1$ 的方差是$\hat{b}_1$ 方差的有偏估计：

$$\mathrm{Var}(\hat{a}_1) = \frac{\sigma^2}{\sum (x_{1t} - \bar{x}_1)^2}$$

$$\mathrm{Var}(\hat{b}_1)=\frac{\sigma^2}{\sum(x_{1t}-\overline{x}_1)^2-[1-\mathrm{Cov}(x_1,x_2)/\mathrm{Var}(x_1)]}$$

如前所述，$\mathrm{Var}(\hat{b}_1)$是无偏的，$\mathrm{Var}(\hat{a}_1)\neq\mathrm{Var}(\hat{b}_1)$，故可粗略推断 $\mathrm{Var}(\hat{a}_1)$是有偏的。

(4)应用惯常的检验程序对参数估计量$\hat{a}_0$与$\hat{a}_1$的显著性检验，容易得出错误的结论，检验的结果不可靠，故不可相信。

5.3.3.2 模型包含无关变量的后果

模型包含无关变量的后果，仍然可以用一个简单的线性模型作为例子加以说明。假设正确的模型是

$$y_t=b_0+b_1x_{1t}+u_t \tag{5-52}$$

如果研究者出于多种原因对解释变量选择失误，将无关的外生变量 x_2 引入模型，构建了如下的线性回归模型：

$$y_t=a_0+a_1x_{1t}+a_2x_{2t}+v_t \tag{5-53}$$

采用 OLS 法对式(5-53)进行参数估计，得到 a_0,a_1,a_2，同上面的证明类似，可以得到

$$\begin{cases}E(\hat{a}_1)=b_1\\ \mathrm{Var}(\hat{a}_1)=\dfrac{\sigma^2}{\sum(x_{1t}-\overline{x}_1)^2[1-\mathrm{Cov}(x_1,x_2)/\mathrm{Var}(x_1)]}\end{cases} \tag{5-54}$$

由此可知：

(1)式(5-54)参数的 OLS 估计量是无偏的，即 $E(\hat{a}_1)=b_1$。同理还可以证明 $E(\hat{a}_0)=b_0$，$E(\hat{a}_2)=b_2$，且均为一致性估计量，即包含无关变量的模型(5-53)的参数估计量是无偏的。

(2) $\hat{a}_1$ 不是有效估计量，因为$\hat{b}_1$的方差为 $\mathrm{Var}(\hat{b}_1)=\dfrac{\sigma^2}{\sum(x_{1t}-\overline{x}_1)^2}$，因此有

$$\frac{\mathrm{Var}(\hat{a}_1)}{\mathrm{Var}(\hat{b}_1)}=\frac{1}{1-\mathrm{Cov}(x_1,x_2)/\mathrm{Var}(x_1)}$$

由于 $0\leqslant\dfrac{\mathrm{Cov}(x_1,x_2)}{\mathrm{Var}(x_1)}\leqslant 1$，故 $\mathrm{Var}(\hat{a}_1)\geqslant\mathrm{Var}(\hat{b}_1)$。

这表明，无关变量 x_2 的误选使得$\hat{a}_1$的方差增大，导致$\hat{a}_1$的估计精度下降，且偏离程度随解释变量间相关程度的增加而增大。此结论对$\hat{a}_0$也成立，即包含无关变量的模型(5-53)的参数估计量不是有效的。

上述分析表明：相关变量的遗漏，损失的是无偏性和一致性；无关变量的误选，损失的是有效性。

5.3.3.3 模型遗漏重要解释变量和引进无关解释变量的后果比较

从上面的分析可以发现，模型遗漏重要解释变量和引进无关解释变量的后果是不相同的。当构建模型时遗漏了重要的解释变量时，有设定误差的模型中保留的变量的参数估计量既是有偏的，也是非一致的，对真实关系式随机误差项的估计也是不正确的，惯常假设检验结果也

是无效的。当构建模型时将无关的解释变量引进模型时，可以给出真实参数无偏但不一致的估计量，对真实关系式随机误差项可以进行正确估计，惯常的假设检验结果也是有效的，只是有设定误差的模型中保留的变量的参数估计量方差增大、精确度降低。由此可得两点结论：

(1)模型中遗漏重要解释变量的不良后果比模型中引入无关解释变量的后果要严重得多。遗漏了重要解释变量的模型是一个错误的不可用的模型，而引进了无关解释变量的模型是一个精度不高，但仍具一定利用价值的模型。应力求避免模型对重要解释变量的遗漏，一个有效的办法是，根据经济理论和实际经验，将那些对被解释变量有直接影响的又不能为其他变量所代替的变量作为模型的解释变量。

(2)虽然在模型中引进无关解释变量的不良后果相对较小，但不能认为在模型中包含无关解释变量是可以容忍的。事实上，如果出现这种情况，会造成模型参数估计量精确度下降，还会引发解释变量的多重共线性问题，以及造成自由度的损失。

一般说来，模型设定是对偏误与有效进行权衡，偏爱哪一方取决于模型研究的目的。若建模目的是进行准确预测，最小均方误差(均方误差＝方差＋偏误的平方，其基本思想是在预测精度要求很高时，有偏有效估计量可能优于无偏有效估计量)则是兼顾有效性和无偏性的良好准则。因此，可在建模过程中对各种模型进行估计，选择其均方误差最小者为设定模型。

5.3.3.4 模型函数形式设定错误的后果

现实经济系统中，变量间的关系大量地表现为非线性关系，但由于认识的有限性或出于对模型简洁的考虑，通常将回归模型设定为线性模型。这种理论模型的线性设定与真实变量关系的非线性之间的差异是模型形式设定中最主要、最常见的错误。

假设真实回归模型为

$$y_t = f(x_t) + \mu_t$$

设定回归模型为

$$y_t = b_0 + b_1 x_t + \mu_t$$

两者之间的差异在哪里呢？我们不妨将 $f(x_t)$ 在 x 点展开为泰勒级数并整理得

$$y_t = b_0 + b_1 x_t + b_2 x_t^2 + \cdots + \mu_t$$

式中

$$b_0 = f(\bar{x}) - \bar{x} f'(\bar{x}) + \frac{\bar{x}_2}{2!} f''(\bar{x}) - \cdots$$

$$b_1 = f'(\bar{x}) - \bar{x} f''(\bar{x}) + \frac{\bar{x}_2}{2!} f'''(\bar{x}) - \cdots$$

$b_2, b_3, \cdots, b_n$ 依此类推。

可见，真实的回归模型实质上是一个关于 x_t 的高次方程，误将它设定为线性函数，实质上就是遗漏了真实方程中应该包含的二次项和其余高次项。由此所产生的影响与遗漏相关解释变量相类似。

5.3.4 模型设定误差的检验

相关变量的遗漏和无关变量的误选，在不同程度上给模型的设定带来了不良影响，因而有必要对构建的模型是否存在设定误差进行检验，一旦发现设定误差，就可以利用相应的办法予以补救。

5.3.4.1 模型是否包含无关解释变量的检验

从理论上讲，计量经济模型中的解释变量如果与被解释变量无关，它的参数就应当为零。因此，对模型中是否包含无关解释变量的检验，就是对模型解释变量的参数是否为零的检验。如果发现模型中某个解释变量的参数为零的可能性很大，这一解释变量就是一个无关的变量，不应当包含在模型中。如果模型中每一个解释变量的参数都不为零，则模型中就不包含无关解释变量。

对模型中是否包含无关解释变量的检验，可以用一个多元线性模型为例加以说明。设解释经济现象 y 的 k 个解释变量模型为

$$y_t = b_0 + b_1 x_{1t} + b_2 x_{2t} + \cdots + b_k x_{kt} + \mu_t$$

当检验 x_k 是否为无关变量时，可构造统计量 $t=\dfrac{\hat{b}_k}{s(\hat{b}_k)}$ 以检验原假设"$H_0: b_k=0$"是否显著；当检验 x_3 和 x_4 是否为无关变量时，则只需要用 F 检验对"$H_0: b_3=b_4=0$"的原假设进行检验。值得指出的是，上述假设检验必须在经济理论指导下进行，不可抛弃经济理论而重复进行假设检验。

5.3.4.2 模型是否遗漏了重要解释变量和采用了错误函数形式的检验

当遗漏了重要解释变量或采用了错误函数形式，模型必然不能对研究对象做出好的解释与说明，反映在其估计式的检验结果上，也一定是不显著的或不理想的，如较大的残差、较低的 $\bar{R}^2$ 值及 DW 值等。因此，可以利用模型的某些检验结果，去判别它是否遗漏了重要的解释变量以及是否采用了错误的函数形式。

(1)应用随机误差项的估计量进行检验

应用随机误差项的估计量可以检验序列相关及异方差问题，同时对模型(尤其是对截面数据模型)是否遗漏了重要解释变量或采用了错误的函数形式也可以进行检验，这种检验方法的应用分三步进行：

第一步，对所构建的模型应用相宜的计量经济学方法进行估计，求出样本估计式。例如，构建的模型为

$$y_t = b_0 + b_1 x_{1t} + b_2 x_{2t} + u_t \tag{5-55}$$

应用普通最小二乘法对式(5-55)进行估计，可得

$$\hat{y}_t = \hat{b}_0 + \hat{b}_1 x_{1t} + \hat{b}_2 x_{2t} \tag{5-56}$$

第二步，计算随机误差项 u_t 的估计量 e_t，即

$$e_t = y_t - \hat{y}_t$$

第三步，以 e_t 为纵轴，以 x_{1t}、x_{2t} 为横轴，描绘出随机误差项 u_t 的估计量 e_t 随解释变量

x_{1t}、x_{2t} 的变动而变化的散点图。如果对于解释变量的 n 个观测值，e_t 的绝对值都很小，且波动也不大，便表明模型不存在遗漏了重要解释变量和采用了错误函数形式的误差。如果出现相反的情形，则表明模型遗漏了重要解释变量或采用了不正确的函数形式，应当重新构建模型。

(2)Ramsey's RESET 检验

Ramsey's RESET 检验(regression equation specification error test)主要用于对函数形式的检验。其基本思想是，如果怀疑非线性项被遗漏了，那么就把非线性项引入方程，并检验其系数是否显著。

假设线性回归模型为 $y=x'\beta+\varepsilon$。回归后可得拟合值 $\hat{y}=x'b$。既然 $\hat{y}$ 是解释变量 x 的一个线性组合，$\hat{y}^2$ 中就包含了各解释变量的二次项(含平方项与交叉项)的信息，而 $\hat{y}^3$ 中就包含了各解释变量三次项的信息，依此类推。考虑以下回归方程：

$$y = x'\beta + \delta_2\hat{y}^2 + \delta_3\hat{y}^3 + \delta_4\hat{y}^4 + \mu$$

对原假设"$H_0:\delta_2=\delta_3=\delta_4=0$"做 F 检验。如果拒绝 H_0，则说明模型中应该有高次项；如果接受 H_0，就说明可以使用线性模型。RESET 检验的缺点是在拒绝 H_0 的情况下，并不提供具体遗漏哪些高次项的信息。

RESET 检验的 Stata 命令为：

reg y×1×2×3

estat ovtest(使用 $\hat{y}^2$，$\hat{y}^3$，$\hat{y}^4$ 作为非线性项)

estat ovtest,rhs(使用解释变量的幂作为非线性项)

其中，"ovtest"表示"omitted variable test"，因为遗漏高次项的后果类似于遗漏解释变量。比如，假设真实模型为 $y=\alpha+\beta x+(\gamma x^2+\varepsilon)$，$\mathrm{Cov}(x,\varepsilon)=0$，但 γx^2 被遗漏。显然，$\mathrm{Cov}(x,\gamma x^2+\varepsilon)=\gamma\mathrm{Cov}(x,x^2)+\mathrm{Cov}(x,\varepsilon)=\gamma\mathrm{Cov}(x,x^2)\neq 0$。因此，遗漏高次项也会导致遗漏变量偏差。

除此以外，关于检验遗漏变量或函数形式的方法，有兴趣的读者还可以在其他教科书中查阅"似然比检验""沃尔德检验(Wald test)""拉格朗日乘数检验"和"豪斯曼检验(Hausman test)"等。

本章练习题

一、单选题

1. 某商品需求函数为 $y_i=b_0+b_1x_i+u_i$，其中 y 为需求量，x 为价格。为了考虑"地区"(农村、城市)和"季节"(春、夏、秋、冬)两个因素的影响，拟引入虚拟变量，则应引入虚拟变量的个数为(　　)。

A. 2　　B. 4　　C. 5　　D. 6

2. 根据样本资料建立某消费函数如下：$\hat{C}_t=100.50+55.35D_t+0.45x_t$，其中 C 为消费，x

为收入，虚拟变量 $D=\begin{cases}1 & 城镇家庭\\0 & 农村家庭\end{cases}$，所有参数均检验显著，则城镇家庭的消费函数为（　　）。

A. $\hat{C}_t=155.85+0.45x_t$　　B. $\hat{C}_t=100.50+0.45x_t$

C. $\hat{C}_t=100.50+55.35x_t$　　D. $\hat{C}_t=100.95+55.35x_t$

3. 假设某需求函数为 $y_i=b_0+b_1x_i+u_i$，为了考虑"季节"因素（春、夏、秋、冬四个不同的状态），引入4个虚拟变量形成截距变动模型，则模型的（　　）。

A. 参数估计量将达到最大精度　　B. 参数估计量是有偏估计量

C. 参数估计量是非一致估计量　　D. 参数将无法估计

4. 对于模型 $y_i=b_0+b_1x_i+u_i$，为了考虑"地区"因素（北方、南方），引入2个虚拟变量形成截距变动模型，则会产生（　　）。

A. 序列的完全相关　　B. 序列不完全相关

C. 完全多重共线性　　D. 不完全多重共线性

5. 设消费函数为 $y_i=a_0+a_1D+b_0x_i+b_1D\cdot x_i+u_i$，其中虚拟变量 $D=\begin{cases}1 & 城镇家庭\\0 & 农村家庭\end{cases}$，当统计检验表明下列哪项成立时，表示城镇家庭与农村家庭有一样的消费行为（　　）。

A. $a_1=0\quad b_1=0$　　B. $a_1=0\quad b_1\neq0$

C. $a_1\neq0\quad b_1=0$　　D. $a_1\neq0\quad b_1\neq0$

6. 消费函数模型 $y_i=a_0+a_1D+a_2D_{2i}+a_3D_{3i}+b_0x_i+u_i$，其中 y 为消费，x 为收入，$D_1=\begin{cases}1 & 第一季度\\0 & 其他季度\end{cases}$，$D_2=\begin{cases}1 & 第二季度\\0 & 其他季度\end{cases}$，$D_3=\begin{cases}1 & 第三季度\\0 & 其他季度\end{cases}$，该模型中包含了几个质的影响因素（　　）。

A. 1　　B. 2

C. 3　　D. 4

7. 设消费函数 $y_i=a_0+a_1D+bx_i+u_i$，其中虚拟变量 $D=\begin{cases}1 & 北方\\0 & 南方\end{cases}$，如果统计检验表明 $a_1=0$ 成立，则北方的消费函数与南方的消费函数是（　　）。

A. 相互平行的　　B. 相互垂直的

C. 相互交叉的　　D. 相互重叠的

8. 假定月收入水平在1 000元以内时，居民边际消费倾向维持在某一水平，当月收入水平达到或超过1 000元时，边际消费倾向将明显下降，则描述消费（C）依收入（I）变动的线性关系宜采用（　　）。

A. $C_t=a_0+b_1I_t+b_2D\cdot I_t+u_t$，$D=\begin{cases}0 & I<1\,000元\\1 & I\geqslant1\,000元\end{cases}$

B. $C_t=a_0+b_1D+b_2I_t+u_t, D=\begin{cases}0 & I<1\,000\text{元} \\ 1 & I\geqslant 1\,000\text{元}\end{cases}$

C. $C_t=a_0+b_1(I_t-I^*)+u_t, I^*=1\,000$ 元

D. $C_t=a_0+b_1I_t+b_2(I_t-I^*)D+u_t$，$D$、$I^*$ 同上

二、简答题

1. 滞后变量模型有哪几种类型？分布滞后模型使用普通最小二乘方法存在哪些问题？
2. 产生模型设定误差的主要原因是什么？模型设定误差的后果以及检验方法有哪些？

三、分析题

1. 1970—1991 年美国制造业固定厂房设备投资和销售量的相关数据见表 5-7。

表 5-7　1970—1991 年美国制造业固定厂房设备投资和销售量的相关数据　10 亿美元

年份	厂房投资 Y	销售量 X	年份	厂房投资 Y	销售量 X
1970	36.99	52.805	1981	128.68	168.129
1971	33.60	55.906	1982	123.97	163.351
1972	35.42	63.027	1983	117.35	172.547
1973	42.35	72.931	1984	139.61	190.682
1974	52.48	84.790	1985	152.88	194.538
1975	53.66	86.589	1986	137.95	194.657
1976	68.53	98.797	1987	141.06	206.326
1977	67.48	113.201	1988	163.45	223.547
1978	78.13	126.905	1989	183.80	232.724
1979	95.13	143.936	1990	192.61	239.459
1980	112.60	154.391	1991	182.81	235.142

(1)以 Y_t^* 代表理想的或长期的新建厂房设备企业投资，估计如下模型：

$$Y_t^*=\beta_0+\beta_1X_t+\mu_t$$

(2)如果模型设定为 $Y_t^*=\beta_0X_t^{\beta_2}\mathrm{e}^{\mu_t}$，请用存量调整模型进行估计。同(1)中的结果相比，你会选择哪个模型？

(3)X_t^* 代表理想的销售量，请估计如下模型：

$$Y_t=\beta_0+\beta_1X_t^*+\mu_t$$

与(1)中的模型相比，你认为哪个模型更适当一些？

2. 利用上题所给数据，试回答：

(1)假定销售量对厂房设备支出有一个分布滞后效应，试用 4 期滞后和 2 次多项式去估计此分布滞后模型；

(2)检验销售量与厂房设备支出的格兰杰因果关系,试用直至 6 期为止的滞后,并评述你的结果。

3. 如果真实的模型是 $Y_i = \beta_1 X_i + \mu_i$,但你却拟合了一个带截距项的模型 $Y_i = \alpha_0 + \alpha_1 X_i + \nu_i$,试评述这一设定误差的后果。

4. 在上题(习题 3)中,假设真实的模型是带截距项的模型,而你却对过原点的模型进行了普通最小二乘回归。请评述这一模型误设的后果。

第 6 章 时间序列分析

教学目的与要求:这部分内容是现代计量经济学发展的较新成果中的重要组成部分,通过这部分内容的学习,要求能够理解时间序列计量经济学发展的基本脉络;了解随机时间序列分析模型的识别、参数估计的基本理论;掌握时间序列平稳性的单位根检验、协整检验以及误差修正模型的建立。

大多数经济数据特别是宏观经济数据为时间序列数据,所以对时间序列进行计量经济学分析在计量经济学中占有十分重要的地位。时间序列变量与横截面变量在性质上有很大不同。比如,当两个时间序列变量是非平稳的时候,如果我们用其中一个序列对另一序列进行回归,往往都能得到从统计数据来看较好的结果,但实际上,它们之间也许没有任何关系。所以通过对时间序列样本值的分析来估计产生这个时间序列样本随机过程的性质,对回归分析是十分重要的。本章将就时间序列的平稳性问题、随机时间序列模型的识别、两个变量的协整问题以及误差修正模型等问题展开讨论。

6.1 时间序列的平稳性及检验

任何时间序列数据都可看成是一个随机过程产生的结果或者是一个随机过程的一个实现:设 $y_1,y_2,\cdots,y_n$ 为一随机时间序列,其中每一项都是随机的,则有关这一随机时间序列的观测值所组成的序列就是这一随机时间序列的一个实现或者说一个样本。我们对时间序列的研究往往是根据随机时间序列的一个样本来推断随机时间序列总体的性质进而进行预测。在前面的回归分析中,我们总假定解释变量是非随机的,但实际上大多数经济数据特别是宏观经济数据,由于其为时间序列数据的时候居多,在这种情况下,无论是被解释变量还是解释变量的观测数据,往往可看作随机时间序列的一个实现,从而使解释变量具有随机性。当解释变量与回归模型中的随机扰动项相关时,就出现了内生性问题,其解决方法已如前所述;当解释变量与回归模型中的随机扰动项无关时,解释变量即使是随机的,经典回归的有关结论仍然适用,但前提条件是模型设定正确。然而,模型设定是否正确在相当程度上取决于时间序列的稳定特性。例如，当回归模型中的变量一方面是时间序列，另一方面有的时间序列变量是平稳的而有的时间序列变量是非平稳的，那么，就会产生虚假回归，即回归模型的误设。所以时间序列的平稳性分析不仅对时间序列本身十分重要，而且对包括时间序列的经典回归分析也十分重要。因此讨论平稳的时间序列对整个计量经济学来说就显得十分必要了。

6.1.1 平稳性定义

如果一个随机时间序列的均值和方差在时间过程上都是常数，并且在任何两时期之间的协方差仅依赖于两时期间的距离或滞后，而不依赖于计算这个协方差的实际时间，就称它为平稳的。

用数学式表示随机时间序列的平稳性：设有一随机时间序列 Y_t，如果：

第一，均值 $E(Y_t)=\mu$ 与时间 t 无关；

第二，方差 $\mathrm{Var}(Y_t)=E(Y_t-\mu)^2=\sigma^2$ 与时间 t 无关，方差 $\mathrm{Var}(Y_t)$ 也可用 γ_0 表示；

第三，协方差 $\gamma_k=E(Y_t-\mu)(Y_{t+k}-\mu)$ 只与间隔期 k 有关而与时间 t 无关，称这样的协方差为滞后 k 的自协方差。（显然 $\gamma_k=\gamma_{-k}$）

则称这样的随机时间序列 Y_t 为平稳的时间序列。

6.1.2 单位根检验

平稳时间序列的检验除了相关图判断外，最常用的统计检验方法是单位根检验。

在介绍检验方法之前，先讨论所用统计量的分布。给出三个简单的自回归数据生成过程。

$$y_t=\beta y_{t-1}+u_t,\quad y_0=0,\quad u_t\sim \mathrm{IID}(0,\sigma^2) \tag{6-1}$$

$$y_t=\mu+\beta y_{t-1}+u_t,\quad y_0=0,\quad u_t\sim \mathrm{IID}(0,\sigma^2) \tag{6-2}$$

$$y_t=\mu+\alpha_t+\beta y_{t-1}+u_t,\quad y_0=0,\quad u_t\sim \mathrm{IID}(0,\sigma^2) \tag{6-3}$$

其中 μ 称作位移项（漂移项），α_t 称作趋势项。

对于以上三个模型，当 $|\beta|<1$ 时，y_t 是平稳的，当 $|\beta|=1$ 时，y_t 是非平稳的。检验过程如下。

对于时间序列 y_t 可用如下自回归模型检验单位根。

$$y_t=\beta y_{t-1}+u_t \tag{6-4}$$

零假设和备择假设分别是

$$H_0:\beta=1\quad（y_t\ 非平稳）$$
$$H_1:\beta<1\quad（y_t\ 平稳）$$

在零假设成立条件下，用 DF 统计量进行单位根检验。

$$\mathrm{DF}=\frac{\hat{\beta}-1}{s(\hat{\beta})}=\frac{\hat{\beta}-1}{s_{(u)}\Big/\sqrt{\sum_{t=2}^{T}y_{t-1}^{2}}} \tag{6-5}$$

其中

$$s_{(u)}=\sqrt{\frac{1}{T-1}\sum_{t=2}^{T}\hat{u}_{t}^{2}} \tag{6-6}$$

以附表6中α部分的相应百分位数作为临界值,若用样本计算的

DF≥临界值,则接受H_0,y_t非平稳;

DF<临界值,则拒绝H_0,y_t平稳。

DF检验存在的问题是,在检验所设定的模型时,假设随机扰动项不存在自相关。但大多数的经济数据序列是不能满足此项假设的,当随机扰动项存在自相关时,直接使用DF检验法会出现偏误,可以使用扩展的DF检验(augmented Dickey - Fuller test),简称ADF检验。ADF检验与DF检验的极限分布相同,从而可以使用相同的临界值表。

6.2 随机时间序列分析模型

客观现象都是处在不断发展变化之中,对现象发展变化的规律,不仅要从内部结构、相互关联去认识,而且还应随时间演变的过程去研究,这就需要运用时间序列分析方法。时间序列分析是一种广泛应用的计量经济方法,它主要用于描述和探索现象随时间发展变化的数量规律。

6.2.1 基本概念

6.2.1.1 自回归过程

如果一个线性过程可表达为

$$x_t=\phi_1x_{t-1}+\phi_2x_{t-2}+\cdots+\phi_px_{t-p}+u_t \tag{6-7}$$

其中,$\phi_i,i=1,\cdots,p$是自回归参数,u_t是白噪声过程,则称x_t为p阶自回归过程,用AR(p)表示。x_t是由它的p个滞后变量的加权和以及u_t相加而成的。

若用滞后算子表示

$$(1-\phi_1L-\phi_2L^2-\cdots-\phi_pL^p)x_t=\Phi(L)x_t=u_t \tag{6-8}$$

其中,$\Phi(L)=1-\phi_1L-\phi_2L^2-\cdots-\phi_pL^p$称为特征多项式或自回归算子。

与自回归模型常联系在一起的是平稳性问题。对于自回归过程AR(p),如果其特征方程

$$\Phi(z)=1-\phi_1z-\phi_2z^2-\cdots-\phi_pz^p=(1-G_1z)(1-G_2z)\cdots(1-G_pz)=0 \tag{6-9}$$

的所有根的绝对值都大于1，则 AR(p)是一个平稳的随机过程。

最常用的是一阶、二阶自回归过程。对于 AR(1)过程，

$$x_t = \phi_1 x_{t-1} + u_t \tag{6-10}$$

6.2.1.2 移动平均过程

如果一个线性随机过程可用下式表达

$$\begin{aligned} x_t &= u_t + \theta_1 u_{t-1} + \theta_2 u_{t-2} + \cdots + \theta_q u_{t-q} \\ &= (1 + \theta_1 L + \theta_2 L^2 + \cdots + \theta_q L^q) u_t = \Theta(L) u_t \end{aligned} \tag{6-11}$$

其中，$\theta_1, \theta_2, \cdots, \theta_q$是回归参数，$u_t$ 为白噪声过程，则上式称为 q 阶移动平均过程，记为 MA(q)。之所以称“移动平均”，是因为 x_t 是由 $q+1$ 个 u_t 和 u_t 滞后项的加权和构造而成。“移动”指 t 的变化，“平均”指加权和。

由定义知任何一个 q 阶移动平均过程都是由 $q+1$ 个白噪声变量的加权和组成，所以任何一个移动平均过程都是平稳的。

与移动平均过程相联系的一个重要概念是可逆性。移动平均过程具有可逆性的条件是特征方程

$$\Theta(z) = 1 + \theta_1 z + \theta_2 z^2 + \cdots + \theta_q z^q = 0 \tag{6-12}$$

的全部根的绝对值必须大于1。

由式(6-11)有 $\Theta(L)^{-1} x_t = u_t$。由于 $\Theta(L)$可表示为

$$\Theta(L) = (1 - H_1 L)(1 - H_2 L) \cdots (1 - H_q L)$$

所以有

$$\Theta(L)^{-1} = \frac{m_1}{1 - H_1 L} + \frac{m_2}{1 - H_2 L} + \cdots + \frac{m_q}{1 - H_q L} \tag{6-13}$$

m_i 为待定参数。可见保证 MA(q)过程可以转换成一个无限阶自回归过程，即 MA(q)具有可逆性的条件是 $\Theta(L)^{-1}$收敛。对于 $|L| \leqslant 1$，必须有 $|H_j| < 1$ 或 $|H_j^{-1}| > 1$，$j = 1, 2, \cdots, q$ 成立。而H_j^{-1}是特征方程$\Theta(L) = (1 - H_1 L)(1 - H_2 L) \cdots (1 - H_q L) = 0$ 的根，所以 MA(q)过程具有可逆性的条件是特征方程 $\Theta(L) = 0$ 的根必须在单位圆之外。因为 $x_t = \Theta(L) u_t$ 是平稳的，如果变换成 $\Theta(L)^{-1} x_t = u_t$ 后，变得不平稳，显然失去可逆性。

注意，对于无限阶的移动平均过程

$$x_t = \sum_{i=0}^{\infty} (\theta_i u_{t-i}) = u_t (1 + \theta_1 L + \theta_2 L^2 + \cdots) \tag{6-14}$$

其方差为

$$\mathrm{Var}(x_t) = \sum_{i=0}^{\infty} [\theta_i^2 \mathrm{Var}(u_{t-i})] = \sigma_u^2 \sum_{i=0}^{\infty} \theta_i^2 \tag{6-15}$$

很明显，虽然有限阶移动平均过程都是平稳的，但对于无限阶移动平均过程还须另加约束条件才能保证其平稳性。这条件就是$\{x_t\}$的方差必须为有限值，即

$$\sum_{i=0}^{\infty} \theta_i^2 < \infty$$

最常见的是一阶移动平均过程

$$x_t = (1 + \theta_1 L) u_t \tag{6-16}$$

其具有可逆性的条件是$(1+\theta_1 L)=0$的根(绝对值)应大于 1,即$|1/\theta_1|>1$,或$|\theta_1|<1$。当$|\theta_1|<1$时,MA(1)过程(6-14)应变换为

$$u_t = (1 + \theta_1 L)^{-1} x_t = (1 - \theta_1 L + \theta_1^2 L^2 - \theta_1^3 L^3 + \cdots) x_t \tag{6-17}$$

这是一个无限阶的以几何衰减为权数的自回归过程。

6.2.1.3 自回归移动平均过程

由自回归和移动平均两部分共同构成的随机过程称为自回归移动平均过程,记为 ARMA(p,q),其中 p,q 分别表示自回归和移动平均部分的最大阶数。ARMA(p,q)的一般表达式是

$$x_t = \phi_1 x_{t-1} + \phi_2 x_{t-2} + \cdots + \phi_p x_{t-p} + u_t + \theta_1 u_{t-1} + \theta_2 u_{t-2} + \cdots + \theta_q u_{t-q} \tag{6-18}$$

即

$$(1 - \phi_1 L - \phi_2 L^2 - \cdots - \phi_p L^p) x_t = (1 + \theta_1 L + \theta_2 L^2 + \cdots + \theta_q L^q) u_t$$

或

$$\Phi(L) x_t - \Theta(L) u_t \tag{6-19}$$

其中,$\Phi(L)$和$\Theta(L)$分别表示 L 的 p,q 阶特征多项式。

ARMA(p,q)过程的平稳性只依赖于其自回归部分,即$\Phi(L)=0$的全部根取值在单位圆之外(绝对值大于 1)。其可逆性则只依赖于移动平均部分,即$\Theta(L)=0$的根取值应在单位圆之外。

实际中最常用的是 ARMA(1,1)过程(图 6-1)。

$$x_t - \phi_1 x_{t-1} = u_t + \theta_1 u_{t-1} \tag{6-20}$$

或

$$(1-\phi_1 L) x_t = (1+\theta_1 L) u_t$$

很明显只有当$-1<\phi_1<1$和$-1<\theta_1<1$时,上述模型才是平稳的,可逆的。

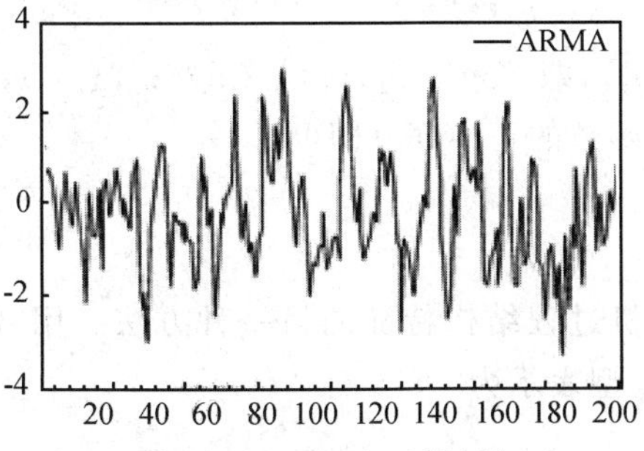

图 6-1 ARMA(1,1)过程

6.2.1.4 自相关函数

在给出自相关函数定义之前，先介绍自协方差函数概念。由第一节知，随机过程$\{x_t\}$中的每一个元素 $x_t, t=1,2,\cdots$ 都是随机变量。对于平稳的随机过程，其期望为常数，用 μ 表示，即

$$E(x_t) = \mu, \quad t = 1,2,\cdots \tag{6-21}$$

随机过程的取值将以 μ 为中心上下变动。平稳随机过程的方差也是一个常量

$$\mathrm{Var}(x_t) = E\{[x_t - E(x_t)]^2\} = E[(x_t - \mu)^2] = \sigma_x^2, \quad t = 1,2,\cdots \tag{6-22}$$

其中，σ_x^2用来度量随机过程取值对其均值μ 的离散程度。

相隔 k 期的两个随机变量 x_t 与 x_{t-k}的协方差即滞后k 期的自协方差，定义为

$$\gamma_k = \mathrm{Cov}(x_t, x_{t-k}) = E[(x_t - \mu)(x_{t-k} - \mu)] \tag{6-23}$$

自协方差序列

$$\gamma_k, k = 0,1,\cdots,K$$

称为随机过程$\{x_t\}$的自协方差函数。当 $k=0$ 时

$$\gamma_0 = \mathrm{Var}(x_t) = \sigma_x^2$$

退化成方差。

自相关系数定义

$$\rho_k = \frac{\mathrm{Cov}(x_t, x_{t-k})}{\sqrt{\mathrm{Var}(x_t)}\ \sqrt{\mathrm{Var}(x_{t-k})}} \tag{6-24}$$

因为对于一个平稳过程，有

$$\mathrm{Var}(x_t) = \mathrm{Var}(x_{t-k}) = \sigma_x^2 \tag{6-25}$$

所以式(6-24)可以改写为

$$\rho_k = \frac{\mathrm{Cov}(x_t, x_{t-k})}{\sigma_x^2} = \frac{\gamma_k}{\sigma_x^2} = \frac{\gamma_k}{\gamma_0} \tag{6-26}$$

当 $k=0$ 时，有$\rho_0=1$。

以滞后期 k 为变量的自相关系数列

$$\rho_k, \quad k = 0,1,\cdots,K \tag{6-27}$$

称为自相关函数。因为$\rho_k=\rho_{-k}$，即 $\mathrm{Cov}(x_{t-k}, x_t)=\mathrm{Cov}(x_t, x_{t+k})$，自相关函数是零对称的，所以实际研究中只给出自相关函数的正半部分即可。

6.2.1.5 偏自相关函数

偏自相关函数是描述随机过程结构特征的另一种方法。用 ϕ_{kj} 表示 k 阶自回归式中第 j 个回归系数，则 k 阶自回归模型表示为

$$x_t = \phi_{k1}x_{t-1} + \phi_{k2}x_{t-2} + \cdots + \phi_{kk}x_{t-k} + u_t$$

其中，ϕ_{kk}是最后一个回归系数。若把 ϕ_{kk}看作滞后期k 的函数，则称

$$\phi_{kk},\quad k=1,2\cdots \tag{6-28}$$

为偏自相关函数。因偏自相关函数中每一个回归系数 ϕ_{kk}恰好表示x_t 与x_{t-k}在排除了其中间变量$x_{t-1},x_{t-2},\cdots,x_{t-k+1}$影响之后的相关系数，

$$x_t-\phi_{k1}x_{t-1}-\phi_{k2}x_{t-2}-\cdots-\phi_{kk-1}x_{t-k+1}=\phi_{kk}x_{t-k}+u_t$$

所以偏自相关函数由此得名。

6.2.2 随机时间序列模型的识别

随机时间序列模型的识别是指对于一个平稳的随机时间序列，找出生成它的合适的随机过程，即判断该时间序列是遵循纯自回归过程，还是遵循纯移动平均过程或自回归移动平均过程。识别所使用的工具主要是时间序列的自相关函数和偏自相关函数。

6.2.2.1 自回归过程的自相关函数估计

(1)平稳 AR(1)过程的自相关函数

AR(1)过程如下

$$x_t=\phi_1x_{t-1}+u_t,\ |\phi_1|<1$$

用x_{t-k}同乘上式两侧

$$x_tx_{t-k}=\phi_1x_{t-1}x_{t-k}+u_tx_{t-k}$$

两侧同取期望，

$$\gamma_k=\phi_1\gamma_{k-1}$$

其中，$E(u_tx_{t-k})=0$(u_t 与其$t-k$ 期及以前各项都不相关)。两侧同除γ_0，并进行迭代计算得

$$\rho_k=\phi_1\,\rho_{k-1}=\phi_1\phi_1\,\rho_{k-2}=\cdots=\phi_1^k\,\rho_0$$

因为$\rho_0=1$，所以有

$$\rho_k=\phi_1^k,\quad k\geqslant 0$$

对于平稳序列，有$|\phi_1|<1$。所以当ϕ_1为正时，自相关函数按指数衰减至零，如图 6-2(1)所示；当ϕ_1为负时，自相关函数正负交错地呈指数衰减至零，如图 6-2(2)所示。因为对于经济时间序列，ϕ_1一般为正，所以第一种情形常见。按指数衰减至零的表现形式说明，随着时间间隔的加长，变量之间的关系变得越来越弱。

(2)AR(p)过程的自相关函数

用x_{t-k}($k>0$)同乘平稳的p阶自回归过程

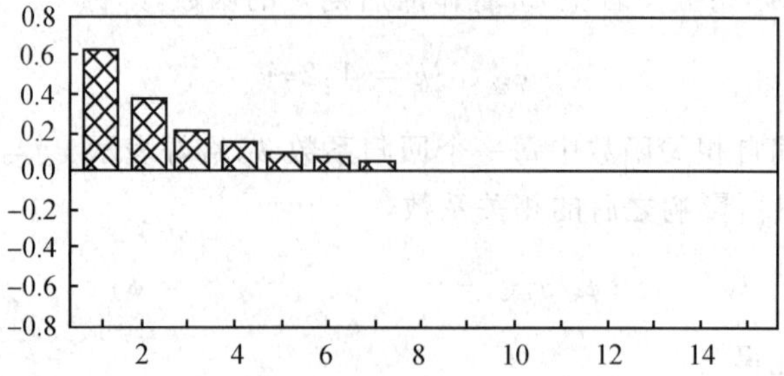

(1) $\phi_1>0$(经济序列自相关函数常见形式)

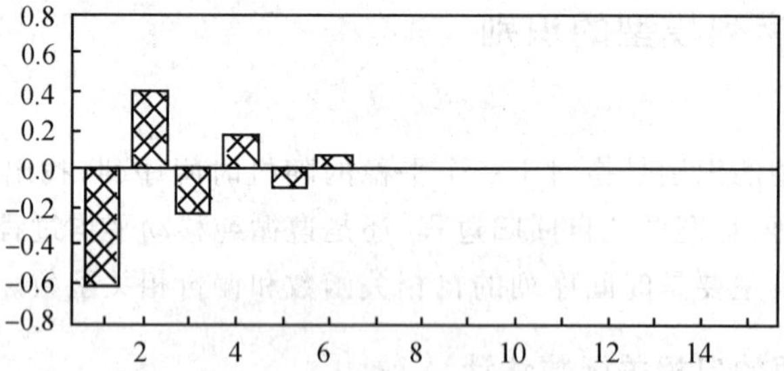

(2) $\phi_1<0$(经济序列自相关函数少见形式)

图 6-2 AR(1)过程的自相关函数

$$x_t = \phi_1 x_{t-1} + \phi_2 x_{t-2} + \cdots + \phi_p x_{t-p} + u_t \tag{6-29}$$

的两侧,得

$$x_{t-k} x_t = \phi_1 x_{t-k} x_{t-1} + \phi_2 x_{t-k} x_{t-2} + \cdots + \phi_p x_{t-k} x_{t-p} + x_{t-k} u_t \tag{6-30}$$

对上式两侧分别求期望得

$$\gamma_k = \phi_1 \gamma_{k-1} + \phi_2 \gamma_{k-2} + \cdots + \phi_p \gamma_{k-p},\ k > 0 \tag{6-31}$$

上式中对于 $k>0$,有 $E(x_{t-k}u_t)=0$。因为当 $k>0$ 时,x_{t-k} 发生在 u_t 之前,所以 x_{t-k} 与 u_t 不相关。

用 γ_0 分别除(6-31)式的两侧得

$$\rho_k = \phi_1 \rho_{k-1} + \phi_2 \rho_{k-2} + \cdots + \phi_p \rho_{k-p},\ k > 0 \tag{6-32}$$

令 $\Phi(L)=1-\phi_1 L-\phi_2 L^2-\cdots-\phi_p L^p$,其中 L 为 k 的滞后算子,则上式可表达为

$$\Phi(L)\,\rho_k = 0$$

因 $\Phi(L)$ 可因式分解为

$$\Phi(L) = \prod_{i=1}^{p}(1-G_i L)$$

则(6-32)式的通解是

$$\rho_k = A_1 G_1^k + A_2 G_2^k + \cdots + A_p G_p^k \tag{6-33}$$

其中 $A_i, i=1,\cdots,p$ 为常数。这里 $G_i^{-1}, i=1,2,\cdots,p$ 是特征方程

$$\Phi(L)=1-\phi_1 L-\phi_2 L^2-\cdots-\phi_p L^p=0$$

的根。为保证随机过程的平稳性,要求 $|G_i|<1, i=1,2,\cdots,p$。这会遇到如下情形:

①当 G_i 为实数时,(6-33)式中的 $A_i G_i^k$ 将随着 k 的增加而呈几何衰减至零,称为指数衰减,如图 6-3(1)所示。

②当 G_i 和 G_j 表示一对共轭复根时,设 $G_i=a+bi, G_j=a-bi$, $\sqrt{a^2+b^2}=R$,则 G_i, G_j 的极坐标形式是 $G_i=R(\cos\theta+i\sin\theta)$, $G_j=R(\cos\theta-i\sin\theta)$。若 AR($p$)过程平稳,则 $|G_i|<1$,所以必有 $R<1$。那么随着 k 的增加,自相关函数(6-33)式中的相应项将按正弦振荡形式衰减,如图 6-3(2)所示。实际中的平稳自回归过程的自相关函数常由指数衰减和正弦衰减两部分混合而成。

③从(6-33)式可以看出,当特征方程的根取值远离单位圆时,k 不必很大,自相关函数就会衰减至零。

④有一个实数根接近 1 时,自相关函数将衰减得很慢,近似于线性衰减。当有两个以上的根取值接近 1 时,自相关函数同样会衰减得很慢。

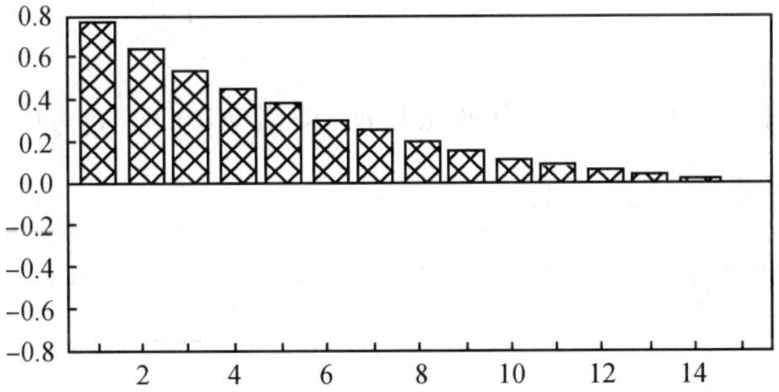

(1) 两个特征根为实根

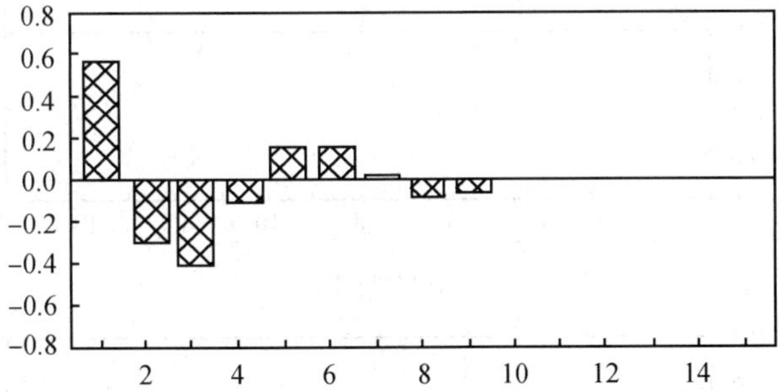

(2) 两个特征根为共轭复根

图 6-3 AR(2)过程的自相关函数

6.2.2.2 移动平均过程的自相关函数估计

(1)MA(1)过程的自相关函数

对于 MA(1)过程 $x_t=u_t+\theta_1 u_{t-1}$

有

$$\gamma_k = E(x_t x_{t-k}) = E[(u_t + \theta_1 u_{t-1})(u_{t-k} + \theta_1 u_{t-k-1})]$$

当 $k=0$ 时，

$$\begin{aligned}\gamma_0 &= E(x_t x_t) = E[(u_t + \theta_1 u_{t-1})(u_t + \theta_1 u_{t-1})] \\ &= E(u_t^2 + \theta_1 u_t u_{t-1} + \theta_1 u_t u_{t-1} + \theta_1^2 u_{t-1}^2) = (1+\theta_1^2)\sigma^2\end{aligned}$$

当 $k=1$ 时，

$$\begin{aligned}\gamma_1 &= E(x_t x_{t-1}) = E[(u_t + \theta_1 u_{t-1})(u_{t-1} + \theta_1 u_{t-2})] \\ &= E(u_t u_{t-1} + \theta_1 u_{t-1}^2 + \theta_1 u_t u_{t-2} + \theta_1^2 u_{t-1} u_{t-2}) = \theta_1 E(u_{t-1})^2 = \theta_1 \sigma^2\end{aligned}$$

当 $k>1$ 时，

$$\gamma_k = E[(u_t + \theta_1 u_{t-1})(u_{t-k} + \theta_1 u_{t-k-1})] = 0$$

综合以上三种情形，MA(1)过程的自相关函数为

$$\rho_k = \frac{\gamma_k}{\gamma_0} = \begin{cases} \dfrac{\theta_1}{1+\theta_1^2}, & k=1 \\ 0, & k>1 \end{cases}$$

如图 6-4 所示。

可见 MA(1)过程的自相关函数具有截尾特征，即当 $k>1$ 时，$\rho_k=0$。

(2)MA(q)过程的自相关函数

MA(q)过程的自相关函数是

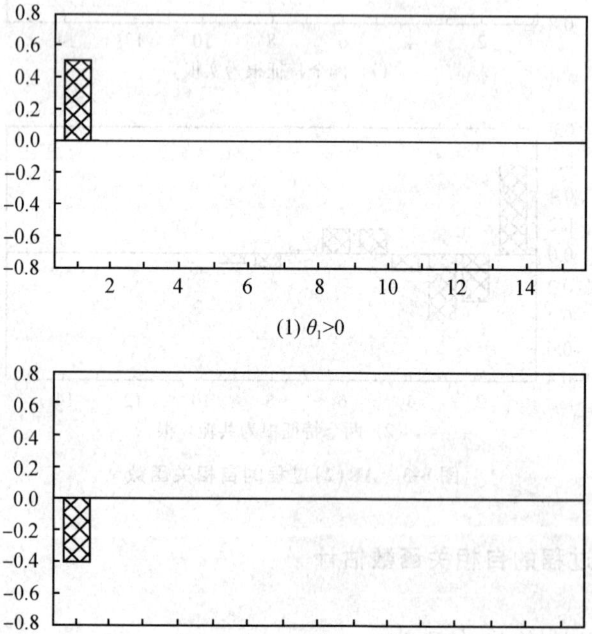

图 6-4　MA(1)过程的自相关函数

$$\rho_k = \begin{cases} \dfrac{\theta_k + \theta_1\theta_{k+1} + \theta_2\theta_{k+2} + \cdots + \theta_{q-k}\theta_q}{1+\theta_1^2+\theta_2^2+\cdots+\theta_q^2}, & k=1,2,\cdots,q \\ 0, & k>q \end{cases}$$

当 $k>q$ 时，$\rho_k=0$，说明 ρ_k，$k=0,1,\cdots$ 具有截尾特征。

（注意：模型移动平均项的符号以及这里 ρ_k 的符号正好与 Box-Jenkins 书中的符号相反，这样表示的好处是保持与计算机输出结果一致。）

6.2.2.3 移动自回归过程的自相关函数估计

ARMA(1,1)过程的自相关函数 ρ_k 从 ρ_1 开始呈指数衰减。ρ_1 的大小取决于 ϕ_1 和 θ_1，ρ_1 的符号取决于($\phi_1-\theta_1$)。若 $\phi_1>0$，指数衰减是平滑的，或正或负。若 $\phi_1<0$，相关函数为正负交替式指数衰减。

对于 ARMA(p,q)过程，p,$q\geqslant 2$ 时，自相关函数是指数衰减或正弦衰减的。

6.2.2.4 时间序列的偏自相关函数估计

对于 AR(1)过程，当 $k=1$ 时，$\phi_{11}\neq 0$，当 $k>1$ 时，$\phi_{kk}=0$，所以 AR(1)过程的偏自相关函数特征是在 $k=1$ 出现峰值($\phi_{11}=\rho_1$)然后截尾，如图 6-5 所示。

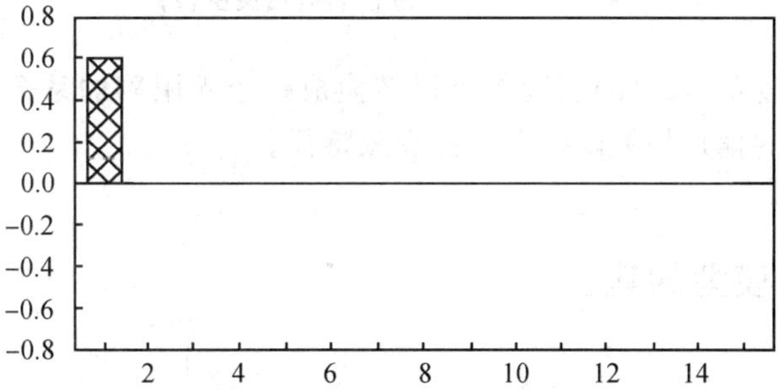

(1) $\phi_{11}>0$

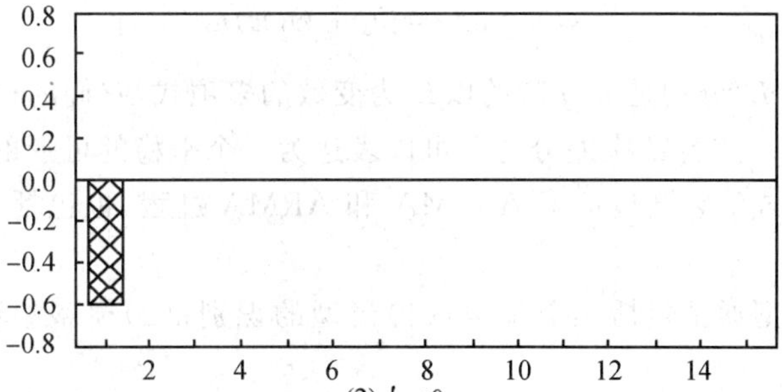

(2) $\phi_{11}<0$

图 6-5　AR(1)过程的偏相关图(1)

对于 AR(p)过程，当 $k\leqslant p$ 时，$\phi_{kk}\neq 0$；当 $k>p$ 时，$\phi_{kk}=0$。偏自相关函数在滞后期 p 以后有截尾特性，因此可用此特征识别 AR(p)过程的阶数。

MA(1)过程的偏自相关函数呈指数衰减特征。若 $\theta_1>0$，偏自相关函数呈交替改变符号式指数衰减；若 $\theta_1<0$，偏自相关函数呈负数的指数衰减，如图 6-6 所示。

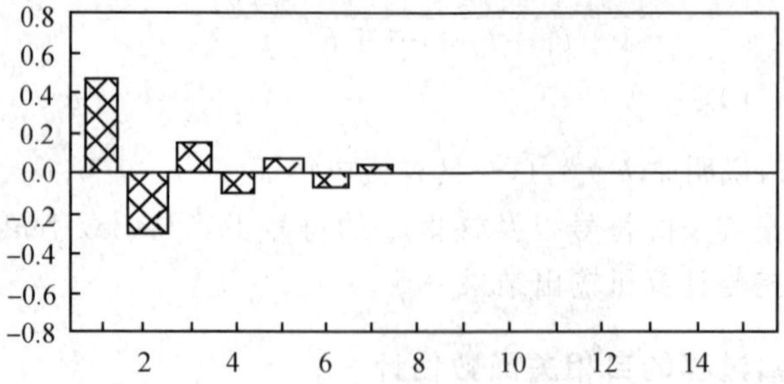

(1) $\theta_1>0$

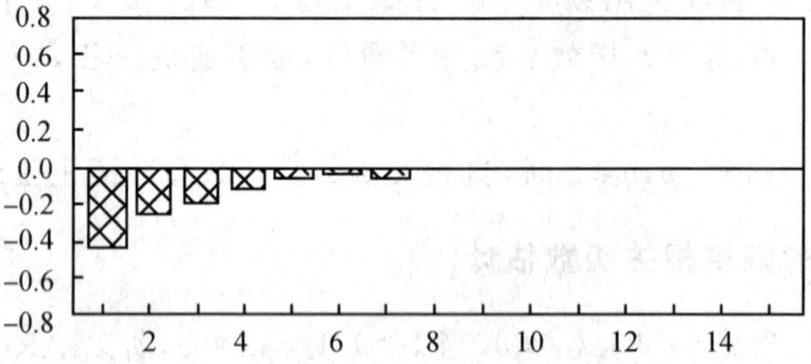

(2) $\theta_1<0$

图 6-6　MA(1)过程的偏相关图(2)

因为任何一个可逆的 MA(q)过程都可以转换成一个无限阶的系数按几何递减的 AR 过程，所以 MA(q)过程的偏自相关函数呈缓慢衰减特征。

6.2.3　时间序列模型的建立

ARIMA 过程 y_t 用

$$\Phi(L)\,\Delta_{y_t}^{d} = \theta_0 + \Theta(L)u_t \tag{6-34}$$

表示，其中 $\Phi(L)$和 $\Theta(L)$分别是 p,q 阶的以 L 为变数的多项式，它们的根都在单位圆之外。θ_0 为位移项，$\Delta_{y_t}^{d}$ 表示对 y_t 进行 d 次差分之后可以表达为一个平稳的可逆的 ARMA 过程。这是随机过程的一般表达式。它既包括了 AR、MA 和 ARMA 过程，也包括了单整的 AR、MA 和 ARMA 过程。

建立时间序列模型通常包括三个步骤：(1)模型的识别；(2)模型参数的估计；(3)诊断与检验。

模型的识别就是通过对相关图、偏相关图的分析，初步确定适合于给定样本的 ARIMA 模型形式，即确定 d,p,q 的取值。模型参数的估计就是待初步确定模型形式后对模型参数进行估计。诊断与检验就是以样本为基础检验拟合的模型，以求发现某些不妥之处。如果估计的模型某些参数估计值不能通过显著性检验，或者残差序列不能近似为一个白噪声过程，应返回第一步，再次对模型进行识别。如果上述两个问题都不存在，就可接受所建立的模型。建模过程如图 6-7 所示。

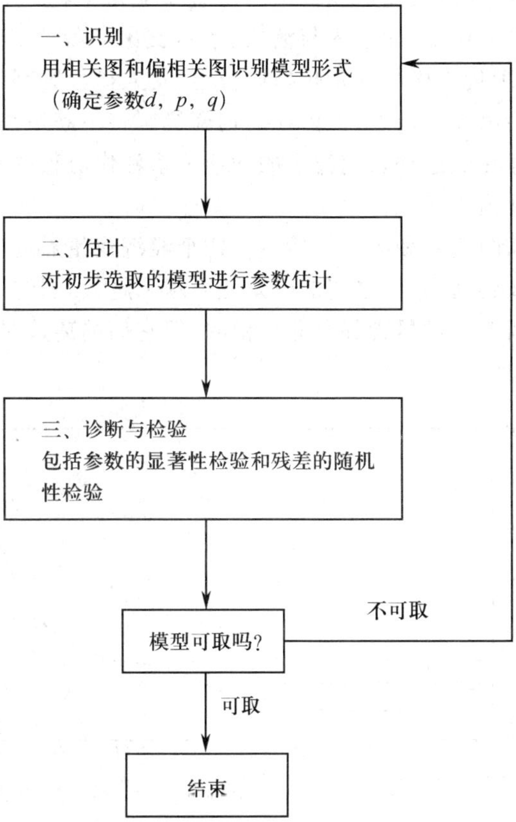

图 6-7 建立时间序列模型程序图

6.3 协整与误差修正模型

如果一个时间序列的均值或自协方差函数随时间而改变，那么该序列就是非平稳的。对于非平稳的数据，采用传统的估计方法，可能会导致错误的推断，即伪回归。若非平稳序列经过一阶差分变为平稳序列，那么该序列就为一阶单整序列，记为 I(1)。对一组非平稳但具有同阶的序列而言，若它们的线性组合为平稳序列，则称该组合序列具有协整关系。对具有协整关系的序列，我们算出误差修正项，并将误差修正项的滞后一期看作一个解释变量，连同其他反映短期波动关系的变量一起，建立反映变量短期相互关系的误差修正模型。

6.3.1 协整分析

6.3.1.1 协整的概念

多数经济变量都是非平稳的，一般具有一阶或二阶单整性。看起来这些变量很难存在长期均衡关系，而实际上某些经济变量的线性组合却有可能是平稳的。经济理论指出这些变量存在长期稳定的均衡关系。比如，净收入与消费、政府支出与税收、工资与价格、进口与出口、货币供应量与价格水平、现货价格与期货价格以及男、女人口数等都存在这种均衡关系。虽然经济变量在变化中经常会离开均衡点，但内在的均衡机制将不断地消除偏差维持均衡关系。

非平稳经济变量间存在的这种长期稳定的均衡关系称作协整关系。协整是对非平稳经济变量长期均衡关系的统计描述。

两组经济变量分别如图6-8和图6-9所示。四个经济变量看起来都是非平稳的。图6-8中两变量随时间相距越来越远，它们之间的离差变得越来越大，看起来这两个变量之间不会存在协整关系。图6-9中两个变量尽管都是非平稳的，但它们的离差时正时负，所以这两个变量的线性组合有可能是平稳的。

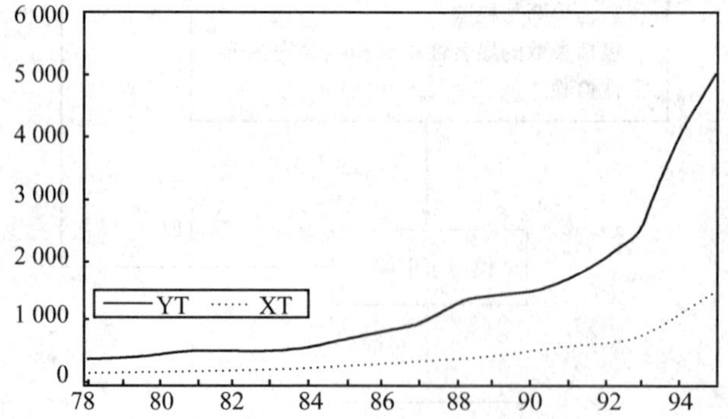

注：YT、XT分别表示一个变量。

图6-8　一组经济变量(1)

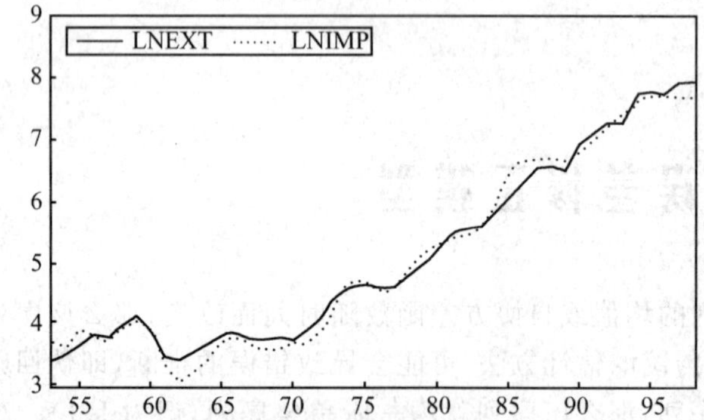

注：LNEXT、LNIMP分别表示一个变量。

图6-9　一组经济变量(2)

若两个非平稳变量之间存在协整关系，则它们之间的离差称为非均衡误差。非均衡误差是平稳的。比如两个I(1)变量存在如下关系，

$$y_t = \beta_1 x_t + u_t \tag{6-35}$$

其中，$u_t \sim \mathrm{I}(0)$，则 $y_t = \beta_1 x_t$ 是长期均衡关系，$u_t = y_t - \beta_1 x_t$ 称为非均衡误差。非均衡误差序列应该是在零上下波动，不会离开零值太远，并以一个不太快的频率穿越零值(或均值)水平线。

协整定义：若 $\boldsymbol{x}_t=(x_{1t},x_{2t},\cdots,x_{Nt})'$ 为 $N\times1$ 阶列向量，其中每一个元素表示一个时间序列，$\boldsymbol{x}_t$ 每个分量的单整阶数都是 d，$x_{jt}\sim\mathrm{I}(d)$，$j=1,2,\cdots,N$，且存在一个 $N\times1$ 阶列向量 $\boldsymbol{\beta}=(\beta_1,\beta_2,\cdots,\beta_n)'(\boldsymbol{\beta}\neq0)$，使得 $\boldsymbol{\beta}'\boldsymbol{x}_t\sim\mathrm{I}(d-b)$，则称 $x_{1t},x_{2t},\cdots,x_{Nt}$ 存在 (d,b) 阶协整关系，用 $\boldsymbol{x}_t\sim\mathrm{CI}(d,b)$ 表示。$\boldsymbol{\beta}$ 称为协整向量，$\boldsymbol{\beta}$ 的元素称为协整参数。

如果 $\boldsymbol{x}_t$ 所含元素大于2，即 $N>2$，则协整向量个数有可能多于1个。如果存在 $r(r\leqslant N-1)$ 个相互独立的协整向量，组成一个 $N\times r$ 阶矩阵，$\boldsymbol{\beta}$ 的秩是 r，则称 $\boldsymbol{\beta}$ 为协整矩阵。r 是协整矩阵的秩。

最令人关注的一种协整关系是 $y_t,x_t\sim\mathrm{CI}(1,1)$。

对于模型(6-35)，$x_t=(y_t x_t)'$，协整向量 $\boldsymbol{\beta}=(1-\beta_1)'$，所以 $u_t=y_t-\beta_1x_t\sim\mathrm{I}(0)$。

当 y_t,x_t 的单整阶数不相同时，例如 $y_t\sim\mathrm{I}(1)$，$x_t\sim\mathrm{I}(0)$，则找不到 β_1，使 $(y_t-\beta_1x_t)\sim\mathrm{I}(0)$ 成立。x_t 无法解释 y_t 的变化。

当三个以上变量存在协整关系时，情况要比两个变量的情况复杂。变量的单整阶数有可能不同，在这种情况下，单整阶数高的变量子集的协整阶数应该与单整阶数低的变量的阶数相同。以三变量为例，

$$y_t=\beta_1x_{1t}+\beta_2x_{2t}+u_t$$

假如 $y_t\sim\mathrm{I}(0)$，$x_{1t},x_{2t}\sim\mathrm{I}(1)$，则 x_{1t},x_{2t} 的协整阶数必须为零，即 $(\beta_1x_{1t}+\beta_2x_{2t})\sim\mathrm{I}(0)$，协整向量为 $\boldsymbol{\beta}=(\beta_1\beta_2)'$。

6.3.1.2 协整检验

(1)不带飘移的I(1)过程的协整检验

所谓不带飘移的I(1)过程，是指其差分是均值为零的I(0)过程的随机过程。即如果 $\{Y_t\}$ 是一个I(1)过程，而且 $\{u_t:u_t=Y_t-Y_{t-1}\}$ 是一个均值为零的平稳过程，则称 $\{Y_t\}$ 为不带飘移的I(1)过程。不带飘移的I(1)过程与随机步游的性质极为相似，但不带飘移的I(1)过程所包括的范围比随机步游更广，因为随机步游要求其差分是白噪声过程，而不带飘移的I(1)过程只要求其差分是均值为零的I(0)过程。

设有两个时间序列变量的样本 $\{Y_t\}$ 和 $\{X_t\}$，通过单位根检验已得到它们来自不带飘移的I(1)过程，如果我们已经知道(根据经济理论等)它们有协整关系，要估计协整系数是一件很容易的事：只要用最小二乘法求回归

$$Y_t=\hat{\alpha}+\hat{\beta}X_t+\hat{u}_t \tag{6-36}$$

即可得协整系数的一致估计量 $\hat{\beta}$。问题是当我们并不知道它们之间是否存在协整关系时，如何检验它们之间是否存在协整关系？

首先做最小二乘回归 $Y_t=\hat{\alpha}+\hat{\beta}X_t+\hat{u}_t$，得残差序列 $\{\hat{u}_t\}$；其次运用DF检验或ADF检验对残差序列 $\{\hat{u}_t\}$ 进行单位根检验，即对

$$\Delta\hat{u}_t=\hat{c}+\hat{\gamma}\hat{u}_{t-1}+\varepsilon_t \tag{6-37}$$

中的斜率项的回归系数，运用统计量 $\tau=\dfrac{\gamma}{S_{\hat{\gamma}}}$ 做显著性检验，不过检验的临界值不同，表6-1给

出了对残差序列$\{\hat{u}_t\}$进行单位根检验的渐近临界值。

表 6-1　协整检验的渐近临界值:无时间趋势

显著性水平	1%	2.5%	5%	10%
临界值	−3.90	−3.95	−3.34	−3.04

(2)含趋势项的协整检验

经济时间序列中不带飘移的 I(1)过程毕竟是一种很特殊的情况。如果所要研究的时间序列来自带飘移的 I(1)过程,那么它们之间的协整关系如何?

设

$$Y_t = \delta + Y_{t-1} + u_t \tag{6-38}$$
$$X_t = \eta + X_{t-1} + v_t \tag{6-39}$$

其中 δ,η 为常数,代表随机过程中的飘移;u_t,v_t 是均值为零的 I(0)过程。则$\{Y_t\}$和$\{X_t\}$均是带飘移的 I(1)过程。假设它们之间有协整关系,即存在非零常数 β,使

$$Y_t = \alpha + \beta X_t + w_t \tag{6-40}$$

其中 w_t 是均值为零的 I(0)过程。

将(6-38)式和(6-39)式用其初始量 Y_0 和 X_0 表示为

$$Y_t = \delta t + Y_0 + \sum_{i=1}^{t} u_i \tag{6-41}$$

$$X_t = \eta t + X_0 + \sum_{i=1}^{t} v_i \tag{6-42}$$

则 $g_t = \sum_{i=1}^{t} u_i, h_t = \sum_{i=1}^{t} v_i$ 显然是不带飘移的 I(1)过程。将(6-41)式和(6-42)式代入(6-40)式:

$$\delta t + Y_0 + g_t = \alpha + \beta(\eta t + X_0 + h_t) + w_t$$

变形为
$$(\delta - \beta\eta)t + (g_t - \beta h_t) + (Y_0 - \beta X_0) = \alpha + w_t$$

注意到

$$Y_0 - \beta X_0 = \alpha + w_0$$

故

$$(\delta - \beta\eta)t + (g_t - \beta h_t) = w_t - w_0 \tag{6-43}$$

根据协整的概念,有 $w_t - w_0$ 是均值为零的 I(0)过程,这不仅要求 $g_t - \beta h_t$ 是平稳过程,而且还要求 $\delta - \beta\eta = 0$,但要同时达成这两点几乎是不可能的。这就是说,如果要使 $g_t - \beta h_t$ 是平稳过程,即不带飘移的 I(1)过程,g_t 和 h_t 是协整的,那么 $\delta - \beta\eta$ 就不会为零,(6-43)式左边就是一个趋势平稳过程,它就不会与右边的平稳过程相同,这是一个矛盾,所以当$\{Y_t\}$和$\{X_t\}$均是带飘移的 I(1)过程时,它们不会是严格协整的。但注意到:如果不要求 $w_t = Y_t - (\alpha + \beta X_t)$是平

稳过程，而是要求它是一个趋势平稳过程，那么(6-43)式就不再是一个矛盾方程式。于是，我们便有了含趋势的协整关系的概念。

设$\{Y_t\}$和$\{X_t\}$均是带飘移的I(1)过程，若存在常数β，使$\{Y_t-\beta X_t\}$为一个趋势平稳过程，则称随机时间序列$\{Y_t\}$和$\{X_t\}$在趋势平稳意义下是协整的，或称$\{Y_t\}$与$\{X_t\}$具有趋协整关系，仍称常数β为协整系数。

若$\{Y_t\}$与$\{X_t\}$具有趋协整关系，则

$$Y_t = \alpha + \gamma t + \beta X_t + u_t \tag{6-44}$$

其中，β为协整系数，α，γ为某常数，u_t为均值为零的平稳过程。所以当两个时间序列是由带飘移的差分平稳过程所产生时，即使我们能够做其中一个对另一个的回归(当产生它们的随机时间序列有趋势协整关系时才能够)，在回归模型中一定要加入时间趋势项。

当我们知道$\{Y_t\}$与$\{X_t\}$具有趋协整关系时，可通过最小二乘法得到模型(6-44)中的一致估计量。但当我们不知道$\{Y_t\}$与$\{X_t\}$具有趋协整关系时，如何检验它们之间是否存在这种关系呢？这就要用带趋势项的协整检验：

首先，做最小二乘回归$Y_t=\hat{\alpha}+\hat{\gamma}t+\hat{\beta}X_t+\hat{u}_t$，得残差序列$\{\hat{u}_t\}$；其次，运用DF检验或ADF检验对残差序列$\{\hat{u}_t\}$进行单位根检验，即对

$$\Delta \hat{u}_t = \hat{c} + \hat{\gamma}\hat{u}_{t-1} + \varepsilon_t \tag{6-45}$$

中的斜率项的回归系数，运用统计量$\tau_t=\dfrac{\hat{\gamma}}{\hat{S}_{\hat{\gamma}}}$做显著性检验，不过检验的临界值不仅与对单一时间序列的单位根检验的临界值不同，而且与严格意义下的协整检验的临界值不同，表6-2给出了对残差序列$\{\hat{u}_t\}$进行单位根检验(即对$\{Y_t\}$与$\{X_t\}$进行趋势协整检验)的渐近临界值。

表6-2 协整检验的渐近临界值：线性时间趋势

显著性水平	1%	2.5%	5%	10%
临界值	−4.32	−4.03	−3.78	−3.50

6.3.2 误差修正模型

6.3.2.1 均衡与误差修正机制

均衡指一种状态。达到均衡时将不存在破坏均衡的内在机制。这里只考虑平稳的均衡状态，即当系统受到干扰后会偏离均衡点，而内在均衡机制将努力使系统重新回到均衡状态。

下面通过一个例子说明系统均衡概念。以两个地区某种商品的价格为例，假设地区A中该商品物价由于某种原因上升时，该商品就会通过批发商从价格低的B地区向价格高的A地区流动，从而使批发商从中获利。这种活动将直接导致该商品在B地区的需求增加，从而使该商品在B地区的价格上涨。从A地区看，由于增加了该商品的供给，则导致价格下降，反过来的情形也是一样，从而使两地区的该商品价格越来越接近。用两个地区的价格数据绘制一

张平面图，价格 A＝价格 B 的直线表示此问题的均衡状态。如上所述，当价格离开这条直线后，市场机制这只无形的"手"就会把偏离均衡点的状态重新拉回均衡状态。随着时间的推移，无论价格怎样变化，两个地区的价格都保持一致。

若两个变量 x_t, y_t 永远处于均衡状态，则偏差为零。然而由于各种因素的影响，x_t, y_t 并不是永远处于均衡位置上，从而使 $u_t \neq 0$，称 u_t 为非均衡误差。当系统偏离均衡点时，平均来说，系统将在下一期移向均衡点。本期非均衡误差 u_t 是 y_t 下一期取值的重要解释变量。当 $u_t > 0$ 时，说明 y_t 相对于 x_t 取值高出均衡位置。平均来说，变量 y_t 在 $T+1$ 期的取值 y_{t+1} 将有所回落。所以说 $u_t = f(y_t, x_t)$ 具有一种误差修正机制。

6.3.2.2 误差修正模型的建立

误差修正模型(ECM)由 Sargan 于 1964 年提出，最初用于存储模型，1977 年由 Hendry-Anderson 和 Davidson 完善。

ECM 模型由 ADL(m,n,p)模型变换而来。下面通过 ADL(1,1)模型推导简单的 ECM 模型。有

$$y_t = \alpha_0 + \alpha_1 y_{t-1} + \beta_0 x_t + \beta_1 x_{t-1} + u_t, \ |\alpha_1| < 1, \quad u_t \sim \mathrm{IID}(0, \sigma^2) \tag{6-46}$$

其中，u_t 应不存在自相关和异方差。如果这个条件不能满足，可通过增加 x_t 和 y_t 的滞后项或加入新的变量而使 u_t 满足要求。从上式两侧同时减 y_{t-1}，在右侧同时加减 $\beta_0 x_{t-1}$ 得

$$\Delta y_t = \alpha_0 + \beta_0 \Delta x_t + (\alpha_1 - 1) y_{t-1} + (\beta_0 + \beta_1) x_{t-1} + u_t \tag{6-47}$$

上式右侧第三、四项合并

$$\Delta y_t = \alpha_0 + \beta_0 \Delta x_t + (\alpha_1 - 1)(y_{t-1} - k_1 x_{t-1}) + u_t \tag{6-48}$$

其中，$k_1 = (\beta_0 + \beta_1)/(1 - \alpha_1)$。在上述变换中没有破坏恒等关系，所以不会影响模型对样本数据的解释能力，也不会改变 OLS 估计量的性质。

上式称为 ECM 模型，$(\alpha_1 - 1)(y_{t-1} - k_1 x_{t-1})$称为误差修正项。$(y_{t-1} - k_1 x_{t-1})$表示前一期的非均衡误差，由式(6-46)知，若 y_t 平稳，必有$|\alpha| < 1$，所以非均衡误差项的系数$(\alpha_1 - 1)$必为负。说明误差修正项对 Δy_t 有一个反向修正作用。当前一期 y_t，即 y_{t-1} 相对于均衡点取值过高(低)时，通过误差修正项的反向修正作用，使本期 Δy_t 减小(增加)，y_t 向均衡位置移动。$(\alpha_1 - 1)$表示误差修正项对 Δy_t 的调节速度。进一步变换式(6-48)

$$\Delta y_t = \beta_0 \Delta x_t + (\alpha_1 - 1)(y_{t-1} - k_0 - k_1 x_{t-1}) + u_t \tag{6-49}$$

其中，$k_0 = \alpha_0/(1 - \alpha_1)$。$(y_{t-1} - k_0 - k_1 x_{t-1})$是 x_t 和 y_t 的长期关系，$\Delta y_t = \beta_0 \Delta x_t + (\alpha_1 - 1)(\cdot)$是 x_t 和 y_t 的短期关系。

当约束条件 $\alpha_1 + \beta_0 + \beta_1 = 1$ 成立时，模型(6-49)变为

$$\Delta y_t = \beta_0 \Delta x_t + (\alpha_1 - 1)(y_{t-1} - k_0 - x_{t-1}) + u_t \tag{6-50}$$

这是一个 $k_1 = 1$ 的特殊误差修正模型。

ECM 模型有如下特点：

(1)ECM 模型中的 Δy_t，Δx_t和非均衡误差项都是平稳的。应用最小二乘法估计模型时，参数估计量都具有优良的渐进特性。从前文可知，即使变量是非平稳的，只要存在协整关系，

误差修正模型也不会存在虚假回归问题。

(2)误差修正模型中既有描述变量长期关系的参数,又有描述变量短期关系的参数;既可研究经济问题的静态(长期)特征,又可研究其动态(短期)特征。

(3)误差修正模型中的变量不存在多重共线性问题。

(4)u_t 是非自相关的。如果 u_t 是自相关的,可在模型中加入 Δy_t 和 Δx_t 的足够多滞后项,从而消除 u_t 的自相关,同时相应加大误差修正项的滞后期。

(5)建模过程中允许根据 t 检验和 F 检验剔除 ECM 模型中的差分变量。在 ECM 模型中剔除差分变量,相当于在原 ADL 模型中施加一个约束条件。例如,剔除差分变量 Δx_t,相当于在原 ADL(1,1)模型中施加约束条件,$\beta_0=0$。

(6)在非均衡误差项中剔除任何滞后变量都是危险的,这将影响长期关系的表达。

(7)ECM 模型中的 k_0,k_1 未知,ECM 模型不能直接被估计。估计方法是:①若变量为平稳变量,或者为非平稳变量但存在长期均衡关系,可以把误差修正项的括号打开,对模型直接用 OLS 法估计;②先估计长期均衡关系,然后把估计的非均衡误差作为误差修正项代入 ECM 模型,并估计该模型。

6.4 案例分析

[例 6-1]

GDP 平稳性检验与自回归模型建立

国内生产总值(GDP)受经济基础、人口增长、资源、科技文化、环境、体制、发展战略等诸多因素的影响,这些因素之间又有着错综复杂的关系,因此,运用结构性的因果模型分析 GDP 往往比较困难。下面以我国 1978—2017 年国内生产总值数据(表 6-3)为例,介绍用时间序列分析法对数据分析的过程。

表 6-3 我国 1978—2017 年国内生产总值

亿元

年份	GDP	年份	GDP	年份	GDP	年份	GDP	年份	GDP
1978	3 678.7	1986	10 376.2	1994	48 637.5	2002	121 717.4	2010	412 119.3
1979	4 100.5	1987	12 174.6	1995	61 339.9	2003	137 422.0	2011	487 940.2
1980	4 587.6	1988	15 180.4	1996	71 813.6	2004	161 840.2	2012	538 580.0
1981	4 935.8	1989	17 179.7	1997	79 715.0	2005	187 318.9	2013	592 963.2
1982	5 373.4	1990	18 872.9	1998	85 195.5	2006	219 438.5	2014	641 280.6
1983	6 020.9	1991	22 005.6	1999	90 564.4	2007	270 092.3	2015	685 992.9
1984	7 278.5	1992	27 194.5	2000	100 280.1	2008	319 244.6	2016	740 060.8
1985	9 098.9	1993	35 673.2	2001	110 863.1	2009	348 517.7	2017	820 754.3

资料来源:《2019 年中国统计年鉴》,中国统计出版社。

(1)平稳性检验

首先我们绘制原始 GDP 的时间序列图,从图 6-10 可以看出我国 GDP 具有很明显的上升趋势,原始序列显然是非平稳的。进一步进行 DF 单位根检验,从图 6-11 可以看出,检验未能通过,表明原始 GDP 序列是非平稳的。

为了能够对序列进行分析,要使其平稳化。故将选择两种方法:取对数法和差分法,对序列进行平稳化处理,从而进一步分析。

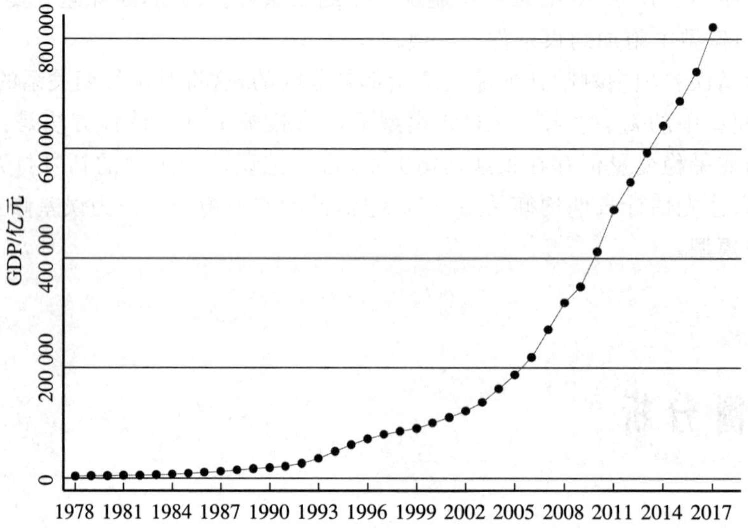

图 6-10 原始 GDP 时序图

Dickey-Fuller test for unit root　　Number of obs = 39

	Interpolated Dickey-Fuller		
Test Statistic	1% Critical Value	5% Critical Value	10% Critical Value
Z(t) 12.340	-3.655	-2.961	-2.613

MacKinnon approximate p-value for Z(t) = 1.0000

图 6-11 原始 GDP 序列 DF 检验

(2)平稳化处理

先对我国 GDP 数据进行对数化处理,绘制 ln(GDP)时序图,如图 6-12 所示。

显然,对数处理后序列仍有明显上升趋势,且通过单位根检验后可知此序列非平稳(图 6-13),通常低阶(二阶或三阶)差分就可以提取出曲线趋势的影响,我们对取对数后数据进行一、二阶差分,并验证其平稳性。

一阶差分检验结果(图 6-14)表明 T 统计量均大于 1%、5%、10%下的检验值,且其 p 值大于 0.05,所以我们可以认定差分后的序列是非平稳的。故还要二阶差分。二阶差分检验结果

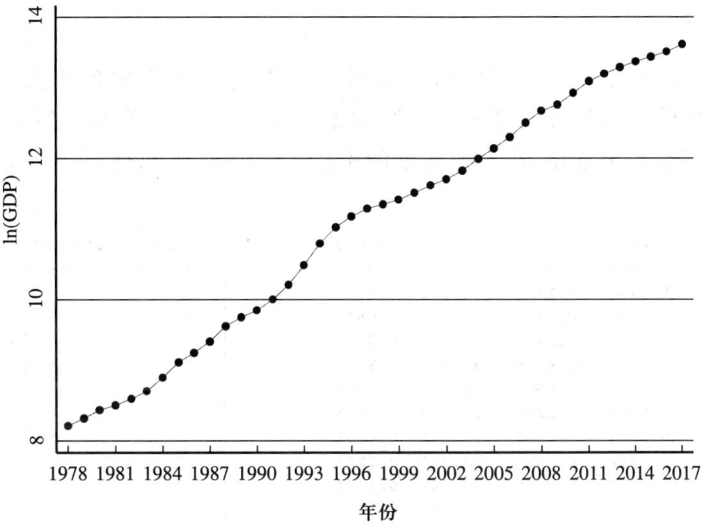

图 6-12 ln(GDP)时序图

(图 6-15)显示,二阶差分序列在 1%的显著性水平下拒绝原假设,接受不存在单位根的结论,p 值显著小于 0.05,所以我们可以确定二阶差分后序列平稳。因此可以确定 ln(GDP)序列是二阶单整序列,即 ln(GDP)～I(2)。

Dickey-Fuller test for unit root   Number of obs = 39

	Test Statistic	1% Critical Value	5% Critical Value	10% Critical Value
		Interpolated Dickey-Fuller		
Z(t)	-1.299	-3.655	-2.961	-2.613

MacKinnon approximate p-value for Z(t) = 0.6296

图 6-13 ln(GDP)时序 DF 检验

Dickey-Fuller test for unit root   Number of obs = 38

	Test Statistic	1% Critical Value	5% Critical Value	10% Critical Value
		Interpolated Dickey-Fuller		
Z(t)	-2.642	-3.662	-2.964	-2.614

MacKinnon approximate p-value for Z(t) = 0.0847

图 6-14 ln(GDP)一阶差分 DF 检验

Dickey-Fuller test for unit root   Number of obs = 37

	Test Statistic	1% Critical Value	5% Critical Value	10% Critical Value
		Interpolated Dickey-Fuller		
Z(t)	-5.267	-3.668	-2.966	-2.616

MacKinnon approximate p-value for Z(t) = 0.0000

图 6-15 ln(GDP)二阶差分 DF 检验

(3)模型识别

ARMA(p,q)模型的识别与定阶可以通过样本的自相关与偏自相关函数的观察获得。ln(GDP)二阶差分后自相关与偏自相关系数如图 6-16 所示。二阶差分后 ln(GDP)的自相关系数与偏自相关系数均为拖尾,则可取模型的阶数 $p=1$ 和 $q=1$,建立 ARIMA(1,2,1)模型。

LAG	AC	PAC	Q	Prob>Q	-1 0 1 [Autocorrelation]	-1 0 1 [Partial Autocor]
1	0.1103	0.1113	.50002	0.4795		
2	-0.3728	-0.3930	6.3665	0.0414		
3	0.0994	0.2460	6.7954	0.0787		
4	-0.1162	-0.4240	7.3985	0.1163		
5	-0.3380	-0.0628	12.662	0.0268		
6	0.0153	-0.2291	12.673	0.0485		
7	0.0644	-0.0851	12.877	0.0752		
8	-0.0442	0.0038	12.976	0.1127		
9	0.0836	-0.1640	13.342	0.1477		
10	0.1108	0.0091	14.009	0.1726		
11	-0.0734	-0.1961	14.312	0.2162		
12	-0.0502	0.0364	14.459	0.2723		
13	0.0273	-0.1142	14.505	0.3393		
14	-0.0744	-0.2462	14.855	0.3881		
15	-0.0571	-0.3323	15.07	0.4464		
16	0.1675	-0.0324	17.009	0.3850		
17	0.0325	-0.2885	17.085	0.4486		

图 6-16　ln(GDP)二阶差分后自相关与偏自相关图

(4)模型参数估计与检验

首先对 ARIMA(1,2,1)模型进行参数估计,如图 6-17 所示。

ARIMA regression

Sample: 1980 - 2017　　Number of obs = 38

Wald chi2(2) = 21.48

Log likelihood = 65.05467　　Prob > chi2 = 0.0000

D2.lgdp	Coef.	OPG Std. Err.	z	P>|z|	[95% Conf.	Interval]
lgdp						
_cons	.0003742	.0098688	0.04	0.970	-.0189683	.0197168
ARMA						
ar L1.	-.3440994	.3007875	-1.14	0.253	-.9336321	.2454333
ma L1.	.7888262	.2166958	3.64	0.000	.3641102	1.213542
/sigma	.0434112	.0056822	7.64	0.000	.0322743	.0545482

Note: The test of the variance against zero is one sided, and the two-sided confidence interval is truncated at zero.

图 6-17　ARIMA(1,2,1)模型参数估计

对模型 ARIMA(1,2,1)做残差序列检验,如图 6-18 所示。

LAG	AC	PAC	Q	Prob>Q
1	-0.0956	-0.0965	.37574	0.5399
2	-0.2684	-0.2827	3.4179	0.1811
3	0.1084	0.0572	3.9284	0.2693
4	-0.0494	-0.1181	4.0374	0.4010
5	-0.3363	-0.3305	9.2483	0.0996
6	0.0951	-0.0547	9.6775	0.1389
7	0.0042	-0.2049	9.6784	0.2075
8	0.0024	0.0458	9.6787	0.2883
9	0.0093	-0.2111	9.6832	0.3767
10	0.1442	0.0403	10.812	0.3724
11	-0.1153	-0.1879	11.56	0.3976
12	0.0021	-0.0225	11.56	0.4816
13	-0.0060	-0.0890	11.563	0.5638
14	-0.0093	-0.1737	11.568	0.6409
15	-0.1075	-0.3799	12.332	0.6538
16	0.1902	-0.0985	14.832	0.5370
17	-0.0038	-0.1518	14.833	0.6075

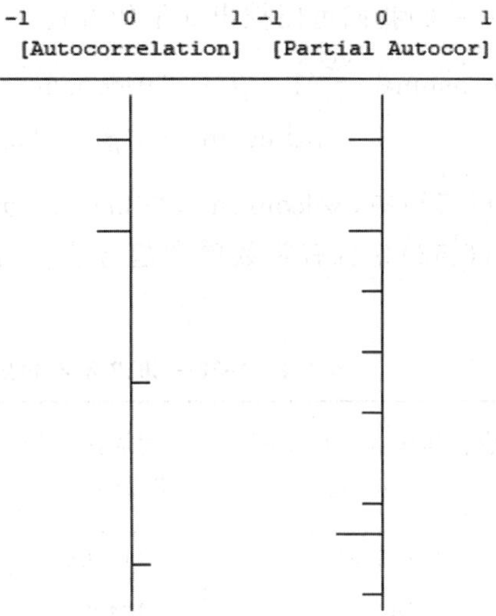

图 6-18 ARIMA(1,2,1)模型残差序列检验

结果显示,残差序列不存在自相关,是平稳序列,由此得知 ARIMA(1,2,1)模型的拟合结果是比较理想的。

[例 6-2]

农村居民收入和消费的误差修正模型建立

根据相对收入假设理论,在一定时期,人们当期的消费水平不仅受当期的可支配收入,而且受前期的消费水平的影响,具有一定的消费惯性,这就是消费的棘轮效应。从这个理论出发,我们可以建立如下(6-51)式的模型。同时根据生命周期假设理论,消费者的消费不仅与当期收入有关,也受过去各项的收入以及对将来预期收入的限制和影响。

(1)理论模型建立

考虑 1978—2017 年农村居民的人均可支配收入(2013 年前为人均纯收入)income 与人均消费额 consume 的关系(见表 6-4,数据来自布瑞克农业数据库)。将相对收入假设理论与生命周期假设理论联系起来,推出如下结果:当期的消费水平不仅与当期的可支配收入有关,而且还与前期的可支配收入,前两期的消费水平有关。在此先对人均可支配收入和人均消费额取对数,同时给出如下的模型

$$\text{lconsume}_t = \beta_0 + \beta_1 \text{lconsume}_{t-1} + \beta_2 \text{lincome}_t, \quad t = 1,2,\cdots,n \tag{6-51}$$

如果当期的人均消费水平与当期的人均可支配收入及前期的人均消费水平均为一阶单整序列,而它们的线性组合为平稳序列,那么我们可以求出误差修正序列,并建立误差修正模型,如下:

$$\nabla \text{lconsume}_t = \beta_0 + \beta_1 \nabla \text{lincome}_t + \beta_2 \nabla \text{lconsume}_{t-1} + \beta_3 \text{ecm}_{t-1} + \beta_4 t, \quad t = 1,2,\cdots,n \tag{6-52}$$

$$\text{ecm}_t = \text{lconsume}_t - \beta_0 - \beta_1 \text{lconsume}_{t-1} - \beta_2 \text{lincome}_{t-1}, \quad t = 1,2,\cdots,n \tag{6-53}$$

从式(6-52)我们可以推出如下的方程：

$$\begin{aligned}\text{lconsume}_t = &(1+\beta_1+\beta_3)\text{lconsume}_{t-1} - (\beta_1 - \beta_3\beta_1)\text{lconsume}_{t-2} + \\ &\beta_2 \text{lincome}_t - (\beta_2 - \beta_3\beta_2)\text{lincome}_{t-1} + \beta_0 - \beta_3\beta_0 + \beta_4 t\end{aligned} \tag{6-54}$$

在式(6-52)中，$\triangledown$lconsume、$\triangledown$lincome 分别为变量对数滞后一期的值，ecm_{t-1}为误差修正项。式(6-52)为含有常数项和趋势项的形式，省略了只含趋势项或常数项及二项均无的形式。

表 6-4　1978—2017 年农村居民人均可支配收入与人均消费额

年份	农村居民人均可支配收入/元	农村居民人均消费额/元	年份	农村居民人均可支配收入/元	农村居民人均消费额/元
1978	133.60	116.06	1998	2 162.00	1 590.30
1979	160.20	134.51	1999	2 210.30	1 577.40
1980	191.30	162.21	2000	2 253.42	1 670.13
1981	223.40	190.81	2001	2 366.40	1 741.10
1982	270.10	220.23	2002	2 475.60	1 834.30
1983	309.80	248.29	2003	2 622.20	1 943.30
1984	355.30	273.80	2004	2 936.40	2 184.70
1985	397.60	317.40	2005	3 254.93	2 555.40
1986	423.80	356.95	2006	3 587.00	2 829.02
1987	462.60	398.29	2007	4 140.40	3 223.85
1988	544.90	476.66	2008	4 760.62	3 660.68
1989	601.50	535.37	2009	5 153.17	3 993.45
1990	686.31	584.60	2010	5 919.01	4 381.82
1991	708.60	619.79	2011	6 977.29	5 221.13
1992	784.00	659.21	2012	7 916.60	5 908.00
1993	921.60	769.65	2013	9 539.43	7 065.78
1994	1 221.00	1 016.81	2014	10 488.90	8 382.60
1995	1 577.74	1 310.36	2015	11 421.70	9 222.60
1996	1 926.10	1 572.08	2016	12 363.40	10 129.80
1997	2 090.10	1 617.15	2017	13 432.40	10 954.50

(2)单位根检验

在检验过程中，若 ADF 检验值的绝对值大于临界值的绝对值，则认为被检验的序列为平稳序列。下面对 lincome 进行单位根检验，结果如图 6-19 所示。

```
Dickey-Fuller test for unit root                   Number of obs   =        39

                               ---------- Interpolated Dickey-Fuller ----------
                  Test         1% Critical       5% Critical      10% Critical
               Statistic           Value             Value             Value
-------------------------------------------------------------------------------
 Z(t)             -1.725            -3.655            -2.961            -2.613
-------------------------------------------------------------------------------
MacKinnon approximate p-value for Z(t) = 0.4185
```

图 6-19 对 lincome 进行单位根检验的结果

在检验的结果输出窗口中，DF 统计的检验值为−1.725，大于 1%临界值−3.655，故可知接受“存在单位根”的原假设。进一步检验 lincome 差分一阶的平稳性，结果如图 6-20 所示。

```
Dickey-Fuller test for unit root                   Number of obs   =        38

                               ---------- Interpolated Dickey-Fuller ----------
                  Test         1% Critical       5% Critical      10% Critical
               Statistic           Value             Value             Value
-------------------------------------------------------------------------------
 Z(t)             -2.913            -3.662            -2.964            -2.614
-------------------------------------------------------------------------------
MacKinnon approximate p-value for Z(t) = 0.0439
```

图 6-20 lincome 一阶差分 DF 检验

从图 6-20 中可以看出，DF 统计的检验值−2.913 小于 10%水平下的临界值−2.614，我们认为 lincome 序列差分一阶后为平稳的。也可进一步检验 lincome 序列二阶差分后的平稳性，检验结果如图 6-21 所示。从图中可以看出，DF 统计的检验值小于 1%水平下的临界值，lincome 序列差分二阶后也是平稳的。

```
Dickey-Fuller test for unit root                   Number of obs   =        37

                               ---------- Interpolated Dickey-Fuller ----------
                  Test         1% Critical       5% Critical      10% Critical
               Statistic           Value             Value             Value
-------------------------------------------------------------------------------
 Z(t)             -6.259            -3.668            -2.966            -2.616
-------------------------------------------------------------------------------
MacKinnon approximate p-value for Z(t) = 0.0000
```

图 6-21 lincome 二阶差分 DF 检验

(3)协整检验

在上面的例子中我们分析出农村居民人均可支配收入和农村居民人均消费支出为同阶单整序列，由此，可以对序列进行协整估计，估计结果如图 6-22 所示。检验结果表明，只有一个线性无关的协整向量(图中打星号 * 者)。

```
                       Johansen tests for cointegration
Trend: constant                                         Number of obs =      38
Sample:  1980 - 2017                                             Lags =       1
-------------------------------------------------------------------------------
                                                              5%
maximum                                         trace     critical
  rank    parms       LL        eigenvalue    statistic     value
    0       3       195.655          .        1134.1591     29.68
    1       8      759.68542      1.00000       6.0982*     15.41
    2      11      762.22708      0.12521       1.0149       3.76
    3      12      762.73454      0.02635
-------------------------------------------------------------------------------
```

图 6-22 序列协整估计结果

(4)误差修正模型

根据上面的分析结果,建立误差修正模型,结果如图 6-23 所示。

```
Vector error-correction model

Sample:  1980 - 2017                              Number of obs    =        38
                                                  AIC              = -7.324341
Log likelihood =  148.1625                        HQIC             = -7.186347
Det(Sigma_ml)  =  1.41e-06                        SBIC             = -6.936492

Equation           Parms      RMSE     R-sq      chi2     P>chi2
----------------------------------------------------------------
D_lconsume           4     .049771   0.8714   230.3415   0.0000
D_lincome            4     .047193   0.8838   258.5648   0.0000
----------------------------------------------------------------

------------------------------------------------------------------------------
             |      Coef.   Std. Err.      z    P>|z|     [95% Conf. Interval]
-------------+----------------------------------------------------------------
D_lconsume   |
        _ce1 |
         L1. |  -.0535489   .1839806    -0.29   0.771    -.4141442    .3070464
             |
    lconsume |
         LD. |   .4078504   .2975568     1.37   0.170    -.1753501     .991051
             |
     lincome |
         LD. |   .2855349   .2859286     1.00   0.318    -.2748749    .8459448
       _cons |   .0431608   .0310443     1.39   0.164     -.017685    .1040065
-------------+----------------------------------------------------------------
D_lincome    |
        _ce1 |
         L1. |    .200687   .1744494     1.15   0.250    -.1412276    .5426015
             |
    lconsume |
         LD. |   .1186533   .2821418     0.42   0.674    -.4343344    .6716409
             |
     lincome |
         LD. |   .4699429    .271116     1.73   0.083    -.0614348    1.001321
             |
       _cons |   .0115165   .0294361     0.39   0.696    -.0461772    .0692102
------------------------------------------------------------------------------

Cointegrating equations

Equation           Parms    chi2     P>chi2
-------------------------------------------
_ce1                 1   4499.548   0.0000
-------------------------------------------

Identification:  beta is exactly identified

                 Johansen normalization restriction imposed
------------------------------------------------------------------------------
        beta |      Coef.   Std. Err.      z    P>|z|     [95% Conf. Interval]
-------------+----------------------------------------------------------------
_ce1         |
    lconsume |          1          .        .       .            .           .
     lincome |  -.9834332   .0146609   -67.08   0.000    -1.012168   -.9546984
       _cons |   .2809667          .        .       .            .           .
------------------------------------------------------------------------------
```

图 6-23　误差修正结果

可进一步检验上述误差修正模型系统是否稳定。由图 6-24 可知,除了误差修正模型本身所假设的单位根之外,伴随矩阵的所有特征值均落在单位圆之内,故是稳定的系统。

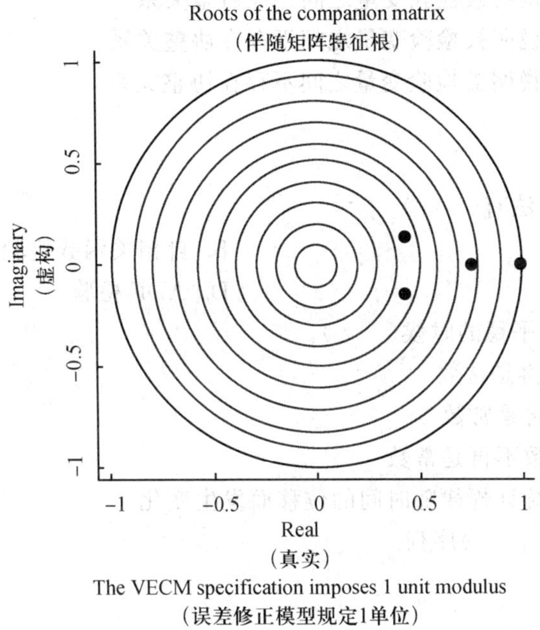

图 6-24 误差修正模型系统检验结果

本章练习题

一、单选题

1. 某一时间序列经一次差分变换成平稳时间序列,此时间序列称为(　　)。

A. 1 阶单整　　B. 2 阶单整

C. K 阶单整　　D. 以上答案均不正确

2. 如果两个变量都是一阶单整的,则(　　)。

A. 这两个变量一定存在协整关系

B. 这两个变量一定不存在协整关系

C. 相应的误差修正模型一定成立

D. 还需对误差项进行检验

3. 当随机误差项存在自相关时,进行单位根检验是由(　　)来实现。

A. DF 检验　　B. ADF 检验

C. EG 检验　　D. DW 检验

4. 有关 EG 检验的说法正确的是(　　)。

A. 拒绝零假设说明被检验变量之间存在协整关系

B. 接受零假设说明被检验变量之间存在协整关系

C. 拒绝零假设说明被检验变量之间不存在协整关系

D. 接受零假设说明被检验变量之间不存在协整关系

二、多选题

1. 平稳性检验的方法有(　　)。

A. 散点图　　　B. 自相关函数检验

C. 单位根检验　　　D. ADF 检验

2. 当时间序列是非平稳的时候(　　)。

A. 均值函数不再是常数

B. 方差函数不再是常数

C. 自协方差函数不再是常数

D. 时间序列的统计规律随时间的位移而发生变化

3. 随机游走序列是(　　)序列。

A. 平稳序列

B. 非平稳序列

C. 统计规律不随时间的位移而发生变化的序列

D. 统计规律随时间的位移而发生变化的序列

4. 下面可以做协整性检验的有(　　)。

A. DF 检验　　B. ADF 检验　　C. EG 检验　　D. DW 检验

5. 有关 DF 检验的说法正确的是(　　)。

A. DF 检验的零假设是“被检验时间序列平稳”

B. DF 检验的零假设是“被检验时间序列非平稳”

C. DF 检验是单侧检验

D. DF 检验是双侧检验

三、问答题

1. 简述 DF 检验的步骤。
2. 简述建立误差校正模型的步骤。
3. 简述建立误差校正模型(ECM)的基本思路。
4. 简述相互协整隐含的意义。

四、分析计算题

以 Q_t 表示粮食产量，A_t 表示播种面积，C_t 表示化肥施用量，经检验，它们取对数后都是 I(1)变量，且互相之间存在 CI(1,1)关系。同时，经过检验并剔除不显著的变量(包括滞后变量)，得到如下粮食生产模型：

$$\ln Q_t = \alpha_0 + \alpha_1 \ln Q_{t-1} + \alpha_2 \ln A_t + \alpha_3 \ln C_t + \alpha_4 \ln C_{t-1} + \mu_t$$

(1)写出长期均衡方程的理论形式；

(2)写出误差修正项 ecm 的理论形式；

(3)写出误差修正模型的理论形式；

(4)指出误差修正模型中每个待估参数的经济意义。

第7章 联立方程模型

教学目的与要求:了解联立方程模型产生的背景;识记联立方程模型的基本概念及类型;理解联立方程模型的识别条件;重点掌握联立方程模型的参数估计。

7.1 联立方程模型的概念

7.1.1 联立方程模型的问题提出

在前面的学习中,我们讨论的单方程计量经济学模型只能描述经济变量之间的单向因果关系,即若干解释变量的变化引起一个被解释变量的变化。但现实中的经济现象是错综复杂的,其中诸因素之间的关系在很多情况下,不是单一方程模型所描述的简单的单向因果关系,而是相互依存的交错的双向或多向因果关系。如某一农产品的价格,影响着该农产品的需求和供给;同时,市场对该农产品的需求和供给又影响着该农产品的价格。为了描述变量之间的多向因果关系,就需要建立由多个方程组成的联立方程模型。又如,研究消费函数时,一般认为消费是由收入决定的;但从社会再生产的动态过程来看,消费水平的改变又会导致生产规模的变化,进而影响收入,所以消费又决定收入。因此,利用单方程模型很难完整、准确地反映经济系统内的这种复杂关系,只有将多个方程有机地组合起来,才能合理地进行经济问题的描述。

联立方程模型就是由多个相互联系的单一方程组成的方程组。由于其包含的变量和描述的经济关系较多,所以能够较为全面地反映经济系统的运行规律。在联立方程模型中,所描述的经济系统中有多少个因果关系,联立方程模型中就对应有多少个方程。

7.1.2 联立方程模型中的几个基本概念

7.1.2.1 变量

在联立方程模型中，某些变量可能是一个方程中的解释变量，同时又是另一个方程中的被解释变量。为了明确起见，需要对变量重新进行分类。

(1)内生变量

内生变量是具有某种概率分布的随机变量，它的参数是联立方程系统估计的元素。内生变量受模型系统中其他变量的影响，也可能影响其他变量。它一般是被解释变量(在其他方程中也可作为解释变量)，且是模型求解的结果。建模时往往要求模型中的方程个数等于内生变量的个数。

一般情况下，因为 $\mathrm{Cov}(Y_i, \mu_i) \neq 0$，内生变量 Y 满足：$E(Y_i \mu_i) \neq 0$。

由于内生变量是随机变量，如果它在某个方程中作为解释变量，则该方程就存在随机解释变量问题，方程中参数的最小二乘估计量一般是有偏的和不一致的，此时最小二乘法不是一个好的参数估计方法。

(2)外生变量

由模型系统以外的因素决定其取值的变量称为外生变量，它或者是没有概率分布的确定变量，或者是具有临界概率分布的随机变量。外生变量不受模型系统的影响，但它对模型系统有影响。在联立方程组模型中，必须事先给定外生变量值，才能求出内生变量的值。外生变量可分为政策性外生变量和非政策性外生变量。政策性外生变量，如税率、利率、货币供给量、政府支出等；非政策性外生变量，如时间趋势、自然条件等。

一般情况下，外生变量 X 满足：$E(Y_i \mu_i) = 0$。

(3)预定变量(前定变量)

外生变量和滞后变量统称为预定变量。滞后变量包括内生滞后变量和外生滞后变量。在联立方程模型中，由于外生变量的值在模型求解之前给定，滞后变量则取前期的历史值，所以预定变量都作为解释变量。如果某个方程中只有预定变量作为解释变量，解释变量中没有内生变量，则该方程中参数的最小二乘估计量具有无偏性和最小方差性。

7.1.2.2 方程

联立方程模型中的方程按照是否包含随机项可分为两类。方程中含有随机项和未知参数的称为随机方程式，随机方程式中的参数需要估计；方程中不含有随机项和未知参数的称为非随机方程式，非随机方程式不需要估计参数。方程按模型对象的行为方式、性质等，可分为：

(1)技术方程

技术方程是根据客观经济技术关系建立的方程，也称为随机方程。比如：生产函数方程就是反映在一定生产技术条件下,生产要素投入量与产出量之间技术关系的方程。

(2)行为方程

行为方程是解释或描述居民、企业团体和政府的经济行为的方程。这类方程都带有随机误差项,也称为随机方程。

(3)定义方程

由它定义某一经济变量与其他经济变量的恒等关系。这类方程中既没有未知参数,也没有随机误差项。

(4)平衡方程

平衡方程表示经济系统均衡或平衡状态的恒等关系。与定义方程一样,它不含未知参数和随机误差项。

(5)制度方程

制度方程是指与法律、法令、规章制度有直接关系的经济数量关系式。它有随机项,含有未知参数,如税收方程式。

例如,在一个由国民收入 Y、消费 C、投资 I、政府支出 G 等变量构成的简单的宏观经济系统中,对这些变量之间的关系用经济数学模型来进行描述:

$$\begin{cases} C_t = a_0 + a_1 Y_t + u_{1t} \\ I_t = b_0 + b_1 Y_t + b_2 Y_{t-1} + u_{2t} \\ Y_t = C_t + I_t + G_t \end{cases} \tag{7-1}$$

从上面的模型来看,内生变量包括:国民收入 Y、消费 C、投资 I;外生变量包括:前期国民收入 Y_{t-1} 和政府支出 G。消费方程和投资方程为随机方程式,而收入方程为非随机方程式。

7.1.3 联立方程模型的分类

7.1.3.1 结构式模型

(1)结构式模型的定义

依据经济理论直接设定的描述经济变量关系结构的联立方程组模型形式称为结构式模型。结构式模型是在对经济变量的影响关系进行理论分析基础上建立的,反映了内生变量直接受预定变量、其他内生变量和随机误差项影响的因果关系。模型中的每个随机方程的被解释变量不仅是内生变量,而且还是由其他内生变量、预定变量和随机误差项所表示的变量,这种方程称为结构方程,各结构方程的参数称为结构参数。

在结构式模型中,结构参数表示每个解释变量对被解释变量的直接影响,参数的符号表示影响的方向,其绝对值表示这种直接影响的大小程度。模型(7-1)就是结构式模型。

现在我们学习联立方程模型结构式的一般形式。把结构方程中所有观测变量的项移到左边,用 Y 表示内生变量,β 表示内生变量的结构参数,X 表示预定变量,γ 表示预定变量的结构参数,结构式模型的一般形式可表示为:

$$\begin{cases}\beta_{11}Y_{1t}+\beta_{12}Y_{2t}+\cdots+\beta_{1h}Y_{ht}+\gamma_{11}X_{1t}+\gamma_{12}X_{2t}+\cdots+\gamma_{1k}X_{kt}=u_{1t}\\ \beta_{21}Y_{1t}+\beta_{22}Y_{2t}+\cdots+\beta_{2h}Y_{ht}+\gamma_{21}X_{1t}+\gamma_{22}X_{2t}+\cdots+\gamma_{2k}X_{kt}=u_{2t}\\ \qquad\qquad\vdots\\ \beta_{g1}Y_{1t}+\beta_{g2}Y_{2t}+\cdots+\beta_{gk}Y_{gt}+\gamma_{g1}X_{1t}+\gamma_{g2}X_{2t}+\cdots+\gamma_{gk}X_{gt}=u_{gt}\end{cases}\tag{7-2}$$

模型(7-2)中有 g 个内生变量 $Y_{1t},Y_{2t},\cdots,Y_{gt}$;$k$ 个预定变量 $X_{1t},X_{2t},\cdots,X_{kt}$;$g$ 个结构方程。u_{it},$i=1,2,\cdots,g$ 表示随机项。独立结构方程的个数等于内生变量的数目的模型被称为完备结构式模型。模型(7-2)的矩阵形式为:

$$\begin{bmatrix}\beta_{11}&\beta_{12}&\cdots&\beta_{1g}\\ \beta_{21}&\beta_{22}&\cdots&\beta_{2g}\\ \vdots&\vdots&&\vdots\\ \beta_{g1}&\beta_{g2}&\cdots&\beta_{gg}\end{bmatrix}\begin{bmatrix}Y_{1t}\\ Y_{2t}\\ \vdots\\ Y_{gt}\end{bmatrix}+\begin{bmatrix}\gamma_{11}&\gamma_{12}&\cdots&\gamma_{1k}\\ \gamma_{21}&\gamma_{22}&\cdots&\gamma_{2k}\\ \vdots&\vdots&&\vdots\\ \gamma_{g1}&\gamma_{g2}&\cdots&\gamma_{gk}\end{bmatrix}\begin{bmatrix}X_{1t}\\ X_{2t}\\ \vdots\\ X_{kt}\end{bmatrix}=\begin{bmatrix}u_{1t}\\ u_{2t}\\ \vdots\\ u_{gt}\end{bmatrix}\ (t=1,2,\cdots,n)\tag{7-3}$$

亦即:

$$\boldsymbol{BY}_t+\boldsymbol{\Gamma X}_t=\boldsymbol{U}_t\tag{7-4}$$

其中:

$$\boldsymbol{B}=(\beta_{ij})_{g\times g},\quad \boldsymbol{\Gamma}=(\gamma_{ij})_{g\times k},$$

$$\boldsymbol{Y}_t=\begin{bmatrix}Y_{1t}\\ Y_{2t}\\ \vdots\\ Y_{gt}\end{bmatrix},\quad \boldsymbol{X}_t=\begin{bmatrix}X_{1t}\\ X_{2t}\\ \vdots\\ X_{kt}\end{bmatrix},\quad \boldsymbol{U}_t=\begin{bmatrix}u_{1t}\\ u_{2t}\\ \vdots\\ u_{gt}\end{bmatrix}$$

(2)结构式模型的特点

结构式模型具有以下特点:

①模型直观地描述了经济变量之间的关系结构,模型的经济意义明确。例如,在模型(7-1)中,第一个方程是依据凯恩斯的绝对收入假说建立的消费函数;第二个方程是投资函数,表示投资额的变化主要取决于当期和前期的国内生产总值;第三个方程是定义方程,反映了国内生产总值包括消费、投资和政府支出。

②模型只反映了各变量之间的直接影响,却无法直观地反映各变量之间的间接影响和总影响。例如,政府支出 G 的增加将会引起收入 Y 的变化,进而引起居民消费 C 的变化,但这种间接影响却无法通过结构方程(或结构参数)直接反映出来。同样地,上期收入 Y_{t-1} 通过投资 I、收入 Y 等变量对居民消费 C 的间接影响也没有直观地反映出来。

③无法直接运用结构式模型进行预测。联立方程模型预测就是根据预定变量的值,预测模型的内生变量。但是结构式中的解释变量中间,往往还包含着需要预测的内生变量,所以无法进行预测。

7.1.3.2 简化式模型

(1)定义

将结构式模型中的每个内生变量都只表示为预定变量和随机扰动项的函数,所构成的模型称为简化式模型。习惯上用 π 表示简化式模型中每一个方程的简化型参数。

(2)求得简化式的方法

①直接估计法,即直接把模型中的每一个内生变量表示成预定变量和随机扰动项的线性函数,简化式一般形式为:

$$Y_i = \pi_{i1}X_1 + \pi_{i2}X_2 + \cdots + \pi_{ik}X_k + u_i (i = 1,2,\cdots,n) \tag{7-5}$$

用矩阵形式表示为 $\boldsymbol{Y}=\boldsymbol{\pi X}+\boldsymbol{U}$,并用普通最小二乘法估计上述的 π_{ij} 值,就得到用直接估计法建立的简化式模型。对于式(7-4)所表示的模型,其简化式模型为:

$$\begin{cases} C_t = \pi_{11}Y_{t-1} + \pi_{12}G_t + u_{1t} \\ I_t = \pi_{21}Y_{t-1} + \pi_{22}G_t + u_{2t} \\ Y_t = \pi_{31}Y_{t-1} + \pi_{32}G_t + u_{3t} \end{cases} \tag{7-6}$$

②间接估计法,即在一定条件下通过推导,将每个内生变量表示成预定变量和随机误差项的函数。其中每个预定变量的系数称为简化式参数。

例如:对于简单 Keynesian 模型(7-1),通过变量连续代换的方法,把内生变量 C_t,I_t,Y_t 表示为预定变量 G_t,Y_{t-1} 与随机项 u_t 的函数。

$$C_t = \frac{a_1 b_1}{1-a_1-b_1}Y_{t-1} + \frac{a_1}{1-a_1-b_1}G_t + \frac{u_{1t}+a_1u_{2t}-b_1u_{1t}}{1-a_1-b_1}$$

$$I_t = \frac{b_2(1-a_1)}{1-a_1-b_1}Y_{t-1} + \frac{b_1}{1-a_1-b_1}G_t + \frac{u_{2t}+b_1u_{1t}-a_1u_{2t}}{1-a_1-b_1}$$

$$Y_t = \frac{b_2}{1-a_1-b_1}Y_{t-1} + \frac{1}{1-a_1-b_1}G_t + \frac{u_{1t}+u_{2t}}{1-a_1-b_1}$$

从简化型中得出参数关系式体系:

$$\pi_{11} = \frac{a_1 b_1}{1-a_1-b_1} \qquad \pi_{12} = \frac{a_1}{1-a_1-b_1}$$

$$\pi_{21} = \frac{b_2(1-a_1)}{1-a_1-b_1} \qquad \pi_{22} = \frac{b_1}{1-a_1-b_1}$$

$$\pi_{31} = \frac{b_2}{1-a_1-b_1} \qquad \pi_{32} = \frac{1}{1-a_1-b_1}$$

由本例的简化型中容易看出,简化式参数是度量预定变量变化时对内生变量的总影响,而结构式参数只表明一个单一方程内预定变量对内生变量的直接影响。例如 π_{21} 度量 Y_{t-1} 增加一单位时对 I_t 的影响,是由两部分组成,第一部分 b_2 是 I_t 对 Y_{t-1} 的直接影响,第二部分是 Y_{t-1} 的增加影响 I_t,I_t 影响 Y_t,Y_t 又影响 I_t。另外 Y_t 影响 C_t,C_t 又影响 Y_t,因而影响 I_t。

$$\pi_{21}=\frac{b_2(1-a_1)}{1-a_1-b_1}=\frac{b_2(1-a_1-b_1+b_1)}{1-a_1-b_1}=b_2+\frac{b_1b_2}{1-a_1-b_1}$$

由于简化式参数反映了预定变量对内生变量的总影响，所以简化式可用于经济预测与经济结构分析。

(3)简化式模型的特点

简化式模型具有以下特点：

①简化式方程的解释变量都是与随机项不相关的预定变量，可以应用 OLS 对简化式方程中的参数进行估计，其估计量是无偏的和一致的。

②简化式参数反映了预定变量对内生变量的总影响，包括直接影响和间接影响。

③利用简化式模型可以直接进行预测。在得到估计的简化式模型之后，根据预定变量的已知信息就可以预测模型中的所有内生变量。

④简化式模型没有客观地描述经济系统内各个变量间的内在联系，模型的经济含义不明确。

7.1.3.3 结构式模型与简化式模型的关系

结构式模型直观地描述了经济变量之间的关系结构，模型有十分明确的经济含义，但却不便于进行参数估计、经济预测、政策评价等定量分析。简化式模型完全是根据内生变量的含义，将经济系统内各变量之间的关系人为地简化而得到的模型，所以没有明确的经济含义。但简化式模型却反映了预定变量对内生变量的总影响，能够进行最小二乘法参数估计及直接进行经济预测等分析。针对结构式模型和简化式模型的不同特点，在实际应用中可以根据不同的研究目的合理地选择模型，同时也需要了解两类模型之间的转换过程，以及结构式参数与简化式参数之间的关系。

结构式模型：
$$\boldsymbol{BY}+\boldsymbol{\Gamma X}=\boldsymbol{U} \tag{7-7}$$

简化式模型：
$$\boldsymbol{Y}=\boldsymbol{\Pi X}+\boldsymbol{V} \tag{7-8}$$

对于式(7-7)，两边同时左乘 $\boldsymbol{B}^{-1}$，整理得到：

$$\boldsymbol{Y}=-\boldsymbol{B}^{-1}\boldsymbol{\Gamma X}+\boldsymbol{B}^{-1}\boldsymbol{U}$$

将其与式(7-8)比较，可以得到：

$$\boldsymbol{\Pi}=-\boldsymbol{B}^{-1}\boldsymbol{\Gamma} \tag{7-9}$$

式(7-9)描述了简化式参数与结构式参数之间的关系，称其为参数关系体系。

7.1.3.4 递归模型

如果一个模型的结构方程可以用下面这种方式排列，第一个方程右边只包含外生变量；第二个方程右边只包含外生变量与第一个内生变量(第一个方程中的被解释变量)；……一般地，第 m 个方程的右边只包含外生变量和前面的 $m-1$ 个方程的内生变量 Y_1 到 Y_{m-1}，这种模型称为递归模型。例如：

$$\begin{cases} Y_1 = f(X_1, X_2, \cdots, X_k; u_1) \\ Y_2 = f(X_1, X_2, \cdots, X_k; Y_1; u_2) \\ Y_3 = f(X_1, X_2, \cdots, X_k; Y_1, Y_2; u_3) \\ \vdots \\ Y_m = f(X_1, X_2, \cdots, X_k; Y_1, Y_2, \cdots, Y_{m-1}; u_m) \end{cases} \tag{7-10}$$

其中含有 m 个内生变量，k 个外生变量，并假定随机变量 $u_j(j=1,2,\cdots,m)$ 是相互独立的。

为了便于理解，我们写出上述递归模型的完整形式：

$$\begin{cases} Y_1 = \gamma_{11}X_1 + \gamma_{12}X_2 + \cdots + \gamma_{1k}X_k + u_1 \\ Y_2 = \gamma_{21}X_1 + \gamma_{22}X_2 + \cdots + \gamma_{2k}X_k + \beta_{21}Y_1 + u_2 \\ \vdots \\ Y_m = \gamma_{m1}X_1 + \gamma_{m2}X_2 + \cdots + \gamma_{mk}X_k + \beta_{m1}Y_i + \cdots + \beta_{mm}Y_{m-1} + u_m \end{cases}$$

如果假定随机项 u_i 和 u_j 的分布是独立的，因而出现在每个方程右边的 Y 项与该方程中的误差项将是无关的。所以，给定外生变量（X_i）的值，就可以对递归系统中的每个方程应用 OLS 法，所得估计量具有 BLUE 性质。

由于递归模型中的内生变量的系数矩阵形成一个下三角矩阵，所以递归模型也称为三角形模型。

即

$$\boldsymbol{B}_{m\times m} = \begin{bmatrix} 1 & 0 & 0 & \cdots & 0 \\ -b_{21} & 1 & 0 & \cdots & 0 \\ -b_{31} & -b_{32} & 1 & \cdots & 0 \\ \vdots & \vdots & \vdots & & \vdots \\ -b_{m1} & -b_{m2} & -b_{m3} & \cdots & 1 \end{bmatrix}$$

因此，实际上，只要判断内生变量的系数矩阵 $\boldsymbol{B}$ 是否具有以上的形式，就能判断一个模型是否为递归模型。如在供给导向的宏观经济系统中，总资产由前期资本存量和劳动力数量决定；国民收入由总产值决定；居民收入、财政收入由国民收入决定；消费和投资又由居民收入和财政收入决定……如果将这些关系用计量经济模型描述，就是一个典型的递归系统模型。

7.2 联立方程模型的识别

7.2.1 模型的识别

7.2.1.1 模型识别的定义

模型的识别问题是从能否由被估计出的简化式参数求出结构式参数值的计算问题中引申

出来的。从本质上讲,识别问题是讨论模型中的结构方程是否具有确定的统计形式(指变量间的随机关系)。而从简化式与结构式的关系角度,识别问题是讨论是否能够从所估计的简化式参数求出结构式参数。若能求出,则结构方程具有确定的统计形式;若不能,则相反。从结构式模型中若干方程或全部方程的关系角度,是讨论模型中若干个方程或全部方程的任意线性组合是否与被识别方程的统计形式相同,若不同,则具有唯一的统计形式,那么是可识别的;反之,则是不可识别的。

关于识别的定义,有以下三种等价的表述方式:

(1)如果联立方程模型中某个结构方程具有确定的统计形式,则称该方程是可识别的;否则,称该方程是不可识别的。

(2)如果联立方程模型中某个结构方程无法用模型中的其他方程线性组合成相同的统计形式,则称该方程是可识别的;否则为不可识别的。

(3)如果联立方程模型中某个方程中的结构参数,可以由参数关系体系的方程组中求解得到,则该方程为可识别的;否则为不可识别的。

所谓统计形式,即方程中的变量与变量之间的函数关系式。"确定的统计形式",即模型中其他方程或所有方程的任意线性组合所构成的新的方程,都不再具有这种统计形式。

7.2.1.2 具体应用

下面用一些简单的例子阐述识别问题的含义,并引出不可识别、恰好识别和过度识别的定义。

例如,简单的市场供需平衡模型:

$$\begin{cases} D = a_0 + a_1 P + u_1 \\ S = b_0 + b_1 P + u_2 \\ D = S = Q \end{cases} \tag{7-11}$$

其中,D 为某商品的需求量,S 为某商品的供给量,P 为某商品的价格。从结构方程之间的关系看,很容易看出需求方程与供给方程具有相同的统计形式,因此,需求方程和供给方程都是不可识别的。

这里应注意的一点是,只有在统计上必须估计其参数的那些方程才存在识别问题,因此对定义方程、平衡方程不存在识别问题。同时,在联立方程模型中,只要有一个方程是不可识别的,该模型就是不可识别的。

现将消费者收入 Y 引入需求函数中,则有引入消费者收入的市场供需平衡模型:

$$\begin{cases} D = a_0 + a_1 P + a_2 Y + u_1 \\ S = b_0 + b_1 P + u_2 \\ D = S = Q \end{cases} \tag{7-12}$$

其中,Y 是外生变量,它是影响需求的重要变量。

我们从结构方程之间的关系来判断每个方程的识别问题。对需求方程来说,它和供给方程的线性组合具有与它本身相同的统计形式,所以需求方程是不可识别的;而对于供给方程,任何方程的线性组合不能构成与其相同的统计形式,所以供给方程可以识别。由于需求方程是不可识别的，那么，整个市场供需平衡模型是不可识别的。

我们从本例可以看到，一个方程的识别性依赖于模型其他方程中是否包含更多的变量。

把滞后价格变量引入供给函数，模型变为引入滞后价格变量的供给需求模型：

$$\begin{cases} D_t = a_0 + a_1 P_t + a_2 Y_t + u_{t1} \\ S_t = b_0 + b_1 P_t + b_2 P_{t-1} + u_{t2} \\ D_t = S_t \end{cases} \tag{7-13}$$

由 $D_t = S_t$ 得：

$$P_t = \pi_0 + \pi_1 Y_t + \pi_2 P_{t-1} + v_t$$

其中，

$$\pi_0 = \frac{b_0 - a_0}{a_1 - b_1} \qquad \pi_1 = -\frac{a_2}{a_1 - b_1}$$

$$\pi_2 = \frac{b_2}{a_1 - b_1} \qquad v_t = \frac{u_{t2} - u_{t1}}{a_1 - b_1}$$

代入供给方程或需求方程，得到：

$$D_t = S_t = \pi_3 + \pi_4 Y_t + \pi_5 P_{t-1} + w_t$$

其中，

$$\pi_3 = \frac{a_1 b_0 - a_0 b_1}{a_1 - b_1} \qquad \pi_4 = -\frac{a_2 b_1}{a_1 - b_1}$$

$$\pi_5 = \frac{a_1 b_2}{a_1 - b_1} \qquad w_t = \frac{a_1 u_{t2} - b_1 u_{t1}}{a_1 - b_1}$$

由 6 个简化式系数 $\pi_0, \pi_1, \pi_2, \pi_3, \pi_4, \pi_5$，可以唯一地确定 6 个结构参数 $a_0, a_1, a_2, b_0, b_1, b_2$。需求方程和供给方程都具有唯一的统计形式，它们都可以识别，则整个模型是可以识别的。

由此引出恰好识别的定义：若模型中某一结构方程可识别，并且能够从相应的参数对应关系求得此方程全部结构参数的唯一解，则称此结构方程是恰好识别的。

如果再引入时间变量，可以得到引入时间变量的供给需求模型：

$$\begin{cases} D_t = a_0 + a_1 P_t + a_2 Y_t + a_3 T_t + u_{t1} \\ S_t = b_0 + b_1 P_t + b_2 P_{t-1} + u_{t2} \\ D_t = S_t \end{cases} \tag{7-14}$$

可得：

$$P_t = \pi_0 + \pi_1 Y_t + \pi_2 T_t + \pi_3 P_{t-1} + v_t$$

$$D_t = S_t = \pi_4 + \pi_5 Y_t + \pi_6 T_t + \pi_t P_{t-1} + w_t$$

其中，

$$\pi_0 = \frac{b_0 - a_0}{a_1 - b_1} \qquad \pi_1 = \frac{-a_2}{a_1 - b_1} \qquad \pi_2 = -\frac{a_3}{a_1 - b_1}$$

$$\pi_3 = \frac{b_2}{a_1 - b_1} \qquad \pi_4 = \frac{a_1 b_0 - a_0 b_1}{a_1 - b_1} \qquad \pi_5 = -\frac{a_2 b_1}{a_1 - b_1}$$

$$\pi_6 = -\frac{a_3 b_1}{a_1 - b_1} \qquad \pi_7 = \frac{a_1 b_2}{a_1 - b_1} \qquad w_t = \frac{a_1 u_{t2} - b_1 u_{t1}}{a_1 - b_1} \qquad v_t = \frac{u_{t2} - u_{t1}}{a_1 - b_1}$$

由8个简化式系数决定7个结构式参数，结构式参数可以有多组值。所以，过度识别定义为：若某一结构方程可识别，但从参数对应关系中求得的结构参数有多组（不唯一）的解，则称此结构方程是过度识别的。

其实，识别问题不是一个统计问题，如果模型可以识别，即使样本容量小，也可以近似地估计出结构参数，样本容量越大，结构参数的估计值越准确。如果模型是不可识别的，对任意的样本都无法估计出模型的参数。并且模型不可识别，就不能用任何有效的经济计量方法正确地估计出模型参数，也就更谈不上利用模型进行经济分析和预测了，这就是模型识别的基本含义。

识别是联立方程模型特有的，本质上是某一方程在联立方程模型中表示方法是否唯一的问题，只有在统计上必须估计系数的方程才产生识别问题。

综上所述，对模型的识别问题可概括为如下情况：

模型的识别
- 不可识别——一个或一个以上的结构方程不可识别
- 可识别——每一个结构方程可识别
  - 恰好识别
  - 过度识别

7.2.2 模型的简化式识别条件

前面都是从识别的定义出发来判断结构方程的识别特性，但是当模型包含较多的变量和方程时，这样判断就比较麻烦。为此我们需要研究模型的识别条件。

假设联立方程模型的结构式为$\boldsymbol{BY}+\boldsymbol{\Gamma X}=\boldsymbol{U}$，它相应的简化式模型为$\boldsymbol{Y}=\boldsymbol{\pi X}+\boldsymbol{V}$，其中有$g$个内生变量，$k$个预定变量，$k_i$表示第$i$个结构方程中所含的先决变量数目，$g_i$表示第$i$个结构方程中所含的内生变量数目。

（1）秩条件：

若秩$R(\boldsymbol{\pi}_i)<g_i-1$，则第$i$个结构方程不可识别；

若秩$R(\boldsymbol{\pi}_i)=g_i-1$，则第$i$结构方程可识别。

（2）阶条件：当第i个结构方程可识别时，

若$k-k_i=g_i-1$，则该方程恰好识别；

若$k-k_i>g_i-1$，则该方程过度识别。

其中，$\boldsymbol{\pi}_i$是简化式参数矩阵$\boldsymbol{\pi}$中划去第i个结构方程中所不包含的内生变量所对应的行和第i个结构方程中所包含的预定变量所对应的列后，剩下的参数按原次序组成的矩阵，R表示矩阵的秩。

[例 7-1]

设某一模型的结构式为：

$$\begin{cases} Y_1 = 3Y_2 - 2X_1 + X_2 + u_1 \\ Y_2 = Y_3 + X_3 + u_2 \\ Y_3 = Y_1 - Y_2 - 2X_3 + u_3 \end{cases} \tag{7-15}$$

式中，Y_1, Y_2, Y_3 为内生变量，即 $g=3$；X_1, X_2, X_3 为预定变量，即 $k=3$。第一个结构方程中 $g_1=2, k_1=2$；第二个结构方程中 $g_2=2, k_2=1$。其结构参数矩阵为：

$$(\boldsymbol{B}, \boldsymbol{\Gamma}) = \left[\begin{array}{ccc:ccc} Y_1 & Y_2 & Y_3 & X_1 & X_2 & X_3 \\ 1 & -3 & 0 & 2 & -1 & 0 \\ 0 & 1 & -1 & 0 & 0 & -1 \\ -1 & 1 & 1 & 0 & 0 & 2 \end{array}\right]$$

经过计算可得 $\boldsymbol{B}$ 的逆矩阵和简化参数矩阵：

$$\boldsymbol{B}^{-1} = \begin{bmatrix} -2 & -3 & -3 \\ -1 & -1 & -1 \\ -1 & -2 & -1 \end{bmatrix} \qquad \boldsymbol{\pi} = -\boldsymbol{B}^{-1}\boldsymbol{\Gamma} = \begin{bmatrix} 4 & -2 & 3 \\ 2 & -1 & 1 \\ 2 & -1 & 0 \end{bmatrix}$$

对于第一个结构方程，它不含内生变量 Y_3，包含预定变量 X_1, X_2，则划掉 $\boldsymbol{\pi}$ 中第三行和第一、第二列得：

$$\boldsymbol{\pi}(1) = \begin{bmatrix} 3 \\ 1 \end{bmatrix}$$

根据秩条件，$R[\boldsymbol{\pi}(1)]=1=g_1-1=2-1$，因此第一个结构方程可识别，进而可用阶条件，这里 $k-k_1=3-2=1=g_1-1=2-1$，因此第一个结构方程是恰好识别的。

对于第二个结构方程，它不含内生变量 Y_1，包含预定变量 X_3，划去 $\boldsymbol{\pi}$ 中第一行及第三列得：

$$\boldsymbol{\pi}(2) = \begin{bmatrix} 2 & -1 \\ 2 & -1 \end{bmatrix}$$

因此，$R[\boldsymbol{\pi}(2)]=1=g_2-1=2-1$，此结构方程可识别，再用阶条件，$k-k_2=3-1=2$，$g_2-1=2-1=1$，有 $k-k_2>g_2-1$，第二个结构方程是过度识别的。

对于第三个结构方程，它含内生变量 Y_1, Y_2, Y_3（没有不包含的内生变量），包含预定变量 X_3，则保留 $\boldsymbol{\pi}$ 中的全部行，再划掉其第三列，得：

$$\boldsymbol{\pi}(3) = \begin{bmatrix} 4 & -2 \\ 2 & -1 \\ 2 & -1 \end{bmatrix}$$

其秩 $R[\boldsymbol{\pi}(3)]=1<g_3-1=3-1$，因此由秩条件，第三个结构方程是不可识别的。由于第三个结构方程是不可识别的，所以该联立方程模型是不可识别的。

7.2.3 模型的结构式识别条件

如果结构方程中包含了模型中的所有变量，则该方程与模型中任何一个方程的线性组合都与该方程有相同的统计形式，因而该方程一定是不可识别的。这一事实表明，如果一个结构方程可以识别，则必然有若干个变量被排斥在该方程之外。由此可以给出判别结构方程识别性的阶条件。

模型的结构式表示为：

$$\boldsymbol{BY}+\boldsymbol{\Gamma X}=\boldsymbol{U} \text{ 或} (\boldsymbol{B},\boldsymbol{\Gamma})\begin{bmatrix}\boldsymbol{Y}\\ \boldsymbol{X}\end{bmatrix}=\boldsymbol{U} \tag{7-16}$$

其中，含有 g 个内生变量，k 个预定变量，以及 g 个方程，因此它是完备的模型。假定其中第 i 个结构方程中所含的内生变量的个数为 g_i，预定变量的个数为 k_i，矩阵$[\boldsymbol{B}(i),\boldsymbol{\Gamma}(i)]$为从模型系数矩阵$(\boldsymbol{B},\boldsymbol{\Gamma})$中去掉第 i 行，并去掉第 i 个结构方程包含的内生变量所对应的列而形成的矩阵。对结构式模型(7-16)中第 i 个结构方程的识别条件如下文所述。

7.2.3.1 结构方程识别的阶条件(完备的结构型)

记 M 为结构模型中内生变量和预定变量的总个数$(M=g+k)$，M_i 为第 i 个结构方程中所含变量(内生变量和预定变量)的个数：$M_i=g_i+k_i$。

当第 i 个结构方程是可识别时：

若 $k-k_i=g_i-1$，或 $M-M_i=g-1$，称阶条件成立，此时如果第 i 个结构方程可识别，则第 i 个结构方程是恰好识别的；

若 $k-k_i>g_i-1$，或 $M-M_i>g-1$，称阶条件成立，此时如果第 i 个结构方程可识别，则第 i 个结构方程是过度识别的；

若 $k-k_i<g_i-1$，或 $M-M_i<g-1$，称阶条件不成立，则第 i 个结构方程一定不可识别。

需要指出的是，识别的阶条件只是结构方程可识别的一个必要条件，而非充要条件。即如果阶条件不成立，则对应的结构方程不可识别；如果阶条件成立，则对应的结构方程是否可识别不能确定，还需进一步通过秩条件判别。

7.2.3.2 结构方程识别的秩条件

识别的阶条件实际上是要求某个特定方程排斥(即不包含)一定数目的变量，以保证达到其在统计形式上与模型中其他方程不同的目的。但是，它不能保证模型中的另一个方程也排斥完全相同的变量，如果这样将与待定方程具有相同的统计形式。所以，阶条件只能作为识别的必要条件。

识别的秩条件则是一个充分必要条件，其具体内容为：

在具有 g 个方程的结构式模型中，任何一个方程能够被识别的充分必要条件是：该方程被排斥变量结构参数矩阵的秩为 $g-1$。或者说，该方程被排斥变量的结构参数矩阵中，至少有一个 $g-1$ 阶的非零行列式。

若秩 $R[\boldsymbol{B}(i),\boldsymbol{\Gamma}(i)]<g-1$，则第 i 个结构方程不可识别。

若秩 $R[\boldsymbol{B}(i),\boldsymbol{\Gamma}(i)]=g-1$，则第 i 个结构方程是可识别的。

其中，秩条件是判断对应结构方程可否识别的充分必要条件，$R[\boldsymbol{B}(i),\boldsymbol{\Gamma}(i)]\neq g_i-1$，则秩条件不成立，对应的结构方程一定不可识别；$R[\boldsymbol{B}(i),\boldsymbol{\Gamma}(i)]=g_i-1$，则秩条件成立，对应的结构方程一定可识别。利用秩条件可以判别结构方程是否可识别，但不能确定是恰好识别还是过度识别。

识别的秩条件实际上是要求某个特定方程所排斥的变量，必须以不同的统计形式出现在其他 $g-1$ 个方程中，这样才能保证模型中的其他方程或这些方程的线性组合与待定方程具有不同的统计形式。

[例 7-2]

设某联立方程结构式模型如下：

$$\begin{cases} C_t = \alpha_0 + \alpha_1 Y_t + u_{t1} \\ I_t = \beta_0 + \beta_1 Y_t + \beta_2 Y_{t-1} + u_{t2} \\ Y_t = C_t + I_t + G_t \end{cases} \tag{7-17}$$

其中，Y、C、I 为内生变量，$g=3$；G_t、Y_{t-1} 和观测值始终取 1 的虚变量 D 为预定变量，$k=3$。其结构式参数矩阵为：

$$(\boldsymbol{B},\boldsymbol{\Gamma}) = \begin{bmatrix} C_t & I_t & Y_t & D & Y_{t-1} & G_t \\ 1 & 0 & -\alpha_1 & -\alpha_0 & 0 & 0 \\ 0 & 1 & -\beta_1 & -\beta_0 & -\beta_2 & 0 \\ -1 & -1 & 1 & 0 & 0 & 1 \end{bmatrix}$$

对于第一个结构方程：

$$[\boldsymbol{B}(1),\boldsymbol{\Gamma}(1)] = \begin{bmatrix} 1 & -\beta_2 & 0 \\ -1 & 0 & 1 \end{bmatrix}$$

$k_1=1, g_1=2$，因为：

$$R[\boldsymbol{B}(2),\boldsymbol{\Gamma}(1)] = 2 = g-1 = 3-1$$

所以该方程可以识别；又因为：

$$k-k_1 = 2 > g_1 - 1 = 1$$

所以该方程是过度识别的。

对于第二个结构方程：

$$[\boldsymbol{B}(2),\boldsymbol{\Gamma}(2)] = \begin{bmatrix} 1 & 0 \\ -1 & 1 \end{bmatrix}$$

$k_2=2, g_2=2$，因为：

$$R[\boldsymbol{B}(2),\boldsymbol{\Gamma}(2)] = 2 = g-1 = 3-1$$

所以该方程可以识别；又因为：

$$k-k_2 = 1 = g_2 - 1$$

所以该方程是恰好识别的。

第三个方程是平衡方程，不存在识别问题。所以该联立方程模型是可以识别的。

通过此例可以发现结构式方法要比简化式方法更简单，因而也更常用。

7.2.4 模型识别的其他判别规则

当模型中的方程数目较多时，利用识别的定义或识别的判别条件判断模型的可识别性都非常麻烦，甚至是不可能的。以下是一些依据阶条件和秩条件得出的判断规则，在实践中常常是简单而实用的。

（1）如果一个方程中包含了模型中的所有变量（即所有内生变量和预定变量），则该方程一定是不可识别的，因为该方程不满足阶条件。

（2）如果一个方程包含了一个内生变量和全部预定变量，则该方程是恰好识别的。因为该结构方程实际上就是简化式方程，被解释变量是内生变量，解释变量为所有的预定变量，结构参数即简化式参数，所以是可识别的，又因为变量个数 $k_i+g_i=k+1$（其中 $k_i=k$，$g_i=1$），由阶条件判断是恰好识别的。

（3）如果第 i 个方程排斥的变量中没有一个在第 j 个方程中出现，则第 i 个方程是不可识别的。因为此时第 j 个方程中的变量一定也包含在第 i 个方程中（即第 i 个方程所包含变量的子集），所以第 i 个方程与第 j 个方程的线性组合与第 j 个方程有相同的统计形式。

（4）如果模型中的两个方程具有相同的变量，则这两个方程都是不可识别的。

模型的可识别性决定了模型中的每一个结构方程是否具有唯一的统计形式，所以在构造联立方程模型和估计模型之前，应该判断该模型的可识别性，否则，进一步的计量经济研究将失去意义。

7.3 联立方程模型的参数估计方法

对于已经建立的联立方程计量经济学模型的理论模型，如果它是可以识别的，则可以选择适当的计量经济学方法估计模型参数。对联立方程组模型参数进行估计的方法分为两大类，即单一方程估计法和方程组系统估计法。这两种方法是相对而言的，方程组系统估计法是同时估计整个模型的全部结构参数，而单一方程估计法是对联立方程组中每一个可识别的结构方程逐一单独估计参数，最后获得整个模型的参数估计值。单一方程估计法的优点是计算简单，常用的有间接最小二乘法、工具变量法、两阶段最小二乘法及有限信息估计法。方程组系统估计法又称完全信息法，估计时要考虑各个结构参数和变量之间的联系和影响。限于方程组系统估计法的复杂性，本章只介绍单一方程估计方法。

7.3.1 间接最小二乘法(ILS)

（1）基本步骤

间接最小二乘法是联立方程计量经济学模型的一种单一方程估计法，每次用于结构模型的一个方程，但该方程必须是恰好识别的。它的基本步骤是：把被估计的结构方程所包含的内生变量表示为模型中全部预定变量和随机项的函数，即导出相应的简化型方程，以此消除方程中随机项与解释变量之间的相关性，使每一个简化型方程都满足 OLS 假定，从而可以应用 OLS 求得简化型参数的估计值，然后代入简化式，可以间接求得结构方程参数的估计值。

(2)具体实例

用一个简单的例子说明此算法的步骤及其可使用的前提条件。一个结构式模型为：

$$\begin{cases} Y_1 = \alpha_{12}Y_2 + \beta_{11}X_1 + \beta_{12}X_2 + u_1 \\ Y_2 = \alpha_{23}Y_3 + \beta_{23}X_3 + u_2 \\ Y_3 = \alpha_{31}Y_1 + \alpha_{32}Y_2 + \beta_{33}X_3 + u_3 \end{cases} \tag{7-18}$$

模型中三个内生变量 Y_1,Y_2,Y_3，其一般表达式为：

$$\begin{cases} Y_1 - \alpha_{12}Y_2 + 0Y_3 - \beta_{11}X_1 - \beta_{12}X_2 + 0X_3 = u_1 \\ 0Y_1 + Y_2 - \alpha_{23}Y_3 + 0X_1 + 0X_2 - \beta_{23}X_3 = u_2 \\ -\alpha_{31}Y_1 - \alpha_{32}Y_2 + Y_3 + 0X_1 + 0X_2 - \beta_{33}X_3 = u_3 \end{cases} \tag{7-19}$$

其系数矩阵表示为：

$$\boldsymbol{AY} + \boldsymbol{\Gamma X} = \boldsymbol{U}$$

$$(\boldsymbol{A},\boldsymbol{\Gamma}) = \begin{bmatrix} 1 & -\alpha_{12} & 0 & -\beta_{11} & -\beta_{12} & 0 \\ 0 & 1 & -\alpha_{23} & 0 & 0 & -\beta_{23} \\ -\alpha_{31} & -\alpha_{32} & 1 & 0 & 0 & -\beta_{33} \end{bmatrix}$$

由结构式识别条件可知第一个结构方程恰好识别，第二个是过度识别，第三个不可识别。经形式计算可得：

$$\boldsymbol{A}^{-1} = \frac{1}{1-\alpha_{23}(\alpha_{32}+\alpha_{31}\ \alpha_{12})} \begin{bmatrix} 1-\alpha_{23}\ \alpha_{32} & \alpha_{12} & \alpha_{12}\ \alpha_{23} \\ \alpha_{23}\ \alpha_{31} & 1 & \alpha_{23} \\ \alpha_{31} & \alpha_{32}+\alpha_{31}\ \alpha_{12} & 1 \end{bmatrix}$$

由于结构式参数与简化式参数的对应关系为：

$$\boldsymbol{\Pi} = -\boldsymbol{A}^{-1}\boldsymbol{T}$$

可知模型简化式 $\boldsymbol{Y}=\boldsymbol{\pi X}+\boldsymbol{V}$，即：

$$\begin{cases} Y_1 = \pi_{11}X_1 + \pi_{12}X_2 + \pi_{13}X_3 + v_1 \\ Y_2 = \pi_{21}X_1 + \pi_{22}X_2 + \pi_{23}X_3 + v_2 \\ Y_3 = \pi_{31}X_1 + \pi_{32}X_2 + \pi_{33}X_3 + v_3 \end{cases} \tag{7-20}$$

用间接最小二乘法(ILS)对每一个结构方程进行估计，其步骤如下：

联立方程模型(7-18)中的第一个结构方程式是恰好识别的，该方程含有两个内生变量 Y_1 和 Y_2，对应的简化式方程为：

$$Y_1 = \pi_{11}X_1 + \pi_{12}X_2 + \pi_{13}X_3 + v_1 \tag{7-21}$$

$$Y_2 = \pi_{21}X_1 + \pi_{22}X_2 + \pi_{23}X_3 + v_2 \tag{7-22}$$

将这两个式子代入模型(7-18)中的第一个方程,得:

$$\pi_{11}X_1+\pi_{12}X_2+\pi_{13}X_3+v_1=\alpha_{12}(\pi_{21}X_1+\pi_{22}X_2+\pi_{23}X_3+v_2)+\beta_{11}X_1+\beta_{12}X_2+0X_3+u_1$$

将此式整理得:

$$\begin{aligned}&(\pi_{11}-\alpha_{12}\pi_{21})X_1+(\pi_{12}-\alpha_{12}\pi_{22})X_2+(\pi_{13}-\alpha_{12}\pi_{23})X_3+(v_1-\alpha_{12}v_2)\\&=\beta_{11}X_1+\beta_{12}X_2+0X_3+u_1\end{aligned}$$

将等号两边相同变量的系数相比较可知:

$$\begin{cases}\pi_{11}-\alpha_{12}\pi_{21}=\beta_{11}\\\pi_{12}-\alpha_{12}\pi_{22}=\beta_{12}\\\pi_{13}-\alpha_{12}\pi_{23}=0\end{cases}\tag{7-23}$$

因此,若已知方程(7-23)中 π_{ij} 的值时,可由上三式唯一确定其中的结构参数。由于简化式方程(7-21)和(7-22)中解释变量(预定变量)X_1,X_2,X_3 与随机误差项不相关,如果预定变量之间不存在多重共线性,且当随机误差项满足零均值、同方差、无自相关的假定时,用普通最小二乘法分别对方程(7-21)和(7-22)的简化式参数 π_{ij} 做出的估计值 $\hat{\pi}_{ij}$,具有最佳线性无偏和一致的特性。再将 $\hat{\pi}_{ij}$ 代入方程(7-23)中,则由此得到:

$$\begin{cases}\hat{\alpha}_{12}=\hat{\pi}_{13}/\hat{\pi}_{23}\\\hat{\beta}_{11}=\hat{\pi}_{11}-\hat{\alpha}_{12}\hat{\pi}_{21}\\\hat{\beta}_{12}=\hat{\pi}_{12}-\hat{\alpha}_{12}\hat{\pi}_{22}\end{cases}\tag{7-24}$$

由此可见,对于恰好识别的结构方程,ILS 方法是求出其包含的全部内生变量所对应的简化式方程中参数 $\hat{\pi}_{ij}$ 的 OLS 估计值,再由参数对应关系式可唯一确定这个结构方程的结构参数估计值,显然 ILS 方法不能有效地求出整个模型中每一个结构方程的结构参数。

7.3.2 工具变量法(IV)

对于联立方程模型来说,工具变量法是以适当的预定变量为工具变量,代替结构方程中作为解释变量的内生变量,以减少随机项 u 与解释变量之间的相关性。通过工具变量法所求得的参数估计值对于小样本来说是有偏的,但对于大样本是一致的。

工具变量法是一种单一方程估计法,每次只适用于模型中的一个结构方程。

(1)工具变量法的主要步骤

第一步,选择适当的工具变量,代替结构方程右边出现的作为解释变量的内生变量。在联立方程模型中,所选择作为工具变量的预定变量必须满足以下条件:

①它必须与将要由它代替的结构方程中的内生变量高度相关;

②它必须是真正的预定变量,因而与结构方程中的随机项 u 不相关;

③它必须同结构方程中的其他预定变量相关性很小,以避免多重共线性;

④如果在同一结构方程中采用一个以上的工具变量,这些工具变量之间的相关性也必须

很小，避免产生多重共线性。

第二步，分别用每个工具变量去乘结构方程，并对所有的样本观测值求和，这样就得到与未知参数一样多的线性方程，解这些方程组成的方程组，就可求得结构参数的估计值。

下面举例说明工具变量法对结构方程的参数估计。

$$Y_{1t}=b_{12}Y_{2t}+b_{13}Y_{3t}+\cdots+b_{1g_1}Y_{g_1t}+\hat{r}_{11}X_{1t}+\hat{r}_{12}X_{2t}+\cdots+\hat{r}_{1k1}X_{k1}+u_{1t},t=1,2,\cdots,n \tag{7-25}$$

式(7-25)用矩阵表示：

$$\boldsymbol{Y}_1=\boldsymbol{Y}_{(1)}\boldsymbol{B}_1+\boldsymbol{X}_1\boldsymbol{\Gamma}_1+\boldsymbol{U}_1=(\boldsymbol{Y}_{(1)}\boldsymbol{X}_1)\begin{bmatrix}\boldsymbol{B}_1\\ \boldsymbol{\Gamma}_1\end{bmatrix}+\boldsymbol{U}_1 \tag{7-26}$$

这里：

$$\underset{n\times 1}{\boldsymbol{Y}_1}=\begin{bmatrix}Y_{11}\\ Y_{12}\\ \vdots\\ Y_{1n}\end{bmatrix},\quad \underset{n\times(g_1-1)}{\boldsymbol{Y}_{(1)}}=\begin{bmatrix}Y_{21} & Y_{31} & \cdots & Y_{g_1,1}\\ Y_{22} & Y_{32} & \cdots & Y_{g_1,2}\\ \vdots & \vdots & & \vdots\\ Y_{2n} & Y_{3n} & \cdots & Y_{g_1,n}\end{bmatrix}$$

$$\underset{(g_1-1)\times 1}{\boldsymbol{B}_1}=\begin{bmatrix}b_{12}\\ b_{13}\\ \vdots\\ b_{1g_1}\end{bmatrix},\quad \underset{k_1\times 1}{\boldsymbol{\Gamma}_1}=\begin{bmatrix}\gamma_{11}\\ \gamma_{12}\\ \vdots\\ \gamma_{1k_1}\end{bmatrix}$$

$$\underset{n\times k_1}{\boldsymbol{X}_1}=\begin{bmatrix}X_{11} & X_{21} & \cdots & X_{k_1,1}\\ X_{12} & X_{22} & \cdots & X_{k_1,2}\\ \vdots & \vdots & & \vdots\\ X_{1n} & X_{2n} & \cdots & X_{k_1,n}\end{bmatrix},\quad \underset{n\times 1}{\boldsymbol{U}_1}=\begin{bmatrix}u_{11}\\ u_{12}\\ \vdots\\ u_{1n}\end{bmatrix}$$

$\boldsymbol{Y}_1$ 的下标 1 是用来强调第一个结构方程的，$\boldsymbol{Y}_{(1)}$ 的下标(1)是表示第一个结构方程中的 g_1 个内生变量的观测值矩阵除去了第一列(即 $\boldsymbol{Y}_1$ 的观测值)，$\boldsymbol{Y}_{(1)}$ 就是第一个结构方程右边的(g_1-1)个内生变量 $Y_2,Y_3,\cdots,Y_{g_1}$ 的观测值矩阵。

按照上面第一步对工具变量的要求，在第一个结构方程所不含外生变量中选(g_1-1)个工具变量，给出样本值，和外生变量 $X_1,X_2,\cdots,X_k$ 的样本值一起按行构成矩阵 $\boldsymbol{Z}_0$，$\boldsymbol{Z}_0$ 为(k_1+g_1-1)行，n 列矩阵，用 $\boldsymbol{Z}_0$ 左乘式(7-26)两边，取期望得到拟正规方程：

$$Z_0Y_1 = Z_0(Y_{(1)}X_1)\begin{bmatrix}\hat{B}_1\\ \hat{\Gamma}_1\end{bmatrix}$$

这里由于 $\mathrm{Cov}(z_0u_1)=0$,即 $E(z_0u_1)=0$,故得上式,因此得到参数的工具变量法估计量为:

$$\begin{bmatrix}\hat{B}_1\\ \hat{\Gamma}_1\end{bmatrix} = [Z_0(Y_{(1)}X_1)]^{-1}Z_0Y_1$$

(2)工具变量法的不足

下面对工具变量法的有效性做进一步讨论。对于恰好识别方程,工具变量法是一种有效的估计方法;而对于过度识别方程,工具变量法却不是一种有效的估计方法。同时还可以看出工具变量法有下面一些不足之处。①从模型中选择预定变量做工具变量需要满足工具变量的条件。由于模型中内生变量间因果关系的交错,内生变量与许多预定变量都是相关的,因此,选择合适的预定变量作为某一个内生变量的工具变量是相当困难的。且预定变量多于一个时又要满足不相关,这有时是不可能的。②由于随机项 u 不可观测,这就很难确定工具变量与 u 无关。由于上述原因,在实际中,人们很少用工具变量法对结构参数进行估计。但是掌握了工具变量法,可以有助于我们理解其他较好的经济计量方法,如两阶段最小二乘法。

7.3.3 两阶段最小二乘法(2SLS)

(1)适用范围

ILS 法和 IV 法适合于恰好识别的结构方程的参数估计,但在实际的联立方程计量经济学模型中,由于模型规模较大,所含的预定变量和内生变量都较多,而在每一个结构方程中,所含的变量数却很少,于是经常出现 $k-k_i>g_i-1$ 的情形,两阶段最小二乘法就是一种既适用于恰好识别,又适用于过度识别的结构方程参数估计的一种单一方程估计法,是应用得最多的一种联立方程模型参数估计方法。

(2)具体实例

一般来讲,联立方程模型 $\boldsymbol{YB}+\boldsymbol{X\Gamma}=\boldsymbol{U}$ 的第 i 个方程可表示为:

$$\boldsymbol{Y}_i = \boldsymbol{Y}_0\boldsymbol{B}_0 + \boldsymbol{X}_0\boldsymbol{\Gamma}_0 + \boldsymbol{U}_i \tag{7-27}$$

其中,

$$\boldsymbol{Y}_i = \begin{bmatrix} y_{1i}\\ y_{2i}\\ \vdots\\ y_{ni}\end{bmatrix},\quad \boldsymbol{Y}_0 = \begin{bmatrix} y_{11} & \cdots & y_{1(i-1)} & y_{1(i+1)} & \cdots & y_{1g_i}\\ y_{21} & \cdots & y_{2(i-1)} & y_{2(i+1)} & \cdots & y_{2g_i}\\ \vdots & & \vdots & \vdots & & \vdots\\ y_{ni} & \cdots & y_{n(i-1)} & y_{n(i+1)} & \cdots & y_{ng_i}\end{bmatrix},\quad \boldsymbol{B}_0 = \begin{bmatrix}\beta_{i1}\\ \beta_{i2}\\ \vdots\\ \beta_{1(i-1)}\\ \beta_{1(i+1)}\\ \vdots\\ \beta_{ig_i}\end{bmatrix}$$

$$
\boldsymbol{X}_0 = \begin{bmatrix} x_{11} & x_{12} & \cdots & x_{1k_i} \\ x_{21} & x_{22} & \cdots & x_{2k_i} \\ \vdots & \vdots & & \vdots \\ x_{n1} & x_{n2} & \cdots & x_{nk_i} \end{bmatrix}, \quad \boldsymbol{U}_i = \begin{bmatrix} u_{1i} \\ u_{2i} \\ \vdots \\ u_{ni} \end{bmatrix}, \quad \boldsymbol{\Gamma}_0 = \begin{bmatrix} \gamma_{i1} \\ \gamma_{i2} \\ \vdots \\ \gamma_{ik_i} \end{bmatrix}
$$

式(7-27)可以表示为：

$$
\boldsymbol{Y}_i = (\boldsymbol{Y}_0, \boldsymbol{X}_0) \begin{bmatrix} \boldsymbol{B}_0 \\ \boldsymbol{\Gamma}_0 \end{bmatrix} + \boldsymbol{U}_i \tag{7-28}
$$

2SLS 中的第一阶段，$\boldsymbol{Y}_0$ 中每个变量对 $\boldsymbol{X}$ 用 OLS 法进行回归计算，其关系式为：

$$
\boldsymbol{Y}_0 = \boldsymbol{X}\boldsymbol{\Pi}_0 + \boldsymbol{V}_0 \tag{7-29}
$$

$\boldsymbol{\Pi}_0$、$\boldsymbol{V}_0$ 的矩阵元素排列类似于上面的矩阵。$\boldsymbol{\Pi}_0$ 的 OLS 估计式为：

$$
\hat{\boldsymbol{\Pi}}_0 = (\boldsymbol{X}'\boldsymbol{X}^{-1})\boldsymbol{X}'\boldsymbol{Y}_0
$$

于是，

$$
\hat{\boldsymbol{Y}}_0 = \boldsymbol{X}\hat{\boldsymbol{\Pi}}_0
$$

第二阶段，用 $\hat{\boldsymbol{Y}}_0$ 代替式(7-28)中的 $\boldsymbol{Y}_0$，即：

$$
\boldsymbol{Y}_i = (\hat{\boldsymbol{Y}}_0, \boldsymbol{X}_0) \begin{bmatrix} \boldsymbol{B}_0 \\ \boldsymbol{\Gamma}_0 \end{bmatrix} + \boldsymbol{U}_i^* \tag{7-30}
$$

对式(7-30)应用 OLS 法，得到结构参数估计量为：

$$
\begin{bmatrix} \hat{\boldsymbol{B}}_0 \\ \hat{\boldsymbol{\Gamma}}_0 \end{bmatrix} = [(\hat{\boldsymbol{Y}}_0, \boldsymbol{X}_0)'(\hat{\boldsymbol{Y}}_0, \boldsymbol{X}_0)]^{-1}(\hat{\boldsymbol{Y}}_0, \boldsymbol{X}_0)'\boldsymbol{Y}_i \tag{7-31}
$$

这就是第 i 个结构方程的 2SLS 的估计量。

7.3.4 有限信息估计法

所谓有限信息估计法，是不同于上述 ILS，IV，2SLS 的另一类联立方程模型的单一方程估计法。上述几种方法是以残差平方和最小，即以最小二乘为选择参数估计量的标准。有限信息估计法主要包括有限信息最小方差比方法、有限信息最大似然法。因为它们仍是对每个结构方程逐一估计，仍属单一方程法；在估计时仅考虑了所涉及的方程提供的信息，故称为有限信息估计法。

7.3.4.1 有限信息最小方差比方法(LVR)

(1)可以把联立方程模型中所要估计的第 1 个结构方程写成：

$$
Y_0 B_0 = X_0 \Gamma_0 + X_0^* \cdot U + U_1 \tag{7-32}
$$

如果内生变量的某种线性组合 $\widetilde{Y}=Y_0\hat{B}_0$ 就是该结构方程的估计式。显然，人们希望所选择的$\hat{B}_0$，使得 $\widetilde{Y}$ 仅依赖于 X_0，而不是依赖于 $X=(X_0,X_0^*)$，也就是说仅把 X_0 作为 $\widetilde{Y}$ 的解释变量。这显然是符合原结构方程所描述的各经济变量之间的客观关系的。当然这样做会带来一定的误差，人们希望选择合适的$\hat{B}_0$，使得下列比值：

$$\frac{\text{仅用 } X_0 \text{ 作解释变量估计的残差离差}}{\text{应用 } X \text{ 作解释变量估计的残差离差}}=l$$

最小(仅稍大于1)。这就叫有限信息最小方差比方法。

(2)$\hat{B}_0$ 的选择。由多元线性回归计算公式可知，上述方差比的分母为：

$$\begin{aligned}\widetilde{Y}'\widetilde{Y}-\widetilde{Y}'\hat{Y} &= \widetilde{Y}'[I-X(X'X)^{-1}X']Y \\ &= \hat{B}'_0Y'_0[I-X(X'X)^{-1}X']Y_0\hat{B}_0 \\ &= \hat{B}'_0R\hat{B}_0\end{aligned}$$

其中：
$$R=Y'_0[I-X(X'X)^{-1}X']Y_0$$

同样，上述方差比的分子为 $\hat{B}'_0R_1\hat{B}_0$，其中：

$$R_1=Y'_0[I-X_0(X'_0X_0)^{-1}X'_0]Y_0$$

于是：
$$l=\frac{\hat{B}'_0R_1\hat{B}_0}{\hat{B}'_0R\hat{B}_0}$$

最小方差比方法就是使上式达到极小的情况下求得$\hat{B}_0$ 的方法。l 极小等价于 $\hat{B}'_0R_1\hat{B}_0$ 达到极小，并满足约束条件 $\hat{B}'_0R'\hat{B}'_0=$常数。应用拉格朗日乘子法求解，构造下列拉格朗日函数

$$P(\hat{B}_0)=\hat{B}'_0R_1\hat{B}_0-\lambda(\hat{B}'_0R\hat{B}_0-C)$$

对$\hat{B}_0$ 求偏导数并令其为0：

$$\frac{\partial P(\hat{B}_0)}{\partial\hat{B}_0}=2(R_1-\lambda R)\hat{B}_0=0$$

$$(R_1-\lambda R)\hat{B}_0=0$$

显然，最小方差比方法就是求解$(R_1-\lambda R)\hat{B}_0=0$ 的特征方程，其一种方法是求$|R_1-\lambda R|=0$的最小特征根，这个最小特征根对应的特征向量$\hat{B}_0$ 就是所求的结果。

(3)LVR 的步骤：

①利用样本观测值计算残差矩阵 $\boldsymbol{R}_1$ 和 $\boldsymbol{R}$；

②求解特征方程，得到$\hat{B}_0$，并进行正规化，一般使其第一个元素为1，故所确定的组合内生变量为

$$\widetilde{Y}=Y_1+\hat{\beta}_2Y_2+\hat{\beta}_3Y_3+\cdots$$

(4)计算 $\widetilde{Y}$ 的样本值，然后用 $\widetilde{Y}$ 对 X_0 进行 OLS 回归，以求得 Γ_0 的估计值$\widetilde{\Gamma}_0$，连同上面得到的 $\hat{B}'_0$，构成了第一个结构方程的所有参数估计值。

7.3.4.2 有限信息最大似然法(LIML)

有限信息最大似然法(LIML)是一种在一定的约束条件下对似然函数求极值，以得到结

构方程参数估计量的单一方程估计法。

仍以第一个结构方程为例：

$$Y_1 = Y_0 B_0 + X_0 \Gamma_0 + U_1$$

记：

$$\boldsymbol{Y}'_0 = (Y_1, Y_0)$$

$$\boldsymbol{\beta}'_0 = \begin{bmatrix} -1 \\ B_0 \end{bmatrix}$$

上式改写为：

$$\boldsymbol{Y}'_0 \boldsymbol{\beta}'_0 + X_0 \Gamma_0 + U_1 = 0 \tag{7-33}$$

该方程所包含的内生变量对应的简化式为：

$$\boldsymbol{Y}'_0 = X\boldsymbol{\Pi}'_0 + \boldsymbol{U}'_0$$

或

$$\boldsymbol{Y}'_0 = X_0 \boldsymbol{\Pi}'_{01} + X_0^* \boldsymbol{\Pi}'_{02} + \boldsymbol{U}'_0 \tag{7-34}$$

其中 X_0^* 为该结构方程中未包含的预定变量。用 $\boldsymbol{\beta}'_0$ 右乘(7-34)式两边

$$\boldsymbol{Y}'_0 \boldsymbol{\beta}'_0 = X_0 \boldsymbol{\Pi}'_{01} \boldsymbol{\beta}'_0 + X_0^* \boldsymbol{\Pi}'_{02} \boldsymbol{\beta}'_0 + \boldsymbol{U}'_0 \boldsymbol{\beta}'_0 \tag{7-35}$$

比较式(7-33)与式(7-35)有：

$$\boldsymbol{\Pi}'_{02} \boldsymbol{\beta}'_0 = 0 \tag{7-36}$$

$$\boldsymbol{\Pi}'_{01} \boldsymbol{\beta}'_0 = -\Gamma_0 \tag{7-37}$$

如果第一个结构方程是恰好识别的，即有 $k-k_1=g_1-1$，$\boldsymbol{\Pi}'_{02}$ 为 $(k-k_1)\times g_1$ 阶矩阵，即 $(g_1-1)\times g_1$ 阶矩阵，式(7-33)为 (g_1-1) 个方程构成的方程组，可以解出唯一确定的 $\boldsymbol{\beta}'_0$。但在 $k-k_1>g_1-1$ 的情况下，即过度识别的情况下，对式(7-33)中简化式参数施加了约束，构成了有限信息最大似然估计的组成部分。

人们定义在式(7-33)的约束条件下对 $\boldsymbol{Y}'_0$ 的似然函数极大化所得到的 $\boldsymbol{\beta}'_0$ 的估计量为 LIML 估计量。$\boldsymbol{Y}'_0$ 的对数似然函数是：

$$\ln L(\boldsymbol{Y}'_0) = c + \frac{n}{2}\ln \boldsymbol{\Omega}_0^{-1} - \frac{1}{2}\mathrm{tr}\boldsymbol{\Omega}_0^{-1}(\boldsymbol{Y}_0^{-1} - X\boldsymbol{\Pi}'_0)(\boldsymbol{Y}'_0 - X\boldsymbol{\Pi}'_0) \tag{7-38}$$

其中 $\boldsymbol{\Omega}_0^{-1}$ 是简化式随机项 $\boldsymbol{U}'_0$ 的方差-协方差矩阵；c 为常数，式(7-35)在式(7-33)的约束下极大化等价于下列广义方差的极小化

$$|(\boldsymbol{Y}'_0 - X\boldsymbol{\Pi}'_0)(\boldsymbol{Y}'_0 - X\boldsymbol{\Pi}'_0)|$$

于是可以得到参数 $\boldsymbol{\beta}'_0$ 的 LIML 估计量。

7.4 联立方程模型实例分析

7.4.1 研究目的和模型设定

依据凯恩斯宏观经济调控原理，建立简化的中国宏观经济调控模型。经理论分析，采用基于三部门的凯恩斯总需求决定模型，在不考虑进出口的条件下，通过消费者、企业、政府的经济活动，分析总收入的变动对消费和投资的影响。设理论模型如下：

$$Y_t = C_t + I_t + G_t \tag{7-39}$$

$$C_t = \alpha_0 + \alpha_1 Y_t + u_{1t} \tag{7-40}$$

$$I_t = \beta_0 + \beta_1 Y_t + u_{2t} \tag{7-41}$$

其中，Y_t 为支出法 GDP，C_t 为消费，I_t 为投资，G_t 为政府支出；内生变量为 Y_t，C_t，I_t；预定变量为 G_t，即 $M=3$，$K=1$。

7.4.2 模型的识别性

根据上述理论方程，其结构型的标准形式为：

$$
\begin{aligned}
-C_t - I_t + Y_t - G_t &= 0 \\
-\alpha_0 + C_t - \alpha_1 Y_t &= u_{1t} \\
-\beta_0 + I_t - \beta_1 Y_t &= u_{2t}
\end{aligned}
$$

标准形式的系数矩阵($\boldsymbol{B},\boldsymbol{\Gamma}$)为

$$
(\boldsymbol{B},\boldsymbol{\Gamma}) = \begin{bmatrix} 0 & -1 & -1 & 1 & -1 \\ -\alpha_0 & 1 & 0 & -\alpha_1 & 0 \\ -\beta_0 & 0 & 1 & -\beta_1 & 0 \end{bmatrix}
$$

由于第一个方程为恒定式，所以不需要对其识别性进行判断。下面判断消费函数和投资函数的识别性。

(1)消费函数的识别性

首先，用阶条件判断。这时 $m_2=2$，$k_2=0$，因为 $K-k_2=1-0=1$，并且 $m_2-1=2-1=1$，所以 $K-k_2=m_2-1$，表明消费函数有可能为恰好识别。

其次，用秩条件判断。在($\boldsymbol{B},\boldsymbol{\Gamma}$)中划去消费函数所在的第二行和非零系数所在的第一、

二、四列,得:

$$(\boldsymbol{B}_0, \boldsymbol{\Gamma}_0) = \begin{bmatrix} -1 & -1 \\ 1 & 0 \end{bmatrix}$$

显然,$R(\boldsymbol{B}_0, \boldsymbol{\Gamma}_0)=2$,则由秩条件,表明消费函数是可识别。再根据阶条件,消费函数是恰好识别。

(2)投资函数的识别性

由于投资函数与消费函数的结构相近,判断过程与消费函数完全一样,故对投资函数的阶条件和秩条件的判断予以省略。结论是投资函数也为恰好识别。

综合上述各方程的判断结果,得出该模型为恰好识别。

7.4.3 宏观经济模型的估计

由于消费函数和投资函数均为恰好识别,因此,可用间接最小二乘估计法(ILS)估计参数。选取 GDP、消费、投资,并用财政支出作为政府支出的替代变量。这些变量取自 1978—2017 年中国宏观经济的历史数据,见表 7-1。

表 7-1 1978—2017 年中国宏观经济的历史数据 亿元

年份	GDP	消费	投资	财政支出
1978	3 634	2 233	1 413	1 122.09
1979	4 078	2 578	1 520	1 281.79
1980	4 575	2 967	1 623	1 228.83
1981	4 957	3 277	1 663	1 138.41
1982	5 426	3 576	1 760	1 229.98
1983	6 079	4 060	1 968	1 409.52
1984	7 346	4 784	2 560	1 701.02
1985	9 180	5 918	3 630	2 004.25
1986	10 474	6 727	4 002	2 204.91
1987	12 294	7 639	4 645	2 262.18
1988	15 332	9 423	6 060	2 491.21
1989	17 360	11 033	6 512	2 823.78
1990	19 067	12 001	6 555	3 083.59
1991	22 124	13 614	7 893	3 386.62
1992	27 334	16 225	10 834	3 742.20
1993	35 900	20 797	15 783	4 642.30
1994	48 823	28 272	19 916	5 792.62
1995	61 539	36 198	24 343	6 823.72

续表 7-1

年份	GDP	消费	投资	财政支出
1996	72 102	43 087	27 557	7 937.55
1997	80 025	47 509	28 966	9 233.56
1998	85 486	51 460	30 397	10 798.18
1999	90 824	56 622	31 666	13 187.67
2000	100 577	63 668	34 526	15 886.50
2001	111 250	68 547	40 379	18 902.58
2002	122 292	74 068	45 130	22 053.15
2003	138 315	79 513	55 837	24 649.95
2004	162 742	89 086	69 421	28 486.89
2005	189 190	101 448	77 534	33 930.28
2006	221 207	114 729	89 823	40 422.73
2007	271 699	136 229	112 047	49 781.35
2008	319 936	157 466	138 243	62 592.66
2009	349 883	172 728	162 118	76 299.93
2010	410 708	198 998	196 653	89 874.16
2011	486 038	241 022	233 327	109 247.79
2012	540 989	271 113	255 240	125 952.97
2013	596 963	300 338	282 073	140 212.10
2014	647 182	328 313	302 717	151 785.56
2015	699 109	362 267	312 836	175 877.77
2016	745 632	399 910	329 138	187 755.21
2017	812 038	435 453	360 627	203 085.49

资料来源:《2018 年中国统计年鉴》,中国统计出版社。

(1)恰好识别模型的 ILS 估计

根据 ILS 法,首先将结构型模型转变为简化型模型,则宏观经济模型的简化型为:

$$Y = \pi_{00} + \pi_{01}G, \quad C = \pi_{10} + \pi_{11}G, \quad I = \pi_{20} + \pi_{21}G$$

其中结构型模型的系数与简化型模型系数的关系为:

$$\pi_{00} = \frac{\alpha_0 + \beta_0}{1 - \alpha_1 - \beta_1}, \quad \pi_{01} = \frac{1}{1 - \alpha_0 - \beta_0}, \quad \pi_{10} = \alpha_0 + \alpha_1 \frac{\alpha_0 + \beta_0}{1 - \alpha_1 - \beta_1},$$

$$\pi_{11} = \frac{\alpha_1}{1 - \alpha_1 - \beta_1}, \quad \pi_{20} = \beta_0 + \beta_1 \frac{\alpha_0 + \beta_0}{1 - \alpha_1 - \beta_1}, \quad \pi_{21} = \frac{\beta_1}{1 - \alpha_1 - \beta_1}$$

采用 OLS 法,利用 Stata15 软件对简化型模型进行参数估计。得到三个简化型方程的估计结果,写出简化型模型的估计式:

$$\hat{Y} = 22\ 896.66 + 4.041\ 6G, \quad \hat{C} = 14\ 295.97 + 2.073\ 1G$$

$$\hat{I} = 6\ 902.982 + 1.860\ 4G$$

即简化型系数的估计值分别为：

$$\hat{\pi}_{00} = 22\ 896.66,\quad \hat{\pi}_{01} = 4.041\ 6,\quad \hat{\pi}_{10} = 14\ 295.97,$$
$$\hat{\pi}_{11} = 2.073\ 1,\quad \hat{\pi}_{20} = 6\ 902.982,\quad \hat{\pi}_{21} = 1.860\ 4$$

最后，因为模型是恰好识别，则由结构型模型系数与简化型模型系数之间的关系，可唯一地解出结构型模型系数的估计值。解得的结构型模型的参数估计值为：

$$\hat{\alpha}_0 = 5\ 848.067\ 5,\quad \hat{\alpha}_1 = 0.368\ 9$$
$$\hat{\beta}_0 = -1\ 773.237\ 2,\quad \hat{\beta}_1 = 0.410\ 5$$

从而得出结构型模型的估计式为：

$$Y = C + I + G$$
$$C = 5\ 848.067\ 5 + 0.368\ 9Y + u_1$$
$$I = -1\ 773.237\ 2 + 0.410\ 5Y + u_2$$

(2)过度识别模型的 2SLS 估计

考虑在宏观经济活动中，当期消费行为还要受到上一期消费的影响，当期的投资行为也要受到上一期投资的影响，因此，在上述宏观经济模型里再引入 C_t 和 I_t 的滞后一期变量 C_{t-1} 和 I_{t-1}。这时宏观经济模型可写为：

$$Y_t = C_t + I_t + G_t$$
$$C_t = \alpha_0 + \alpha_1 Y_t + \alpha_2 C_{t-1} + u_{1t}$$
$$I_t = \beta_0 + \beta_1 Y_t + \beta_2 I_{t-1} + u_{2t}$$

用阶条件和秩条件对上述模型进行识别判断(具体的判断过程从略)，结论是消费函数和投资函数均是过度识别。需要运用二阶段最小二乘法对方程组的参数进行估计。

首先，估计消费函数。利用 Stata15 软件进行二阶段最小二乘回归，估计结果如图 7-1 所示。

```
. ivregress 2sls c gdp c_lag,r

Instrumental variables (2SLS) regression          Number of obs   =        39
                                                  Wald chi2(2)    =  68534.01
                                                  Prob > chi2     =    0.0000
                                                  R-squared       =    0.9996
                                                  Root MSE        =      2453

------------------------------------------------------------------------------
             |               Robust
           c |      Coef.   Std. Err.      z    P>|z|     [95% Conf. Interval]
-------------+----------------------------------------------------------------
         gdp |   .1924663   .0384677     5.00   0.000     .1170709    .2678617
       c_lag |    .691307   .0812704     8.51   0.000     .5320199    .8505941
       _cons |   1863.936   361.2992     5.16   0.000     1155.803     2572.07
------------------------------------------------------------------------------
(no endogenous regressors)
```

图 7-1　估计结果(1)

根据图 7-1 写出消费函数的 2SLS 估计式为：

$$C_t = 1\,863.936 + 0.192\,5Y_t + 0.691\,3C_{t-1} + u_{1t}$$

其次，估计投资函数。与估计消费函数过程一样，得到如下估计结果，如图 7-2 所示。

```
. ivregress 2sls i gdp i_lag ,r

Instrumental variables (2SLS) regression          Number of obs   =         39
                                                  Wald chi2(2)    =    8596.96
                                                  Prob > chi2     =     0.0000
                                                  R-squared       =     0.9978
                                                  Root MSE        =     5123.7
```

i	Coef.	Robust Std. Err.	z	P>|z|	[95% Conf.	Interval]
gdp	.2637792	.0447839	5.89	0.000	.1760043	.3515541
i_lag	.4641783	.108522	4.28	0.000	.251479	.6768775
_cons	-1044.021	585.0963	-1.78	0.074	-2190.789	102.7468

(no endogenous regressors)

图 7-2 估计结果(2)

由图 7-2 写出投资函数的估计式：

$$I_t = -1\,044.021 + 0.263\,8Y_t + 0.464\,178\,3I_{t-1} + u_{2t}$$

最后，写出该方程组模型的估计式为：

$$Y_t = C_t + I_t + G_t$$
$$C_t = 1\,863.936 + 0.192\,5Y_t + 0.691\,3\,C_{t-1} + u_{1t}$$
$$I_t = -1\,044.021 + 0.263\,8Y_t + 0.464\,178\,3\,I_{t-1} + u_{2t}$$

本章练习题

一、单选题

1. 在联立方程模型中，具有一定概率分布、其数值由模型确定的随机变量是(　　)。
   A. 外生变量　　B. 内生变量
   C. 前定变量　　D. 滞后变量
2. 在联立方程模型中既能作解释变量又能作被解释变量的是(　　)。
   A. 外生变量　　B. 内生变量
   C. 前定变量　　D. 滞后变量

3. 前定变量包括(　　)。

A. 外生变量和虚拟变量　　B. 内生变量和外生变量

C. 外生变量和滞后变量　　D. 解释变量和被解释变量

4. 简化式模型就是把结构式模型中的内生变量表示为(　　)。

A. 外生变量和内生变量的模型　　B. 前定变量和随机干扰项的模型

C. 滞后变量和随机干扰项的模型　　D. 外生变量和随机干扰项的模型

5. 需求函数是(　　)。

A. 恒等方程　　B. 行为方程

C. 制度方程　　D. 定义方程

6. 简化式参数反映了该参数对应的解释变量对被解释变量的(　　)。

A. 直接影响　　B. 直接影响与间接影响之和

C. 间接影响　　D. 直接影响与间接影响之积

7. 如果一个方程包含了一个内生变量和模型系统中全部前定变量,则该方程(　　)。

A. 恰好识别　　B. 过度识别

C. 不可识别　　D. 识别状态不确定

8. 需求函数与供给函数构成的联立方程模型$\begin{cases} D_t = a_0 + a_1 P_t + a_2 W_t + \mu_{1t} \\ S_t = b_0 + b_1 P_t + b_2 P_{t-1} + \mu_{2t} \\ D_t = S_t \end{cases}$中,内生变量和前定变量的个数分别是(　　)。

A. 3 和 2　　B. 2 和 3　　C. 1 和 4　　D. 4 和 1

9. 在一个结构式模型中,假设有 m 个方程需要识别,其中 m_1 个方程是恰好识别的,m_2 个方程过度识别,m_3 个方程不可识别,则该模型系统(　　)。

A. 恰好识别　　B. 过度识别

C. 不可识别　　D. 部分不可识别

10. 如果联立方程模型中某结构方程包含了全部变量,则该方程(　　)。

A. 恰好识别　　B. 过度识别

C. 不可识别　　D. 不确定

11. 如果某结构方程是恰好识别的,则估计该方程参数的恰当方法是(　　)。

A. 普通最小二乘法　　B. 极大似然法

C. 差分法　　D. 间接最小二乘法

12. 对联立方程模型参数估计的方法可以分为两类,即(　　)。

A. 工具变量法和间接最小二乘法　　B. 单方程估计法和系统估计法

C. 间接最小二乘法和两阶段最小二乘法　　D. 两阶段和三阶段最小二乘法

13. 对于恰好识别的方程,在简化式方程满足线性模型基本假设时,间接最小二乘法具有(　　)。

A. 无偏性　　B. 一致性　　C. 真实性　　D. 精确性

14. 在实际建模中估计联立方程模型参数,普通最小二乘法(OLS)仍然被广泛采用,下列表述中不属于其原因的是(　　)。

A. 相对于其他方法,OLS 法可以充分利用样本数据信息

B. 相对于其他方法,OLS 法对样本容量的要求不高

C. 相对于其他方法,OLS 法可以避免确定性误差的传递

D. 相对于其他方法,OLS 法所得到的估计量是无偏的,而其他方法所得估计是渐近无偏的

15. 在一个包含 3 个方程、6 个变量的结构式模型中,如果第 i 个结构式方程包含 3 个变量,则该方程的识别性为(　　)。

A. 恰好识别　　B. 过度识别

C. 不可识别　　D. 无法确定

二、多选择

1. 关于联立方程模型中的解释变量,下列表述中正确的有(　　)。

A. 对于结构式模型,解释变量可以是内生变量,也可以是外生变量和滞后变量

B. 对于简化式模型,解释变量只能是外生变量

C. 对于简化式模型,解释变量可以是内生变量,也可以是前定变量

D. 对于简化式模型,解释变量只能是前定变量

E. 无论何种形式,前定变量都可以作为解释变量

2. 与单方程模型相比,联立方程模型的特点是(　　)。

A. 适用于对某一经济系统的研究

B. 揭示经济变量之间的单向因果关系

C. 适用于研究单一经济现象

D. 揭示经济变量之间的相互依存、互为因果的关系

E. 用一组方程来描述经济系统中内生变量和外生变量之间的数量关系

3. 对于联立方程模型,如果我们采用单方程模型的方法进行估计可能会导致(　　)。

A. 随机解释变量问题

B. 变量信息损失问题

C. 工具变量问题

D. 损失方程之间的关联信息问题

E. 结构式估计问题

4. 对于联立方程模型的识别问题,下列表述中正确的有(　　)。

A. 阶条件成立,则秩条件一定成立

B. 秩条件成立,则阶条件一定成立

C. 秩条件 $R(\boldsymbol{B}_0,\boldsymbol{\Gamma}_0)=M-1$ 成立,则一定可以识别

D. 阶条件和秩条件相互独立

E. 阶条件成立时,能用秩条件判别方程是恰好识别还是过度识别

5. 关于用两阶段最小二乘法估计参数,下列表述中正确的有(　　)。

A. 仅适用于结构式方程是过度识别的情形

B. 模型中的所有前定变量之间不存在严重的多重共线性

C. 样本容量足够大

D. 参数估计量在小样本下是有偏的,在大样本下是一致的

E. 结构式模型中的随机项与相应的简化式中的随机项都满足线性模型的基本假定

6. 与结构式模型相比较，简化式模型的特点有（　　）。

A. 每个方程的右端不出现内生变量，只有前定变量作为解释变量

B. 前定变量与随机项不相关

C. 模型的系数反映了前定变量对内生变量的直接和间接影响

D. 模型的系数只反映前定变量对内生变量的直接影响

E. 在已知前定变量值的条件下，可利用简化式模型参数的估计式直接对内生变量进行预测

三、概念解释

1. 行为方程
2. 参数关系体系
3. 前定变量
4. 联立方程偏倚
5. 恰好识别
6. 过度识别

四、简答

1. 联立方程模型中的经济变量可以分为几类？其各自的含义是什么？
2. 联立方程模型中结构方程的结构参数为什么不能直接用 OLS 估计？
3. 如何对不可识别的方程进行简单修改使之可以识别？
4. 为什么 ILS 只适用于恰好识别的结构模型？
5. 既然联立方程模型结构参数不能直接采用 OLS，为什么在实际中 OLS 又被广泛应用？
6. 联立方程模型估计方法的类型有哪些？尽量列举各估计方法的名称。

五、辨析题

1. 识别结构式方程的阶条件既是必要的，又是充分的。
2. 识别结构式方程的秩条件既是必要的，又是充分的。
3. 间接最小二乘法只适用于恰好识别的结构模型。
4. 估计联立方程模型的结构参数不能直接用最小二乘法。
5. 在结构式模型中内生变量既可以作解释变量，又可以作被解释变量。
6. 在简化式模型中内生变量既可以作解释变量，又可以作被解释变量。

六、计算分析

1. 已知简单的 Keynesian 收入决定模型如下：

$$C_t = \alpha_0 + \alpha_1 Y_t + u_t \quad \text{（消费方程）}$$
$$I_t = \beta_0 + \beta_1 Y_t + \beta_2 Y_{t-1} + v_t \quad \text{（投资方程）}$$
$$Y_t = C_t + I_t + G_t \quad \text{（定义方程）}$$

要求：(1)导出简化型方程；

(2)试用阶条件与秩条件确定每个结构方程的识别状态，整个模型的识别状态如何？

2. 下列为一完备的联立方程计量经济学模型：

$$M_t = \alpha_0 + \alpha_1 Y_t + \alpha_2 P_t + u_{1t}$$
$$Y_t = \beta_0 + \beta_1 M_t + u_{2t}$$

其中：M 为货币供给量，Y 为国内生产总值，P 为价格总指数。

要求：(1)指出模型的内生变量、外生变量、前定变量；

(2)写出简化式模型，并导出结构式参数与简化式参数之间的关系；

(3)用结构式条件确定模型的识别状态。

七、填空

1. 将联立方程模型的每个内生变量表示成所有____和____的函数，所形成的模型称为简化式模型。

2. 如果某一个随机方程具有____参数估计量，称其为恰好识别。如果具有____参数估计量，称其为过度识别。

3. 估计联立方程模型中的某个结构式方程时，先用普通最小二乘法对其中内生解释变量的________进行估计，得到内生解释变量的估计值，用此估计值代替原结构式方程中的内生解释变量，再对变换了的结构式方程用普通最小二乘法进行估计的方法，称为____。

4. 联立方程模型可以分为结构式模型和简化式模型。根据经济理论和行为规律建立的描述经济变量之间______结构关系的计量经济学方程系统称为结构式模型。结构式模型中的每一个方程都是结构方程，将一个内生变量表示为其他内生变量、先决变量和随机误差项的函数形式，被称为结构方程的______。

5. 间接最小二乘法只适用于______的结构方程的参数估计。

6. 在有 M 个内生变量，M 个方程构成的联立方程模型中，当且仅当一个方程中未包含而在其他方程中包含的变量的结构参数，至少能构成一个非零____阶行列式时，该方程是可以识别的。

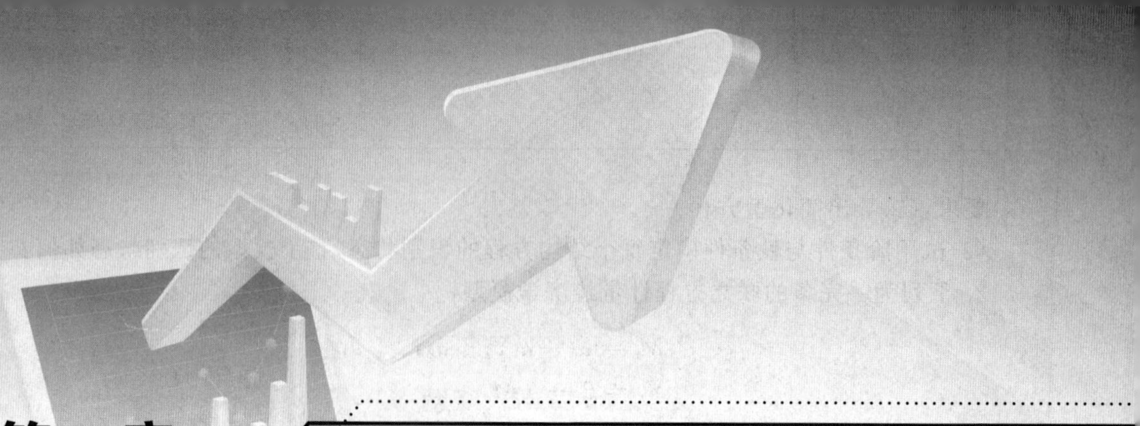

第 8 章 非经典计量经济学模型

教学目的与要求:本部分是课程的非重点内容,可以视学时安排和教学要求选择全部或部分内容。要求了解选择性样本模型、二元离散选择模型和三种平行数据模型的估计和检验方法;掌握选择性样本模型、二元离散选择模型和平行数据模型的建模原理和适用性;使用 Stata 软件估计二元选择模型和变截距平行数据模型。

本书的第 2～6 章讨论了经典计量经济学模型理论与方法,这些理论和方法是建立在经典假设之上的。但是如何解决被解释变量是离散变量,变量的抽样是受到限制的,数据选择既涉及截面数据也涉及时间序列等经典模型不能解决的问题呢?为此,本章将简要介绍现代微观计量经济学的主要成果,主要包括:选择性样本模型、二元离散选择模型和平行数据模型。

8.1 选择性样本计量经济学模型概述

世纪之交的诺贝尔经济学奖授予了两位美国经济学家——詹姆士·J·赫克曼(James J. Heckman)教授和丹尼尔·L·麦克法登(Daniel L. McFadden)教授,以表彰他们对微观计量经济学所做出的杰出贡献,前者的贡献是"发展了选择性样本数据分析的理论和方法",后者的贡献是"发展了对自选择行为进行分析的理论和方法"。

微观计量经济学是介于经济学和统计学之间的边缘科学,它是研究微观数据——即大量个人、家庭或企业的经济信息的经济理论和统计方法。微观数据可以是某一时点的横向数据,也可以是相同观测对象的系列时间序列数据。在过去的 30 年里,有两个重要因素使微观计量经济学得以迅速发展。一个因素是能容纳大量微观数据的数据库的创立,为微观计量经济学奠定了坚实的研究基础,并使微观计量经济学领域得到迅速扩展;另一个因素是计算机运行速度的不断提升以及计算方法的不断改进,为微观计量经济学的研究提供了快速而有效的手段,使得对微观经济理论做实证分析成为可能。现在,研究人员已经可以在微观层次对许多问题进行实证分析。例如,个人就业的决定因素有哪些?工作时间多长?经济激励如何影响个人选择教育、就业或居住地?不同的劳动力市场和教育计划如何影响个人的收入和就业?微观数据的运用也引起了新的统计问题，主要是由于这些非试验性的数据本身存在的局限性。因为研究人员只能从特定的个体或家庭中观测变量值，而样本可能并不是随机的，因而往往不具备代表性。即使样本具有代表性，一些影响个体行为的特征仍然无法观测到，这使得用传统统计方法很难或无法解释个体间的某些差异。

以上问题可以用赫克曼和麦克法登发展的理论和方法来进行分析和研究。可以说，这两位经济学家的研究已经解决了微观数据统计分析中出现的基本问题。他们从 20 世纪 70 年代起研究发展了已被广泛用来对个人和家庭行为进行统计分析的理论和方法。

赫克曼发展了对选择性抽样数据进行分析的理论和方法。现实中能够得到的微观数据常常是通过选择性抽样而产生的，如有关工资的数据就无法通过随机抽样的方式获得。如果不考虑这样的选择性因素，那么对经济关系的计量分析结果就会产生偏差，不能真实地反映实际情况。赫克曼发展的统计方法通过适当的途径解决了这一问题，他以经验为依据进行应用研究，用来解决与此密切相关的问题。他在 1974 年发表的关于已婚妇女的劳动力供给的论文中，设计了一种计量经济学方法来解决这种自选择问题。这项研究很好地表明微观经济理论学可以结合微观计量经济学方法来阐明重要的研究课题。在此后的研究中，赫克曼提出了其他解决自选择的方法：著名的赫克曼修正法(即二阶段方法，赫克曼的 λ 法或赫克曼法)。因为简单易用，这种方法具有广泛的影响。假设上例中研究者要使用个体数据以测定工资关系，但只能从已工作的群体中获取数据。赫克曼修正法可以分两阶段进行。第一阶段，研究者以经济理论为基础，建立参加工作的概率模型，该模型的统计推断结果可以用来预测单个个体的概率。第二阶段，研究者可以将预测所得的个体概率作为解释变量，连同教育、年龄等变量来解决自选择问题，工资关系就能以恰当的统计方法测算出来。赫克曼方法在经济学和其他社会科学中有着大量的实际应用，最初的方法随后被赫克曼等进一步综合归纳并普及。在劳动力经济学中，在估计社会项目的作用或分析失业时间对一个人找工作的影响时，都要用到赫克曼的方法。

8.1.1 基本概念

由于条件限制，样本不能随机抽取，即不能从全部个体，而只能从一部分个体中随机抽取被解释变量的样本观测值，这部分个体的观测值都大于或者小于某个确定值，这类现象称为“截断”问题。例如消费函数模型，由于抽样原因，被解释变量样本观测值最低 200 元、最高 10 000 元。如果将被解释变量处于某一范围的样本观测值都用一个相同的值代替，则称为“归并”问题。“归并”问题经常出现在“检查”“调查”活动中，因此也称为“检查”(censoring)问题。例如需求函数模型，用实际消费量作为需求量的观测值，如果存在供给限制，就出现“归并”问题。

8.1.2 选择性样本模型估计思路

(1)“截断”的模型估计思路。如果一个单方程计量经济学模型，只能从“掐头”或者“去尾”的连续区间随机抽取被解释变量的样本观测值，那么很显然，抽取每一个样本观测值的概率以及抽取一组样本观测值的联合概率,与被解释变量的样本观测值不受限制的情况是不同的。如果能够知道在这种情况下抽取一组样本观测值的联合概率函数,那么就可以通过该函数极大化求得模型的参数估计量。

(2)“归并”的模型估计思路。以一种简单的情况为例,讨论“归并”问题的计量经济学模型。即假设被解释变量服从正态分布,其样本观测值以 0 为界,凡小于 0 的都归并为 0,大于 0 的则取实际值。如果以 y^* 表示原始被解释变量,以 y 表示归并后的被解释变量,并能够得到 y_i 的概率密度函数,那么就可以方便地采用最大似然法估计模型,这就是研究这类问题的思路。由于该模型是由 Tobin 于 1958 年最早提出的,所以也称为 Tobin 模型。

(3)建模时“截断”和“归并”问题的一般处理。对于时间序列数据,不考虑这两类问题。截面上的全部个体作为样本,不考虑“截断”问题。如果按照抽样理论选取截面上的部分个体作为样本,不考虑“截断”问题。按照特定的规则选取截面上的部分个体作为样本,必须考虑“截断”问题。截面数据作为样本,根据样本观测值的经济背景,决定是否考虑“归并”问题。

8.2 二元离散选择模型

8.2.1 二元离散选择模型概述

麦克法登最突出的贡献是他发展了经济学理论和计量经济学方法,并用之于分析离散选择问题,即在有限的一组决策空间中进行选择的问题。麦克法登的研究不断体现出他将经济学理论、统计学方法和实践应用相结合的能力。微观数据通常能反映离散选择,在数据库中,个人职业、居住地和交通工具等信息反映出他们在有限的决策空间中所做的选择。在经济理论中,传统的需求分析假定个人选择用连续型变量表示,这样就不适合研究离散型选择行为。在麦克法登获奖成果问世之前,这种选择的实验性研究缺乏经济理论基础,麦克法登的离散选择理论源于微观经济理论——个人选择效用最大化的理论。然而,正如研究者无法测定影响个人选择的所有因素一样,他发现具有相同特征的个人之间也有随意性差异。基于他的新理论,麦克法登发展了微观计量经济学模型,可以用来预测选择不同方法的人数比例。麦克法登的重要贡献是他在 1974 年提出的条件逻辑(conditional logit)分析法。

虽然逻辑模型已经应用很长时间,但麦克法登对该模型的演变却是全新的,并立即被认为是一个根本性的突破。这类模型非常有用,可应用于城市日常交通需求的研究,在交通计划中可用这些模型来检测政策举措和其他社会和(或)环境的变化带来的影响。例如,解释价格变化、可获性的提高或人口分布的变化如何影响各种交通工具所占的比例。该模型也适用于其他很多领域,如对住宅、居住地和教育选择的研究。麦克法登用自己的方法来分析大量的社会问题,如民用能源、电话服务和旧住宅的需求。条件逻辑模型有其特性:两种选择如乘公共汽车或轿车的相对概率独立于其他交通工具选择的价格和质量。这种特征被称为独立不相关选择(ⅡA),麦克法登不仅设计了统计测试来确定(ⅡA)是否令人满意,而且采用了更一般的模型。如混合逻辑模型(mixed logit),假定个人的选择可以排序,例如,考察居住地和住房类型选择时,假定一个人先选居住地再选住房类型。尽管有如上归纳,该模型对于群体中非测定特征分布的特定假设是敏感的。但麦克法登为离散型选择的统计评估详细拟定了模拟模型(模拟时点的方法),允许更一般的假设。计算机性能的提高增强了这些计量经济方法的实践可应用性。因此,个人的离散型选择现在可以描述得更有现实意义,而且他们的决策可以预测得更精确。除了离散型选择分析外,麦克法登在其他几个领域也做出了很大贡献。在 20 世纪 60 年代,他设计了计量经济学方法来评估生产技术并检测影响公司资本和劳动力需求的因素。90 年代,麦克法登为环境经济学做出了贡献,尤其是在评估自然资源价值的有条件评估方法方面的著作。1989 年 Exxon Valdez 油轮石油倾溢导致阿拉斯加海岸环境污染,他对由此造成的福利损失的研究就是一个典型的例子。这个研究同时也体现了麦克法登在综合经济学理论和计量经济学方面对重要社会问题进行实验性研究的精湛技巧。

8.2.2 基本概念

随着特殊因变量模型的不断发展和完善,它被广泛地用于对个体或家庭的决策行为,如人们对职业或居住地点选择的主客观影响因素进行分析。一般的经济模型都假设内生变量是连续的,我们考虑的所有回归模型都隐含地假定了因变量是定量的,但是在很多情况下事实并非如此。在分析和研究经济现象时,我们经常会碰到一些特殊因变量,其数据是离散的而不是连续的,或观测到的是受到某种限制的数据。例如,作为选择理论的经济学可能会遇到这样一些特殊的情形——是否生产或者是否消费某种商品,而不是要生产或要消费多少某种商品的问题,还有人们出行时是选择乘火车、公交车或是小轿车等决策问题。我们再看以下几个例子。

[例 8-1]

消费者是否购买具有质量认证标识的农产品?

相比普通农产品而言,消费者对于具有质量认证标识(绿色认证、无公害认证、有机认证)农产品的主观喜好程度、质量认可程度等主观方面的认知和判断,无法被直接观察和测量。但是我们可以观察到消费者是否购买上述农产品。即消费者的行为是

$$Y=\begin{cases}1 & \text{购买}\\ \\ 0 & \text{不购买}\end{cases}$$

我们希望研究的是消费者购买的可能性,即概率 $P(Y=1)$。

[例 8-2]

议员对某项农业支持政策进行投票

农业支持政策对投票者的利益影响难以被直接观察,但我们可以观察到投票者的行为只有三种,即

$$Y=\begin{cases}1 & 支持\\2 & 反对\\3 & 弃权\end{cases}$$

我们希望研究的是投票者投各种票的概率 $P(Y=j),j=1,2,3$。

[例 8-3]

去哪家农资商店选购农药、化肥?

5 家农资商店的价格、品种、服务等各有不同,农户并不总是在同一家农资商店选购,我们可以观察到农户的不同选择,用变量描述,即

$$Y=\begin{cases}1 & 商店\ 1\\2 & 商店\ 2\\3 & 商店\ 3\\4 & 商店\ 4\\5 & 商店\ 5\end{cases}$$

我们也希望研究人们去各农资商店的概率 $P(Y=j),j=1,2,3,4,5$。

对这些情形的描述要求经济模型的内生变量是离散的,也就是内生变量的取值是有限的。如果要对描述人们选择行为的这类情形进行实证分析,就必须设定被解释变量是离散变量的经济计量模型。这类模型被称为离散选择模型,它可以描述和实证研究决策者必须从一组有限的离散备选方案中选择一个行动的决策分析。

8.2.3 二元离散选择模型建立

为了使得二元选择问题有进一步研究的可能,首先建立一个效用函数。例如,在讨论家庭是否购房的问题中,可将家庭购买住房的决策用数字 1 表示,而将家庭不购买住房的决策用数字 0 表示。用 U_i^1 表示第 i 个人选择买房的效用,U_i^0 表示第 i 个人选择不买房的效用。其效用均为随机变量,于是有

$$\begin{cases}U_i^1=\alpha_1+\boldsymbol{X}'_i\beta^1+u_i^1 & (8\text{-}1)\\ U_i^0=\alpha_2+\boldsymbol{X}'_i\beta^0+u_i^0 & (8\text{-}2)\end{cases}$$

将式(8-1)一式(8-2),得

$$U_i^1-U_i^0=(\alpha_1-\alpha_2)+\boldsymbol{X}'_i(\beta^1-\beta^0)+(u_i^1-u_i^0)$$

即

$$Y_i^*=U_i^1-U_i^0$$
$$\alpha^*=\alpha_1-\alpha_2$$
$$\beta^*=\beta^1-\beta^0$$
$$u_i^*=u_i^1-u_i^0$$

则有 $Y_i^* = \alpha^* + \boldsymbol{X}'_i\beta^* + u_i^*$，格林称该模型为潜回归。

这是二元选择模型的切入点。称 Y_i^* 为过渡变量(潜在的)，这个变量是不可观测的。

当效用差 Y_i^* 大于零，则应该选"1"，即购房；

当效用差 Y_i^* 小于等于零，则应该选"0"，即不购房。

故 $P(Y_i = 1) = P(Y_i^* > 0) = P(u_i^* > -\alpha^* - \boldsymbol{X}'_i\beta^*) = 1 - F(-\alpha^* - \boldsymbol{X}'_i\beta^*)$

$P(Y_i = 0) = P(Y_i^* \leqslant 0) = P(u_i^* \leqslant -\alpha^* - \boldsymbol{X}'_i\beta^*) = F(-\alpha^* - \boldsymbol{X}'_i\beta^*)$

此处已经通过 Y_i^* 将自变量与事件发生的概率联系起来了，为概率提供了一个潜在的结构模型。现在的问题是 $F(\cdot)$服从何种分布？$F(\cdot)$既然是分布函数，则必须满足分布函数的条件。

8.2.4 二元离散选择模型估计

根据以上的分析，我们的问题已经转化为 $F(\cdot)$有什么形状，即密度函数 f 具有什么样的函数形式。采用累积标准正态概率分布函数的模型称作 Probit 模型，或概率单位模型，用正态分布的累积概率作为 Probit 模型的预测概率。另外 Logistic 函数也能满足这样的要求，采用 Logistic 函数的模型称作 Logit 模型，或对数单位模型。注：分布在此时是以 y 轴为对称。

(1)Logit 模型

因为

$$P(Y_i = 1) = P(Y_i^* > 0) = P(u_i^* > -\alpha^* - \boldsymbol{X}'_i\beta^*) = P(u_i^* < \alpha^* + \boldsymbol{X}'_i\beta^*)$$
$$= F(\alpha^* + \boldsymbol{X}'_i\beta^*)$$

如果我们取 $F(\cdot)$为逻辑函数(Logit)，即

$$\Lambda(x) = F(x) = \frac{1}{1+\mathrm{e}^{-x}} = \frac{\mathrm{e}^x}{1+\mathrm{e}^x} \quad \text{(满足分布函数的条件)}$$

有

$$P(Y_i = 1) = F(\alpha^* + \boldsymbol{X}'_i\beta^*) = \Lambda(\alpha^* + \boldsymbol{X}'_i\beta^*)$$
$$= \frac{1}{1+\mathrm{e}^{-\alpha^* - \boldsymbol{X}'_i\beta^*}} = \frac{\mathrm{e}^{\alpha^* + X'_i\beta^*}}{1+\mathrm{e}^{\alpha^* + \boldsymbol{X}'_i\beta^*}}$$

为了更简化模型 $Y_i{}^* = \alpha^* + \boldsymbol{X}'_i\beta^* + u_i{}^*$，我们令

$$\boldsymbol{\beta} = \begin{bmatrix} \alpha^* \\ \beta^* \end{bmatrix}, \quad \boldsymbol{x}_i = (1, x_{i1}, x_{i2}, \cdots, x_{ik})', \quad u_i = u_i^*$$

则

$$Y_i^* = \boldsymbol{X}'_i\boldsymbol{\beta} + u_i$$

有

$$F(\alpha^* + \boldsymbol{X}'_i\beta^*) = \Lambda(\boldsymbol{X}'_i\boldsymbol{\beta}) = \frac{\exp(\boldsymbol{X}'_i\boldsymbol{\beta})}{1+\exp\boldsymbol{X}'_i\boldsymbol{\beta}}$$

$$P(y_i = 1 \mid x_i) = \Lambda(\boldsymbol{X}'_i\boldsymbol{\beta}) = \frac{\exp(\boldsymbol{X}'_i\boldsymbol{\beta})}{1+\exp(\boldsymbol{X}'_i\boldsymbol{\beta})}$$

$$[1+\exp(\boldsymbol{X}'_i\boldsymbol{\beta})]P(y_i = 1 \mid x_i) = \exp(\boldsymbol{X}'_i\boldsymbol{\beta})$$

$$P(y_i=1\mid x_i)+P(y_i=1\mid x_i)\exp(\boldsymbol{X}_i'\boldsymbol{\beta})=\exp(\boldsymbol{X}_i'\boldsymbol{\beta})$$

$$P(y_i=1\mid x_i)=\exp(\boldsymbol{X}_i'\boldsymbol{\beta})-P(y_i=1\mid x_i)\exp(\boldsymbol{X}_i'\boldsymbol{\beta})$$

$$\frac{P(y_i=1\mid x_i)}{1-P(y_i=1\mid x_i)}=\exp\boldsymbol{X}_i'\boldsymbol{\beta}\quad（非线性）$$

$$\ln\frac{P(y_i=1\mid x_i)}{1-P(y_i=1\mid x_i)}=\boldsymbol{X}_i'\boldsymbol{\beta}\quad（广义非线性）$$

$$\ln\frac{P(y_i=1)}{1-P(y_i=1)}=\boldsymbol{X}_i'\boldsymbol{\beta}+u_i \tag{8-3}$$

称(8-3)式为 Logist 回归模型。

(2)Probit 模型

更为一般的情形，如果选择 $F(\cdot)$是标准正态分布，则产生 Probit 回归模型。

$$p_i=P(y_i=1\mid x_i)=\Phi(\boldsymbol{X}_i'\boldsymbol{\beta})$$
$$=\int_{-\infty}^{X_i'\beta}\frac{1}{\sqrt{2\pi}}\exp\left(-\frac{1}{2}t^2\right)\mathrm{d}t$$
$$\Phi^{-1}(p_i)=\boldsymbol{X}_i'\boldsymbol{\beta} \tag{8-4}$$

称式(8-4)为 Probit 回归模型。

注：Probit 曲线(标准正态概率分布曲线)和 Logistic 曲线很相似，如图 8-1 所示。

使用哪个分布是一个很自然的问题，Logistic 曲线除了在尾部比正态分布厚得多以外，两条曲线都是在 $p_i=0.5$ 处有拐点，Logistic 曲线更接近一个自由度为 7 的 t 分布(格林书认为自由度是 4 的 t 分布)。所以，对于 $X'\beta$ 的中间值(比如-1.2 到 1.2 之间)来说，两种分布会给出类似的概率；但是当 $X'\beta$ 非常小时，Logit 回归模型比 Probit 回归模型倾向于给出 $y=0(y^*\leqslant 0)$较大的概率值；而在 $X'\beta$ 非常大时，倾向于给出 $y=0(y^*\leqslant 0)$较小的概率值。

然后通过构造二元离散选择模型的似然函数，估计参数。

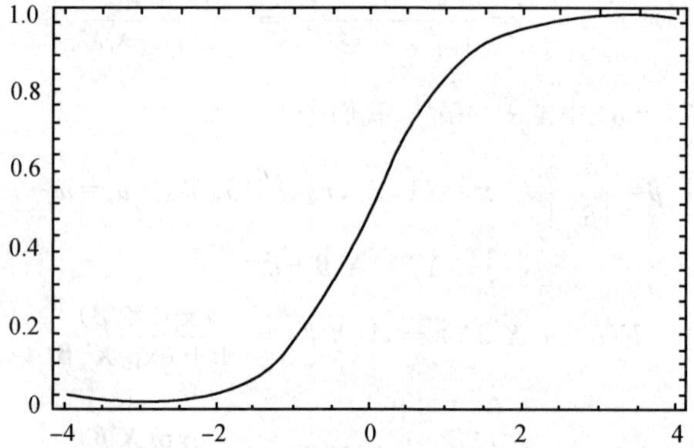

(1) 标准正态概率分布曲线

图 8-1

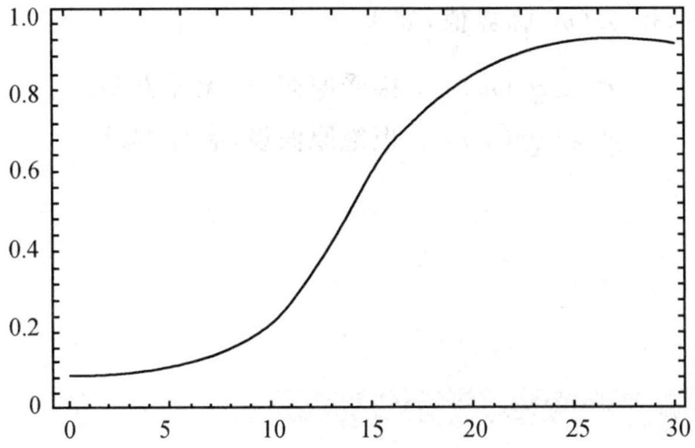

(2) Logistic 曲线

续图 8-1 标准正态概率分布曲线与 Logistic 曲线

8.2.5 二元离散选择模型检验

(1)模型的拟合优度检验

与 R^2 相类似,McFadden(1974)似然比指数构建如下:

$$\mathrm{LRI} = 1 - \frac{\ln L}{\ln L_0} \tag{8-5}$$

其中,$\ln L$ 表示模型的似然函数值,$\ln L_0$ 表示模型中仅存在截距项时的似然函数值。LRI 介于 0 与 1 之间。当所有变量的系数为 0 时,$\ln L=\ln L_0$,LRI=0,表示解释变量对 y 没有任何影响。如果 $y_i=1$ 时,$F_i=1$,$y_i=0$ 时,$F_i=0$,此时 $L=1$,$\ln L=0$,LRI=1,表示解释变量对 y 具有完全的解释和预测能力。

在实践中,0<LRI<1。只有 $x_i\beta+\infty$(或 $x_i\beta-\infty$)时,$F_i=1$,LRI=1。

(2)异方差检验

H_0:模型是等方差的($\gamma=0$),

H_1:模型有异方差的($\gamma\neq0$)。

对数似然比检验步骤:

①建立无约束条件的模型,得模型的似然函数 $\ln L_f$;

②建立约束条件的模型,即 $\gamma=0$ 的模型,得模型的似然函数 $\ln L_s$;

③检验的统计量:

$$\chi^2 = -2(\ln L_s - \ln L_f)$$

当原假设成立时,

$$\chi^2 = -2(\ln L_s - \ln L_f) \sim \chi^2(m)$$

其中,m 是两个模型的自由度之差。

给定显著性水平 α,得 $\chi_{\alpha}^{2}(m)$临界值,如果

$$\chi^{2} < \chi_{\alpha}^{2}(m), \quad 接受原假设,无异方差;$$
$$\chi^{2} \geqslant \chi_{\alpha}^{2}(m), \quad 拒绝原假设,有异方差。$$

8.2.6 应用举例

[例 8-4]

某大学国际经济研究所某年度研究生考试分数及录取情况见表 8-1(N=97)。定义变量 Y:考生录取为 1,未录取为 0;SCORE:考生考试分数;虚拟变量 $D1$:应届生为 1,非应届生为 0。

表 8-1 数据表

obs	Y	SCORE	$D1$	obs	Y	SCORE	$D1$	obs	Y	SCORE	$D1$
1	1	401	1	25	0	348	1	49	0	304	0
2	1	401	0	26	0	347	1	50	0	303	1
3	1	392	1	27	0	347	1	51	0	303	1
4	1	387	0	28	0	344	1	52	0	299	1
5	1	384	1	29	0	339	1	53	0	297	1
6	1	379	0	30	0	338	0	54	0	294	0
7	1	378	0	31	0	338	1	55	0	293	1
8	1	378	0	32	0	336	1	56	0	293	1
9	1	376	1	33	0	334	0	57	0	292	0
10	1	371	0	34	0	332	1	58	0	291	1
11	1	362	0	35	0	332	1	59	0	291	1
12	1	362	1	36	0	332	1	60	0	287	1
13	1	361	1	37	0	331	1	61	0	286	1
14	0	359	1	38	0	330	1	62	0	286	0
15	0	358	1	39	0	328	1	63	0	282	1
16	1	356	1	40	0	328	1	64	0	282	1
17	0	356	1	41	0	328	1	65	0	282	0
18	0	355	1	42	0	321	1	66	0	278	0
19	0	354	1	43	0	321	1	67	0	275	0
20	0	354	0	44	0	318	1	68	0	273	0
21	0	353	1	45	0	318	0	69	0	273	1
22	0	350	0	46	0	316	1	70	0	272	1
23	0	349	0	47	0	308	0	71	0	267	0
24	0	349	0	48	0	308	1	72	0	266	1

续表 8-1

obs	Y	SCORE	$D1$	obs	Y	SCORE	$D1$	obs	Y	SCORE	$D1$
73	0	263	1	82	0	241	0	91	0	204	1
74	0	261	1	83	0	239	1	92	0	198	0
75	0	260	0	84	0	235	0	93	0	189	1
76	0	256	0	85	0	232	0	94	0	188	1
77	0	252	0	86	0	228	1	95	0	182	1
78	0	252	1	87	0	219	1	96	0	166	1
79	0	245	1	88	0	219	1	97	0	123	0
80	0	243	1	89	0	214	1				
81	0	242	0	90	0	210	1				

得 Logit 模型估计结果如图 8-2 所示。

```
Logistic regression                               Number of obs   =         97
                                                  LR chi2(2)      =      72.11
                                                  Prob > chi2     =     0.0000
Log likelihood =  -3.979482                       Pseudo R2       =     0.9006

------------------------------------------------------------------------------
           y |      Coef.   Std. Err.      z    P>|z|     [95% Conf. Interval]
-------------+----------------------------------------------------------------
       score |   .6770611   .3480363     1.95   0.052    -.0050775      1.3592
          d1 |  -.4766044   2.984585    -0.16   0.873    -6.326284    5.373075
       _cons |  -242.4575   124.5185    -1.95   0.052    -486.5094    1.594297
------------------------------------------------------------------------------
```

图 8-2　Logit 模型回归结果(1)

从回归结果可以看出,因为 $D1$ 的系数没有显著性,说明“应届生”和“非应届生”不是决定是否录取的重要因素。剔除 $D1$ 后重新进行回归,回归结果如图 8-3 所示。

```
Logistic regression                               Number of obs   =         97
                                                  LR chi2(1)      =      72.09
                                                  Prob > chi2     =     0.0000
Log likelihood = -3.9923299                       Pseudo R2       =     0.9003

------------------------------------------------------------------------------
           y |      Coef.   Std. Err.      z    P>|z|     [95% Conf. Interval]
-------------+----------------------------------------------------------------
       score |   .6794411   .3504929     1.94   0.053    -.0075123    1.366395
       _cons |  -243.7361   125.5568    -1.94   0.052    -489.8229     2.35059
------------------------------------------------------------------------------
```

图 8-3　Logit 模型回归结果(2)

得 Logit 模型估计结果:

$$p_i = F(y_i) = \frac{1}{1 + e^{-(-243.736\,1 + 0.679\,4 x_i)}}$$

在估计 Probit 模型过程中,$D1$ 的系数也没有显著性。剔除 $D1$ 后,Probit 模型回归结果如图 8-4 所示。

```
Probit regression                               Number of obs   =         97
                                                LR chi2(1)      =      72.20
                                                Prob > chi2     =     0.0000
Log likelihood = -3.9367024                     Pseudo R2       =     0.9017
```

y	Coef.	Std. Err.	z	P>|z|	[95% Conf.	Interval]
score	.4028679	.1961857	2.05	0.040	.0183509	.7873849
_cons	-144.456	70.19813	-2.06	0.040	-282.0418	-6.87017

图 8-4 Probit 模型回归结果

得 Probit 模型估计结果：

$$p_i = F(y_i) = F(-144.456 + 0.4029x_i)$$

8.3 平行数据计量经济学模型

在应用多元回归分析建立计量经济模型时，如果所建的模型中缺失了某些不可观测的重要解释变量，使得回归模型随机误差项常常存在自相关，于是回归参数的最小二乘法 OLS 估计量不再是无偏估计或有效估计。但是，运用面板数据建立计量经济模型时，对于一些忽略的解释变量，可以不需要其实际观测值，而通过控制该变量对被解释变量的影响的方法获得模型参数的无偏估计。

由此可见，平行数据不仅可以同时利用截面数据和时间序列数据建立计量经济模型，而且能更好地识别和度量单纯的时间序列模型和单纯的截面数据模型所不能发现的影响因素。它能够构造和检验更复杂的行为模型。例如，在宏观领域，它被广泛用于劳动经济学、国际金融、经济增长、产业结构、技术创新、税收政策等领域。

8.3.1 基本概念

平行数据是调查经历一段时间的同样的横截面数据，具有空间和时间两种特性。它还有其他一些名称，诸如混合数据、纵列数据和面板数据等，这些名字都包含了横截面单元在一段时期的活动。

平行数据的优点在于：①提供了更有价值的数据，变量之间增加了多变性，减少了共线性，并且提高了自由度和有效性；②能够更好地检测和度量单纯使用横截面数据或时间序列数据无法观测到的影响；③能够对更复杂的行为模型进行研究。

形如

$$Y_{it} = \beta_0 + \beta_1 X_{1it} + \beta_2 X_{2it} + u_{it}$$

其中，i 表示第 i 个横截面单元，t 表示第 t 年。一般，我们用 i 来表示横截面标识符，用 t 表示时间标识符。假设 N 个横截面单元的观测次数相同，我们称之为平衡平行，反之，称之为非平衡平行。一般假设 X 是非随机的，误差项遵从经典假设。

对于平行数据模型 $Y_{it}=\alpha_i+X_{it}\beta_i+u_{it}$，可能的情形主要有如下几种：

情形 1：所有系数都不随时间和个体而变化。

在横截面上无个体影响、无结构变化，即 $\alpha_i=\alpha_j$，$\beta_i=\beta_j$，则普通最小二乘估计给出了和的一致有效估计，相当于将多个时期的截面数据放在一起作为样本数据。$Y_{it}=\alpha+X_{it}\beta+u_{it}$。

情形 2：变截距模型。

在横截面上个体影响不同，个体影响表现为在模型中被忽略的反映个体差异的变量的影响，又分为固定影响和随机影响两种。$\alpha_i\neq\alpha_j$，$\beta_i=\beta_j$。$Y_{it}=\alpha_i+X_{it}\beta+u_{it}$。

情形 3：变系数模型。

除了存在个体影响之外，在横截面上还存在变化的经济结构，因而结构参数在不同横截面单位是不同的。$\alpha_i\neq\alpha_j$，$\beta_i\neq\beta_j$。$Y_{it}=\alpha_i+X_{it}\beta_i+u_{it}$。

8.3.2 模型的设定检验

看到平行数据之后，如何确定属于哪一种类型呢？主要采用 F 检验。

假设 1：斜率在不同的横截面样本点上和时间上都相同，但截距不相同，即情形 2。

假设 2：截距和斜率在不同的横截面样本点和时间上都相同，即情形 1。

由此可以得到下列结论：

(1) $S_1/\sigma_u^2\sim\chi^2[n(T-K-1)]$；

(2) 在假设 2 下，$S_3/\sigma_u^2\sim\chi^2[nT-(K+1)]$，$(S_3-S_1)/\sigma_u^2\sim\chi^2[(n-1)(K+1)]$；

(3) $(S_3-S_1)/{\sigma_u}^2$ 与 S_1/σ_u^2 独立。

如果接收了假设 2，则没有必要进行进一步的检验。如果拒绝了假设 2，就应该检验假设 1，判断是否斜率都相等。如果假设 1 被拒绝，就应该采用情形 3 的模型。

采用 OLS 分别估计变系数模型、变截距模型和经典模型，得到残差平方和分别为 S_1、S_2、S_3。

检验假设 2 的 F 统计量

$$F_2=\frac{(S_3-S_1)/[(n-1)(K+1)]}{S_1/[nT-n(K+1)]}\sim F[(n-1)(K+1),n(T-K-1)]$$

从直观上看，如 S_3-S_1 很小，F_2 则很小，低于临界值，接受假设 2。S_3 为截距、系数都不变的模型的残差平方和，S_1 为截距、系数都变化的模型的残差平方和。

检验假设 1 的 F 统计量

$$F_1=\frac{(S_2-S_1)/[(n-1)K]}{S_1/[nT-n(K+1)]}\sim F[(n-1)K,n(T-K-1)]$$

从直观上看，如 S_2-S_1 很小，F_1 则很小，低于临界值，接受假设 1。S_2 为截距变化、系数不变的模型的残差平方和，S_1 为截距、系数都变化的模型的残差平方和。

8.3.3 模型的估计方法

仅以变截距模型为例，$Y_{it}=\alpha_i+X_{it}\beta+u_{it}$。

(1)固定效应方法

在变截距模型中，α_i 代表了截面单元的个体特性，反映了模型中被遗漏的体现个体差异变量的影响。而 u_{it} 代表了模型中被遗漏的体现随截面与时序同时变化的因素的影响。当然，在更一般的情况下，模型中还应包括时期个体恒量 λ_t。所谓固定效应方法就是把时期特征 λ_t 当作未知的确定常数。

(2)随机效应方法

在变截距模型中，α_i 代表了截面单元的个体特性，反映了模型中被遗漏的体现个体差异变量的影响。而 u_{it} 代表了模型中被遗漏的体现随截面与时序同时变化的因素的影响。当然，在更一般的情况下，模型中还应包括时期个体恒量 λ_t。所谓随机效应方法是指把时期特征 λ_t 视为同 u_{it} 一样的随机变量。

(3)两种方法的比较

在时间序列 T 长度很小而截面单元个数 N 较大时，两种估计方法差别较大。如果研究者仅以样本自身效应为条件进行推论，宜使用固定效应模型；如果以样本对总体效应进行推论，则采用随机效应模型。这个原则对于变系数模型也是适用的。

从理论上来说，若假定 u_{it} 与 X 不相关，则用随机效应模型可能合适一些，如果相关，用固定效应模型可能更合适一些。

贾奇对此做了下述小结：

若 T 较大而 N 较小，则随机效应模型和固定效应模型相差不多。

当 N 较大而 T 较小时，两种方法的估计值会有显著的差异。如果确信样本中个体或横截面单元不是从一个较大的样本中随机取出的，那么固定效应模型是合适的。但如果样本中的横截面单元被看作是随机抽取的，则随机效应模型是合适的。

Hausman 于 1978 年提出了一个检验。它的原假设是固定效应模型和随机效应模型估计量没有实质上的差异。统计量是一个渐近的卡方分布。若原假设被拒绝了，结论就是随机效应模型不合适。

8.3.4 模型的平稳性检验和协整检验

(1)模型的平稳性检验

按照正规程序，平行数据模型在回归前需检验数据的平稳性。李子奈曾指出，一些非平稳的经济时间序列往往表现出共同的变化趋势，而这些序列间本身不一定有直接的关联，此时，对这些数据进行回归，尽管有较高的 R^2，但其结果是没有任何实际意义的。这种情况称为虚假回归或伪回归(spurious regression)。他认为平稳的真正含义是：一个时间序列剔除了不变的均值(可视为截距)和时间趋势以后，剩余的序列为零均值，同方差，即白噪声。因此单位根检验时有三种检验模式：既有趋势又有截距；只有截距；以上都无。

因此为了避免伪回归，确保估计结果的有效性，我们必须对各平行序列的平稳性进行检验。而检验数据平稳性最常用的办法就是单位根检验。首先，我们可以对平行序列绘制时序图，以粗略观测时序图中由各个观测值描出的代表变量的折线是否含有趋势项和(或)截距项，从而为进一步的单位根检验的检验模式做准备。

常用的平行单位根检验方法有 LLC、IPS、Breintung、ADF-Fisher 和 PP-Fisher 5 种。LLC 方法允许不同截距和时间趋势，异方差和高阶序列相关，适合于中等维度(时间序列为 25～250，截面数为 10～250)的平行单位根检验。相较于 Breintung 法，IPS 法检验平行单位根对限定性趋势的设定极为敏感。在各种检验方法中，LLC-T、BR-T、IPS-W、ADF-FCS、PP-FCS、H-Z 分别指 Levin, Lin & Chu t^* 统计量、Breintung t 统计量、Im Pesaran & Shin W 统计量、ADF-Fisher Chi-square 统计量、PP-Fisher Chi-square 统计量、Hadri Z 统计量，并且 Levin, Lin & Chu t^* 统计量、Breintung t 统计量的原假设为存在普通的单位根过程，Im Pesaran & Shin W 统计量、ADF-Fisher Chi-square 统计量、PP-Fisher Chi-square 统计量的原假设为存在有效的单位根过程，Hadri Z 统计量的检验原假设为不存在普通的单位根过程。

有时，为了方便，只采用两种平行数据单位根检验方法，即相同根单位根检验 LLC 检验和不同根单位根检验 ADF-Fisher 检验[注：对普通序列(非平行序列)的单位根检验方法则常用 ADF 检验]。如果在两种检验中均拒绝存在单位根的原假设，则说此序列是平稳的，反之则不平稳。

(2)协整检验

如果基于单位根检验的结果发现变量之间是同阶单整的，那么我们可以进行协整检验。协整检验是考察变量间长期均衡关系的方法。若两个或多个非平稳的变量序列，其某个线性组合后的序列呈平稳性，此时称这些变量序列间有协整关系存在。因此协整的要求或前提是同阶单整。

但也有如下的宽限说法：如果变量个数多于两个，即解释变量个数多于一个，被解释变量的单整阶数不能高于任何一个解释变量的单整阶数。另外，当解释变量的单整阶数高于被解释变量的单整阶数时，则必须至少有两个解释变量的单整阶数高于被解释变量的单整阶数。如果只含有两个解释变量，则两个变量的单整阶数应该相同。

也就是说，单整阶数不同的两个或两个以上的非平稳序列如果一起进行协整检验，必然有某些低阶单整的，即波动相对高阶序列的波动甚微弱(有可能波动幅度也不同)的序列，对协整结果的影响不大，因此包不包含的重要性不大。而对于高阶序列，由于其波动较大，对回归残差的平稳性带来极大的影响，所以如果协整是包含有某些高阶单整序列的话(但如果所有变量都是阶数相同的高阶，此时也被称作同阶单整，这样的话另当别论)，一定不能将其纳入协整检验。

目前普遍采用的平行协整检验方法主要是 Kao 方法、Pedronic 方法、Johansen 方法。Kao 方法的零假设是没有协整关系，并且利用静态平行回归的残差来构建统计量。和 Kao 方法不同的是，Pedroni 检验方法允许异质平行的存在。Johansen 向量自回归似然检验的平行协整检验方法，是检验变量存在共同的协整的秩。

8.3.5 应用举例

[例 8-5]

利用 2001—2017 年中国东北、华北、华东 15 个省级地区的农村居民家庭人均消费支出 c（不变价格）和人均可支配收入 i 的数据，分析收入对消费支出的影响。数据是 17 年的，每一年都有 15 组数据，共 255 组观测值。数据集的基本结构和变量的统计特征如图 8-5 所示。

```
      sf:  1, 2, ..., 15                                    n =         15
    year:  2001, 2002, ..., 2017                            T =         17
           Delta(year) = 1 unit
           Span(year)  = 17 periods
           (sf*year uniquely identifies each observation)

Distribution of T_i:   min      5%     25%     50%     75%     95%     max
                        17      17      17      17      17      17      17

     Freq.  Percent    Cum. |  Pattern
 ---------------------------+-------------------
       15    100.00  100.00 |  11111111111111111
 ---------------------------+-------------------
       15    100.00         |  XXXXXXXXXXXXXXXXX

Variable         |      Mean   Std. Dev.       Min        Max |    Observations
-----------------+--------------------------------------------+----------------
c        overall |  6235.084    4161.679    1221.58    18810.5 |     N =     255
         between |              2051.011   4117.848    10440.4 |     n =      15
         within  |              3657.582   261.8117   15535.34 |     T =      17
                 |                                            |
i        overall |  8325.095    5367.996    1956.05      27825 |     N =     255
         between |              2867.843   5344.135   14238.52 |     n =      15
         within  |              4594.446  -42.55778   21911.57 |     T =      17
```

图 8-5　数据集的基本结构和变量的统计特征

1. 混合模型回归

混合模型回归结果如图 8-6 所示。

```
Linear regression                               Number of obs =        255
                                                F(  1,     14) =     789.92
                                                Prob > F      =     0.0000
                                                R-squared     =     0.9636
                                                Root MSE      =     795.35

                                 (Std. Err. adjusted for 15 clusters in sf)
------------------------------------------------------------------------------
             |               Robust
           c |      Coef.   Std. Err.      t    P>|t|     [95% Conf. Interval]
-------------+----------------------------------------------------------------
           i |   .7610431   .0270781    28.11   0.000     .7029663    .8191199
       _cons |   -100.672   229.0015    -0.44   0.667    -591.8314    390.4874
------------------------------------------------------------------------------
```

注：sf 代表省份。该回归结果为使用省份为聚类变量的聚类稳健标准误。

图 8-6　混合模型回归结果

相应表达式为：$\hat{c}_{it}=-100.672+0.761i_{it}$。即，15 个省级地区的人均支出平均占收入的 76%。

2. 固定效应回归模型

固定效应回归模型 F 检验的原假设和备择假设分别为：

$H_0:\alpha_i=\alpha$，即模型中不同个体的截距相同(真实模型为混合回归模型)。

H_1：模型中不同个体的截距项 α_i 不同(真实模型为个体固定效应回归模型)。

固定效应回归结果如图 8-7 所示。由图 8-7 最后一行可以看出，F 检验的 p 值为 0.000 0，即推翻原假设。

比较上述两种模型可知，建立个体固定效应回归模型更合理，应该允许每个个体拥有自己的截距项。

```
Fixed-effects (within) regression               Number of obs      =       255
Group variable: sf                              Number of groups   =        15

R-sq:  within  = 0.9675                         Obs per group: min =        17
       between = 0.9602                                        avg =      17.0
       overall = 0.9636                                        max =        17

                                                F(1,239)           =   7110.10
corr(u_i, Xb)  = -0.2583                        Prob > F           =    0.0000

------------------------------------------------------------------------------
           c |      Coef.   Std. Err.      t    P>|t|     [95% Conf. Interval]
-------------+----------------------------------------------------------------
           i |    .783036   .0092863    84.32   0.000     .7647425    .8013295
       _cons |  -283.7653   88.26083    -3.22   0.001    -457.6338   -109.8968
-------------+----------------------------------------------------------------
     sigma_u |  472.24326
     sigma_e |  679.97658
         rho |  .32538606   (fraction of variance due to u_i)
------------------------------------------------------------------------------
F test that all u_i=0:     F(14, 239) =     7.65             Prob > F = 0.0000
```

图 8-7 固定效应回归结果

3. 随机效应模型

通常而言，对个体随机效应回归模型的估计采用 Feasible GLS 估计法，也可以进行 MLE 估计。随机效应回归结果如图 8-8 所示。由图 8-8 最后一行可看出，存在个体随机效应，不应进行混合回归。

```
Random-effects ML regression                    Number of obs      =       255
Group variable: sf                              Number of groups   =        15

Random effects u_i ~ Gaussian                   Obs per group: min =        17
                                                               avg =      17.0
                                                               max =        17

                                                LR chi2(1)         =    866.44
Log likelihood  = -2039.6296                    Prob > chi2        =    0.0000

------------------------------------------------------------------------------
           c |      Coef.   Std. Err.      z    P>|z|     [95% Conf. Interval]
-------------+----------------------------------------------------------------
           i |   .7792218    .009158    85.09   0.000     .7612724    .7971712
       _cons |  -252.0115   139.1962    -1.81   0.070    -524.8309    20.80796
-------------+----------------------------------------------------------------
    /sigma_u |   419.9267   89.48548                      276.5567    637.6211
    /sigma_e |   678.7979   31.00406                      620.6717    742.3677
         rho |   .2767808   .0879342                      .1340787    .4690939
------------------------------------------------------------------------------
Likelihood-ratio test of sigma_u=0: chibar2(01)=   48.57 Prob>=chibar2 = 0.000
```

图 8-8 随机效应回归结果(MLE 估计)

本章练习题

简答题

1. 二元选择模型回归系数的意义是什么？
2. 平行面板数据有哪些优点？在估计方法上，其与时间序列数据和截面数据有何不同？
3. 模型进行平稳性检验的意义是什么？协整关系是否一定具有经济学意义？

参考文献

1. 白仲林．面板数据的计量经济分析．天津:南开大学出版社,2008.
2. 陈强．计量经济学及 Stata 应用．北京:高等教育出版社,2015.
3. 古扎拉蒂．计量经济学．3 版．林少宫,译．北京:中国人民大学出版社,1999.
4. 杰弗里·M·伍德里奇．计量经济学导论:现代观点．5 版．张成思,李红,张步昙,译．北京:中国人民大学出版社,2015.
5. 劳伦斯·克莱因．经济计量学教科书．谢嘉,译．北京:商务印书馆,1983.
6. 李子奈,潘文卿．计量经济学．2 版．北京:高等教育出版社,2005.
7. 李子奈,潘文卿．计量经济学．3 版．北京:高等教育出版社,2010.
8. 李子奈,潘文卿．计量经济学．4 版．北京:高等教育出版社,2015.
9. 李子奈,叶阿忠．高等计量经济学．北京:清华大学出版社,2000.
10. 李子奈．计量经济学——方法和应用．北京:清华大学出版社,1992.
11. 李子奈．计量经济学．北京:高等教育出版社,2000.
12. 吕杰．计量经济学．北京:中国农业大学出版社,2014.
13. 庞皓．计量经济学．4 版．北京:科学出版社,2019.
14. 乔治·G·贾奇,R·卡特·希尔,威廉·格里菲思,等．经济计量学理论与实践引论．周逸江,等译．北京:中国统计出版社,1993.
15. 唐国兴．计量经济学——理论、方法和模型．上海:复旦大学出版社,1988.
16. 吴承业,龚德恩．应用经济计量学教程．北京:中国铁道出版社,1996.
17. 张保法．经济计量学．4 版．北京:经济科学出版社,2000.
18. 张寿,于清文．计量经济学．上海:上海交通大学出版社,1984.
19. 张晓峒．计量经济分析．北京:经济科学出版社,2000.
20. 张晓峒．计量经济学基础．天津:南开大学出版社,2007.
21. 赵国庆．计量经济学．北京:中国人民大学出版社,2001.
22. 邹至庄．经济计量学．郑宗成,等译．北京:中国友谊出版公司,1988.
23. Damodar N. Gujarati. Basic Econometrics. 4th edition. McGraw-Hill Companies,Inc. ,2001.
24. G. S. Maddala. Introduction to Econometrics. 3rd edition. John Wiley&Sons,Inc. ,2001.
25. Jeffrey M. Wooldridge. Introductory Econometrics:A Modern Approach. 2nd edition. Thomson, South-Western,2003.
26. James H. Stock,Mark W. Watson. Introduction to Econometrics. Pearson Education,Inc. ,2003.
27. Jack Johnston, John Dinardo. Econometric Methods. 4th edition. McGraw-Hill Companies, Inc. ,1997.
28. Michael D. Intriligator. Econometric Models,Techniques ,and Applications. 2nd edition. Prentice-Hall Inc. ,1997.

29. R. S. Pindyck, D. L. Rubinfeld. Econometric Models and Econometric Forecasts. 4th edition. McGraw-Hill Companies, Inc. , 1990.

30. Robert D. Mason, Douglas A. Lind. Statistical Techniques in Business and Economics. 9th edition. McGraw-Hill Companies, Inc. , 1996.

31. R. L. Thomas. Introductory Econometrics: Theory and Applications. Longman Inc. , 1985.

32. William H. Greene. Econometric Analysis. 5th edition. Prentice-Hall Inc. , 2003.

附表 1 标准正态分布表

$$\Phi(x) = \int_{-\infty}^{x} \frac{1}{\sqrt{2\pi}} e^{-\frac{x^2}{2}} dx$$

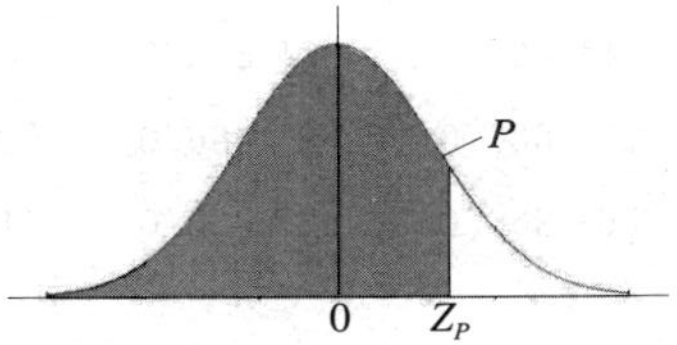

x	0.00	0.01	0.02	0.03	0.04	0.05	0.06	0.07	0.08	0.09
0.00	0.500 000	0.503 989	0.507 978	0.511 966	0.515 953	0.519 939	0.523 922	0.527 903	0.531 881	0.535 856
0.10	0.539 828	0.543 795	0.547 758	0.551 717	0.555 670	0.559 618	0.563 559	0.567 495	0.571 424	0.575 345
0.20	0.579 260	0.583 166	0.587 064	0.590 954	0.594 835	0.598 706	0.602 568	0.606 420	0.610 261	0.614 092
0.30	0.617 911	0.621 720	0.625 516	0.629 300	0.633 072	0.636 831	0.640 576	0.644 309	0.648 027	0.651 732
0.40	0.655 422	0.659 097	0.662 757	0.666 402	0.670 031	0.673 645	0.677 242	0.680 822	0.684 386	0.687 933
0.50	0.691 462	0.694 974	0.698 468	0.701 944	0.705 401	0.708 840	0.712 260	0.715 661	0.719 043	0.722 405
0.60	0.725 747	0.729 069	0.732 371	0.735 653	0.738 914	0.742 154	0.745 373	0.748 571	0.751 748	0.754 903
0.70	0.758 036	0.761 148	0.764 238	0.767 305	0.770 350	0.773 373	0.776 373	0.779 350	0.782 305	0.785 236
0.80	0.788 145	0.791 030	0.793 892	0.796 731	0.799 546	0.802 337	0.805 105	0.807 850	0.810 570	0.813 267
0.90	0.815 940	0.818 589	0.821 214	0.823 814	0.826 391	0.828 944	0.831 472	0.833 977	0.836 457	0.838 913
1.00	0.841 345	0.843 752	0.846 136	0.848 495	0.850 830	0.853 141	0.855 428	0.857 690	0.859 929	0.862 143
1.10	0.864 334	0.866 500	0.868 643	0.870 762	0.872 857	0.874 928	0.876 976	0.879 000	0.881 000	0.882 977
1.20	0.884 930	0.886 861	0.888 768	0.890 651	0.892 512	0.894 350	0.896 165	0.897 958	0.899 727	0.901 475
1.30	0.903 200	0.904 902	0.906 582	0.908 241	0.909 877	0.911 492	0.913 085	0.914 657	0.916 207	0.917 736
1.40	0.919 243	0.920 730	0.922 196	0.923 641	0.925 066	0.926 471	0.927 855	0.929 219	0.930 563	0.931 888

续附表 1

x	0.00	0.01	0.02	0.03	0.04	0.05	0.06	0.07	0.08	0.09
1.50	0.933 193	0.934 478	0.935 745	0.936 992	0.938 220	0.939 429	0.940 620	0.941 792	0.942 947	0.944 083
1.60	0.945 201	0.946 301	0.947 384	0.948 449	0.949 497	0.950 529	0.951 543	0.952 540	0.953 521	0.954 486
1.70	0.955 435	0.956 367	0.957 284	0.958 185	0.959 070	0.959 941	0.960 796	0.961 636	0.962 462	0.963 273
1.80	0.964 070	0.964 852	0.965 620	0.966 375	0.967 116	0.967 843	0.968 557	0.969 258	0.969 946	0.970 621
1.90	0.971 283	0.971 933	0.972 571	0.973 197	0.973 810	0.974 412	0.975 002	0.975 581	0.976 148	0.976 705
2.00	0.977 250	0.977 784	0.978 308	0.978 822	0.979 325	0.979 818	0.980 301	0.980 774	0.981 237	0.981 691
2.10	0.982 136	0.982 571	0.982 997	0.983 414	0.983 823	0.984 222	0.984 614	0.984 997	0.985 371	0.985 738
2.20	0.986 097	0.986 447	0.986 791	0.987 126	0.987 455	0.987 776	0.988 089	0.988 396	0.988 696	0.988 989
2.30	0.989 276	0.989 556	0.989 830	0.990 097	0.990 358	0.990 613	0.990 863	0.991 106	0.991 344	0.991 576
2.40	0.991 802	0.992 024	0.992 240	0.992 451	0.992 656	0.992 857	0.993 053	0.993 244	0.993 431	0.993 613
2.50	0.993 790	0.993 963	0.994 132	0.994 297	0.994 457	0.994 614	0.994 766	0.994 915	0.995 060	0.995 201
2.60	0.995 339	0.995 473	0.995 604	0.995 731	0.995 855	0.995 975	0.996 093	0.996 207	0.996 319	0.996 427
2.70	0.996 533	0.996 636	0.996 736	0.996 833	0.996 928	0.997 020	0.997 110	0.997 197	0.997 282	0.997 365
2.80	0.997 445	0.997 523	0.997 599	0.997 673	0.997 744	0.997 814	0.997 882	0.997 948	0.998 012	0.998 074
2.90	0.998 134	0.998 193	0.998 250	0.998 305	0.998 359	0.998 411	0.998 462	0.998 511	0.998 559	0.998 605
3.00	0.998 650	0.998 694	0.998 736	0.998 777	0.998 817	0.998 856	0.998 893	0.998 930	0.998 965	0.998 999
3.10	0.999 032	0.999 065	0.999 096	0.999 126	0.999 155	0.999 184	0.999 211	0.999 238	0.999 264	0.999 289
3.20	0.999 313	0.999 336	0.999 359	0.999 381	0.999 402	0.999 423	0.999 443	0.999 462	0.999 481	0.999 499
3.30	0.999 517	0.999 534	0.999 550	0.999 566	0.999 581	0.999 596	0.999 610	0.999 624	0.999 638	0.999 651
3.40	0.999 663	0.999 675	0.999 687	0.999 698	0.999 709	0.999 720	0.999 730	0.999 740	0.999 749	0.999 758

续附表 1

x	0.00	0.01	0.02	0.03	0.04	0.05	0.06	0.07	0.08	0.09
3.50	0.999 767	0.999 776	0.999 784	0.999 792	0.999 800	0.999 807	0.999 815	0.999 822	0.999 828	0.999 835
3.60	0.999 841	0.999 847	0.999 853	0.999 858	0.999 864	0.999 869	0.999 874	0.999 879	0.999 883	0.999 888
3.70	0.999 892	0.999 896	0.999 900	0.999 904	0.999 908	0.999 912	0.999 915	0.999 918	0.999 922	0.999 925
3.80	0.999 928	0.999 931	0.999 933	0.999 936	0.999 938	0.999 941	0.999 943	0.999 946	0.999 948	0.999 950
3.90	0.999 952	0.999 954	0.999 956	0.999 958	0.999 959	0.999 961	0.999 963	0.999 964	0.999 966	0.999 967
4.00	0.999 968	0.999 970	0.999 971	0.999 972	0.999 973	0.999 974	0.999 975	0.999 976	0.999 977	0.999 978
4.10	0.999 979	0.999 980	0.999 981	0.999 982	0.999 983	0.999 983	0.999 984	0.999 985	0.999 985	0.999 986
4.20	0.999 987	0.999 987	0.999 988	0.999 988	0.999 989	0.999 989	0.999 990	0.999 990	0.999 991	0.999 991
4.30	0.999 991	0.999 992	0.999 992	0.999 993	0.999 993	0.999 993	0.999 993	0.999 994	0.999 994	0.999 994
4.40	0.999 995	0.999 995	0.999 995	0.999 995	0.999 996	0.999 996	0.999 996	0.999 996	0.999 996	0.999 996
4.50	0.999 997	0.999 997	0.999 997	0.999 997	0.999 997	0.999 997	0.999 997	0.999 998	0.999 998	0.999 998
4.60	0.999 998	0.999 998	0.999 998	0.999 998	0.999 998	0.999 998	0.999 998	0.999 998	0.999 999	0.999 999
4.70	0.999 999	0.999 999	0.999 999	0.999 999	0.999 999	0.999 999	0.999 999	0.999 999	0.999 999	0.999 999
4.80	0.999 999	0.999 999	0.999 999	0.999 999	0.999 999	0.999 999	0.999 999	0.999 999	0.999 999	0.999 999
4.90	1.000 000	1.000 000	1.000 000	1.000 000	1.000 000	1.000 000	1.000 000	1.000 000	1.000 000	1.000 000

注：本表对于 x 给出正态分布函数 $\Phi(x)$ 的数值。

例：对于 $x=1.33$，$\Phi(x)=0.908\ 241$

附表2　*t* 分布表

$$P\{t(n)>t_{\alpha}(n)\}=\alpha$$

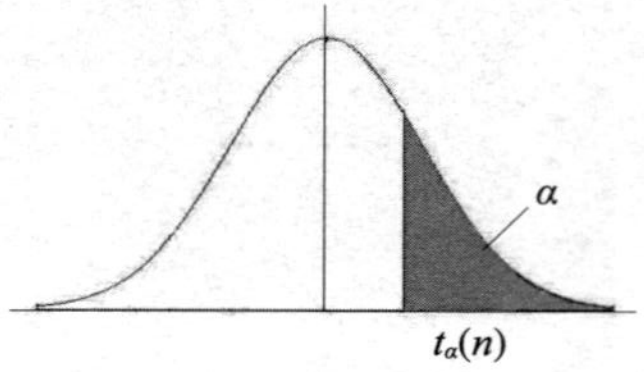

自由度 n	$\alpha=0.10$	0.05	0.025	0.01	0.005	自由度 n	$\alpha=0.10$	0.05	0.025	0.01	0.005
1	3.077 7	6.313 8	12.706 2	31.820 5	63.656 7	24	1.317 8	1.710 9	2.063 9	2.492 2	2.796 9
2	1.885 6	2.920 0	4.302 7	6.964 6	9.924 8	25	1.316 3	1.708 1	2.059 5	2.485 1	2.787 4
3	1.637 7	2.353 4	3.182 4	4.540 7	5.840 9	26	1.315 0	1.705 6	2.055 5	2.478 6	2.778 7
4	1.533 2	2.131 8	2.776 4	3.746 9	4.604 1	27	1.313 7	1.703 3	2.051 8	2.472 7	2.770 7
5	1.475 9	2.015 0	2.570 6	3.364 9	4.032 1	28	1.312 5	1.701 1	2.048 4	2.467 1	2.763 3
6	1.439 8	1.943 2	2.446 9	3.142 7	3.707 4	29	1.311 4	1.699 1	2.045 2	2.462 0	2.756 4
7	1.414 9	1.894 6	2.364 6	2.998 0	3.499 5	30	1.310 4	1.697 3	2.042 3	2.457 3	2.750 0
8	1.396 8	1.859 5	2.306 0	2.896 5	3.355 4	31	1.309 5	1.695 5	2.039 5	2.452 8	2.744 0
9	1.383 0	1.833 1	2.262 2	2.821 4	3.249 8	32	1.308 6	1.693 9	2.036 9	2.448 7	2.738 5
10	1.372 2	1.812 5	2.228 1	2.763 8	3.169 3	33	1.307 7	1.692 4	2.034 5	2.444 8	2.733 3
11	1.363 4	1.795 9	2.201 0	2.718 1	3.105 8	34	1.307 0	1.690 9	2.032 2	2.441 1	2.728 4
12	1.356 2	1.782 3	2.178 8	2.681 0	3.054 5	35	1.306 2	1.689 6	2.030 1	2.437 7	2.723 8
13	1.350 2	1.770 9	2.160 4	2.650 3	3.012 3	36	1.305 5	1.688 3	2.028 1	2.434 5	2.719 5
14	1.345 0	1.761 3	2.144 8	2.624 5	2.976 8	37	1.304 9	1.687 1	2.026 2	2.431 4	2.715 4
15	1.340 6	1.753 1	2.131 4	2.602 5	2.946 7	38	1.304 2	1.686 0	2.024 4	2.428 6	2.711 6
16	1.336 8	1.745 9	2.119 9	2.583 5	2.920 8	39	1.303 6	1.684 9	2.022 7	2.425 8	2.707 9
17	1.333 4	1.739 6	2.109 8	2.566 9	2.898 2	40	1.303 1	1.683 9	2.021 1	2.423 3	2.704 5
18	1.330 4	1.734 1	2.100 9	2.552 4	2.878 4	41	1.302 5	1.682 9	2.019 5	2.420 8	2.701 2
19	1.327 7	1.729 1	2.0 930	2.5 395	2.860 9	42	1.302 0	1.682 0	2.018 1	2.418 5	2.698 1
20	1.325 3	1.724 7	2.0 860	2.5 280	2.845 3	43	1.301 6	1.681 1	2.016 7	2.416 3	2.695 1
21	1.323 2	1.720 7	2.0 796	2.5 176	2.831 4	44	1.301 1	1.680 2	2.015 4	2.414 1	2.692 3
22	1.321 2	1.717 1	2.0 739	2.5 083	2.818 8	45	1.300 6	1.679 4	2.014 1	2.412 1	2.689 6
23	1.319 5	1.713 9	2.0 687	2.4 999	2.807 3						

附表 3　χ^2 分布表

$$P\{\chi^2(n) > \chi^2_\alpha(n)\} = \alpha$$

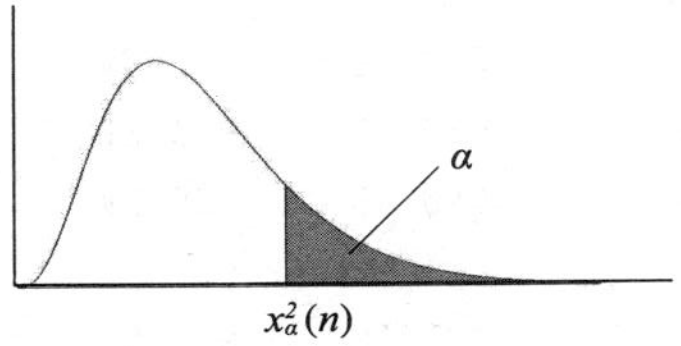

n	$\alpha=0.995$	0.99	0.975	0.95	0.90	0.75	0.25	0.10	0.05	0.025	0.01	0.005
1	—	—	0.001	0.004	0.016	0.102	1.323	2.706	3.841	5.024	6.635	7.879
2	0.010	0.020	0.051	0.103	0.211	0.575	2.773	4.605	5.991	7.378	9.210	10.597
3	0.072	0.115	0.216	0.352	0.584	1.213	4.108	6.251	7.815	9.348	11.345	12.838
4	0.207	0.297	0.484	0.711	1.064	1.923	5.385	7.779	9.488	11.143	13.277	14.860
5	0.412	0.554	0.831	1.145	1.610	2.675	6.626	9.236	11.070	12.833	15.086	16.750
6	0.676	0.872	1.237	1.635	2.204	3.455	7.841	10.645	12.592	14.449	16.812	18.548
7	0.989	1.239	1.690	2.167	2.833	4.255	9.037	12.017	14.067	16.013	18.475	20.278
8	1.344	1.646	2.180	2.733	3.490	5.071	10.219	13.362	15.507	17.535	20.090	21.955
9	1.735	2.088	2.700	3.325	4.168	5.899	11.389	14.684	16.919	19.023	21.666	23.589
10	2.156	2.558	3.247	3.940	4.865	6.737	12.549	15.987	18.307	20.483	23.209	25.188
11	2.603	3.053	3.816	4.575	5.578	7.584	13.701	17.275	19.675	21.920	24.725	26.757
12	3.074	3.571	4.404	5.226	6.304	8.438	14.845	18.549	21.026	23.337	26.217	28.300
13	3.565	4.107	5.009	5.892	7.042	9.299	15.984	19.812	22.362	24.736	27.688	29.819
14	4.075	4.660	5.629	6.571	7.790	10.165	17.117	21.064	23.685	26.119	29.141	31.319
15	4.601	5.229	6.262	7.261	8.547	11.037	18.245	22.307	24.996	27.488	30.578	32.801
16	5.142	5.812	6.908	7.962	9.312	11.912	19.369	23.542	26.296	28.845	32.000	34.267
17	5.697	6.408	7.564	8.672	10.085	12.792	20.489	24.769	27.587	30.191	33.409	35.718
18	6.265	7.015	8.231	9.390	10.865	13.675	21.605	25.989	28.869	31.526	34.805	37.156
19	6.844	7.633	8.907	10.117	11.651	14.562	22.718	27.204	30.144	32.852	36.191	38.582
20	7.434	8.260	9.591	10.851	12.443	15.452	23.828	28.412	31.410	34.170	37.566	39.997

续附表 3

n	α =0.995	0.99	0.975	0.95	0.90	0.75	0.25	0.10	0.05	0.025	0.01	0.005
21	8.034	8.897	10.283	11.591	13.240	16.344	24.935	29.615	32.671	35.479	38.932	41.401
22	8.643	9.542	10.982	12.338	14.041	17.240	26.039	30.813	33.924	36.781	40.289	42.796
23	9.260	10.196	11.689	13.091	14.848	18.137	27.141	32.007	35.172	38.076	41.638	44.181
24	9.886	10.856	12.401	13.848	15.659	19.037	28.241	33.196	36.415	39.364	42.980	45.559
25	10.520	11.524	13.120	14.611	16.473	19.939	29.339	34.382	37.652	40.646	44.314	46.928
26	11.160	12.198	13.844	15.379	17.292	20.843	30.435	35.563	38.885	41.923	45.642	48.290
27	11.808	12.879	14.573	16.151	18.114	21.749	31.528	36.741	40.113	43.195	46.963	49.645
28	12.461	13.565	15.308	16.928	18.939	22.657	32.620	37.916	41.337	44.461	48.278	50.993
29	13.121	14.256	16.047	17.708	19.768	23.567	33.711	39.087	42.557	45.722	49.588	52.336
30	13.787	14.953	16.791	18.493	20.599	24.478	34.800	40.256	43.773	46.979	50.892	53.672
31	14.458	15.655	17.539	19.281	21.434	25.390	35.887	41.422	44.985	48.232	52.191	55.003
32	15.134	16.362	18.291	20.072	22.271	26.304	36.973	42.585	46.194	49.480	53.486	56.328
33	15.815	17.074	19.047	20.867	23.110	27.219	38.058	43.745	47.400	50.725	54.776	57.648
34	16.501	17.789	19.806	21.664	23.952	28.136	39.141	44.903	48.602	51.966	56.061	58.964
35	17.192	18.509	20.569	22.465	24.797	29.054	40.223	46.059	49.802	53.203	57.342	60.275
36	17.887	19.233	21.336	23.269	25.643	29.973	41.304	47.212	50.998	54.437	58.619	61.581
37	18.586	19.960	22.106	24.075	26.492	30.893	42.383	48.363	52.192	55.668	59.893	62.883
38	19.289	20.691	22.878	24.884	27.343	31.815	43.462	49.513	53.384	56.896	61.162	64.181
39	19.996	21.426	23.654	25.695	28.196	32.737	44.539	50.660	54.572	58.120	62.428	65.476
40	20.707	22.164	24.433	26.509	29.051	33.660	45.616	51.805	55.758	59.342	63.691	66.766
41	21.421	22.906	25.215	27.326	29.907	34.585	46.692	52.949	56.942	60.561	64.950	68.053
42	22.138	23.650	25.999	28.144	30.765	35.510	47.766	54.090	58.124	61.777	66.206	69.336
43	22.859	24.398	26.785	28.965	31.625	36.436	48.840	55.230	59.304	62.990	67.459	70.616
44	23.584	25.148	27.575	29.787	32.487	37.363	49.913	56.369	60.481	64.201	68.710	71.893
45	24.311	25.901	28.366	30.612	33.350	38.291	50.985	57.505	61.656	65.410	69.957	73.166

附表4 F 分布表

$$P\{F(n_1,n_2) > F_\alpha(n_1,n_2)\} = \alpha$$

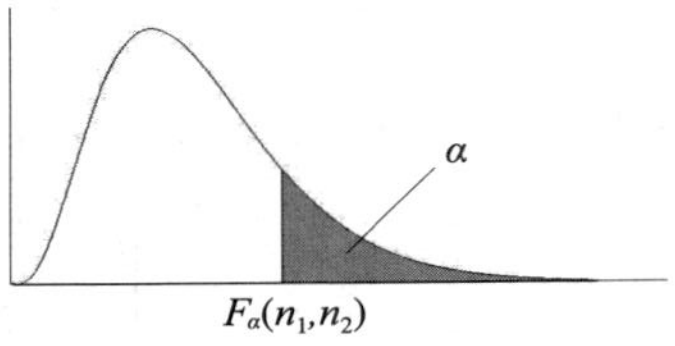

($\alpha=0.10$)

n_2 \ n_1	1	2	3	4	5	6	7	8	9	10	12	15	20	24	30	40	60	120	∞
1	39.86	49.50	53.59	55.83	57.24	58.20	58.91	59.44	59.86	60.19	60.71	61.22	61.74	62.00	62.26	62.53	62.79	63.06	63.33
2	8.53	9.00	9.16	9.24	9.29	9.33	9.35	9.37	9.38	9.39	9.41	9.42	9.44	9.45	9.46	9.47	9.47	9.48	9.49
3	5.54	5.46	5.39	5.34	5.31	5.28	5.27	5.25	5.24	5.23	5.22	5.20	5.18	5.18	5.17	5.16	5.15	5.14	5.13
4	4.54	4.32	4.19	4.11	4.05	4.01	3.98	3.95	3.94	3.92	3.90	3.87	3.84	3.83	3.82	3.80	3.79	3.78	3.76
5	4.06	3.78	3.62	3.52	3.45	3.40	3.37	3.34	3.32	3.30	3.27	3.24	3.21	3.19	3.17	3.16	3.14	3.12	3.10
6	3.78	3.46	3.29	3.18	3.11	3.05	3.01	2.98	2.96	2.94	2.90	2.87	2.84	2.82	2.80	2.78	2.76	2.74	2.72
7	3.59	3.26	3.07	2.96	2.88	2.83	2.78	2.75	2.72	2.70	2.67	2.63	2.59	2.58	2.56	2.54	2.51	2.49	2.47
8	3.46	3.11	2.92	2.81	2.73	2.67	2.62	2.59	2.56	2.54	2.50	2.46	2.42	2.40	2.38	2.36	2.34	2.32	2.29
9	3.36	3.01	2.81	2.69	2.61	2.55	2.51	2.47	2.44	2.42	2.38	2.34	2.30	2.28	2.25	2.23	2.21	2.18	2.16
10	3.29	2.92	2.73	2.61	2.52	2.46	2.41	2.38	2.35	2.32	2.28	2.24	2.20	2.18	2.16	2.13	2.11	2.08	2.06
11	3.23	2.86	2.66	2.54	2.45	2.39	2.34	2.30	2.27	2.25	2.21	2.17	2.12	2.10	2.08	2.05	2.03	2.00	1.97
12	3.18	2.81	2.61	2.48	2.39	2.33	2.28	2.24	2.21	2.19	2.15	2.10	2.06	2.04	2.01	1.99	1.96	1.93	1.90
13	3.14	2.76	2.56	2.43	2.35	2.28	2.23	2.20	2.16	2.14	2.10	2.05	2.01	1.98	1.96	1.93	1.90	1.88	1.85
14	3.10	2.73	2.52	2.39	2.31	2.24	2.19	2.15	2.12	2.10	2.05	2.01	1.96	1.94	1.91	1.89	1.86	1.83	1.80
15	3.07	2.70	2.49	2.36	2.27	2.21	2.16	2.12	2.09	2.06	2.02	1.97	1.92	1.90	1.87	1.85	1.82	1.79	1.76

续附表 4

(α=0.10)

n_2 \ n_1	1	2	3	4	5	6	7	8	9	10	12	15	20	24	30	40	60	120	∞
16	3.05	2.67	2.46	2.33	2.24	2.18	2.13	2.09	2.06	2.03	1.99	1.94	1.89	1.87	1.84	1.81	1.78	1.75	1.72
17	3.03	2.64	2.44	2.31	2.22	2.15	2.10	2.06	2.03	2.00	1.96	1.91	1.86	1.84	1.81	1.78	1.75	1.72	1.69
18	3.01	2.62	2.42	2.29	2.20	2.13	2.08	2.04	2.00	1.98	1.93	1.89	1.84	1.81	1.78	1.75	1.72	1.69	1.66
19	2.99	2.61	2.40	2.27	2.18	2.11	2.06	2.02	1.98	1.96	1.91	1.86	1.81	1.79	1.76	1.73	1.70	1.67	1.63
20	2.97	2.59	2.38	2.25	2.16	2.09	2.04	2.00	1.96	1.94	1.89	1.84	1.79	1.77	1.74	1.71	1.68	1.64	1.61
21	2.96	2.57	2.36	2.23	2.14	2.08	2.02	1.98	1.95	1.92	1.87	1.83	1.78	1.75	1.72	1.69	1.66	1.62	1.59
22	2.95	2.56	2.35	2.22	2.13	2.06	2.01	1.97	1.93	1.90	1.86	1.81	1.76	1.73	1.70	1.67	1.64	1.60	1.57
23	2.94	2.55	2.34	2.21	2.11	2.05	1.99	1.95	1.92	1.89	1.84	1.80	1.74	1.72	1.69	1.66	1.62	1.59	1.55
24	2.93	2.54	2.33	2.19	2.10	2.04	1.98	1.94	1.91	1.88	1.83	1.78	1.73	1.70	1.67	1.64	1.61	1.57	1.53
25	2.92	2.53	2.32	2.18	2.09	2.02	1.97	1.93	1.89	1.87	1.82	1.77	1.72	1.69	1.66	1.63	1.59	1.56	1.52
26	2.91	2.52	2.31	2.17	2.08	2.01	1.96	1.92	1.88	1.86	1.81	1.76	1.71	1.68	1.65	1.61	1.58	1.54	1.50
27	2.90	2.51	2.30	2.17	2.07	2.00	1.95	1.91	1.87	1.85	1.80	1.75	1.70	1.67	1.64	1.60	1.57	1.53	1.49
28	2.89	2.50	2.29	2.16	2.06	2.00	1.94	1.90	1.87	1.84	1.79	1.74	1.69	1.66	1.63	1.59	1.56	1.52	1.48
29	2.89	2.50	2.28	2.15	2.06	1.99	1.93	1.89	1.86	1.83	1.78	1.73	1.68	1.65	1.62	1.58	1.55	1.51	1.47
30	2.88	2.49	2.28	2.14	2.05	1.98	1.93	1.88	1.85	1.82	1.77	1.72	1.67	1.64	1.61	1.57	1.54	1.50	1.46
40	2.84	2.44	2.23	2.09	2.00	1.93	1.87	1.83	1.79	1.76	1.71	1.66	1.61	1.57	1.54	1.51	1.47	1.42	1.38
60	2.79	2.39	2.18	2.04	1.95	1.87	1.82	1.77	1.74	1.71	1.66	1.60	1.54	1.51	1.48	1.44	1.40	1.35	1.29
120	2.75	2.35	2.13	1.99	1.90	1.82	1.77	1.72	1.68	1.65	1.60	1.55	1.48	1.45	1.41	1.37	1.32	1.26	1.19
∞	2.71	2.30	2.08	1.94	1.85	1.77	1.72	1.67	1.63	1.60	1.55	1.49	1.42	1.38	1.34	1.30	1.24	1.17	1.00

续附表 4

(α=0.05)

n_2 \ n_1	1	2	3	4	5	6	7	8	9	10	12	15	20	24	30	40	60	120	∞
1	161.45	199.50	215.71	224.58	230.16	233.99	236.77	238.88	240.54	241.88	243.91	245.95	248.01	249.05	250.10	251.14	252.20	253.25	254.31
2	18.51	19.00	19.16	19.25	19.30	19.33	19.35	19.37	19.38	19.40	19.41	19.43	19.45	19.45	19.46	19.47	19.48	19.49	19.50
3	10.13	9.55	9.28	9.12	9.01	8.94	8.89	8.85	8.81	8.79	8.74	8.70	8.66	8.64	8.62	8.59	8.57	8.55	8.53
4	7.71	6.94	6.59	6.39	6.26	6.16	6.09	6.04	6.00	5.96	5.91	5.86	5.80	5.77	5.75	5.72	5.69	5.66	5.63
5	6.61	5.79	5.41	5.19	5.05	4.95	4.88	4.82	4.77	4.74	4.68	4.62	4.56	4.53	4.50	4.46	4.43	4.40	4.36
6	5.99	5.14	4.76	4.53	4.39	4.28	4.21	4.15	4.10	4.06	4.00	3.94	3.87	3.84	3.81	3.77	3.74	3.70	3.67
7	5.59	4.74	4.35	4.12	3.97	3.87	3.79	3.73	3.68	3.64	3.57	3.51	3.44	3.41	3.38	3.34	3.30	3.27	3.23
8	5.32	4.46	4.07	3.84	3.69	3.58	3.50	3.44	3.39	3.35	3.28	3.22	3.15	3.12	3.08	3.04	3.01	2.97	2.93
9	5.12	4.26	3.86	3.63	3.48	3.37	3.29	3.23	3.18	3.14	3.07	3.01	2.94	2.90	2.86	2.83	2.79	2.75	2.71
10	4.96	4.10	3.71	3.48	3.33	3.22	3.14	3.07	3.02	2.98	2.91	2.85	2.77	2.74	2.70	2.66	2.62	2.58	2.54
11	4.84	3.98	3.59	3.36	3.20	3.09	3.01	2.95	2.90	2.85	2.79	2.72	2.65	2.61	2.57	2.53	2.49	2.45	2.40
12	4.75	3.89	3.49	3.26	3.11	3.00	2.91	2.85	2.80	2.75	2.69	2.62	2.54	2.51	2.47	2.43	2.38	2.34	2.30
13	4.67	3.81	3.41	3.18	3.03	2.92	2.83	2.77	2.71	2.67	2.60	2.53	2.46	2.42	2.38	2.34	2.30	2.25	2.21
14	4.60	3.74	3.34	3.11	2.96	2.85	2.76	2.70	2.65	2.60	2.53	2.46	2.39	2.35	2.31	2.27	2.22	2.18	2.13
15	4.54	3.68	3.29	3.06	2.90	2.79	2.71	2.64	2.59	2.54	2.48	2.40	2.33	2.29	2.25	2.20	2.16	2.11	2.07

续附表 4

($\alpha=0.05$)

n_2 \ n_1	1	2	3	4	5	6	7	8	9	10	12	15	20	24	30	40	60	120	∞
16	4.49	3.63	3.24	3.01	2.85	2.74	2.66	2.59	2.54	2.49	2.42	2.35	2.28	2.24	2.19	2.15	2.11	2.06	2.01
17	4.45	3.59	3.20	2.96	2.81	2.70	2.61	2.55	2.49	2.45	2.38	2.31	2.23	2.19	2.15	2.10	2.06	2.01	1.96
18	4.41	3.55	3.16	2.93	2.77	2.66	2.58	2.51	2.46	2.41	2.34	2.27	2.19	2.15	2.11	2.06	2.02	1.97	1.92
19	4.38	3.52	3.13	2.90	2.74	2.63	2.54	2.48	2.42	2.38	2.31	2.23	2.16	2.11	2.07	2.03	1.98	1.93	1.88
20	4.35	3.49	3.10	2.87	2.71	2.60	2.51	2.45	2.39	2.35	2.28	2.20	2.12	2.08	2.04	1.99	1.95	1.90	1.84
21	4.32	3.47	3.07	2.84	2.68	2.57	2.49	2.42	2.37	2.32	2.25	2.18	2.10	2.05	2.01	1.96	1.92	1.87	1.81
22	4.30	3.44	3.05	2.82	2.66	2.55	2.46	2.40	2.34	2.30	2.23	2.15	2.07	2.03	1.98	1.94	1.89	1.84	1.78
23	4.28	3.42	3.03	2.80	2.64	2.53	2.44	2.37	2.32	2.27	2.20	2.13	2.05	2.01	1.96	1.91	1.86	1.81	1.76
24	4.26	3.40	3.01	2.78	2.62	2.51	2.42	2.36	2.30	2.25	2.18	2.11	2.03	1.98	1.94	1.89	1.84	1.79	1.73
25	4.24	3.39	2.99	2.76	2.60	2.49	2.40	2.34	2.28	2.24	2.16	2.09	2.01	1.96	1.92	1.87	1.82	1.77	1.71
26	4.23	3.37	2.98	2.74	2.59	2.47	2.39	2.32	2.27	2.22	2.15	2.07	1.99	1.95	1.90	1.85	1.80	1.75	1.69
27	4.21	3.35	2.96	2.73	2.57	2.46	2.37	2.31	2.25	2.20	2.13	2.06	1.97	1.93	1.88	1.84	1.79	1.73	1.67
28	4.20	3.34	2.95	2.71	2.56	2.45	2.36	2.29	2.24	2.19	2.12	2.04	1.96	1.91	1.87	1.82	1.77	1.71	1.65
29	4.18	3.33	2.93	2.70	2.55	2.43	2.35	2.28	2.22	2.18	2.10	2.03	1.94	1.90	1.85	1.81	1.75	1.70	1.64
30	4.17	3.32	2.92	2.69	2.53	2.42	2.33	2.27	2.21	2.16	2.09	2.01	1.93	1.89	1.84	1.79	1.74	1.68	1.62
40	4.08	3.23	2.84	2.61	2.45	2.34	2.25	2.18	2.12	2.08	2.00	1.92	1.84	1.79	1.74	1.69	1.64	1.58	1.51
60	4.00	3.15	2.76	2.53	2.37	2.25	2.17	2.10	2.04	1.99	1.92	1.84	1.75	1.70	1.65	1.59	1.53	1.47	1.39
120	3.92	3.07	2.68	2.45	2.29	2.18	2.09	2.02	1.96	1.91	1.83	1.75	1.66	1.61	1.55	1.50	1.43	1.35	1.25
∞	3.84	3.00	2.60	2.37	2.21	2.10	2.01	1.94	1.88	1.83	1.75	1.67	1.57	1.52	1.46	1.39	1.32	1.22	1.00

续附表 4

($\alpha=0.01$)

n_2 \ n_1	1	2	3	4	5	6	7	8	9	10	12	15	20	24	30	40	60	120	∞
1	4 052	5 000	5 403	5 625	5 764	5 859	5 928	5 981	6 022	6 056	6 106	6 157	6 209	6 235	6 261	6 287	6 313	6 339	6 366
2	98.50	99.00	99.17	99.25	99.30	99.33	99.36	99.37	99.39	99.40	99.42	99.43	99.45	99.46	99.47	99.47	99.48	99.49	99.50
3	34.12	30.82	29.46	28.71	28.24	27.91	27.67	27.49	27.35	27.23	27.05	26.87	26.69	26.60	26.50	26.41	26.32	26.22	26.13
4	21.20	18.00	16.69	15.98	15.52	15.21	14.98	14.80	14.66	14.55	14.37	14.20	14.02	13.93	13.84	13.75	13.65	13.56	13.46
5	16.26	13.27	12.06	11.39	10.97	10.67	10.46	10.29	10.16	10.05	9.89	9.72	9.55	9.47	9.38	9.29	9.20	9.11	9.02
6	13.75	10.92	9.78	9.15	8.75	8.47	8.26	8.10	7.98	7.87	7.72	7.56	7.40	7.31	7.23	7.14	7.06	6.97	6.88
7	12.25	9.55	8.45	7.85	7.46	7.19	6.99	6.84	6.72	6.62	6.47	6.31	6.16	6.07	5.99	5.91	5.82	5.74	5.65
8	11.26	8.65	7.59	7.01	6.63	6.37	6.18	6.03	5.91	5.81	5.67	5.52	5.36	5.28	5.20	5.12	5.03	4.95	4.86
9	10.56	8.02	6.99	6.42	6.06	5.80	5.61	5.47	5.35	5.26	5.11	4.96	4.81	4.73	4.65	4.57	4.48	4.40	4.31
10	10.04	7.56	6.55	5.99	5.64	5.39	5.20	5.06	4.94	4.85	4.71	4.56	4.41	4.33	4.25	4.17	4.08	4.00	3.91
11	9.65	7.21	6.22	5.67	5.32	5.07	4.89	4.74	4.63	4.54	4.40	4.25	4.10	4.02	3.94	3.86	3.78	3.69	3.60
12	9.33	6.93	5.95	5.41	5.06	4.82	4.64	4.50	4.39	4.30	4.16	4.01	3.86	3.78	3.70	3.62	3.54	3.45	3.36
13	9.07	6.70	5.74	5.21	4.86	4.62	4.44	4.30	4.19	4.10	3.96	3.82	3.66	3.59	3.51	3.43	3.34	3.25	3.17
14	8.86	6.51	5.56	5.04	4.69	4.46	4.28	4.14	4.03	3.94	3.80	3.66	3.51	3.43	3.35	3.27	3.18	3.09	3.00
15	8.68	6.36	5.42	4.89	4.56	4.32	4.14	4.00	3.89	3.80	3.67	3.52	3.37	3.29	3.21	3.13	3.05	2.96	2.87

续附表 4

($\alpha=0.01$)

n_2 \ n_1	1	2	3	4	5	6	7	8	9	10	12	15	20	24	30	40	60	120	∞
16	8.53	6.23	5.29	4.77	4.44	4.20	4.03	3.89	3.78	3.69	3.55	3.41	3.26	3.18	3.10	3.02	2.93	2.84	2.75
17	8.40	6.11	5.18	4.67	4.34	4.10	3.93	3.79	3.68	3.59	3.46	3.31	3.16	3.08	3.00	2.92	2.83	2.75	2.65
18	8.29	6.01	5.09	4.58	4.25	4.01	3.84	3.71	3.60	3.51	3.37	3.23	3.08	3.00	2.92	2.84	2.75	2.66	2.57
19	8.18	5.93	5.01	4.50	4.17	3.94	3.77	3.63	3.52	3.43	3.30	3.15	3.00	2.92	2.84	2.76	2.67	2.58	2.49
20	8.10	5.85	4.94	4.43	4.10	3.87	3.70	3.56	3.46	3.37	3.23	3.09	2.94	2.86	2.78	2.69	2.61	2.52	2.42
21	8.02	5.78	4.87	4.37	4.04	3.81	3.64	3.51	3.40	3.31	3.17	3.03	2.88	2.80	2.72	2.64	2.55	2.46	2.36
22	7.95	5.72	4.82	4.31	3.99	3.76	3.59	3.45	3.35	3.26	3.12	2.98	2.83	2.75	2.67	2.58	2.50	2.40	2.31
23	7.88	5.66	4.76	4.26	3.94	3.71	3.54	3.41	3.30	3.21	3.07	2.93	2.78	2.70	2.62	2.54	2.45	2.35	2.26
24	7.82	5.61	4.72	4.22	3.90	3.67	3.50	3.36	3.26	3.17	3.03	2.89	2.74	2.66	2.58	2.49	2.40	2.31	2.21
25	7.77	5.57	4.68	4.18	3.85	3.63	3.46	3.32	3.22	3.13	2.99	2.85	2.70	2.62	2.54	2.45	2.36	2.27	2.17
26	7.72	5.53	4.64	4.14	3.82	3.59	3.42	3.29	3.18	3.09	2.96	2.81	2.66	2.58	2.50	2.42	2.33	2.23	2.13
27	7.68	5.49	4.60	4.11	3.78	3.56	3.39	3.26	3.15	3.06	2.93	2.78	2.63	2.55	2.47	2.38	2.29	2.20	2.10
28	7.64	5.45	4.57	4.07	3.75	3.53	3.36	3.23	3.12	3.03	2.90	2.75	2.60	2.52	2.44	2.35	2.26	2.17	2.06
29	7.60	5.42	4.54	4.04	3.73	3.50	3.33	3.20	3.09	3.00	2.87	2.73	2.57	2.49	2.41	2.33	2.23	2.14	2.03
30	7.56	5.39	4.51	4.02	3.70	3.47	3.30	3.17	3.07	2.98	2.84	2.70	2.55	2.47	2.39	2.30	2.21	2.11	2.01
40	7.31	5.18	4.31	3.83	3.51	3.29	3.12	2.99	2.89	2.80	2.66	2.52	2.37	2.29	2.20	2.11	2.02	1.92	1.80
60	7.08	4.98	4.13	3.65	3.34	3.12	2.95	2.82	2.72	2.63	2.50	2.35	2.20	2.12	2.03	1.94	1.84	1.73	1.60
120	6.85	4.79	3.95	3.48	3.17	2.96	2.79	2.66	2.56	2.47	2.34	2.19	2.03	1.95	1.86	1.76	1.66	1.53	1.38
∞	6.63	4.61	3.78	3.32	3.02	2.80	2.64	2.51	2.41	2.32	2.18	2.04	1.88	1.79	1.70	1.59	1.47	1.32	1.00

附表 5 Durbin-Watson 检验表

($\alpha = 0.05$)

n	$k=1$		$k=2$		$k=3$		$k=4$		$k=5$		$k=6$		$k=7$		$k=8$		$k=9$		$k=10$	
	d_L	d_U	d_L	d_U	d_L	d_U	d_L	d_U	d_L	d_U	d_L	d_U	d_L	d_U	d_L	d_U	d_L	d_U	d_L	d_U
6	0.610	1.400	—	—	—	—	—	—	—	—	—	—	—	—	—	—	—	—	—	—
7	0.700	1.356	0.467	1.896	—	—	—	—	—	—	—	—	—	—	—	—	—	—	—	—
8	0.763	1.332	0.559	1.777	0.367	2.287	—	—	—	—	—	—	—	—	—	—	—	—	—	—
9	0.824	1.320	0.629	1.699	0.455	2.128	0.296	2.588	—	—	—	—	—	—	—	—	—	—	—	—
10	0.879	1.320	0.697	1.641	0.525	2.016	0.376	2.414	0.243	2.822	—	—	—	—	—	—	—	—	—	—
11	0.927	1.324	0.758	1.604	0.595	1.928	0.444	2.283	0.315	2.645	0.203	3.004	—	—	—	—	—	—	—	—
12	0.971	1.331	0.812	1.579	0.658	1.864	0.512	2.177	0.380	2.506	0.268	2.832	0.171	3.149	—	—	—	—	—	—
13	1.010	1.340	0.861	1.562	0.715	1.816	0.574	2.094	0.444	2.390	0.328	2.692	0.230	2.985	0.147	3.266	—	—	—	—
14	1.045	1.350	0.905	1.551	0.767	1.779	0.632	2.030	0.505	2.296	0.389	2.572	0.286	2.848	0.200	3.111	0.127	3.360	—	—
15	1.077	1.361	0.946	1.543	0.814	1.750	0.685	1.977	0.562	2.220	0.447	2.471	0.343	2.727	0.251	2.979	0.175	3.216	0.111	3.438
16	1.106	1.371	0.982	1.539	0.857	1.728	0.734	1.935	0.615	2.157	0.502	2.388	0.398	2.624	0.304	2.860	0.222	3.090	0.155	3.304
17	1.133	1.381	1.015	1.536	0.897	1.710	0.779	1.900	0.664	2.104	0.554	2.318	0.451	2.537	0.356	2.757	0.272	2.975	0.198	3.184
18	1.158	1.391	1.046	1.535	0.933	1.696	0.820	1.872	0.710	2.060	0.603	2.258	0.502	2.461	0.407	2.668	0.321	2.873	0.244	3.073
19	1.180	1.401	1.074	1.536	0.967	1.685	0.859	1.848	0.752	2.023	0.649	2.206	0.549	2.396	0.456	2.589	0.369	2.783	0.290	2.974
20	1.201	1.411	1.100	1.537	0.998	1.676	0.894	1.828	0.792	1.991	0.691	2.162	0.595	2.339	0.502	2.521	0.416	2.704	0.336	2.885
21	1.221	1.420	1.125	1.538	1.026	1.669	0.927	1.812	0.829	1.964	0.731	2.124	0.637	2.290	0.546	2.461	0.461	2.633	0.380	2.806
22	1.239	1.429	1.147	1.541	1.053	1.664	0.958	1.797	0.863	1.940	0.769	2.090	0.677	2.246	0.588	2.407	0.504	2.571	0.424	2.735

续附表 5

($\alpha = 0.05$)

n	$k=1$		$k=2$		$k=3$		$k=4$		$k=5$		$k=6$		$k=7$		$k=8$		$k=9$		$k=10$	
	d_L	d_U	d_L	d_U	d_L	d_U	d_L	d_U	d_L	d_U	d_L	d_U	d_L	d_U	d_L	d_U	d_L	d_U	d_L	d_U
23	1.257	1.437	1.168	1.543	1.078	1.660	0.986	1.785	0.895	1.920	0.804	2.061	0.715	2.208	0.628	2.360	0.545	2.514	0.465	2.670
24	1.273	1.446	1.188	1.546	1.101	1.656	1.013	1.775	0.925	1.902	0.837	2.035	0.750	2.174	0.666	2.318	0.584	2.464	0.506	2.613
25	1.288	1.454	1.206	1.550	1.123	1.654	1.038	1.767	0.953	1.886	0.868	2.013	0.784	2.144	0.702	2.280	0.621	2.419	0.544	2.560
26	1.302	1.461	1.224	1.553	1.143	1.652	1.062	1.759	0.979	1.873	0.897	1.992	0.816	2.117	0.735	2.246	0.657	2.379	0.581	2.513
27	1.316	1.469	1.240	1.556	1.162	1.651	1.084	1.753	1.004	1.861	0.925	1.974	0.845	2.093	0.767	2.216	0.691	2.342	0.616	2.470
28	1.328	1.476	1.255	1.560	1.181	1.650	1.104	1.747	1.028	1.850	0.951	1.959	0.874	2.071	0.798	2.188	0.723	2.309	0.649	2.431
29	1.341	1.483	1.270	1.563	1.198	1.650	1.124	1.743	1.050	1.841	0.975	1.944	0.900	2.052	0.826	2.164	0.753	2.278	0.681	2.396
30	1.352	1.489	1.284	1.567	1.214	1.650	1.143	1.739	1.071	1.833	0.998	1.931	0.926	2.034	0.854	2.141	0.782	2.251	0.712	2.363
31	1.363	1.496	1.297	1.570	1.229	1.650	1.160	1.735	1.090	1.825	1.020	1.920	0.950	2.018	0.879	2.120	0.810	2.226	0.741	2.333
32	1.373	1.502	1.309	1.574	1.244	1.650	1.177	1.732	1.109	1.819	1.041	1.909	0.972	2.004	0.904	2.102	0.836	2.203	0.769	2.306
33	1.383	1.508	1.321	1.577	1.258	1.651	1.193	1.730	1.127	1.813	1.061	1.900	0.994	1.991	0.927	2.085	0.861	2.181	0.796	2.281
34	1.393	1.514	1.333	1.580	1.271	1.652	1.208	1.728	1.144	1.808	1.079	1.891	1.015	1.978	0.950	2.069	0.885	2.162	0.821	2.257
35	1.402	1.519	1.343	1.584	1.283	1.653	1.222	1.726	1.160	1.803	1.097	1.884	1.034	1.967	0.971	2.054	0.908	2.144	0.845	2.236
36	1.411	1.525	1.354	1.587	1.295	1.654	1.236	1.724	1.175	1.799	1.114	1.876	1.053	1.957	0.991	2.041	0.930	2.127	0.868	2.216
37	1.419	1.530	1.364	1.590	1.307	1.655	1.249	1.723	1.190	1.795	1.131	1.870	1.071	1.948	1.011	2.029	0.951	2.112	0.891	2.197
38	1.427	1.535	1.373	1.594	1.318	1.656	1.261	1.722	1.204	1.792	1.146	1.864	1.088	1.939	1.029	2.017	0.970	2.098	0.912	2.180
39	1.435	1.540	1.382	1.597	1.328	1.658	1.273	1.722	1.218	1.789	1.161	1.859	1.104	1.932	1.047	2.007	0.990	2.085	0.932	2.164
40	1.442	1.544	1.391	1.600	1.338	1.659	1.285	1.721	1.230	1.786	1.175	1.854	1.120	1.924	1.064	1.997	1.008	2.072	0.952	2.149

续附表 5

($\alpha = 0.05$)

n	$k=1$		$k=2$		$k=3$		$k=4$		$k=5$		$k=6$		$k=7$		$k=8$		$k=9$		$k=10$	
	d_L	d_U	d_L	d_U	d_L	d_U	d_L	d_U	d_L	d_U	d_L	d_U	d_L	d_U	d_L	d_U	d_L	d_U	d_L	d_U
45	1.475	1.566	1.430	1.615	1.383	1.666	1.336	1.720	1.287	1.776	1.238	1.835	1.189	1.895	1.139	1.958	1.089	2.022	1.038	2.088
50	1.503	1.585	1.462	1.628	1.421	1.674	1.378	1.721	1.335	1.771	1.291	1.822	1.246	1.875	1.201	1.930	1.156	1.986	1.110	2.044
55	1.528	1.601	1.490	1.641	1.452	1.681	1.414	1.724	1.374	1.768	1.334	1.814	1.294	1.861	1.253	1.909	1.212	1.959	1.170	2.010
60	1.549	1.616	1.514	1.652	1.480	1.689	1.444	1.727	1.408	1.767	1.372	1.808	1.335	1.850	1.298	1.894	1.260	1.939	1.222	1.984
65	1.567	1.629	1.536	1.662	1.503	1.696	1.471	1.731	1.438	1.767	1.404	1.805	1.370	1.843	1.336	1.882	1.301	1.923	1.266	1.964
70	1.583	1.641	1.554	1.672	1.525	1.703	1.494	1.735	1.464	1.768	1.433	1.802	1.401	1.838	1.369	1.874	1.337	1.910	1.305	1.948
75	1.598	1.652	1.571	1.680	1.543	1.709	1.515	1.739	1.487	1.770	1.458	1.801	1.428	1.834	1.399	1.867	1.369	1.901	1.339	1.935
80	1.611	1.662	1.586	1.688	1.560	1.715	1.534	1.743	1.507	1.772	1.480	1.801	1.453	1.831	1.425	1.861	1.397	1.893	1.369	1.925
85	1.624	1.671	1.600	1.696	1.575	1.721	1.550	1.747	1.525	1.774	1.500	1.801	1.474	1.829	1.448	1.857	1.422	1.886	1.396	1.916
90	1.635	1.679	1.612	1.703	1.589	1.726	1.566	1.751	1.542	1.776	1.518	1.801	1.494	1.827	1.469	1.854	1.445	1.881	1.420	1.909
95	1.645	1.687	1.623	1.709	1.602	1.732	1.579	1.755	1.557	1.778	1.535	1.802	1.512	1.827	1.489	1.852	1.465	1.877	1.442	1.903
100	1.654	1.694	1.634	1.715	1.613	1.736	1.592	1.758	1.571	1.780	1.550	1.803	1.528	1.826	1.506	1.850	1.484	1.874	1.462	1.898
150	1.720	1.747	1.706	1.760	1.693	1.774	1.679	1.788	1.665	1.802	1.651	1.817	1.637	1.832	1.622	1.846	1.608	1.862	1.593	1.877
200	1.758	1.779	1.748	1.789	1.738	1.799	1.728	1.809	1.718	1.820	1.707	1.831	1.697	1.841	1.686	1.852	1.675	1.863	1.665	1.874

附表6　协整检验临界值表

N	模型形式	α	ϕ_∞	ϕ_1	ϕ_2
1	无常数项,无趋势项	0.01	−2.565 8	−1.960	−10.04
		0.05	−1.939 3	−0.398	0.0
		0.10	−1.615 6	−0.181	0.0
1	有常数项,无趋势项	0.01	−3.433 6	−5.999	−29.25
		0.05	−2.862 1	−2.738	−8.36
		0.10	−2.567 1	−1.438	−4.48
1	有常数项,有趋势项	0.01	−3.963 8	−8.353	−47.44
		0.05	−3.412 6	−4.039	−17.83
		0.10	−3.127 9	−2.418	−7.58
2	有常数项,无趋势项	0.01	−3.900 1	−10.534	−30.03
		0.05	−3.337 7	−5.967	−8.98
		0.10	−3.046 2	−4.069	−5.73
2	有常数项,有趋势项	0.01	−4.326 6	−15.531	−34.03
		0.05	−3.780 9	−9.421	−15.06
		0.10	−3.495 9	−7.203	−4.01
3	有常数项,无趋势项	0.01	−4.298 1	−13.790	−46.37
		0.05	−3.742 9	−8.352	−13.41
		0.10	−3.451 8	−6.241	−2.79
3	有常数项,有趋势项	0.01	−4.667 6	−18.492	−49.35
		0.05	−4.119 3	−12.024	−13.13
		0.10	−3.834 4	−9.188	−4.85
4	有常数项,无趋势项	0.01	−4.649 3	−17.188	−59.20
		0.05	−4.100 0	−10.745	−21.57
		0.10	−3.811 0	−8.317	−5.19
4	有常数项,有趋势项	0.01	−4.969 5	−22.504	−50.22
		0.05	−4.429 4	−14.501	−19.54
		0.10	−4.147 4	−11.165	−9.88

续附表 6

N	模型形式	α	ϕ_∞	ϕ_1	ϕ_2
5	有常数项，无趋势项	0.01	−4.958 7	−22.140	−37.29
		0.05	−4.4 185	−13.641	−21.16
		0.10	−4.132 7	−10.638	−5.48
5	有常数项，有趋势项	0.01	−5.249 7	−26.606	−49.56
		0.05	−4.715 4	−17.432	−16.50
		0.10	−4.434 5	−13.654	−5.77
6	有常数项，无趋势项	0.01	−5.240 0	−26.278	−41.65
		0.05	−4.704 8	−17.120	−11.17
		0.10	−4.424 2	−13.347	0.0
6	有常数项，有趋势项	0.01	−5.512 7	−30.735	−52.50
		0.05	−4.976 7	−20.883	−9.05
		0.10	−4.699 9	−16.445	0.0

注：1. 临界值计算公式是 $C(\alpha) = \phi_\infty + \phi_1 T^{-1} + \phi_2 T^{-2}$，其中 T 表示样本容量。

2. N 表示协整回归式中所含变量个数，α 表示检验水平。

3. $N = 1$ 时，协整检验即转化为单变量平稳性的 ADF 检验。